Punto
y aparte
SECOND EDITION

Punto
y aparte

SPANISH IN REVIEW • MOVING TOWARD FLUENCY

SECOND EDITION

Sharon W. Foerster

Anne Lambright
Trinity College

Fátima Alfonso-Pinto
The University of the South

Boston   Burr Ridge, IL   Dubuque, IA   Madison, WI   New York
San Francisco   St. Louis   Bangkok   Bogotá   Caracas   Kuala Lumpur
Lisbon   London   Madrid   Mexico City   Milan   Montreal   New Delhi
Santiago   Seoul   Singapore   Sydney   Taipei   Toronto

McGraw-Hill Higher Education

A Division of The McGraw-Hill Companies

This is an EBI book.

Punto y aparte

Published by McGraw-Hill Higher Education, an imprint of The McGraw-Hill Companies, Inc., 1221 Avenue of the Americas, New York, NY 10020. Copyright ' 2003 by The McGraw-Hill Companies, Inc. All rights reserved. No part of this publication may be reproduced or distributed in any form or by any means, or stored in a database or retrieval system, without the prior written consent of The McGraw-Hill Companies, Inc., including, but not limited to, in any network or other electronic storage or transmission, or broadcast for distance learning.

This book is printed on acid-free paper.

3 4 5 6 7 8 9 0   QWV/QWV   0 9 8 7 6 5 4

ISBN 0-07-288051-1

Editor-in-Chief: Thalia Dorwick
Publisher: William R. Glass
Director of development: Scott Tinetti
Development editor: Allen J. Bernier
Marketing manager: Nick Agnew
Project manager: Roger Geissler
Production supervisor: Pam Augspurger
Designer: Andrew Ogus
Cover designer: Andrew Ogus
Cover art by Heather Jarry
Illustrations by R my Simard and maps by Lori Heckelman.
Art editor: Emma Ghiselli
Compositor: TechBooks
Typeface: 10/12 Palatino
Printer: Quebecor World, Versailles

Library of Congress Cataloging-in-Publication Data
Foerster, Sharon W.
    Punto y aparte : Spanish in review, moving toward
fluency / Sharon W. Foerster, Anne Lambright, F tima
Alfonso-Pinto.——2nd ed.
      p.   cm.
    Includes index.
    ISBN 0-07-249642-8
    1. Spanish language--Textbooks for foreign speakers-
-English.   I. Lambright, Anne.   II. Alfonso—Pinto,
F tima.   III. Title.
PC4129.E5 F64   2002
468.2 042--dc21   2002 073413

http://www.mhhe.com

Dedication
This book is dedicated to our bilingual children:
Shaanti, Jonathan, Corazón, Isis, Paloma, Guillermo Bey II, and Maya.

 Contents

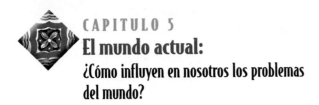

To the Instructor

Welcome to the second edition of *Punto y aparte: Spanish in Review, Moving Toward Fluency!* To instructors already familiar with the *Punto y aparte* program, we hope you will find this new edition to be even better than the first. To those using *Punto y aparte* for the first time, we hope you'll find it to be a unique and exciting intermediate-level Spanish program worthy of the enthusiastic responses received from both instructors and students since its debut in 1999.

A Brief History of the **Punto y aparte** Program

The idea for the first edition of *Punto y aparte* came in response to the need for a new instructional approach for the intermediate level. Instructors experienced in teaching a second-year, college-level language course can recognize one of the challenges inherent for both them and their students: After relatively quick progress through the novice and lower-intermediate levels of proficiency, students are commonly faced with the phenomenon of the "second-year plateau." They often become frustrated and lose the necessary motivation to continue on into the intermediate-high and even the advanced levels. Thus, our initial challenge was to identify learning strategies that would motivate students and help them move forward in the language acquisition process.

Many textbooks for this level tend to review the grammatical structures covered in the first two or three semesters of college-level Spanish and provide practice with each structure in communicative contexts; however, they address grammatical structures one at a time and in a predetermined order. Real-life communicative situations are never that predictable. Other second-year texts require students to perform communicative tasks at a proficiency level that they have not yet attained, again leading to more frustration and further lack of motivation on the part of students.

Drawing on extensive work with oral proficiency testing and training, we recognized that the next level of proficiency was characterized by three main factors: (1) an expanded vocabulary, (2) increased grammatical accuracy, and (3) paragraph-length discourse. (This third factor was the inspiration for the title of the program: The Spanish expression used to indicate the beginning of a new paragraph is **punto y aparte.**) It was with these factors in mind that the concept of "moving toward fluency through review" came about. First, we would offer each chapter's vocabulary items in thematic groupings to facilitate association and then continually recycle and expand the active vocabulary from one chapter to the next.

Next, instead of providing the grammar-centered review that can be found in some second-year texts, we would take a communicative approach but still stress the importance of grammatical accuracy. To ensure success in this approach, we would define seven major communicative functions and then focus on the key grammatical structures (**los puntos clave**) needed to perform those functions. By doing so, it was hoped that students would begin to view the grammatical structures as the linguistic tools needed to successfully accomplish each of the communicative functions and realize that by increasing their grammatical accuracy they could ultimately communicate more effectively. To further emphasize the importance of grammar within a communicative approach, we would integrate consciousness-raising exercises and icons that would help draw students' attention to the grammatical structures.

Finally, we would provide students with ample tasks that would require them to continually use their expanding vocabulary and practice the grammatical structures within the context of the seven communicative functions. By doing so, it was hoped that students' mastery of the vocabulary and the grammatical structures associated with the seven communicative functions would result in more paragraph-length discourse.

The end result of all this was the highly successful first edition. We are now pleased to offer you this second edition of *Punto y aparte,* and we sincerely hope it will assist you in moving your second-year students forward in their language acquisition process.

Spanish in Review

One aspect of the philosophy behind *Punto y aparte* is based on the concept of *review* or, more specifically, *task repetition* and its positive effects on language learning. *Punto y aparte* focuses on and recycles seven major communicative functions: **Descripción, Comparación, Reacciones y recomendaciones, Narración en el pasado, Hablar de gustos, Hacer hipótesis,** and **Hablar del futuro.** The uniqueness of this approach to intermediate-level language acquisition lies not only in the fact that it deals with a limited number of linguistic functions, but also that it requires students to work with those functions simultaneously, thereby exposing them to the full range of natural language. Once students understand that the same seven communicative functions continually resurface even though the themes and cultural content of each chapter change, they will come to see the positive effects of task repetition.

Task repetition is also a central focus of the text's reading strategies. It is important to remember that even when reading in their first language, students may have problems comprehending a text. For this reason, *Punto y aparte* emphasizes three specific reading strategies to help students gain a better overall sense of what's happening in the second-language texts of our program. We like to refer to these reading strategies as "the three V's": learning *vocabulary* in context, *visualization,* and *verification.* (See the Guided Tour for further discussion of the three V's in juxtaposition to their consciousness-raising icons.)

Moving Toward Fluency

Another aspect of the *Punto y aparte* philosophy is to give students a tangible feeling of accomplishment by providing ample communicative activities so that they begin to acquire the ability to use what they have learned in a variety of contexts. By focusing on and recycling seven communicative functions, we intend not to intimidate students, but rather to give them the feeling that they can successfully accomplish these goals. To ensure that students move forward in their understanding of the forms that make their messages more accurate, consciousness-raising activities serve as an indi-

rect way of helping them see how all of these functions work together in the target language. These activities require students to identify statements that exemplify the seven communicative functions and explain their use or purpose. To this end, consciousness-raising activities are integrated throughout the program.

Another tangible indicator to students that they are moving forward in the language acquisition process is an expanded vocabulary. As such, *Punto y aparte* stresses vocabulary acquisition as another of its main goals. New vocabulary items are presented in thematic groupings in each chapter but are also constantly recycled throughout the program. In this way, students continually use the vocabulary they have acquired from preceding chapters when discussing new topics related to the current chapter's theme.

It is very important that students understand from the outset how this program differs from previous programs they may have used. As they focus on the seven communicative functions, recycle and expand their vocabulary, and see *themselves* moving toward fluency, they should progress from studying grammatical structures in a vacuum to studying grammar as a support for expressing language functions, from memorizing isolated words to learning and using groups of thematically related words, and from being list makers to being paragraph makers.

A Few More Words About Grammar

Although the *Punto y aparte* program promotes communicative language development, we want to stress that grammatical accuracy is very important to the success of this approach. From the very beginning we stress that learning grammatical structures and rules is different from acquiring the ability to use those structures and rules in real-world situations. We have created a variety of tasks designed to elicit the communicative functions highlighted by marginal icons. These icons also serve to draw students' attention to the grammatical rules needed to perform those tasks. For example, when students see the D icon next to an activity, they know that they will be making descriptions and that, in order to do it well, they must keep in mind the rules for gender/number agreement, the appropriate uses of **ser** and **estar,** and perhaps the use of past participles as adjectives. (See the chart on the inside front cover of this text.)

With the aid of this consciousness-raising device, students can begin to see more clearly that the grammatical structures represent the linguistic tools needed to express the seven communicative functions with accuracy. As students become more aware of this relationship between grammar and communicative function, they may notice the gaps in their grammatical knowledge that impede them from expressing themselves with ease. These are the "teachable moments" when a quick grammar review can take on new meaning for students. To aid you in such moments, we provide the "green pages" section at the back of the main text. It contains grammar explanations that you can use to review specific structures with students at any time throughout the course. (See the **Explicación gramatical** section of the Guided Tour for further discussion of this resource.)

What's New in the Second Edition?

In response to feedback from many instructors and students who used the first edition, we have implemented a number of changes for the second edition of the *Punto y aparte* program.

Student Edition

- The introductory section of each main chapter, formerly called **Situaciones,** is now called **La historia** and tells the ongoing story of the five friends whose lives are portrayed throughout the program.
- The various elements of the vocabulary section (**Vocabulario del tema**) have been updated as appropriate to reflect the new contents of each chapter.
- The grammar section (**Puntos clave**) now immediately follows the **Vocabulario del tema** section, allowing for more effective presentation and review of the featured grammatical structures earlier in each chapter.
- In the cultural section (**Rincón cultural**), the list of **Lugares fascinantes** has been updated, and a new **Actividad de Internet** has been added to the end of each **Lo hispano en los Estados Unidos** section. This activity directs students to use the Internet to investigate cultural topics and present their findings for homework or classroom discussion.
- New readings have been chosen for the **Lectura** section of **Capítulo 3** and **Capítulo 5.** In addition, a second reading (**Lectura 2**) now ap-

pears beginning in **Capítulo 4,** thus providing even more exposure to written language and giving students additional work on developing reading skills. Each **Lectura 2** reading is a poem by a Hispanic author and is accompanied by pre- and post-reading activities.

- The grammar explanations in the **Explicación gramatical,** or "green pages," section at the back of the book have been simplified or expanded as necessary in the interests of clarity and accuracy. Also, a new marginal tabbing system allows for easier reference.
- Occasionally, activities or individual questions that can be particularly challenging are labeled **Desafío.** These activities or questions will require use of one or more of the more challenging communicative functions (e.g., **Hacer hipótesis**) and should be assigned at the instructor's discretion or completed by students who feel up to the challenge.
- Finally, appropriate changes to artwork, themes of discussion, vocabulary, as well as an updated design have been made throughout the main text.

Instructor's Edition

- Throughout the new *Instructor's Edition* of the main text you will find helpful suggestions and information in on-page annotations to help you, the instructor, in the classroom and in your lesson planning.

Manual que acompaña Punto y aparte (Workbook/Laboratory Manual)

- The **Para empezar** section of the *Manual* has been expanded and enhanced for the second edition. In addition to many more activities, it now includes **Pista caliente** (*Hot tip*) mini-grammar explanations in English to help students better review the grammatical structures of the seven communicative functions at the beginning of the course.
- The new **Para repasar** section located between **Capítulo 3** and **Capítulo 4** and unique to the *Manual* can be used as a midterm review for schools using *Punto y aparte* for one semester or as a refresher at the beginning of the second term for schools using the program for an entire year.
- The *Manual* now contains a **Rincón cultural** section. It offers an activity entitled **¿Qué**

significa para mí ser... ? in which native speakers share their ideas on what it means to be **española, puertorriqueño, mexicano,** and so on.

- The Audio Program, which represents the **Práctica oral** section of the *Manual,* is now provided on audio CDs instead of on audiocassettes.

Instructor's Manual

- The *Instructor's Manual* has been purposefully reorganized and expanded to make it more user-friendly than its predecessor, thus helping you, the instructor, get the most out of the *Punto y aparte* program in less time.
- There are more activities and teaching aids that you can make into transparencies for use in the classroom.
- There are sample quizzes and sample chapter, midterm, and final exams that can be administered as they are or that can serve as the basis for new quizzes and exams.
- Finally, the *Instructor's Manual* is available in password-protected electronic format that you can download from the Instructor's Center portion of the *Online Learning Center Website to accompany Punto y aparte* (www.mhhe.com/puntoyaparte).

Multimedia Supplements for the Second Edition

Two exciting new multimedia supplements have been developed for the second edition of the *Punto y aparte* program.

- The interactive *CD-ROM to accompany Punto y aparte* represents one of the richest textbook CD-ROMs available on the market today. Each main chapter contains audio and video activities in addition to a wealth of activities that students can use to review the vocabulary, grammatical structures, and culture found in each chapter of the main text.
- The *Online Learning Center Website to accompany Punto y aparte* provides students with exercises to practice the vocabulary and grammar from each chapter of the main text. Moreover, it strives to take full advantage of the cultural resources the Internet can offer to students and instructors. As such, one of the main features of this website is culture. Each **Lugar fascinante** and additional feature of the **Rincón cultural** section of each chapter of the main text is represented on the website.

Guided Tour of **Punto y aparte**

Chapter Opener
Each new chapter-opening page includes the chapter title, a photo, a brief introductory paragraph, and bulleted points describing the communicative functions, the central themes, and the country or region of focus for the chapter.

La historia
Formerly named **Situaciones** in the first edition, each **La historia** section continues to present the reader with a dialogue between some or all of the five friends. Words that represent active vocabulary (those words found in the **Vocabulario del tema** listing) are set in boldface. Following the dialogue are some activities designed to get students into the themes presented in the dialogue and the themes of the chapter.

Vocabulario del tema
The **Vocabulario del tema** section begins with a list of vocabulary items arranged thematically and/or semantically for easier association and reference.

Several words from the new vocabulary lists are then expanded in the **Ampliación léxica** section by showing how they are related to similar words with different parts of speech. A variety of communicative activities follows in order to allow students ample opportunity to work with and acquire the new vocabulary. **Para conversar mejor** boxes provide useful idiomatic expressions that students can use in their small-group conversations. **Nota cultural** boxes highlight one or more cultural aspects of the Spanish-speaking cultures. Each **Nota cultural** is followed by conversation questions that students can answer in pairs or small groups.

Puntos clave

In this section of the chapter, which highlights at least one of the seven communicative functions, there is a short review of the grammatical structures that support each function. A brief exercise called **Ponerlo a prueba** allows students to check their command of the pertinent grammatical structures before moving on to the communicative activities.

Rincón cultural

This unique cultural section contains three parts. **Lugares fascinantes** presents points of interest in the chapter's country or region of focus.

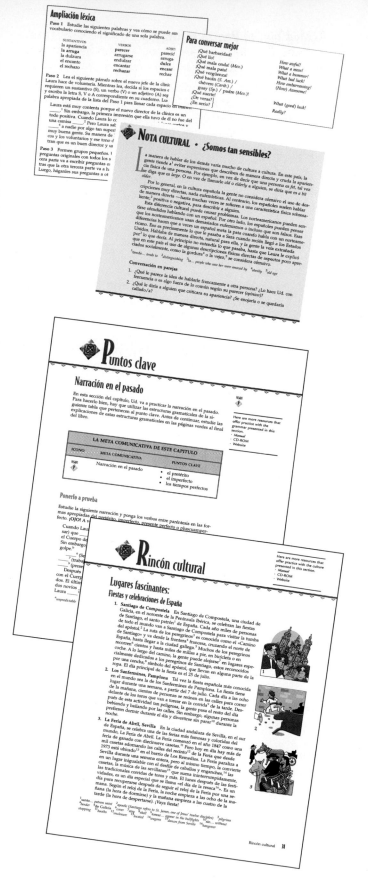

Un artista hispano profiles a Hispanic artist from the country or region of focus. The **Lo hispano en los Estados Unidos** section presents information about interesting Hispanic people, cultural events, and/or community services found in the United States. Finally, in addition to the **Actividad de Internet** that corresponds to the **Lo hispano en los Estados Unidos** section, every cultural point presented in the first two sections of the **Rincón cultural** has a corresponding activity and suggested links on the *Online Learning Center Website*.

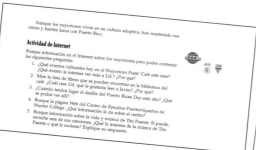

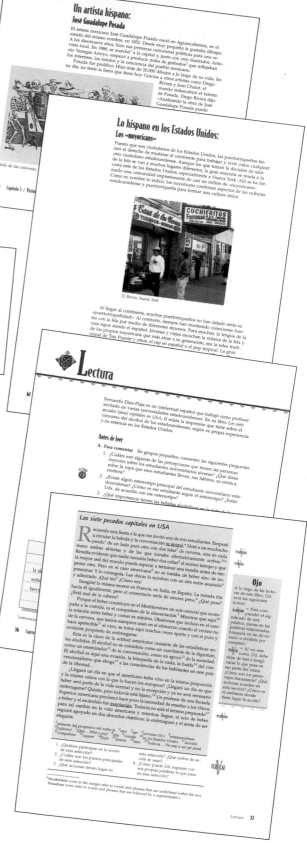

Lectura

Each chapter contains an authentic reading that addresses the chapter theme and, starting in **Capítulo 4,** there is a second reading in the form of a poem. Pre- and post-reading activities emphasize reading strategies, comprehension, and expansion of the ideas presented in each reading for individual homework and small-group classroom discussion.

Consciousness-raising icons next to each reading highlight specific strategies. A **Vocabulario** icon in the margin alerts students to make wise strategy decisions about a new vocabulary item, such as deciphering the word based on the context, relating it to similar words they *do* know, looking it up in a dictionary, or ignoring it altogether. **Visualizar** icons remind students to visualize images of the people, places, things, and situations described at that point in the reading. A **Verificar** icon and a set of questions, positioned at logical break points within longer readings and at the end of all readings, encourage students to monitor their comprehension of the reading up to that point.

¡A escribir!

The main composition of each chapter is divided into three sections: a brainstorming activity, a peer-reviewed preliminary writing assignment, and a final composition based on the information gathered from the first writing assignment. Additional writing activities are found throughout the text and are easily identifiable by the writing icon.

Hablando del tema

This final section in each chapter contains additional speaking activities that require students to use higher-level speaking skills to support an opinion, discuss advantages and disadvantages, hypothesize, and so on.

Explicación gramatical

Explanations of the grammar structures associated with each communicative function can be found in the green pages near the end of the main text. A new marginal tabbing system provides easy reference. ¡A practicar! exercises offer additional practice for the presented grammar points, and the answers to all ¡A practicar! exercises are provided in **Apéndice 1**. Explanations of additional grammatical structures can be found in the **Referencia de gramática** section at the end of the green pages.

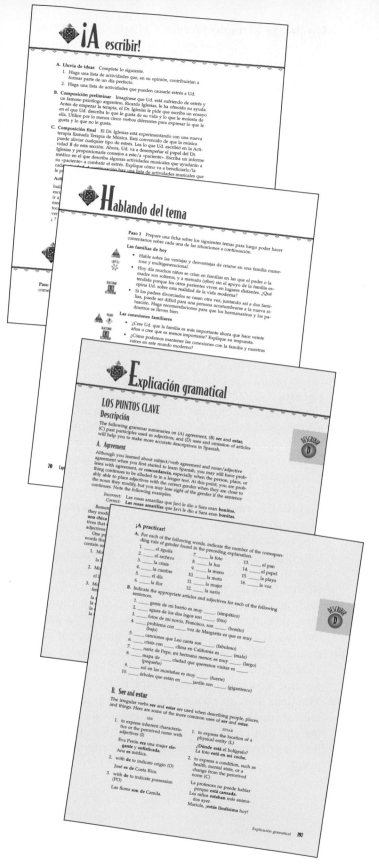

Supplements

As a full-service publisher of quality educational products, McGraw-Hill does much more than just sell textbooks to your students. We create and publish an extensive array of print, video, and digital supplements to support instruction on your campus. Orders of new (versus used) textbooks help us defray the cost of developing such supplements, which is substantial. Please consult your local McGraw-Hill representative to learn about the availability of the supplements that accompany *Punto y aparte: Spanish in Review, Moving Toward Fluency,* Second Edition.

For instructors *and* for students:

- ***Manual que acompaña Punto y aparte* (Workbook/Laboratory Manual)**
  Commonly referred to as simply the *Manual,* the Workbook/Laboratory Manual contains a variety of exercises and activities that students can use to practice the seven communicative functions through use of any or all of the four skills: reading, writing, listening, and speaking.
- ***Audio Program***
  The Audio Program, now available on audio CDs, corresponds to the **Práctica oral** section found in the **Para empezar** and all main chapters of the *Manual.*
- ***CD-ROM***
  This exciting interactive addition to the second edition of *Punto y aparte* expands on the cultural themes, vocabulary, and **puntos clave** work presented in the main text.
- ***Online Learning Center Website***
  The *Online Learning Center Website* offers various resources for instructors and students, including vocabulary and grammar exercises and cultural activities related to the **Rincón cultural** section presented in the main text.
- ***Ultralingua en español Spanish-English Dictionary on CD-ROM***
  This interactive bilingual dictionary, available for purchase, offers additional opportunities for students to enrich their vocabulary and improve their Spanish.

For instructors:

- ***Instructor's Edition***
  This special edition of the main text, specifically designed for instructors, contains helpful suggestions and information in on-page annotations for more effective in-class use of the various features of the main text and its supplements.
- ***Instructor's Manual***
  Reorganized and updated for the second edition, the *Instructor's Manual* includes even more helpful suggestions and resources for maximizing the various components of the *Punto y aparte* program.
- ***Audioscript***
  This is a complete transcript of the contents of the *Audio Program to accompany Punto y aparte.*

Acknowledgments

We are extremely grateful to be publishing the second edition of *Punto y aparte* and would like to thank several friends, colleagues, and instructors who have aided us in myriad ways since the first days of the *Punto y aparte* program. We would like to thank our faculty colleague Gloria Grande as well as all of the graduate students from the Department of Spanish and Portuguese at the University of Texas at Austin who were so generous with their time and support: Matthew Borden, Magdiel Castillo, Elena Castro, Sara Cooper, Rita Corticelli, James Courtad, Gloria Díaz-Rinks, Patrick Duffey, Carolyn Dunlap, Rebecca Gámez, Hoffy Gardarsdottir, Cynthia Fraser-González, Beatriz Gómez Acuña, Rosa María Graziani, Amy Gregory, Oscar Guerrero, Roberto Herrera, Damián Hinojosa, Rafael Hoyle, Guillermo Irizarry, Han Soo Jung, Malía Lemond, Talía Loaiza, Jackie Loss, João Lourenço, María Mayberry, Alex McNair, Ivonne Mercado, Ramiro Muñoz, Adela Pineda, Anna Pyeatt, Michael Reagan, Carolina Rocha, Georgia Seminet, Beth Simpson, Elizabeth Sisson-Guerrero, Wendell Smith, Gina Springer, Juan Tejada, Ramón Téllez, Chris Travis, Ruth Westfall, Ann Wildermuth, and Liz Wright. We would like to thank Fátima Alfonso-Pinto, Cristina Fernández, Luis Guerrero, Rafael Hoyle, Guillermo Irizarry, Anne Lambright, and Gina Springer, who put in long hours under hot lights to complete the video segments that now appear on the *CD-ROM to accompany Punto y aparte,* as well as Melvis and Tim Sheehan, the owners of the Ruta Maya café, and Alex Avila, James Borrego, and the wonderful crew at Adelante Films. We owe special thanks to the five friends who have been portrayed throughout the *Punto y aparte* program: Sara Carrillo Jiménez, Javier Mercado Quevedo, Diego

Ponce Flores, Laura Taylor, and Sergio Wilson Flores. We thank the many instructors and friends who have participated in reviews or completed surveys of the first edition of *Punto y aparte,* and although we hope that they are pleased with this second edition, the appearance of their names does not necessarily constitute an endorsement of the program or its methodology.

Pilar Alcalde, *University of Memphis;*
Candace J. Carlson, *Northern Illinois University;*
Delia Escalante, *Phoenix College;*
Gloria Grande, *University of Texas at Austin;*
Mary Ellen Kiddle, *Boston College;*
Leonor Lobon, *West Virginia University;*
Alicia Lorenzo, *University of Missouri;*
Alberto Loza, *University of California–San Diego;*
María-Esther D. Ramírez, *Louisiana State University;*
Susan J. Yoder-Kreger,*University of Missouri-St. Louis*

It is always a pleasure to work with an organization that values teamwork above all; thus, many thanks are owed to the people at McGraw-Hill who worked behind the scenes on this second edition of *Punto y aparte.* William Glass, our director and publisher, was instrumental in shaping the revision plan for this edition. Scott Tinetti's years of experience and contributions as director of development were indispensable to the editorial process, as were those of Laura Chastain (El Salvador), who reviewed the initial manuscript for linguistic and cultural authenticity throughout. We were so fortunate to have Allen J. Bernier as our development editor for the second edition. As a former instructor who had taught from the first edition, Allen was able to offer so many valuable insights and suggestions. However, perhaps even more important than his in-depth knowledge of the book was the respectful and diplomatic manner in which he offered his suggestions that made it such a pleasure to work with Allen. Roger Geissler, who served as project manager, was critical in coordinating the production process, while Pam Augspurger handled the manufacturing process as production supervisor. The creativity and hard work of our designer, Jean Mailander, was immensely appreciated. Her efforts in conjunction with those of Emma Ghiselli, our art editor, Nora Agabayani, our photo researcher, and Heather Jarry, who created the original painting on the cover of this book, have ensured a fresh new look for an ever-changing market. We would like to thank Nick Agnew, senior marketing manager for World Languages, and the entire McGraw-Hill sales staff for their continuing efforts in promoting and making the *Punto y aparte* program such a success.

Finally, a very special thanks goes to Frank for being a source of unending support and encouragement on every level, to Guillermo for believing in us and for putting in many hours of overtime, and to our parents, who taught us the value of hard work.

To the Student

Welcome to the second edition of *Punto y aparte: Spanish in Review, Moving Toward Fluency,* a unique and exciting intermediate Spanish program! As second-year students of college Spanish, you have already studied verb tenses, the subjunctive mood, pronouns, a lot of basic vocabulary, common idioms, and so on. The goal of this course is to help you acquire the ability to use what you have learned by focusing on seven major communicative functions in Spanish: describing, comparing, reacting and recommending, narrating in the past, talking about likes and dislikes, hypothesizing, and talking about the future. All of your written and oral practice will be centered around topics that require you to demonstrate an ability to communicate these functions.

Furthermore, it is the goal of this course that you become a paragraph maker in Spanish. (In fact, the Spanish expression **punto y aparte** is used to indicate the beginning of a new paragraph!) You will also achieve greater cohesion in your speaking and writing abilities by including transition words and sentence connectors as you move toward fluency in Spanish. (Please see the list of common connectors and transition words on the inside back cover.)

Another goal of this course is to increase your vocabulary by adding new words to your active vocabulary and by acquiring strategies that will help you understand the meaning of unfamiliar terms. You will also notice that all of the vocabulary is presented in groups of words that are thematically related. We suggest that you study the vocabulary in these thematic groups rather than as single, isolated words. You will find a consistent recycling of vocabulary throughout the text so that you will not forget vocabulary studied in **Capítulo 1** by the time you arrive at **Capítulo 5.**

What is unique about *Punto y aparte* and its approach is the idea of narrowing the focus of instruction to seven major communicative functions, all of which appear in every chapter from the beginning of the course. This focus on the communicative functions is aided by the constant recycling of the grammatical structures needed to accurately and successfully perform these functions. In other words, the content or themes will change with each new chapter, but the seven functions will be repeated throughout the text. To help facilitate your growing abilities to communicate effectively in Spanish, icons are used throughout the text to remind you with which function you are working. For example, when you see the D icon next to an activity, you know that you are working with description and that, in order to describe well, you must keep in mind the rules for gender/number agreement, the appropriate uses of **ser** and **estar,** and perhaps the use of past participles as adjectives. (Please see the inside front cover for a full display of the icons, the communicative functions, and the grammatical structures that accompany the functions.)

In order to accomplish each of these communicative functions, certain grammatical structures must be mastered. Therefore, *Punto y aparte* offers a wide variety of interactive tasks so that you can practice the communicative functions repeatedly throughout the text. By practicing the same functions from chapter to chapter, you will increase your grammatical accuracy and strengthen your ability to effectively express yourself in Spanish.

Besides concentrating on seven communicative functions and increasing your vocabulary, we want to help you enjoy reading in Spanish as well. Although there are many reading strategies that can help guide you as you approach texts written in Spanish, *Punto y aparte* concentrates on three. We like to refer to these reading strategies as "the three V's": learning *vocabulary* in context, *visualization,* and *verification.* To aid you in acquiring these strategies we have placed consciousness-raising icons next to each reading in the **Lectura** sections. A **Vocabulario** icon in the margin alerts you to make wise strategy decisions about a new vocabulary item, such as deciphering the word based on the context, relating it to similar words you *do* know, looking it up in a dictionary, or ignoring it altogether. **Visualizar** icons remind you to visualize images of the people, places, things, and situations described at that point in the reading. Finally, a **Verificar** icon and a set of questions, positioned at logical break points within longer readings and at the end of all readings, encourage you to monitor your comprehension of the reading up to that point. The goal of these strategies is to help you get the overall gist of the passage.

It is also very important to understand from the outset how this course differs from previous courses you may have taken. As you move toward fluency in Spanish, you should progress from being a list maker to a paragraph maker, from memorizing isolated words to learning and using groups of thematically related words, and from studying grammar structures in a vacuum to studying grammar as a support for expressing the seven language functions that serve as the core of the *Punto y aparte* methodology. Finally, you should also attain a deeper understanding and appreciation of Hispanic cultures through the rich and diverse **Rincón cultural** sections and through the lives of the five characters (**los cinco amigos**) who appear throughout *Punto y aparte* in their daily lives and interactions at the Ruta Maya café in Austin, Texas. The five friends are Sara Carrillo Jiménez, a Spanish graduate student; Javier Mercado Quevedo, a Puerto Rican journalist who also works at Ruta Maya; Laura Taylor, an American graduate student of Latin American Studies and Health Administration and Sara's roommate; Diego Ponce Flores, a Mexican shop owner; and Sergio Wilson Flores, a Mexican-American concert promoter and Diego's cousin.

Above all, we hope that you enjoy this course and that you find yourself moving toward fluency in Spanish!

Ruta Maya en Austin, Texas

Los cinco amigos

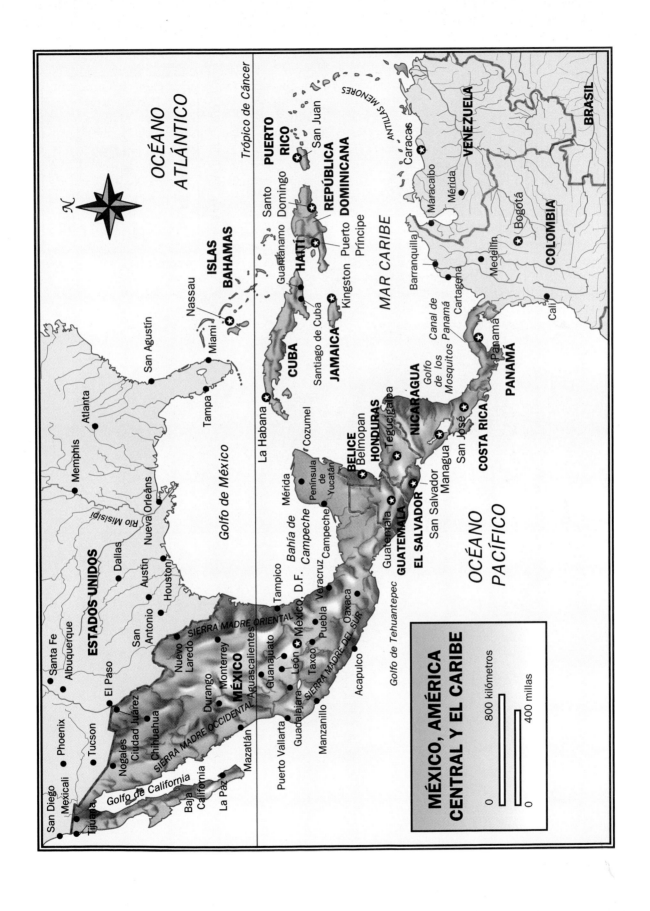

OCÉANO ATLÁNTICO

Trópico de Cáncer

OCÉANO PACÍFICO

MAR CARIBE

Golfo de México

Golfo de California

Bahía de Campeche

Golfo de Tehuantepec

Golfo de los Mosquitos

ESTADOS UNIDOS

MÉXICO

ISLAS BAHAMAS

CUBA

HAITÍ

REPÚBLICA DOMINICANA

PUERTO RICO

JAMAICA

BELICE

GUATEMALA

HONDURAS

EL SALVADOR

NICARAGUA

COSTA RICA

PANAMÁ

COLOMBIA

VENEZUELA

BRASIL

SIERRA MADRE ORIENTAL

SIERRA MADRE OCCIDENTAL

SIERRA MADRE DEL SUR

Río Misisipi

ANTILLAS MENORES

Baja California

Península de Yucatán

Canal de Panamá

San Diego
Mexicali
Tijuana
Phoenix
Tucson
Nogales
Ciudad Juárez
Chihuahua
El Paso
Santa Fe
Albuquerque
San Antonio
Austin
Dallas
Houston
Nuevo Laredo
Monterrey
Durango
Mazatlán
La Paz
Puerto Vallarta
Manzanillo
Guadalajara
León
Aguascalientes
Guanajuato
Taxco
México, D.F.
Puebla
Oaxaca
Acapulco
Veracruz
Tampico
Mérida
Cozumel
Campeche
Memphis
Atlanta
Nueva Orleáns
Tampa
San Agustín
Miami
Nassau
La Habana
Santiago de Cuba
Guantánamo
Kingston
Puerto Príncipe
Santo Domingo
San Juan
Belmopan
Guatemala
San Salvador
Tegucigalpa
Managua
San José
Panamá
Barranquilla
Cartagena
Maracaibo
Mérida
Medellín
Bogotá
Cali
Caracas

MÉXICO, AMÉRICA CENTRAL Y EL CARIBE

| 0 | | 800 kilómetros |

| 0 | | 400 millas |

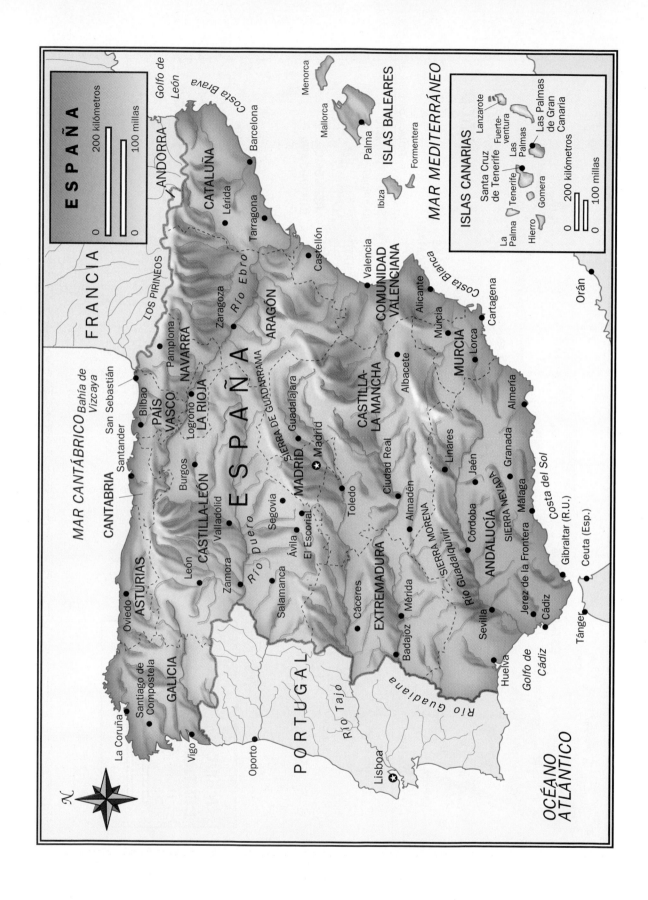

MAR CARIBE

OCÉANO ATLÁNTICO

Barranquilla
Maracaibo
Caracas
PANAMÁ
VENEZUELA
GUYANA
Georgetown
Paramaribo
Medellín
Panamá
Río Orinoco
Bogotá
SURINAME
Cayena
Cali
COLOMBIA
GUYANA FRANCESA
Quito
Ecuador
ECUADOR
Río Amazonas
Belém
Guayaquil
Manaus
PERÚ
BRASIL
Recife
CORDILLERA DE LOS ANDES
Cuzco
Lima
La Paz
Brasília
Arequipa
BOLIVIA
Sucre
Antofagasta
PARAGUAY
Río de Janeiro
Trópico de Capricornio
CHILE
San Miguel de Tucumán
Asunción
São Paulo
OCÉANO PACÍFICO
La Serena
OCÉANO ATLÁNTICO
Córdoba
Rosario
Valparaíso
URUGUAY
Santiago
ARGENTINA
Concepción
Buenos Aires
Montevideo
Río de la Plata
Bahía Blanca
N
Puerto Montt
Bariloche
Chiloé

AMÉRICA DEL SUR

0	1500 kilómetros

0	1000 millas

Islas Malvinas
Estrecho de Magallanes
Punta Arenas
Tierra del Fuego

Cabo de Hornos

Para empezar:
Los cinco amigos

Los cinco amigos: Diego, Laura, Sergio, Sara y Javier

¡Bienvenido/a a *Punto y aparte*! A lo largo de este libro de texto, en el *Manual que acompaña Punto y aparte* y en el CD-ROM, Ud. va a trabajar con siete metas comunicativas en conversaciones con sus compañeros de clase, en composiciones y en ejercicios gramaticales. También irá conociendo poco a poco, sobre todo en la sección La historia, a los cinco amigos que aparecen en la foto. Todos viven en Austin, Texas.

 In the *Interactive CD-ROM to accompany Punto y aparte*, you will find additional practice with the grammar in this chapter.

Puntos clave
- introducción a los puntos clave

Tema central
- los cinco amigos

Zona de enfoque
- el café Ruta Maya en Austin, Texas

Lea la pequeña biografía de cada uno de los cinco amigos y un perfil (*profile*) personal. Luego, conteste las preguntas que aparecen a continuación.

Sara Carrillo Jiménez

Sara nació en un pueblo cerca de Salamanca, España. Hizo periodismo en la Universidad Pontificia de Salamanca y trabajó en una emisora[1] de radio local, pero sólo ofrecían programas musicales. Como quería aprender otras cosas relacionadas con el mundo de las comunicaciones, cuando a Sara le hablaron de la posibilidad de estudiar en los Estados Unidos, decidió «cruzar el charco».[2] Actualmente está acabando su másters en Radio, Televisión y Cine y trabaja en la emisora universitaria, donde hace un programa dirigido a los hispanohablantes.

Habla Sara:
Rasgos[3] principales de mi carácter: *Soy extrovertida, franca e impaciente.*
Mi estado de ánimo en estos días: *Estoy preocupada por la tesis y por eso estoy un poco ansiosa.*
Ayer y hoy: *Hoy soy más abierta que antes, pero soy tan impaciente como siempre.*
La sugerencia que más me dan: *Que piense antes de hablar.*
Un secreto de mi pasado: *Cuando tenía catorce años, empecé a fumar.*
Lo que más me fascina: *Me fascina todo lo que tiene que ver con las computadoras.*
Lo que más me molesta: *Me molestan las comidas picantes.*
Si pudiera invitar a dos personas a cenar: *Invitaría a Paul McCartney y a Miguel Bosé.*
Cuando tenga suficiente dinero, iré a: *las Islas Canarias, donde descansaré y tomaré una clase de dibujo.*

[1]*station*   [2]*«cruzar... "to cross the pond" (fig: the Atlantic Ocean)*   [3]*Traits*

Preguntas:

1. ¿Por qué decidió Sara estudiar en los Estados Unidos?
2. ¿Es tímida Sara? ¿Cómo lo sabe Ud.?
3. ¿A Sara le gustaría la comida mexicana? ¿Por qué sí o por qué no?

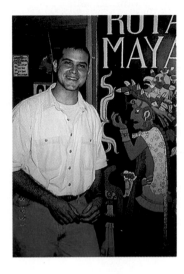

Javier Mercado Quevedo

Javier nació en Mayagüez, Puerto Rico. Tiene un hermano gemelo.[1] Trabaja como mesero en el café Ruta Maya, uno de los cafés de moda del centro de la ciudad. Hace dos años que Javier sacó su licenciatura en periodismo. Ahora, hace trabajos sueltos[2] para varios periódicos hispanos de los Estados Unidos, pero su sueño es conseguir un puesto de corresponsal en Latino-américa y pasarse la vida viajando. Es soltero y no piensa casarse nunca, aunque es muy romántico.

Habla Javier:

Rasgos principales de mi carácter: *Soy honesto, hablador y aventurero.*

Mi estado de ánimo en estos días: *Estoy muy satisfecho porque mi vida en Austin va súper bien.*

Ayer y hoy: *Hoy tengo menos interés en Hollywood que antes, pero me entusiasma saber sobre la producción de películas tanto como antes.*

La sugerencia que más me dan: *Que tenga más paciencia con mi madre.*

Un secreto de mi pasado: *Pasé seis semanas viajando por Venezuela con una novia, pero le dije a mi madre que tomaba un curso universitario allá.*

Lo que más me fascina: *Me fascina la clientela diversa que visita Ruta Maya.*

Lo que más me molesta: *Me molestan las personas manipuladoras y la hipocresía.*

Si pudiera invitar a dos personas a cenar: *Invitaría a María Martín y a Robert Rodríguez.*

Cuando tenga suficiente dinero, iré a: *México, donde trataré de entrevistar a Carlos Fuentes o al subcomandante Marcos.*

[1]*twin* [2]*hace… he freelances*

Preguntas:

1. ¿Por qué cree Ud. que Javier trabaja en el café Ruta Maya?
2. ¿Qué característica tiene Javier que le servirá en su carrera de periodismo?
3. ¿A Javier le gusta pasar mucho tiempo en casa? ¿Cómo lo sabe?

Laura Taylor

Laura nació en Sacramento, California. Al estudiar español en la universidad se interesó mucho por la cultura hispana, así que cuando se graduó decidió ingresar en el Cuerpo de Paz.[1] Terminó[2] en Otavalo, cerca de Quito, Ecuador, donde trabajó para mejorar la salud rural. Después de dos años, regresó a los Estados Unidos para seguir un curso de posgrado en estudios latinoamericanos con un énfasis en la salud rural. Después de graduarse, le gustaría trabajar en Latinoamérica.

Habla Laura:

Rasgos principales de mi carácter: *Soy perfeccionista, abierta y exigente.*
Mi estado de ánimo en estos días: *Estoy muy contenta porque mis clases van bien y tengo una vida social bastante activa.*
Ayer y hoy: *Hoy estoy más dispuesta que antes a dejarlo todo para ir a bailar, pero sigo siendo tan trabajadora como siempre.*
La sugerencia que más me dan: *Que no trate de cambiar el mundo tan rápidamente.*
Un secreto de mi pasado: *Cuando tenía doce años, leía el diario de mi hermana mayor.*
Lo que más me fascina: *Me fascinan las culturas indígenas de los Andes.*
Lo que más me molesta: *Me molesta la intolerancia.*
Si pudiera invitar a dos personas a cenar: *Invitaría a Antonia Novello y a Mercedes Sosa.*
Cuando tenga suficiente dinero, iré a: *las Islas Galápagos en el Ecuador, donde pasaré un rato tranquilo con mi novio Manuel.*

[1]Cuerpo… *Peace Corps*   [2]*She ended up*

Preguntas:

1. ¿Cree Ud. que Laura sacó buenas notas en sus cursos universitarios? ¿Cómo lo sabe?
2. ¿Por qué se fue al Ecuador cuando terminó sus estudios?
3. ¿Piensa quedarse en los Estados Unidos cuando termine sus estudios de posgrado?

Diego Ponce Flores

Diego nació en San Julián, un pueblo de México, pero fue a Monterrey a vivir con su hermano mientras estudiaba en la Universidad Tecnológica. Se mudó a los Estados Unidos hace tres años y poco después, con la ayuda de su primo Sergio, abrió una tienda de artesanía[1] latinoamericana que se llama «Tesoros».[2] Aunque se especializó en administración de empresas,[3] siempre se ha interesado por las bellas artes. Así que su tienda resulta ser una perfecta combinación de sus dos pasiones.

Habla Diego:

Rasgos principales de mi carácter: *Soy ambicioso, muy cortés y un poco inflexible.*

Mi estado de ánimo en estos días: *Estoy nervioso porque quiero abrir más tiendas, pero no sé si es el momento oportuno o no.*

Ayer y hoy: *Hoy soy menos fiestero que cuando era joven, pero aprecio mis ratos libres tanto como antes.*

La sugerencia que más me dan: *Que deje de trabajar tantas horas y que sea menos serio.*

Un secreto de mi pasado: *Cuando tenía diecisiete años, fui modelo de Levi's Jeans.*

Lo que más me fascina: *Me fascina la comida exótica.*

Lo que más me molesta: *Me molesta la falta de cortesía.*

Si pudiera invitar a dos personas a cenar: *Invitaría a Bill Gates y a Vicente Fox.*

Cuando tenga suficiente dinero, iré al: *Perú, donde buscaré artesanías andinas para vender en «Tesoros».*

[1]*arts and crafts* [2]*"Treasures"* [3]administración... *business administration*

Preguntas:

1. ¿Cree Ud. que Diego nació en una ciudad industrial? ¿Por qué sí o por qué no?
2. Parece que ser dueño de «Tesoros» es un puesto ideal para Diego. ¿Por qué?
3. A veces Diego les parece un poco formal a sus amigos. ¿Por qué será eso?

Sergio Wilson Flores

Sergio nació en El Paso, Texas, pero pasó su infancia en Chihuahua, México, el estado de origen de su madre. Después, se mudó a Boston, Massachusetts, la ciudad natal de su padre. Actualmente vive en Austin con su primo, Diego, y trabaja como promotor de conjuntos musicales. De los cuatro grupos que están bajo su dirección, dos son conjuntos *tex-mex* y dos son grupos de rock. Se graduó de la universidad hace dos años, especializándose en administración de empresas.

Habla Sergio:
Rasgos principales de mi carácter: *Soy alegre, bromista y optimista.*
Mi estado de ánimo en estos días: *Estoy cansado porque no duermo mucho. Escucho muchos grupos que tocan hasta muy tarde.*
Ayer y hoy: *Hoy me interesa la política menos que antes, pero sigo leyendo tantas revistas políticas como siempre.*
La sugerencia que más me dan: *Que trate de conseguir entradas a los conciertos de grupos famosos.*
Un secreto de mi pasado: *Tomé clases de baile para aprender a bailar tango para impresionar a una chica.*
Lo que más me fascina: *Me fascinan los conjuntos musicales latinos como Dr. Loco's Rockin' Jalapeño Band y Buena Vista Social Club.*
Lo que más me molesta: *Me molesta la falta de conciencia social.*
Si pudiera invitar a dos personas a cenar: *Invitaría a Carlos Santana y a Gloria Estefan.*
Cuando tenga suficiente dinero, iré a: *Chile, donde asistiré al gran festival de música en Viña del Mar.*

Preguntas:

1. Se puede describir a Sergio como una persona bicultural. ¿Por qué?
2. ¿Piensa Ud. que Sergio es políticamente activo en su comunidad? ¿Cómo lo sabe?
3. ¿Es Sergio una persona solitaria?

Actividades

A. Características e intereses de los cinco amigos

Paso 1 Complete la siguiente tabla con la información que obtuvo de los perfiles de los cinco amigos.

	SARA	JAVIER	LAURA	DIEGO	SERGIO
Características					
Intereses					

Paso 2 Ahora, conteste las siguientes preguntas.

1. ¿Con cuál de los cinco amigos tiene Ud. más en común en cuanto a las características de su personalidad?
2. ¿Con quién hablaría si quisiera saber algo sobre la región andina?
3. Un amigo suyo quiere abrir un negocio. ¿Con cuál de los amigos debe hablar?
4. De todos los amigos, ¿cuál es el más serio / la más seria?
5. ¿A quién no le gustaría comer en un restaurante *tex-mex?*
6. ¿Cuáles son tres adjetivos que describen a Ud.?
7. ¿Cuáles son tres adjetivos que describen a su mejor amigo/a?
8. ¿Cuáles son algunos de los intereses que Ud. y su mejor amigo/a tienen en común?

B. Preguntas personales

Si Ud. pudiera hacerle algunas preguntas a cada uno de los cinco amigos, ¿qué preguntas les haría? A continuación hay una lista de palabras interrogativas que puede usar.

¿a quién?, ¿adónde?, ¿cómo?, ¿cuál(es)?, ¿cuándo?, ¿cuánto/a/os/as?, ¿de dónde?, ¿dónde?, ¿por qué?, ¿qué?, ¿quién?

1. A Sara: _____
2. A Javier: _____
3. A Laura: _____
4. A Diego: _____
5. A Sergio: _____

C. Perfiles de sus compañeros

Entreviste a un compañero / una compañera de clase para hacerle un perfil personal como el de los cinco amigos. Luego, escoja los dos o tres datos más interesantes sobre su compañero/a y compártalos con la clase.

Rasgos principales de su carácter:
Su estado de ánimo en estos días:
Ayer y hoy:
La sugerencia que más le dan:
Un secreto de su pasado:
Lo que más le fascina:
Lo que más le molesta:
Si pudiera invitar a dos personas a cenar:
Cuando tenga suficiente dinero, irá a:

D. ¿Quiénes son? ¿Conoce Ud. a todas las personas famosas e importantes mencionadas en los perfiles de los amigos? En el mundo hispano hay muchas personas importantes que no necesariamente se conocen en este país.

Paso 1 Busque en el Internet los nombres de tres de las siguientes personas (o conjuntos musicales). Tome apuntes para luego compartir con sus compañeros de clase la información que encuentre.

1. Antonia Novello
2. *Buena Vista Social Club*
3. Carlos Fuentes
4. *Dr. Loco's Rockin' Jalapeño Band*
5. Subcomandante Marcos
6. María Martín
7. Mercedes Sosa
8. Miguel Bosé
9. Robert Rodríguez
10. Vicente Fox

Paso 2 En grupos de cuatro, compartan sus apuntes y escojan a dos personas (o conjuntos musicales) de la lista a quienes les gustaría invitar a una cena especial. Después, escojan tres temas de conversación para esa noche genial. Finalmente, compartan sus ideas con el resto de la clase.

 # Puntos clave*

Here are more resources that offer practice with the grammar presented in this section.
· *Manual*
· CD-ROM
· Website

Introducción

Lea los siguientes párrafos sobre diferentes aspectos de la vida de los cinco amigos. Cada párrafo contiene varios ejemplos de las siete metas comunicativas y los puntos clave que son el enfoque de este libro. Preste atención a los símbolos que representan cada punto clave en la siguiente tabla.

---

*Nouns used as adjectives in Spanish (like **clave** in the phrase **puntos clave**) do not alter their gender and number to agree with the noun they are modifying. Other examples are: **fechas límite, hombres rana, mujeres político, perros guía.**

LAS SIETE METAS COMUNICATIVAS Y LOS PUNTOS CLAVE

ICONO	META COMUNICATIVA	PUNTOS CLAVE
DESCRIBIR **D**	Descripción	• la concordancia de género y número • **ser/estar** • los participios como adjetivos
C **COMPARAR**	Comparación	• la concordancia de género y número • **tan… como, tanto/a/os/as… como** • **más/menos… que**
REACCIONAR **R** **RECOMENDAR**	Reacciones y recomendaciones	• el subjuntivo en cláusulas nominales • los mandatos
PASADO **P**	Narración en el pasado	• el pretérito • el imperfecto • los tiempos perfectos
GUSTOS **G**	Hablar de los gustos	• los verbos como **gustar** • los pronombres de complemento indirecto
HIPÓTESIS **H**	Hacer hipótesis	• el pasado de subjuntivo • el condicional
FUTURO **F**	Hablar del futuro	• el futuro • el subjuntivo en cláusulas adverbiales

Descripción: El café Ruta Maya

Paso 1   Lea la siguiente descripción del café Ruta Maya.

El café Ruta Maya **es** una bodega[1] **renovada** que **está** en el distrito teatral de Austin. Las paredes **están decoradas** con carteles de varios países **hispanos.** Cada mes se exponen obras de **diferentes** artistas **locales.** Allí se celebran las culturas **hispanas,** con café estilo **cubano,** empanadas[2] y flanes[3] **sabrosos** y una **gran** muralla estilo **azteca.** Su clientela **es** muy **ecléctica** y los fines de semana por la noche el café siempre **está lleno.** Allí la gente se reúne después de ir al teatro o después de cenar para comer uno de sus **deliciosos** postres y para disfrutar de la música en vivo.[4] ¡**Es** un lugar **maravilloso**!

[1]*warehouse*   [2]*turnovers*   [3]*custard desserts*   [4]*en… live*

Paso 2   Ahora, complete las oraciones con adjetivos de la lista en la siguiente página u otros. Preste atención a la concordancia entre adjetivo y sustantivo. **¡OJO!** Hay más de una respuesta posible en muchos casos.

> # Ojo
> Antes de hacer esta sección, vea las páginas verdes al final del libro para repasar cómo hacer descripciones en español.

Javier, trabajando en el café Ruta Maya

barato, bueno, divertido, exclusivo, generoso, hispano, limpio, lleno, ocupado (*busy*), rico (*rich; delicious*), ruidoso (*noisy*), sofisticado, sucio

1. La librería favorita de Sara y Laura siempre está _____ de estudiantes de Latinoamérica porque tiene muchos libros _____ y sirven cafés y postres _____.

2. La discoteca donde se reúnen los cinco amigos para bailar los viernes por la noche es _____ pero muy _____.

3. El restaurante donde trabaja la prima de Laura es _____. A su prima le gustan los clientes porque son muy _____ con las propinas (*tips*) que le dan.

Paso 3 En parejas, describan su lugar favorito para estar con sus amigos. ¿Dónde está ese lugar? ¿Cómo es? ¿Qué tipo de personas suele (*usually*) reunirse allí? ¿Por qué les gusta tanto ese lugar?

COMPARAR

Comparación: Dos compañeras de cuarto

Paso 1 Lea la siguiente comparación entre las dos compañeras de cuarto, Laura y Sara.

Sara y Laura: dos amigas bastante distintas

Aunque Laura y Sara son íntimas amigas, son muy diferentes —no sólo en su carácter, sino también en su aspecto físico. Por ejemplo, Sara es **más morena** y un poquito **más baja que** Laura. Nuestra amiga española tiene **menos interés** en hacer ejercicio **que** su compañera, pero su metabolismo debe de ser muy rápido porque es **tan delgada como** Laura. Las dos son perfeccionistas, pero Laura es **la más impaciente** de las dos. Esto a veces le causa problemas con Sara, porque si tiene que esperar **más de cinco** minutos, Laura empieza a quejarse. A pesar de todo,[1] esta es una de **las amistades más importantes** que tienen las dos.

[1]A... *In spite of it all*

Paso 2 Ahora, haga comparaciones entre los cinco amigos, utilizando las palabras que aparecen a continuación. (Si es necesario, repase las descripciones de los cinco amigos que aparecen al principio de este capítulo.)

1. Sergio/Diego: flexible
2. Laura/Sara: estudiar
3. Laura/Javier: viajar
4. Diego/Sergio: ambicioso

Paso 3 En parejas, hagan por lo menos cuatro comparaciones entre cada uno/a de Uds. y su mejor amigo/a.

> **yo / mi mejor amigo/a:** atlético/a, cursos este semestre, dinero, hablar por teléfono, organizado/a, pasar tiempo en el Internet, salir, serio/a,...

REACCIONAR
R
RECOMENDAR

Reacciones y recomendaciones: ¡Qué talento tiene Diego!

Paso 1 Lea el siguiente párrafo sobre Diego y su familia.

Diego es un buen hombre de negocios.[1] **Es increíble que** en dos años su tienda «Tesoros» **haya tenido** tanto éxito.[2] Diego está pensando abrir más tiendas en Nueva York y Miami, pero sus padres **no creen que sea** buena idea meterse[3] en tantos asuntos,[4] porque si lo hace, nunca tendrá tiempo para visitar a su familia en México. A ellos **no les gusta que** su hijo **lleve** una vida tan «americana». **Tienen miedo de que** él **se acostumbre** a vivir en los Estados Unidos y de que no **quiera** regresar a su país.

[1]hombre... *businessman* [2]*success* [3]*to get involved* [4]*matters*

Paso 2 Ahora, complete las siguientes oraciones, utilizando el subjuntivo cuando sea necesario.

1. Es bueno que «Tesoros»...
2. Los padres de Diego no quieren que...
3. Es evidente que Diego...
4. Recomiendo que Diego...

Paso 3 Nuestros padres (hijos, abuelos, amigos...) comparten algunas de nuestras opiniones, pero no están de acuerdo con todas nuestras ideas, ¿verdad? Complete las siguientes oraciones.

1. Mis padres (hijos, abuelos, amigos...) quieren que yo...
2. A mi mejor amigo/a le gusta que yo...
3. Me molesta que mis padres (hijos, abuelos, amigos...)...
4. Espero que mis padres (hijos, abuelos, amigos...)...

Ojo

Antes de hacer esta sección, vea las páginas verdes al final del libro para repasar cómo hacer reacciones y recomendaciones en español.

Diego: un hombre con suerte en los negocios

PASADO
P

Narración en el pasado: Sara y el día inolvidable

Ojo

Antes de hacer esta sección, vea las páginas verdes al final del libro para repasar cómo narrar en el pasado en español.

▽   ▽   ▽   ▽   ▽

Paso 1   Lea la siguiente narración sobre un día que Sara recordará para siempre.

Cuando Sara **era** niña, siempre **visitaba** la emisora de radio donde **trabajaba** su tío. Le **fascinaba** ver cómo su tío **entrevistaba** a personas famosas. Cuando Sara **tenía** quince años, **había** un cantante que **era** muy popular entre los jóvenes. Sus canciones **eran** muy divertidas y **tenían** mucho ritmo, así que todo el mundo **bailaba** en las discotecas al compás de[1] su música. Un día Sara **fue** a la emisora y **se encontró** con él en el estudio de grabación.[2] ¡**Estaba** tan sorprendida que **se quedó** sin habla[3]! Cuando por fin **recuperó** la voz, **se acercó** a[4] él y le **dijo** con mucha timidez: «Tú eres Miguel Bosé, ¿verdad?» El chico la **miró** y **respondió:** «Sí, y tú, ¿quién eres?» Entonces Sara **se presentó** y él le **dio** un par de besos. Ese **fue** uno de los días más inolvidables de su vida.

[1]al… *to the beat of*   [2]de… *recording*   [3]sin… *speechless*   [4]se… *she approached*

Paso 2   Conteste las siguientes preguntas sobre la experiencia de Sara.

1. ¿Por qué a Sara le gustaba visitar la emisora de radio?
2. ¿Por qué era muy popular Miguel Bosé?
3. ¿Qué pasó aquel día en el estudio de grabación?

Sara ha trabajado en varias emisoras de radio.

Paso 3   Ahora, complete las siguientes oraciones para hablar de su propio pasado.

1. Cuando era niño/a, una vez yo…
2. El año pasado, mi mejor amigo/a y yo…
3. Al final del semestre pasado, mis profesores…
4. Cuando tenía dieciséis años, siempre…

 GUSTOS
G

Hablar de los gustos: ¡Qué extrovertido es Javier!

Ojo

Antes de hacer esta sección, vea las páginas verdes al final del libro para repasar cómo hablar de los gustos en español.

▽   ▽   ▽   ▽   ▽

Paso 1   Lea el siguiente párrafo sobre Javier y lo que más le interesa.

Si a Ud. **le interesa** saber quién es quién y quién hace qué, debe hablar con Javier. Es que a Javier **le fascina** la clientela tan variada que visita Ruta Maya. Su formación[1] de periodista puede ser la causa de su gran interés en conocer a la gente. Desde niño, **le interesaban** los chismes[2]

[1]*training, education*   [2]*gossip*

mientras a su hermano no le importaban para nada. La verdad es que **le encanta** enterarse de[3] lo que pasa en la vida privada de las personas. Lo único que **le fastidia**[4] es que los clientes le interrumpan las conversaciones que tiene con sus amigos. Pero, de todas maneras, uno tiene que ganarse la vida,[5] ¿no?

[3]enterarse… *to find out about* [4]le… *bugs him* [5]ganarse… *earn a living*

Paso 2 En parejas, escojan de cada columna la información que les parece apropiada para formar siete oraciones sobre los gustos y las preferencias de los cinco amigos. Sigan el modelo.

MODELO: A Laura le encanta el Ecuador.

Diego	encantar	los Beatles	el Ecuador
Laura	fascinar	el café americano	las fajitas *tex-mex*
Sara	fastidiar	el café Ruta Maya	las Islas Galápagos
Javier	gustar	los chismes	los lunes
Sergio	interesar	la comida picante	la música clásica
	molestar	la desorganización	las rebajas
		dormir	la tranquilidad

A Javier le encanta trabajar en Ruta Maya.

Paso 3 Ahora, indiquen los gustos, las preferencias, las molestias, etcétera, de las siguientes personas.

1. yo
2. mi mejor amigo/a
3. mis profesores
4. nosotros, los estudiantes de la clase

Hacer hipótesis: Los sueños de Sergio

Paso 1 Lea el siguiente párrafo sobre Sergio y lo que le gustaría hacer.

Aunque Sergio se siente feliz por lo general, a veces se pone a soñar con[1] las cosas que **haría** si **pudiera.** Por ejemplo, **le gustaría** mudarse a Los Angeles, California. Allí **podría** conocer una comunidad y cultura mexicanoamericanas muy importantes. Además, quizás **tendría** más oportunidades profesionales, puesto que[2] Los Angeles es ahora la capital del mundo de los espectáculos.[3] Si Sergio **llegara** a tener mucho éxito en su trabajo, **compraría** una casa al lado del mar. El único inconveniente de vivir en Los Angeles **sería** que su familia le **quedaría** muy lejos. ¡Pero no **importaría!** Si **tuviera** tanto éxito, **dispondría** de[4] su propio avión para viajar entre Los Angeles, Boston y México sin problema alguno.

[1]se… *he starts to dream about* [2]puesto… *since* [3]mundo… *entertainment industry* [4]dispondría… *he would have at his disposal*

Paso 2 Complete el siguiente párrafo en el que Ud. exprese la fantasía de ser alguien famoso: actor/actriz, político / mujer político, etcétera. Tendrá que añadir algunos verbos a su párrafo.

Si yo fuera _____ (nombre), tendría _____. Para las vacaciones, iría a _____ con _____, donde nosotros/as _____. Si tuviéramos ganas de hacer algo fascinante, _____. Pero si estuviéramos cansados/as, _____. Seguramente lo pasaríamos muy bien.

Paso 3 Ahora, pensando en sus propios sueños, complete las siguientes oraciones con la forma apropiada de los verbos y su

Ojo

Antes de hacer esta sección, vea las páginas verdes al final del libro para repasar cómo hacer hipótesis en español.

Sergio llevaría a sus amigos a Los Angeles si pudiera.

propia opinión para hacer hipótesis. Luego, comparta sus respuestas con un compañero / una compañera.

1. Si yo pudiera trabajar en cualquier profesión, _____ (ser) _____ porque _____.

2. Si quisiera tener éxito en esa profesión, _____ (tener) que _____ porque _____.

3. Si ganara mucho dinero en esa profesión, yo _____ (viajar) a _____, donde _____ porque _____.

Hablar del futuro: Las aventuras de Laura

Paso 1 Lea la siguiente narración sobre las posibles aventuras de Laura en el futuro.

Cuando Laura **termine** sus estudios de posgrado, **irá** de nuevo al Ecuador a vivir allí. **Vivirá** en Quito donde tal vez **trabaje** con una organización internacional. Cuando **llegue** a Quito, seguramente su novio Manuel la **recogerá** y la **llevará** a cenar. **Tendrán** mucho que decirse, ya que **habrán** pasado casi dos años sin verse. Laura no sabe cómo **irán** sus relaciones con Manuel. Siendo de dos culturas distintas, los dos **tendrán** que adaptarse mucho a las actitudes, creencias y acciones del otro.

Ojo

Antes de hacer esta sección, vea las páginas verdes al final del libro para repasar cómo hablar del futuro en español.

Paso 2 Complete las siguientes oraciones, diciendo lo que Ud. cree que pasará en las circunstancias descritas.

1. Cuando los padres de Laura se enteren de su decisión de mudarse al Ecuador,…

2. Cuando Laura y Manuel estén juntos de nuevo,…

3. Tan pronto como Laura encuentre trabajo en el Ecuador,…

4. Cuando Manuel vea que Laura es muy independiente,…

¿Cómo serán las relaciones entre Manuel y Laura?

Paso 3 Ahora, complete estas oraciones, diciendo lo que Ud. hará en las siguientes circunstancias.

1. Cuando termine mis estudios,…

2. Cuando tenga cuarenta (cincuenta, sesenta,…) años,…

3. Cuando hable mejor el español,…

4. Cuando lleguen las vacaciones,…

5. Tan pronto como pueda, yo…

¡A escribir!

A. Lluvia de ideas (*Brainstorming*)   Ahora que Ud. sabe mucha información biográfica de los cinco amigos, le toca (*it's your turn*) escribir su propia composición autobiográfica. Primero, con un compañero / una compañera, comente lo siguiente y apunte (*jot down*) sus ideas.

1. Cuando un(a) periodista entrevista a alguien, ¿qué datos personales le pide, por lo general?
2. ¿Qué aspectos íntimos de la persona entrevistada trata de descubrir el/la periodista?
3. ¿Qué preguntas le hace sobre sus planes para el futuro?

B. **Composición preliminar** Ahora, Ud. va a escribir tres párrafos sobre su vida «fantástica» en el futuro. Imagínese que ya es el año 2015 y Ud. es una persona famosa. ¿Quién será? ¿Qué hará? En el primer párrafo de su composición, describa su vida en el año 2015, incluyendo los datos personales importantes. En el segundo, hable de sus gustos y preferencias. En el tercero, revele los planes que tiene para el futuro.

C. **Composición final** Muchos periodistas que escriben para las revistas de chismes cambian la información sacada de una entrevista para hacerla más interesante.

Paso 1 Lea el siguiente artículo que salió en una revista hispana sobre Luis Miguel, el famoso cantante mexicano de música popular. Preste atención particular al titular (*headline*) del artículo.

LOS RUMORES NO DEJAN DE PERSEGUIRLE

Las tribulaciones familiares, difíciles para Luis Miguel, pueden haberlo llevado a refugiarse,[1] como a otros muchos adolescentes, en la droga. El rumor más persistente en México es que Luis Miguel tuvo problemas con la cocaína. Aunque el cantante siempre ha negado[2] esta acusación, cuando salió su disco *Luis Miguel: 20 años*, los bromistas[3] mexicanos insistieron en llamarle 'Luis Miguel: 20 gramos'.

Un conocido del cantante también lo niega. «Micky es tan vanidoso[4] que no tomaría drogas por temor a[5] no verse bien. Se levanta a las siete, hace ejercicios y casi nunca sale.» Pero después el amigo admite: «OK, tuvo un problema con la coca. Hace como tres años. Pero no puedo hablar de eso.»

A principios de 1992, circularon por todo México rumores verdaderamente increíbles: que Luis Miguel había desaparecido o había muerto y que un doble era el que realmente se presentaba en sus conciertos. La prensa sensacionalista se dio gusto informando que el cantante se había muerto de SIDA[6] y, alternativamente, que lo habían encarcelado[7] en Venezuela bajo una acusación de posesión de droga.

Una ex novia del cantante, Mariana Yazbek, indica que dichos reportajes hieren[8] a Luis Miguel. «A veces parecería que no le importa lo que dicen de él, pero le importa muchísimo.»

---

[1]pueden... *may have caused him to seek refuge* [2]ha... *has denied* [3]*jokers* [4]*vain* [5]por... *for fear of* [6]síndrome de inmunodeficiencia adquirida (*AIDS*) [7]lo... *they had thrown him in jail* [8]*hurt*

Paso 2 Ahora, imagínese que Ud. es periodista y escribe para una revista de chismes. Lea la composición preliminar que un compañero / una compañera escribió en la Actividad B. Luego, escriba un artículo exagerado y no totalmente verdadero sobre la persona «famosa» de la composición de su compañero/a. Debe ponerle a su artículo un titular llamativo (*catchy*) como, por ejemplo: «Sara Carrillo y Paul McCartney en una villa privada de Palma de Mallorca» o «Nuevas tiendas de Diego Ponce conectadas con la mafia».

Capítulo 1

Perspectiuas:

Percepciones e impresiones

Hace unos años, Sara visitó un monasterio en Santander, España.

En este capítulo, Ud. va a explorar el tema de las percepciones. ¿Cómo somos? ¿Cómo nos perciben los demás y por qué? ¿Cuáles son los factores que influyen en las primeras impresiones que Ud. tiene de alguien? ¿Cómo influyen en nuestras percepciones los rasgos físicos que tenemos? También va a leer sobre las impresiones que tiene un escritor español acerca de los estudiantes estadounidenses* y va a examinar cómo la exportación de películas y programas de televisión afecta la percepción que otros países tienen de los estadounidenses.

Puntos clave
- descripción
- comparación

Temas centrales
- percepciones
- estereotipos

Zona de enfoque
- España

In the *Interactive CD-ROM to accompany Punto y aparte*, you will find additional practice with the culture, grammar, and vocabulary in this chapter.

---

*Since much of the storyline in *Punto y aparte* takes place in Austin, Texas, you will usually see the term **estadounidense**, meaning "from the United States." Occasionally, however, you will encounter the term **norteamericano/a**, meaning "from the United States *and/or* Canada."

La historia

Las primeras impresiones

Situación: Javier y Sara están hablando en Ruta Maya de la diversa clientela que frecuenta el café y de las primeras impresiones que se produjeron al conocerse los dos. Lea el diálogo y conteste las preguntas que lo siguen. Preste atención particular al vocabulario nuevo en negrita (*boldface*).*

SARA: Las personas que hay en Ruta Maya me **parecen** más fascinantes cada vez que vengo aquí.

JAVIER: Sí, me encanta trabajar aquí porque tengo muchos clientes diferentes. Nunca me aburro.[1]

SARA: Siempre me ha gustado observar a la gente e inventar su historia personal.

JAVIER: Con esa imaginación tuya... no quiero ni pensarlo...

SARA: Pues, mira. ¿Ves a esa muchacha del pelo verde, con **un pendiente** en la nariz y ese **tatuaje llamativo?** Tiene que ser artista o algo parecido, y seguramente es **extrovertida** y poco **seria.**

[1]Nunca... *I never get bored.*

_____

*Words and phrases that are boldfaced in the dialogue appear as entries in the **Vocabulario del tema** following this section.

JAVIER: ¡Ja! Esa «muchacha» es una mujer de cuarenta años y es la dueña del negocio de al lado.[2] Es **encantadora. Te va a caer muy bien** cuando te la presente.

SARA: ¿De verdad? Pues sí que **las apariencias engañan.** Por ejemplo, cuando yo te conocí, me **pareció** que eras menos **agradable.** ¿Recuerdas esas **patillas** y **el bigote** que llevabas?

JAVIER: Sí. ¡Qué guapo estaba!

SARA: Bueno, a mí me **parecías** un bandido o algo así, aunque no me asustaste lo más mínimo.[3] Lo que sí me dio miedo fue tu aire[4] de conquistador.

JAVIER: Ja, ja, ja…

SARA: No te rías. Pensé que eras una especie de[5] donjuán…

JAVIER: ¡Qué barbaridad! Bueno, no lo vas a creer, pero yo **a primera vista** pensé que tú eras…

[2]de… *next door*   [3]no… *you didn't scare me a bit*   [4]*appearance*   [5]una… *a type of*

Actividades

A. **La búsqueda de las metas comunicativas en contexto**   Identifique en el diálogo ejemplos de las siguientes metas comunicativas: Descripción (D), Comparación (C), Hablar de los gustos (G) y Narración en el pasado (P). Subraye cada palabra o frase que represente una (o una combinación) de estas cuatro metas comunicativas. Luego, escriba al margen la(s) letra(s) que corresponde(n) a cada ejemplo subrayado (D, C, G o P).

MODELOS: …cuando yo <u>te conocí</u>, <u>me pareció</u> que <u>eras menos agradable</u>.   *P, P, P/C*
<u>Es encantadora</u>. <u>Te va a caer</u> muy bien cuando te la presente.   *D, G, P*

B. **Comprensión**   Conteste las siguientes preguntas, según el diálogo.

1. ¿Cómo son los clientes de Ruta Maya?
2. ¿Por qué piensa Sara que la mujer que está en Ruta Maya es artista?
3. ¿Por qué es chistosa (*funny*) su observación?
4. ¿Qué impresión tuvo Sara cuando conoció a Javier?
5. En su opinión, ¿cuál fue la primera impresión que Javier tuvo de Sara? ¿Cuál fue la primera impresión que Ud. tuvo de Sara?
6. ¿Cuál es la primera impresión que Ud. causa en otras personas? ¿Por qué cree que causa esa impresión?

C. **Reacciones**   Complete las siguientes oraciones, basándose en la conversación de Javier y Sara. Debe utilizar uno de los conectores de la lista a la derecha con cada oración.

REACCIONAR
R
RECOMENDAR

MODELO: A Javier le gusta que su clientela sea diversa porque le encanta conocer a gente diferente.

1. A Javier le gusta que su trabajo…
2. Es sorprendente que la dueña de un negocio…
3. Es obvio que Sara…
4. Es chistoso que Sara y Javier…

Conectores

en cambio	*on the other hand*
por eso	*therefore*
porque	*because*
puesto que	*since*
sin embargo	*nevertheless*
ya que	*since*

D. **Diálogo** En parejas, preparen un diálogo que represente una de las siguientes situaciones y preséntenlo a la clase.

Here are more resources that offer practice with the vocabulary presented in this section.
- *Manual*
- CD-ROM
- Website

1. Vuelvan a crear el diálogo entre Sara y Javier con sus propias palabras y utilizando sólo su memoria.

2. Inventen la continuación del diálogo desde la parte final. Es decir, presenten una escena en la que Javier explique lo que pensó de Sara cuando los dos se conocieron.

Vocabulario del tema

*Para describir cualidades positivas o neutras**

agradable	pleasant
atrevido/a	daring
callado/a	quiet
chistoso/a	funny
culto/a	well-educated
dulce	sweet
educado/a[†]	polite
encantador(a)	charming
hablador(a)	talkative
llamativo/a	showy, flashy
sensible[†]	sensitive

*Para describir cualidades negativas**

bruto/a	stupid, brutish
cursi	tasteless, pretentious, corny
despistado/a	absent-minded
grosero/a	rude
pesado/a	tedious, annoying
presumido/a	conceited
raro/a[†]	strange
tacaño/a	stingy
testarudo/a	stubborn

Para hablar del cuerpo

el arete /	earring
el pendiente	
la arruga	wrinkle
la barba	beard
el bigote	moustache

—**Piensa que soy su mamá.**

¿Cómo son estas personas? Descríbalas hasta el más mínimo detalle.

la ceja	eyebrow
la cicatriz	scar
las gafas /	eyeglasses
los lentes	
el lunar	beauty mark, mole
la patilla	sideburn
el pelo	hair
canoso	gray
liso	straight
rizado	curly
teñido	dyed

---

*These adjectives are usually used with **ser** to describe inherent characteristics. In **Capítulo 3**, you will learn another list of adjectives that are most often used with **estar** to express emotional states or physical conditions.

[†]Be careful when using these words. They are false cognates.

la peluca	wig	deprimente	depressing
el rasgo	trait, characteristic	emocionante	exciting
el rostro	face	preocupante	worrisome
el tatuaje	tattoo	repugnante	disgusting
calvo/a	bald		
pelirrojo/a	red-headed		

Para hablar de las percepciones

Otras expresiones útiles

caerle (*irreg.*) bien/ mal (a alguien)*	to like/dislike (someone)	a primera vista	at first sight
		las apariencias engañan	looks deceive
darse (*irreg.*) cuenta de	to realize	hablar por los codos	to talk a lot
estar (*irreg.*) de moda	to be in style	meter la pata	to put one's foot in one's mouth
ir (*irreg.*) a la moda†	to dress fashionably	no tener (*irreg.*) pelos en la lengua	to speak one's mind
llevarse bien/ mal con	to get along well/poorly with	ser (*irreg.*) buena/mala gente	to be a good/bad person
parecer (parezco)	to seem, appear		
parecerse a	to look like	tener buena/ mala pinta	to have a good/bad appearance
rechazar	to reject	tener (mucha) cara	to have (a lot of) nerve

Para describir las impresiones

alucinante	incredible, impressive
degradante	degrading

Ampliación léxica

Paso 1   Estudie las siguientes palabras y vea cómo se puede ampliar el vocabulario conociendo el significado de una sola palabra.

SUSTANTIVOS	VERBOS	ADJETIVOS
la apariencia	**parecer**	parecido/a
la arruga	arrugarse	arrugado/a
la dulzura	endulzar	**dulce**
el encanto	encantar	**encantador(a)**
el rechazo	**rechazar**	rechazado/a

Paso 2   Lea el siguiente párrafo sobre el nuevo jefe de la clínica donde Laura hace de voluntaria. Mientras lea, decida si los espacios en blanco requieren un sustantivo (S), un verbo (V) o un adjetivo (A) según el contexto y escriba la letra S, V o A correspondiente en su cuaderno. Luego, escoja la palabra apropiada de la lista del Paso 1 para llenar cada espacio en blanco.

> **Ojo**
>
> Es importante observar cómo algunas palabras se forman a partir de otras. De la misma raíz se pueden formar sustantivos, verbos y adjetivos al añadir o cambiar los sufijos o prefijos. En cada capítulo de este libro, Ud. aprenderá a ampliar su vocabulario, utilizando palabras de la lista que se pueden transformar en sustantivos, verbos o adjetivos.

---

*In this construction, **caer** functions like **gustar**: Mi nueva compañera de cuarto **me cae bien,** pero sus amigas **me caen mal.**

†**Estar de moda** is used with things, whereas **ir a la moda** is for people: Mi **compañera de cuarto** siempre **va a la moda.** Ayer se hizo cuatro **tatuajes** simplemente porque **están de moda** ahora.

Laura está muy contenta porque el nuevo director de la clínica es un
_____.[1] Sin embargo, la primera impresión que ella tuvo de él no fue del
todo positiva. Cuando Laura lo conoció, él llevaba pantalones cortos y
una camisa _____.[2] Pero Laura sabe que las _____[3] engañan y no se puede
_____[4] a nadie por algo tan superficial. La verdad es que este director es
muy buena gente. Su manera de hablar con los pacientes, los otros médicos y los voluntarios y ese tono de voz muy _____[5] que utiliza demuestran que es un buen director y una persona muy amable.

Paso 3   Formen grupos pequeños. Una tercera parte de la clase va a crear
preguntas originales con todos los sustantivos de la lista del paso 1. Otra tercera parte va a escribir preguntas originales con los verbos de esa lista, mientras que la otra tercera parte va a hacer preguntas con todos los adjetivos.
Luego, háganles sus preguntas a otro grupo de estudiantes.

Actividades

A. Vocabulario en contexto   En parejas, indiquen si las siguientes oraciones
son ciertas o falsas. Modifiquen las oraciones falsas para que sean ciertas.

1. Una persona bien educada debe tener una educación universitaria.
2. A la gente tacaña no le gusta gastar mucho dinero.
3. Ir en canoa por el Río Amazonas es algo característico de una persona
   atrevida.
4. A los estudiantes les gustan los profesores despistados porque son
   muy organizados.
5. Es probable que una persona que no tiene pelos en la lengua meta la
   pata con frecuencia.
6. A la gente mayor le encanta ver los tatuajes que lleva la gente joven
   hoy en día.
7. Las películas de Jim Carrey son deprimentes.
8. Una persona que usa la ropa de su compañero/a de cuarto sin pedirle
   permiso tiene mucha cara.
9. Una persona dulce y sensible sería un policía / una mujer policía
   excelente.
10. Para mucha gente mayor, la moda de hoy es algo preocupante.

B. Preguntas personales   En parejas, háganse y contesten las siguientes
preguntas, utilizando palabras o frases del Vocabulario del tema. Mientras Ud. escuche a su compañero/a, indique sus reacciones. Puede usar
las expresiones de Para conversar mejor que aparecen a continuación.
Luego, compartan con la clase lo que cada uno/a de Uds. averiguó sobre
su compañero/a.

Ojo

Puesto que a lo largo
del libro Ud. tendrá
que usar todas las me-
tas comunicativas, verá
en las actividades y los
ejercicios del libro algunos iconos (página 23)
que lo/la ayudarán a
acordarse de los puntos
gramaticales que debe
usar en cierta situación.
Estos iconos correspon-
den con los que están
en la lista de las metas
comunicativas y los
puntos clave que apa-
rece al principio del
libro. Si tiene alguna
duda, puede consultar
rápidamente esa lista o
las páginas verdes que
aparecen al final del
libro.

▽   ▽   ▽   ▽   ▽

Para conversar mejor

¡Qué barbaridad!	*How awful!*
¡Qué lío!	*What a mess!*
¡Qué mala onda! (*Mex.*)	*What a bummer!*
¡Qué mala pata!	*What bad luck!*
¡Qué vergüenza!	*How embarrassing!*
¡Qué bacán (*S. Am.*) /	(*How*) *Awesome!*
chévere (*Carib.*) /	
guay (*Sp.*) / padre (*Mex.*)!	
¡Qué suerte!	*What (good) luck!*
¿De veras? ⎫	*Really?*
¿En serio? ⎭	

1. ¿Cómo es Ud.? Describa su aspecto físico y su personalidad. Describa a alguien que tenga una apariencia rara. ¿Cómo es esa persona?

2. Haga una comparación entre Ud. y otra persona de su edad. ¿En qué se parecen? ¿En qué se diferencian?
   ¿A quién de su familia se parece Ud.? ¿a su padre? ¿a su madre? ¿a otra persona? ¿En qué se parecen? ¿En qué se diferencian?

3. ¿Qué recomienda Ud. que haga una persona que siempre quiere ir a la moda? ¿Por qué?
   ¿Qué sugiere que haga una persona que siempre mete la pata? ¿Por qué?

4. Relate una situación en la que Ud. metió la pata. ¿Dónde y con quién estaba? ¿Qué pasó? ¿Cómo reaccionó la gente alrededor de Ud.?

5. ¿Qué le gusta a Ud. de la moda de hoy y qué le molesta? ¿Por qué?

Desafío

6. Si Ud. quisiera cambiar su apariencia física para asustar a sus padres, ¿qué haría? ¿Por qué asustaría eso a sus padres?

7. ¿Qué hará la gente joven de la próxima generación para asustar a sus padres?
   ¿Qué harán los padres para tratar de controlar a sus hijos? ¿Tendrán éxito los padres? ¿Por qué sí o por qué no?

C. Lo cursi

Paso 1 Lea la siguiente explicación del significado y origen de la palabra **cursi.**

Como todas las lenguas, el español tiene algunas palabras que son especialmente difíciles de definir porque su significado tiene mucho de subjetivo y un fuerte arraigo[1] cultural. Tal es el caso de la palabra **cursi.**

---

[1]*basis, background*

Es más cursi que un cochinillo (pig) *con tirantes* (suspenders).

El Diccionario de la Real Academia Española la define de la siguiente manera:

«1. Dícese* de la persona que presume de fina y elegante sin serlo. 2. *fam.* Aplícase a lo que, con apariencia de elegancia o riqueza, es ridículo y de mal gusto. 3. Dícese de los artistas y escritores, o de sus obras, cuando en vano pretenden mostrar refinamiento expresivo o sentimientos elevados.»

Algunas fuentes[2] confirman que **cursi** se usó por primera vez en Andalucía donde predominaba la influencia árabe en España. En árabe, la palabra *kursi* significa «persona importante».

Otra posibilidad se basa en una leyenda de unas hermanas de Cádiz llamadas Sicur. Eran famosas por su deseo de parecer muy elegantes cuando en realidad no lo eran. Vestían trajes caros pero ridículos y usaban unos modales[3] demasiado pretenciosos. Para reírse de ellas, la gente de Cádiz invirtió las sílabas de su apellido, formando la palabra **cursi.** Según la leyenda, el uso de la palabra se extendió rápidamente para referirse a todo lo que era ridículamente elegante y de mal gusto.

[2]*sources*   [3]*manners*

Paso 2 ¿Cursi o guay?   En parejas, comenten las siguientes acciones. Indiquen si cada acción es cursi o guay y defiendan sus opiniones.

1. Poner un CD de Barry Manilow durante una primera cita.
2. Firmar una carta con XOXO (besos y abrazos).
3. Decorar una casa sólo con antigüedades (*antiques*).
4. Regalarle a su novio/a un oso de peluche (*teddy bear*).
5. Hablar con un padre para pedirle la mano de su hija.
6. Dar una fiesta de *Sweet Sixteen* (en la cultura hispana, una quinceañera).
7. Ir a un partido de basquetbol con ropa súper elegante.
8. Ponerse un traje de flamenco para ir a un espectáculo de José Greco (un famoso bailarín de flamenco).

Paso 3   En grupos pequeños, inventen dos acciones cursis o guays. Luego, preséntenlas al resto de la clase para ver si sus compañeros de clase están de acuerdo con Uds.

D. **¿Qué quiere decir... ?**   Túrnese con un compañero / una compañera para tratar de explicarle a Sara en español lo que significan las siguientes palabras o frases. No deben usar las manos, pero aquí hay algunas expresiones útiles que sí pueden usar.

Expresiones útiles: Es algo que... , Es lo que... , Es lo que pasa cuando... , Es una parte del cuerpo que...

1. pimple   2. freckles   3. ponytail   4. braces   5. sunburn

---

*This archaic positioning of the pronoun **se** after the conjugated verb is still common in dictionaries. Elsewhere in modern Spanish, the phrase **Dícese...** would be written **Se dice...** .

NOTA CULTURAL • ¿Somos tan sensibles?

La manera de hablar de los demás varía mucho de cultura a cultura. En este país, la gente tiende a[1] evitar expresiones que describen de manera directa y cruda la apariencia física de una persona. Por ejemplo, en vez de decir que una persona es *fat*, tal vez se diga que es *large*. O en vez de llamarle *old* o *elderly* a alguien, se diría que es *a bit older*.

Por lo general, en la cultura española la gente no considera ofensivo el uso de descripciones muy directas, nada eufemísticas. Al contrario, los españoles suelen hablar de manera directa —hasta muchas veces se refieren a una característica física sobresaliente,[2] positiva o negativa, para describir a alguien.

Esta diferencia cultural puede causar problemas. Los norteamericanos pueden sentirse ofendidos hablando con un español. Por otro lado, los españoles pueden pensar que los norteamericanos usan demasiados eufemismos o incluso que son falsos. Esas diferencias hacen que a veces un español meta la pata cuando habla con un norteamericano. Eso es precisamente lo que le pasaba a Sara cuando recién llegó a los Estados Unidos. Hablaba de manera directa, natural para ella, y la gente la veía extrañada por[3] lo que decía. Al principio no entendía lo que pasaba, hasta que Laura le explicó que en este país el uso de algunas descripciones físicas directas de aspectos poco apreciados socialmente, como la gordura[4] o la vejez,[5] se considera ofensivo.

[1]tiende... *tends to* [2]*distinguishing* [3]la... *people who saw her were amazed by* [4]*obesity* [5]*old age*

Conversación en parejas

1. ¿Qué le parece la idea de hablarle francamente a otra persona? ¿Lo hace Ud. con frecuencia o es algo fuera de lo común según su parecer (*opinion*)?
2. ¿Qué le diría a alguien que criticara su apariencia? ¿Se enojaría o se quedaría callado/a?

 # Puntos clave

> Here are more resources that offer practice with the grammar presented in this section.
> · *Manual*
> · CD-ROM
> · Website

Descripción y comparación

En esta sección del capítulo, Ud. va a practicar las descripciones y comparaciones de personas y lugares. Para hacerlo bien, hay que utilizar las estructuras gramaticales de la siguiente tabla que pertenecen a cada punto clave.

Antes de continuar, estudie las explicaciones de estas estructuras gramaticales en las páginas verdes al final del libro.

LAS METAS COMUNICATIVAS DE ESTE CAPITULO		
ICONO	METAS COMUNICATIVAS	PUNTOS CLAVE
DESCRIBIR **D**	Descripción	• la concordancia de género y número • **ser/estar** • los participios como adjetivos
C COMPARAR	Comparación	• la concordancia de género y número • **tan... como, tanto/a/os/as... como** • **más/menos... que**

Ponerlo a prueba

Paso 1 Descripción   Mire los siguientes párrafos y escriba la forma apropiada de los verbos y adjetivos entre paréntesis, según el contexto. **¡OJO!** En el segundo párrafo tendrá que usar el imperfecto de los verbos.

La gente que trabaja con Sara en la emisora de radio _____[1] (ser/estar) _____[2] (encantador). Sin embargo, su jefa Mona _____[3] (ser/estar) un poco _____[4] (pesado), especialmente cuando _____[5] (ser/estar) _____[6] (preocupado) por las entrevistas que tiene con gente muy _____[7] (famoso). Pero en general existe en la emisora un ambiente muy _____[8] (agradable), y Sara recibe un sueldo tan bueno como el que tenía en España.

En cambio, en 1993 cuando Sara _____[9] (ser/estar) trabajando en la emisora de radio en Salamanca, las relaciones entre los empleados _____[10] (ser/estar) muy _____[11] (raro). Su jefa Lola _____[12] (ser/estar) tan _____[13] (presumido) que _____[14] (ser/estar) difícil llevarse bien con ella. Las paredes de su oficina _____[15] (ser/estar) _____[16] (cubierto) de fotos _____[17] (gigantesco) de Lola con cantantes y estrellas de cine _____[18] (famoso) que ella había entrevistado.

La verdad es que ahora Sara _____[19] (ser/estar) mucho más _____[20] (contento) con sus compañeros de trabajo que antes. Y aunque Mona _____[21] (ser/estar) un poco _____[22] (testarudo) de vez en cuando, Sara _____[23] (ser/estar) aprendiendo mucho de ella.

Paso 2 Comparación   Ahora, complete las siguientes comparaciones según la información de los párrafos anteriores.

1. La situación de trabajo que Sara tiene en los Estados Unidos es _____ (mejor/peor) que la que tenía en España.

2. Lola, la jefa anterior de Sara, debe de tener _____ (más/menos) _____ (de/que) cinco fotos en las paredes.

3. Sara gana _____ (tan/tanto) dinero en los Estados Unidos _____ (como/de/que) ganaba en España.

4. Mona es la _____ (más/menos) simpática _____ (de/que) las jefas que Sara ha tenido.

Actividades

A. Lugares especiales

Paso 1 Lea la siguiente carta escrita por el famoso pintor español Joaquín Sorolla a su esposa acerca de un lugar que había descubierto en la costa valenciana de España.

Valencia, (noviembre de 1907)

Querida Clotilde: Estoy ya en esta desde las cuatro de la tarde y he gozado mucho con el espléndido espectáculo de tanta luz y color. El día tibio[1] y agradable contribuyó, lo he desperdiciado[2] un momento viendo cosas bonitas: El agua era de un azul tan fino y la vibración de luz era una locura. He presenciado el regreso de la pesca,[3] las hermosas velas,[4] los grupos pescadores, las luces de mil colores reflejándose en el mar, la picante conversación de muchos de mis viejos modelos, me proporcionaron[5] un rato muy difícil de olvidar.

Ahora son las seis menos cuarto y he cogido el lápiz para transmitirte este rato de placer pasado en mi primera tarde en el puerto; ahora noche absoluta, es tan agradable como antes, pues como yo nunca he vivido en el puerto, el espectáculo me seduce, las sirenas, el ruido de la carga y descarga[6] sigue y las luces siguen reflejándose en el mar...

[1]*mild* [2]lo... *I've wasted it (for)* [3]*fishing (season)* [4]*sails* [5]regalaron [6]carga... *loading and unloading*

La playa en Valencia, *de Joaquín Sorolla (1863—1923)*

[...]

Son las diez y media y me voy a dormir solo… y triste, por eso, pero antes quiero decirte que la noche es colosal, hermosa, hay una luna espléndida, y el mar está más bello que durante el día, he dado un largo paseo viendo los reflejos de las luces. Hasta mañana.

Paso 2   Busque los adjetivos que Sorolla utilizó para describir las siguientes cosas.

| la conversación | la luna | las velas |
| el día | la noche | |

Paso 3   Ahora, busque las dos comparaciones que hizo Sorolla en su carta.

Paso 4   Piense en un lugar especial que Ud. conoce. Escriba cinco adjetivos que utilizaría para describir ese lugar. Luego, mencione cuatro actividades que Ud. ha hecho allí y tres emociones que ese lugar evoca en Ud.

Paso 5   Descríbale su lugar especial a un compañero / una compañera. Su compañero/a debe tratar de visualizar ese lugar especial mientras Ud. lo describe.

Paso 6   Ahora, escriba dos frases comparando el lugar especial de su compañero/a con el de Ud.

B. El período azul de Pablo Picasso   El pintor español Pablo Picasso pintó el siguiente cuadro durante la misma década en que Joaquín Sorolla pintó *La playa en Valencia*. Las obras que Picasso realizó durante esa década forman parte de lo que se llama su período azul.

La tragedia, *de Pablo Picasso (1881—1973)*

Paso 1   En grupos de tres, describan el cuadro de Picasso. Incluyan una descripción física de la familia, algunas comparaciones entre la mujer, el hombre y el niño y una descripción de las impresiones que evoca el cuadro en Uds.

Paso 2   Hagan algunas comparaciones entre el cuadro de Picasso y la pintura de Sorolla de la Actividad A.

Paso 3   Ahora, preparen un diálogo entre las señoritas de la pintura de Sorolla y las tres personas del cuadro de Picasso. Luego, preséntenlo a la clase.

C. Las apariencias engañan   ¿Cuáles son los factores que influyen en las diferentes reacciones que experimenta la gente ante las mismas personas, situaciones o cosas?

Paso 1 En parejas, observen las fotos a continuación. A primera vista, ¿qué impresión tienen Uds. de estas tres personas? Por su apariencia física, ¿qué tipo de persona será cada una de ellas? ¿Cuál será su profesión? Recuerden utilizar el vocabulario nuevo en sus descripciones. **¡OJO!** Acuérdense de que las apariencias engañan.

1.   2.   3.

Paso 2 Ahora, comparen algunas de las impresiones que Uds. tienen de estas personas.

Paso 3 Trabajando con otra pareja, comenten sus conclusiones de los Pasos 1 y 2. Incluyan en sus comentarios una explicación de los criterios que Uds. usaron para llegar a cada conclusión.

Paso 4 Su profesor(a) les va a decir quiénes son estas personas. ¿Concuerda la verdadera identidad de cada persona con la primera impresión que tuvieron Uds. de ella? ¿Cuáles son los factores que influyen en las primeras impresiones de alguien? Hagan una lista de esos factores y luego, presenten sus ideas a la clase.

D. Los estereotipos

Paso 1 En parejas, comenten las siguientes preguntas.

1. ¿Qué es un estereotipo? ¿Es siempre falso el estereotipo? ¿Es siempre verdadero?

2. ¿Cómo y por qué creen que se origina el estereotipo?

3. ¿Qué estereotipos se utilizan para hablar de los norteamericanos? ¿Y de los hispanos?

Paso 2 Es bastante común usar estereotipos para hablar de los españoles, de los norteamericanos, de los franceses, etcétera. Lo interesante es que también existen estereotipos para hablar de los habitantes de las varias regiones de un mismo país. Lea lo que dicen los españoles de la gente de varias regiones o comunidades autónomas de España.

1. «Los gallegos son supersticiosos e introvertidos.»

2. «Los catalanes se consideran a sí mismos más europeos que el resto de sus campatriotas. Además de ser afrancesados, los catalanes son esencialmente tacaños.»

3. «Los andaluces son los que cargan con mayor número de adjetivos: graciosos (*funny*), vagos, religiosos, juerguistas (*partyers*), simpáticos y alegres.»

4. «Los canarios son aplatanados, adjetivo con que se alude a su lentitud para hacer las cosas y a su excesiva tranquilidad.»

5. «Los aragoneses son brutos y testarudos.»

Paso 3 En parejas, piensen en los diferentes estereotipos que se usan para describir a los habitantes de ciertas regiones de este país. Hagan una lista de los habitantes y regiones (por ejemplo: los del norte/sur/este/oeste, los de X ciudad, los de X estado o provincia, etcétera) y escojan dos o tres adjetivos que describan a cada grupo según los estereotipos que Uds. conozcan. Luego, usen los adjetivos para escribir algunas comparaciones entre los grupos que mencionen.

Paso 4 Ahora, con otra pareja, comparen los estereotipos que apuntaron y las comparaciones que hicieron en el Paso 3. Luego, contesten las siguientes preguntas.

1. ¿Son Uds. de alguna de esas zonas o conocen a personas de esos lugares? ¿Corresponden a los estereotipos?

2. ¿Pueden nombrar a gente de cada región (políticos, actores, deportistas, activistas, amigos, etcétera)? ¿Corresponden esas personas a los estereotipos?

3. ¿Hay ciertas características que compartan todos los norteamericanos? ¿Es posible hablar de un norteamericano «típico»?

4. Siguiendo el mismo tema, ¿creen que es posible hablar de un hispano típico? ¿Por qué sí o por qué no?

5. ¿En qué se diferencian los hispanos de los norteamericanos? ¿Creen Uds. que las diferencias que acaban de mencionar se basan en estereotipos o en la realidad?

6. ¿Qué factores contribuyen a que la gente de una región sea diferente de la de otra región del mismo país? ¿Qué factores contribuyen a que la gente de un país sea diferente de la de otro país?

7. ¿Qué aspectos de la vida moderna hacen que las diferencias disminuyan o desaparezcan?

Rincón cultural

Here are more resources that offer practice with the culture presented in this section.
· *Manual*
· CD-ROM
· Website

Lugares fascinantes:

Fiestas y celebraciones de España

1. **Santiago de Compostela**   En Santiago de Compostela, una ciudad de Galicia, en el noroeste de la Península Ibérica, se celebran las fiestas de Santiago, el santo patrón[1] de España. Cada año miles de personas de todo el mundo van a Santiago de Compostela para visitar la tumba del apóstol.[2] La ruta de los peregrinos[3] es conocida como el «Camino de Santiago» y va desde la frontera[4] francesa, cruzando el norte de España, hasta llegar a la ciudad gallega.[5] Muchos de los peregrinos recorren[6] cientos y hasta miles de millas a pie, en bicicleta o en coche. A lo largo del camino, la gente puede alojarse[7] en lugares especialmente dedicados a los peregrinos de Santiago, estos reconocidos por una concha,[8] símbolo del apóstol, que llevan en alguna parte de la ropa. El día principal de la fiesta es el 25 de julio.

2. **Los Sanfermines, Pamplona**   Tal vez la fiesta española más conocida en el mundo sea la de los Sanfermines de Pamplona. La fiesta tiene lugar durante una semana, a partir del 7 de julio. Cada día a las ocho de la mañana, cientos de personas se reúnen en las calles para correr delante de los toros que van a torear en la corrida[9] de la tarde. Después de esta actividad tan peligrosa, la gente pasa el resto del día bebiendo y bailando por las calles. Sin embargo, algunas personas prefieren dormir durante el día y divertirse sin parar[10] durante la noche.

3. **La Feria de Abril, Sevilla**   En la ciudad andaluza de Sevilla, en el sur de España, se celebra una de las ferias más famosas y coloridas del mundo, La Feria de Abril. La Feria comenzó en el año 1847 como una feria de ganado con diecinueve casetas.[11] Pero hoy en día hay más de mil casetas adornando las calles del recinto[12] de la Feria que desde 1973 está ubicado[13] en el barrio de Los Remedios. La Feria paraliza a Sevilla durante una semana entera, pero al mismo tiempo, la convierte en un lugar inigualable con el desfile de caballos y enganches,[14] las casetas, la música de las sevillanas[15] que suena ininterrumpidamente, las tradicionales corridas de toros y más. El lunes después de las festividades, es un día especial que se llama «el día de la resaca[16]». Es un día para recuperarse después de seguir el reloj de la Feria por una semana. Según el reloj de la Feria, la noche empieza a las ocho de la mañana (la hora de dormirse) y la mañana empieza a las cuatro de la tarde (la hora de despertarse). ¡Vaya fiesta!

[1]santo… *patron saint*   [2]*apostle (Santiago refers to St. James, one of Jesus' twelve disciples)*   [3]*pilgrims*
[4]*border*   [5]*de Galicia*   [6]*cover*   [7]*stay*   [8]*shell*   [9]torear… *appear in the bullfights*   [10]sin… *without stopping*   [11]*booths*   [12]*enclosure*   [13]*located*   [14]*wagons*   [15]*dances from Seville*   [16]*hangover*

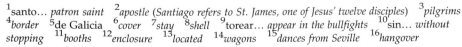

4

5

4. **La Tomatina, Buñol** En Buñol, una ciudad pequeña que se encuentra a unas treinta millas al oeste de Valencia, la gente puede disfrutar de un acontecimiento tan divertido como sorprendente. El último miércoles de agosto, entre el mediodía y la una de la tarde, miles de personas se dedican a tirarse con[17] unas 130 toneladas de tomates. Se trata de La Tomatina, una fiesta que nació en los años cincuenta del siglo XX y que se ha ido haciendo cada vez más popular.

5. **El Festival Internacional de Música y Danza de Granada** Todos los años en el mes de junio, se celebra este gran festival de música y danza en la Alhambra, un maravilloso conjunto de palacios, fortalezas y jardines construidos por los árabes, en Granada. Ubicada al pie de la Sierra Nevada, no se puede imaginar un ambiente mejor para tal evento que esta joya arquitectural. Pero sí se puede imaginar y ver a Rudolf Nureyev bailando en los jardines del Generalife[18] y a Arthur Rubinstein tocando el piano, o a Andrés Segovia la guitarra, en los patios más bellos. Además de esta calidad de espectáculo, se presentan concursos en que se descubren nuevos talentos y se ofrecen los «Cursos Internacionales Manuel de Falla» que consisten en cursos de enseñanzas musicales de alto nivel dirigidos por maestros bien conocidos en los campos de la música y la danza.

[17]tirarse… *throwing at one another*   [18]nombre que se da al palacio y sus jardines

Actividades

A. Primero, localice en el mapa de España las cinco ciudades donde tienen lugar esas fiestas fascinantes. Luego, indique el interés que tienen para Ud. esas fiestas. Indique su preferencia del 1 (la fiesta más interesante) al 5 (la menos interesante).

ESPAÑA	
Gobierno	monarquía constitucional
Ciudades principales	Madrid, Barcelona, Sevilla, Bilbao
Lenguas	español o castellano (oficial), vasco, catalán, gallego
Moneda	el euro

B. Túrnese con un compañero / una compañera para describir uno de los lugares fascinantes con sus propias palabras. Luego, trabajen juntos para escribir una comparación entre los dos lugares que Uds. acaban de describir.

C. Imagínese que Ud. y su compañero/a son hermanos/as que no se llevan bien para nada, pero sus padres les han dado dinero para hacer un viaje por España. El único requisito es que tienen que quedarse juntos todo el tiempo; es decir, no pueden separarse. Pónganse de acuerdo para elegir dos fiestas que quieren ver durante su estancia en España. Expliquen su selección.

La Feria de Abril, Sevilla

La Tomatina de Buñol

Un artista hispano:
Salvador Dalí

El pintor catalán Salvador Dalí (1904–1989) es conocido universalmente como uno de los líderes del surrealismo.* Estudió en la Academia de Bellas Artes de Madrid, donde conoció al poeta Federico García Lorca y al cineasta

---

*Movimiento artístico y literario que emplea imágenes mentales basadas en el subconsciente y en los sueños, olvidando la realidad cotidiana (*daily*) y objetiva.

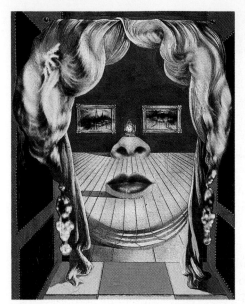

Mae West, *de Salvador Dalí*
(*1904—1989*)

Luis Buñuel. A partir de 1927, después de entrar en contacto con un grupo de surrealistas franceses en París, Dalí realizó numerosas actividades artísticas: pinturas, esculturas, ilustraciones de libros, escenarios y vestuario[1] de ballet, publicidad, diseños de joyas,[2] etcétera. En 1949 inició su etapa «mística», pintando varios cuadros de temas religiosos. En 1964 empezó a experimentar con hologramas y el «arte tridimensional».

Dalí escribió numerosos libros en los que explica sus ideas sobre el arte. En una entrevista declaró lo siguiente: «El surrealismo soy yo. Soy el único surrealista perfecto y trabajo dentro de la gran tradición española… tuve la certeza[3] de que yo era el salvador[4] del arte moderno, el único capaz de[5] sublimar,[6] integrar y racionalizar todas las experiencias revolucionarias de los tiempos modernos, dentro de la gran tradición clásica del realismo y el misticismo, que es la misión suprema y gloriosa de España… »

Además de su extensa producción artística, otros factores tales como[7] su llamativo aspecto físico, la excentricidad provocadora de sus apariciones en público y el aura de genio[8] que siempre lo acompañaba contribuyeron a la creación de un Dalí famoso en el mundo entero por ser la personificación del surrealismo.

[1]escenarios… *stage and costume design*   [2]*jewelry*   [3]*certainty*   [4]*savior*   [5]capaz… *capable of*   [6]*transforming*   [7]tales… *such as*   [8]*genius*

Actividad

Muchas de las obras de Dalí representan más de una imagen al mismo tiempo y perspectivas múltiples, como puede verse en el cuadro *Mae West*. Fíjese en la fotografía del cuadro para hacer la siguiente actividad.

1. ¿Cuál era la imagen popular de Mae West en su tiempo?

2. Entre las estrellas de cine de hoy día, ¿quiénes tienen una imagen similar a la de Mae West?

3. Utilizando el Vocabulario del tema de este capítulo, haga una descripción completa de Mae West, incluyendo aspectos de su personalidad que, en su opinión, están reflejados en su aspecto físico.

4. Compare su descripción con la de sus compañeros y propongan motivos por los que Dalí probablemente escogió estas imágenes para representar la cara de la famosa actriz.

Lo hispano en los Estados Unidos:

El flamenco

COMPARAR

El estilo de música y baile apasionado que empezó hace mucho tiempo entre los gitanos de Andalucía ha llegado con fuerza a los Estados Unidos. Ha habido compañías de danza española en los Estados Unidos desde 1920, pero en los años cincuenta, José Greco llevó su compañía de flamenco a los Estados Unidos e inició la pòpularidad del género en ese país. Hoy en día las entradas[1] para los espectáculos de compañías españolas de baile y para conciertos de músicos como Paco de Lucía, Ottmar Liebert o los Gipsy Kings se acaban rápidamente.

Tal vez la mayor evidencia del interés por el flamenco es el hecho de que ahora en los Estados Unidos el flamenco no sólo se ve, sino que se crea. Hay compañías de baile y guitarristas profesionales que se están estableciendo en lugares como Albuquerque, Chicago, Nueva York, Dallas y San Francisco. Muchas personas, niños y adultos, también asisten a clases para aprender a bailar variantes del flamenco, tocar las notas intrincadas de la guitarra clásica española o cantar el «cante jondo», el gemido[2] distintivo que caracteriza la música andaluza. Cada año se celebra en Albuquerque el popular Festival de Flamenco, adonde acuden artistas famosos de todas partes del mundo para participar en espectáculos y clases de flamenco. María Benítez, una extraordinaria «bailaora*» de flamenco, ha bailado en el Kennedy Center en Washington, D.C., y ha creado coreografías para las óperas de Santa Fe y Boston. Sea por[3] la energía de sus movimientos, la intensidad de su canto o la pasión de sus notas musicales, el flamenco ha cautivado la imaginación de los estadounidenses.

Dos bailaoras de la compañía de ballet de María Benítez

[1]*tickets* [2]*wail* [3]Sea… *Whether because of*

Actividad de Internet

Busque información en el Internet sobre la música y el baile flamencos para poder contestar las siguientes preguntas.

1. Nombre un «cantaor» / una «cantaora» de flamenco que ahora sea muy popular. ¿Cómo se llama su último CD?

2. Escuche una de sus canciones. ¿Le gustó a Ud.? ¿Por qué sí o por qué no?

3. Si Ud. quisiera tomar clases de baile flamenco, ¿podría hacerlo fácilmente en el área donde vive? ¿Cómo se llama la escuela de flamenco más cercana y dónde queda?

4. ¿Habrá un concierto de flamenco en su universidad o cerca de ella este año? ¿Dónde tendrá lugar? Si no, ¿adónde podría ir para ver un espectáculo de flamenco?

---

*Cuando se habla del flamenco, se dice **bailaor(a)** y **cantaor(a)**, formas populares en Andalucía.

Lectura

Fernando Díaz-Plaja es un intelectual español que trabajó como profesor invitado en varias universidades estadounidenses. En su libro *Los siete pecados* (sins) *capitales en USA*, él relata la impresión que tiene sobre el consumo del alcohol de los estadounidenses, según su propia experiencia y su estancia en los Estados Unidos.

Antes de leer

A. Para comentar   En grupos pequeños, comenten las siguientes preguntas.

1. ¿Cuáles son algunas de las percepciones que tienen las personas mayores sobre los estudiantes universitarios jóvenes? ¿Qué dirán sobre la ropa que esos estudiantes llevan, sus hábitos, su música, etcétera?

2. ¿Existe algún estereotipo principal del estudiante universitario estadounidense? ¿Cómo es ese estudiante según el estereotipo? ¿Están Uds. de acuerdo con ese estereotipo?

3. ¿Qué importancia tienen las bebidas alcohólicas en la vida de los estudiantes estadounidenses? ¿Y en la vida de los estadounidenses en general?

4. Cuando Uds. dan una fiesta, ¿sirven comida o sólo sirven bebidas? ¿Qué tipo de bebidas sirven?

5. ¿Les molesta a sus padres (hijos, compañeros/as de cuarto,…) que Uds. tomen bebidas alcohólicas o les parece algo normal?

6. De acuerdo con su propia experiencia, ¿es común que los estudiantes menores de 21 años tengan un documento de identidad falso?

Una fiesta universitaria		
la alegría	la cerveza	la comida
embriagarse[1]	impresionar	rechazar
borracho/a	chistoso/a	guay

B. Acercándose al tema   Lea el título de esta ficha y las nueve palabras asociadas con el tema del ensayo de Fernando Díaz-Plaja. Con un compañero / una compañera, utilice su imaginación y las palabras de la ficha para crear una escena en una fiesta universitaria para el ensayo del profesor Díaz-Plaja. Sea creativo/a y tome apuntes para poder compartir sus ideas con el resto de la clase.

[1]emborracharse

Los siete pecados capitales en USA

Recuerdo una fiesta a la que me invitó uno de mis estudiantes. Empezó a circular la bebida y la conversación se animó.* Noté a un muchacho yendo[1] de un lado para otro con dos latas[2] de cerveza, una en cada mano ambas abiertas y de las que tomaba alternativamente sorbos.[3v]* Resulta evidente que nadie necesita beber dos cañas[4] al mismo tiempo y que la mayor sed del mundo puede esperar a terminar una botella antes de empezar otra. Pero en el caso americano[5] no se trataba de beber sino de impresionar. Y lo conseguía. Las chicas lo miraban con un aire entre asustado[6] y admirado. ¡Qué tío![7] ¡Cómo era!

Imaginé la misma escena en Francia, en Italia, en España. La mirada iría hacia él igualmente, pero el comentario sería de sincera pena.[8] ¿Qué pasa? ¿Está mal de la cabeza?

Porque el beber constituye en el Mediterráneo un acto natural que acompaña a la comida, es el compañero de la alimentación.[9] Mientras que aquí[10] la relación entre beber y comer es mínima. Obsérvese que incluso en el caso de la cerveza, que tantos europeos usan en el almuerzo cuando el verano no hace apetecible[11] el vino, se toma aquí muchas veces aparte y con el puro y evidente propósito de embriagarse.

Esta es la clave de la actitud americana causante de las estadísticas antes aludidas. El alcohol no se considera como un suavizante de la digestión, como un amenizador[12] de la conversación, como un apoyo[13] de la sociedad. El alcohol es aquí una evasión, la búsqueda de la nada, la huida[14] del convencionalismo que ahoga[15] a las consciencias de los habitantes en este país de la libertad…

¿Llegará un día en que el americano beba vino en la misma proporción y la misma calma con la que lo hacen los europeos? ¿Llegará un día en que beber será parte de la vida normal y no la excepción y ya no será necesario embriagarse? Quizás, pero todavía está lejano.[16] Un profesor de una Escuela Superior americana proclamó hace poco la necesidad de enseñar a los chicos a beber y el escándalo fue mayúsculo. Todavía no está el terreno preparado[17] para tal cambio en la vida americana y mientras llegue, el acto de beber seguirá apoyado en dos absurdos objetivos: la embriaguez y el ansia de ser elegante.

[1]presente del progresivo del verbo **ir** [2]*cans* [3]*sips* [4]cervezas (*Sp.*) [5]estadounidense
[6]*frightened* [7]¡Qué… *What a guy!* [8]*pity* [9]comida [10]en los Estados Unidos [11]*desirable*
[12]compañero [13]*support* [14]*flight* [15]*drowns* [16]lejos [17]Todavía… *The way is not yet paved*

1. ¿Quiénes participan en la acción de esta selección?
2. ¿Cuáles son los puntos principales de esta selección?
3. ¿Qué acciones tienen lugar en esta selección? ¿Qué verbos de acción se usan?
4. ¿Cómo puede Ud. expresar con sus propias palabras lo que pasa en esta selección?

*Vocabulario icons in the margin refer to words and phrases that are underlined within the text.
 Visualizar icons refer to words and phrases that are followed by a superscripted *v*.

VOCABULARIO

VISUALIZAR

Ojo

A lo largo de las lecturas de este libro, Ud. verá los siguientes iconos.

VOCABULARIO = Para comprender el significado de una palabra, piense en las palabras relacionadas, búsquela en un diccionario u olvídela por completo.

VISUALIZAR = Al ver este icono, Ud. debe dejar de leer e imaginarse lo que pasa en esa parte del relato. ¿Cómo son los personajes físicamente? ¿Qué acciones suceden en esta sección? ¿Cómo es el ambiente donde tiene lugar la acción?

VOCABULARIO

VERIFICAR

Después de leer

A. Comprensión   Conteste las siguientes preguntas, según la lectura.

1. ¿Por qué bebía el estudiante estadounidense dos cervezas a la vez (*at the same time*)?

2. ¿Cuál fue la reacción del profesor Díaz-Plaja ante esa situación?

3. ¿Cómo le hicieron sentir a Ud. los comentarios del profesor Díaz-Plaja? ¿Cuál fue su primera reacción al leer este texto? ¿Fue una de disgusto? ¿indignación? ¿vergüenza? ¿alegría? ¿comprensión? ¿ ? Explique su respuesta.

4. ¿Cómo son las relaciones entre la comida y la bebida en el Mediterráneo en comparación con el mismo tema en los Estados Unidos?

5. En la opinión del autor, ¿para qué sirve el alcohol en la sociedad estadounidense?

6. ¿Por qué cree el profesor Díaz-Plaja que la actitud de los estadounidenses ante las bebidas alcohólicas seguirá igual durante algún tiempo?

7. *Los siete pecados capitales en USA* fue escrito en 1967. Teniendo en cuenta (*Keeping in mind*) que han pasado muchos años desde que se escribió, ¿todavía le parecen a Ud. válidas las observaciones del profesor Díaz-Plaja? ¿Por qué sí o por qué no?

8. El autor escribe sobre la ironía de tal actitud en «este país de libertad». Puesto que (*Given that*) una persona de 18 años puede luchar (*fight*) y morir en una guerra y votar en las elecciones, ¿debe tener también el derecho a tomar bebidas alcohólicas? ¿Por qué sí o por qué no?

B. El editor exigente   Imagínese que Ud. es el profesor Díaz-Plaja. Un editor ha leído su ensayo y le hace la siguiente sugerencia para mejorar su trabajo: «Debe añadir tres o cuatro oraciones describiendo más al joven en la fiesta universitaria.» Escriba un párrafo adicional según la sugerencia del editor, manteniendo el tono general del ensayo original.

C. Para comentar   En grupos pequeños, comenten lo siguiente.

1. Imagínense que algunos estudiantes españoles están de visita en su clase y les preguntan a Uds. acerca de las fiestas que se hacen aquí los fines de semana. Descríbanles cómo son las fiestas.

2. Ahora, hagan comparaciones entre las fiestas de la secundaria y las de las universidades para los mismos estudiantes españoles.

3. Histórica o culturalmente hablando, ¿por qué creen Uds. que existe esa actitud hacia el alcohol de la que habla el profesor Díaz-Plaja?

   En su opinión, ¿es necesario que las universidades estadounidenses ofrezcan seminarios para enseñarles a los estudiantes a tomar decisiones responsables con respecto a las bebidas alcohólicas? ¿Por qué sí o por qué no?

   Si no están de acuerdo con la idea anterior, ¿qué recomiendan Uds. que hagan las universidades para tratar de eliminar el problema del abuso del alcohol entre sus estudiantes? Si creen que no es la responsabilidad de las universidades tratar de eliminar tal problema, ¿qué recomendaciones hacen y a quién(es)?

4. ¿Les interesan a Uds. las fiestas que se dan en las *fraternities* o les molestan? Expliquen su respuesta.

Desafío

1. Si no fuera prohibido el uso del alcohol para los menores de edad, ¿habría más problemas relacionados con las bebidas alcohólicas o habría menos? Expliquen su respuesta.

2. ¿Creen que la próxima generación tendrá una actitud diferente hacia el alcohol? ¿Por qué sí o por qué no? ¿Qué cambios tendrán que hacerse para que sea diferente la actitud de la próxima generación? Expliquen cómo influirán estos cambios en la nueva actitud.

D. El botellón Aunque la actitud hacia el uso del alcohol entre la gente joven estadounidense no ha cambiado mucho en los últimos treinta años, Díaz-Plaja estaría sorprendido al ver una nueva costumbre en España llamada «el botellón». Los jóvenes españoles compran botellas grandes de vino tinto y Coca-Cola, van a las plazas y pasan toda la noche bebiendo «kalimotxos*» hasta las seis de la ma-

El botellón en una plaza central de Madrid

ñana. Los vecinos de las plazas no están contentos con esta costumbre pero a los jóvenes les parece muy guay y bastante económica.[†]

1. Describa la escena en la foto. Incluya el mayor número de detalles que Ud. pueda, recordando las reglas gramaticales sobre la concordancia de género y número.

2. Haga una comparación entre un «botellón» de España y una fiesta de *fraternity* (u otro tipo de fiesta) a la que Ud. haya asistido.

3. ¿Por qué cree Ud. que les gusta a los jóvenes esta nueva costumbre española? ¿Por qué les molesta a los vecinos?

---

*Un kalimotxo (palabra de origen vasco) es una mezcla de partes iguales de vino tinto y Coca-Cola.

[†]En la primavera del 2002, el gobierno español propuso una polémica ley para prohibir el consumo de alcohol en la vía pública. También propuso cambiar la edad legal para comprar bebidas alcohólicas de los dieciséis años a los dieciocho.

E. Composición   Escríbale una breve carta al profesor Díaz-Plaja en la que Ud. responda a sus observaciones sobre el papel de las bebidas alcohólicas en la sociedad estadounidense. ¿Cuál es su propio punto de vista? ¿Cómo quiere expresarlo?

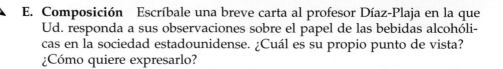

¡A escribir!

A. Lluvia de ideas   Apunte sus ideas sobre los siguientes temas.

1. ¿Qué adjetivos utilizarían los extranjeros para describir a las familias estadounidenses? ¿Y para describir a la gente joven? ¿Y para describir a las mujeres estadounidenses?

2. ¿De dónde cree que viene la información que se utiliza para crear la imagen de la vida en los Estados Unidos?

3. ¿Cuáles son algunos de los programas de televisión más populares que probablemente se ven en el extranjero también?

B. Composición preliminar   Imagínese que Ud. es un español / una española que sólo conoce los Estados Unidos a través de las películas y los programas de televisión estadounidenses que ha visto. Escriba un breve artículo sobre las imágenes que Ud. tiene de los siguientes grupos: (1) las familias estadounidenses, (2) la gente joven y (3) las mujeres estadounidenses. Incluya ejemplos de películas o programas específicos para apoyar su punto de vista.

C. Composición final   Lea el artículo de un compañero / una compañera. Ahora, imagínese que Ud. es un(a) periodista estadounidense que tiene que escribir un editorial a favor o en contra de la exportación de películas y programas de televisión de los Estados Unidos. Su editorial debe responder directamente a algunas de las opiniones expresadas en el artículo de su compañero/a.

Hablando del tema

En cada capítulo de este libro, Ud. va a preparar fichas (*cards*) de vocabulario que servirán como punto de partida (*point of departure*) para hablar sobre una gran variedad de temas. En cada ficha debe incluir tres sustantivos, tres verbos y tres adjetivos que lo/la ayudarán a elaborar el tema escogido. El valor de este sistema es que Ud. aprenderá el vocabulario por asociación, lo que le permitirá recordarlo con más facilidad.

Paso 1 Prepare una ficha sobre los siguientes temas para luego poder hacer comentarios sobre cada una de las preguntas o situaciones a continuación. Considere los iconos que indican los puntos clave que le servirán para contestar las preguntas. Vea el modelo para el primer tema.

Los "talk shows"		
el anfitrión[1]/ la anfitriona[2]	la humillación	el invitado/ la invitada
aprovecharse de	explotar	ridiculizar
cómico/a	degradante	deprimente

[1]*host* [2]*hostess*

Los *talk shows*

- Describa por lo menos dos *talk shows* que Ud. haya visto o de los cuales haya escuchado comentarios. Describa cómo es cada *talk show*, incluyendo en su descripción: la hora del día en que lo pasan en la televisión, el nombre del anfitrión / de la anfitriona, y la clase de temas que se presentan en ese programa.

- Compare dos de estos programas con la mayor cantidad de detalles que pueda. Trate de incluir ejemplos de escenas específicas que Ud. haya visto.

- ¿Es malo que la gente de otros países vea nuestros *talk shows?* Explique su respuesta.

El orgullo regional

- ¿Qué aspectos de su estado, provincia o país de origen lo/la hacen sentirse orgulloso/a de haber nacido allí? Explique su respuesta. Si Ud. no nació en esta ciudad, haga algunas comparaciones entre su lugar de origen y el lugar donde se encuentra actualmente.

- En su opinión, ¿es su estado, provincia o región de origen el/la mejor del país? Explique su respuesta. Incluya algunas comparaciones entre su lugar de origen y otros lugares de su país natal (*birth*).

- Si Ud. pudiera cambiar algunos aspectos de su lugar de origen (o del lugar donde se encuentra ahora), ¿qué aspectos le gustaría cambiar? Incluya detalles específicos y diga por qué le gustaría hacer tales cambios.

La apariencia física

- ¿Qué aspectos de la apariencia física de una persona nota Ud. más cuando la conoce por primera vez? Explique su respuesta.

- ¿Alguna vez conoció Ud. a alguien que, por su aspecto físico, parecía ser de una manera, pero luego resultó ser una persona totalmente distinta? Relate esa situación.

- ¿Es apropiado que un jefe / una jefa rechace a una persona que tiene tatuajes y lleva pendientes si esa persona está capacitada (*qualified*) para hacer el trabajo? Explique su respuesta.

- ¿Cree Ud. que los jóvenes que tienen muchos tatuajes se arrepentirán de eso cuando sean mayores? Explique su respuesta.

Desafío

La edad legal para tomar bebidas alcohólicas

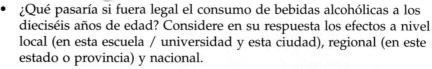

- ¿Qué pasaría si fuera legal el consumo de bebidas alcohólicas a los dieciséis años de edad? Considere en su respuesta los efectos a nivel local (en esta escuela / universidad y esta ciudad), regional (en este estado o provincia) y nacional.

- ¿Cree Ud. que sería una buena idea que los padres les enseñaran a sus hijos a tomar bebidas alcohólicas en casa antes de que estos* cumplieran los veintiún años? Explique su respuesta. ¿Sería diferente nuestra sociedad si esa fuera la práctica normal en las familias de este país? Explique su respuesta.

Paso 2 Prepare una pregunta para cada ficha utilizando diferentes puntos clave. Luego, hágale las preguntas a un compañero / una compañera de clase.

MODELO: Si tú fueras la anfitriona de un *talk show*, ¿te aprovecharías de la poca inteligencia de algunos invitados?

---

*The demonstrative pronouns **este/a/os/as** can be used the same way the phrase *the latter* is used in English. Similarly, **ese/a/os/as** and sometimes **aquel, aquella/os/as** can be used to mean *the former*.

Capítulo 2

Conexiones:

¿Qué importancia tienen nuestras raíces?

Javier y sus padres

En este capítulo, Ud. va a explorar el tema de los lazos (*ties*) que tiene con la familia y con el lugar donde nació o se crió (*you were raised*). ¿Cómo es Ud. en comparación con sus padres? ¿Cómo deben ser las relaciones entre los padres y sus hijos adultos? ¿Cómo podemos mantener las conexiones con la familia y nuestras raíces en este mundo moderno?

Puntos clave
- reacciones y recomendaciones

REACCIONAR
R
RECOMENDAR

Temas centrales
- conexiones
- relaciones entre las generaciones

Zona de enfoque
- el Caribe

In the *Interactive CD-ROM to accompany Punto y aparte*, you will find additional practice with the culture, grammar, and vocabulary in this chapter.

La historia

Mami viene a visitarme. ¡Válgame Dios![1]

Situación: Javier habla con Laura de una tarjeta postal que acaba de recibir de su madre. Lea el diálogo y conteste las preguntas a continuación. Preste especial atención al uso del vocabulario nuevo en negrita.

El Viejo San Juan,
Puerto Rico

El Viejo San Juan, Puerto Rico

Querido hijo:
Una fotito para que recuerdes lo que te espera aquí en tu país. Tengo muchas ganas de verte y hablar contigo. ¡Te extraño un montón! Nos veremos la semana que viene...
                    Un beso fuerte,
                    Mami

Javier Mercado Quevedo
1453 West 20th St
Austin, TX 78705
USA

[1]¡Válgame... *God help me!*

Ahora, Javier habla con Laura sobre la próxima visita de su madre.

JAVIER: Pues, llega en tres días y sé que me va a presionar para que regrese a Puerto Rico.

LAURA: No te preocupes, Javi. Es obvio que te **extraña** un montón.[2] Es natural que los padres quieran que sus hijos estén cerca de ellos. Tú sabes bien que mi padre es tan **entrometido** como tu mamá.

JAVIER: Sí, pero temo[3] que ahora sea de verdad. ¿No te dije que mi hermano tiene que **mudarse** a Seattle?

LAURA: No puedo creerlo. Siempre dices que él es el más **mimado** de los dos y que nunca saldrá de la Isla. ¿No quiere Jacobo pasar la vejez[4] en la finca[5] donde Uds. **se criaron?**

JAVIER: La verdad es que yo estoy tan sorprendido como tú. Lo peor de todo es que ahora que se va mi hermano, mi mamá me **ruega** que vaya a Puerto Rico para trabajar en la finca y encontrar una buena muchacha puertorriqueña con quien casarme. Tú sabes cuánto insiste en que me case con un «producto nacional».

LAURA: Oh, sí. Ya te veo allí en la finca, casado y con ocho Javiercitos. ¿Qué pasó con el hijo **rebelde** que era mi gran amigo, el muy romántico que nunca se iba a casar?

JAVIER: Déjame en paz. Bueno… tienes razón. Siempre **han contado conmigo** para ser el aventurero. A lo mejor puedo hablar francamente con ella. Pero voy a necesitar que tú, Diego, Sergio y Sara me ayuden a entretenerla mientras está aquí. Ojalá podamos distraerla para que no me **regañe** tanto.

LAURA: Tranquilízate.[6] Hagamos un plan de actividades que le encantarán. Vamos.

[2]*un… a lot* [3]*I'm afraid* [4]*old age* [5]*farm* [6]*Calm down.*

Actividades

A. La búsqueda de las metas comunicativas en contexto Identifique en el diálogo ejemplos de las siguientes metas comunicativas: Comparación (C), Reacciones y recomendaciones (R) y Narración en el pasado (P). Subraye cada palabra o frase que represente una (o una combinación) de estas metas comunicativas. Luego, escriba al margen la(s) letra(s) que corresponde(n) a cada ejemplo subrayado (C, R o P).

MODELOS: …mi padre <u>es tan entrometido como</u> tu mamá.   *C*
¿Qué <u>pasó</u> con el hijo rebelde que <u>era</u> mi gran amigo,… ?   *P, P*

B. Comprensión Conteste las siguientes preguntas, según el diálogo.

1. ¿Por qué no quiere Javier que su madre lo visite?
2. ¿Por qué le sorprende a Javier que su hermano Jacobo se mude a Seattle?
3. ¿Por qué quiere la Sra. de Mercado que su hijo se case con una mujer puertorriqueña?
4. ¿Por qué entiende Laura la situación de Javier?
5. ¿Cómo quiere Javier que sus amigos lo ayuden?

Conectores

además	besides
para que + subjuntivo	so that
por eso	therefore
por otro lado	on the other hand
puesto que	since
sin embargo	nevertheless

▽ ▽ ▽ ▽ ▽

Here are more resources that offer practice with the vocabulary presented in this section.
· *Manual*
· CD-ROM
· Website

C. Reacciones y recomendaciones   Complete las siguientes oraciones, basándose en la situación de Javier y utilizando un conector en cada oración.

MODELO: A la Sra. de Mercado no le gusta que sus hijos estén tan lejos puesto que los quiere mucho.

1. A la Sra. de Mercado no le gusta que Javier...
2. Yo recomiendo que Javier...
3. Es una lástima que Jacobo...
4. Sugiero que los amigos de Javier...

D. Diálogo   En parejas, preparen un diálogo que represente una de las siguientes situaciones y preséntenlo a la clase.

1. Vuelvan a crear el diálogo entre Javier y Laura, utilizando sólo su memoria y sus propias palabras.
2. Inventen una continuación del diálogo en la que Laura le ofrezca a Javier soluciones al problema con su madre. La conversación puede incluir sugerencias de actividades que Javier o cualquiera de los amigos puede hacer con la Sra. de Mercado, maneras de comunicarse mejor con su madre, etcétera.
3. Preparen una conversación telefónica en la que Jacobo, el hermano gemelo de Javier, trate de convencerlo de que sería fantástico volver a Puerto Rico y vivir otra vez con su familia.

Vocabulario del tema

▽ ▽

*Para describir a los parientes**

abierto/a	open
cariñoso/a	loving
comprensivo/a	understanding
conservador(a)	conservative
decepcionado/a	disappointed
entrometido/a	meddlesome
estricto/a	strict
exigente	demanding
involucrado/a	involved
mandón/mandona	bossy
orgulloso/a	proud
protector(a)	protective

¿Por qué es chistosa esta tira cómica?

---

*Remember to use **ser** with adjectives when describing inherent characteristics and **estar** when referring to emotional or physical states.

Para describir a los niños problemáticos*

egoísta	selfish
ensimismado/a	self-centered
envidioso/a	envious
inquieto	restless
insoportable	unbearable
malcriado/a	ill-mannered
mimado/a	spoiled
rebelde	rebellious
sumiso/a	submissive
travieso/a	mischievous

Para hablar de las relaciones familiares

abusar	to abuse; to bully
acostumbrarse (a)	to adjust (to)
agradecer (agradezco)	to thank
alabar	to praise
apoyar	to support (emotionally)
castigar	to punish
compartir	to share
contar (ue) con	to count on
criar(se) (me crío)	to bring up; to be raised
engañar	to deceive
esconder	to hide
extrañar†	to miss (someone/ something)
hacer (irreg.) caso a	to pay attention to
heredar	to inherit
lamentar	to regret
mudarse	to move (residence)
obedecer (obedezco)	to obey
pelearse	to fight
quejarse (de)	to complain (about)
regañar	to scold

Para describir las relaciones familiares

disfuncional	dysfunctional
estable	stable
estrecho/a	close (relationship between people or things)
íntimo/a	close (relationship between people)
pésimo/a	awful, terrible
unido/a	close-knit

Más sobre las relaciones familiares

los antepasados	ancestors
el benjamín / la benjamina	baby of the family
el/la gemelo/a	twin
el/la hermanastro/a	stepbrother, stepsister
el/la hijo/a adoptivo/a	adopted child
el/la hijo/a único/a	only child
la madrastra	stepmother
el/la medio/a hermano/a	half brother, half sister
el padrastro	stepfather

Para hablar de la vida familiar

el amor propio	self-esteem
el apodo	nickname
la brecha generacional	generation gap
el comportamiento	behavior
la comprensión	understanding
el logro	accomplishment
los modales	manners
la raíz	root
la travesura	mischief

COGNADOS: **la armonía, la estabilidad, la protección, la unidad**

Verbos para influir

aconsejar	to advise
recomendar (ie)	to recommend
rogar (ue)	to beg
sugerir (ie, i)	to suggest

---

*These terms can also be used to describe adults. See the **Vocabulario del tema** from **Capítulo 1** for adjectives used to describe people in more positive terms.

†This verb expresses the emotion that people feel when they are far from someone or something they love. To express the same emotion in Spain, use the phrase **echar de menos**.

Ampliación léxica

Paso 1 Lea las siguientes palabras y escriba el sustantivo y el verbo relacionados con los últimos dos adjetivos de la lista.

SUSTANTIVOS	VERBOS	ADJETIVOS
el apoyo	apoyar	apoyado/a
el castigo	castigar	castigado/a
la exigencia	exigir	exigente
el orgullo	enorgullecerse	orgulloso/a
la queja	quejarse	quejón/quejona
¿ ?	¿ ?	comprensivo/a
¿ ?	¿ ?	protector/a

Paso 2 Lea el siguiente párrafo sobre las relaciones entre Laura y su madrastra. Mientras lee, decida si los espacios en blanco requieren un sustantivo (S), un verbo (V) o un adjetivo (A) según el contexto y escriba la letra S, V o A correspondiente en su cuaderno. Luego, escoja la palabra apropiada de la lista del Paso 1 para llenar cada espacio en blanco.

Cuando mi padre se casó con mi madrastra, fue difícil para mí aceptarla. En primer lugar ella ____[1] mucho en cuanto a las tareas domésticas y el comportamiento. (Yo) esperaba el ____[2] y la comprensión de mi padre contra las ideas de mi madrastra. Pero él no hizo caso de mis ____.[3] No podía contar con él para ____ me[4] de mi madrastra. Pero pocos años después, empecé a apreciar lo que mi madrastra me había enseñado y hoy día me siento muy ____[5] de ella.

Paso 3 Formen grupos de tres personas. La mitad de los grupos va a utilizar las palabras de la columna A y la otra mitad va a utilizar las palabras de la columna B. Cada grupo debe escribir tres preguntas y cada pregunta debe emplear una palabra de su lista. Luego, una persona de uno de los grupos A debe juntarse con una persona de uno de los grupos B para hacerse las preguntas que escribieron.

A	B
el castigo	la exigencia
quejarse	apoyar
comprensivo	orgulloso/a

Actividades

A. **Vocabulario en contexto** Complete las siguientes oraciones con la palabra más apropiada, según el contexto. Haga los cambios necesarios para que haya concordancia.

1. Es posible que un hijo único sea _____ (inquieto, envidioso) cuando llega un nuevo hermanito.

2. Es probable que la benjamina de una familia sea _____ (entrometido, mimado).

3. Es normal que los adolescentes sean un poco _____ (rebelde, sumiso).

4. A los niños no les gusta que sus padres los _____ (regañar, esconder) en público.

5. Una persona que se cría en un ambiente _____ (sano, estricto) durante su niñez (*childhood*) puede ser rebelde durante la adolescencia.

6. Los padres tacaños no quieren que sus propios hijos _____ (heredar, esconder) su dinero.

7. Los psicólogos sugieren que los padres _____ (rogar, apoyar) a sus hijos cuando tengan problemas morales.

8. Sin _____ (amor propio, un apodo) es difícil llevar una vida sana y productiva.

¿Qué características comparten los miembros de esta familia? ¿Qué características heredó Ud. de sus padres?

B. Preguntas personales   En parejas, hagan y contesten las siguientes preguntas. Reaccione ante las respuestas de su compañero/a con las frases de Para conversar mejor. Después, compartan sus respuestas con el resto de la clase.

Para conversar mejor

¡Qué barbaridad!	¿De veras?
¡Qué bien!	(No) Estoy de acuerdo.
¡Qué bacán/chévere/guay/padre!	No lo puedo creer.
¡Qué horror!	Tiene(s) razón.

1. ¿Cuáles son las características que Ud. heredó de su madre o de su padre? ¿Qué alaban de Ud. sus padres (hijos, amigos)? ¿De qué se quejan respecto a Ud.?

2. ¿Cómo era Ud. cuando tenía cinco años? ¿Y cuando tenía quince años? ¿Qué travesuras hacía en su niñez?

3. ¿Se trata a los miembros de un sexo de manera diferente de la que se trata a los miembros del otro sexo en su familia?

   ¿Qué recomienda Ud. que hagan los padres para tratar igual a todos sus hijos?

4. ¿Qué recomienda Ud. que hagan los padres divorciados para mantener sus relaciones con sus hijos?

   ¿Qué problemas puede haber entre hermanastros?

5. ¿Se mudaba su familia a menudo cuando Ud. era joven?

   ¿Le gustaba mudarse o quedarse en el mismo sitio?

   ¿Cuáles son las diferencias entre los hijos de familias que siempre han vivido en el mismo lugar y los hijos de familias que se mudan constantemente?

Pronombres relativos

cuando
cuyo/a/os/as
lo que
que
quien

C. **¿Qué quiere decir?**   Con un compañero / una compañera de clase, expliquen con sus propias palabras lo que significan los siguientes términos. Utilicen los pronombres relativos apropiados.

1. el/la hermanastro/a
2. el benjamín / la benjamina de la familia
3. el apodo
4. sumiso/a
5. el/la hijo/a adoptivo/a

D. **Los nombres**

Paso 1   Lea estos consejos sobre cómo ponerle nombre a un hijo / una hija y luego conteste las preguntas a continuación.

al escoger su nombre

- Evite los nombres con connotaciones feas o sexuales. Los niños son a veces crueles y burlones.[1]
- Trate de no escoger nombres que rimen.[2] La gente no los toma en serio.
- Tenga cuidado con los nombres raros y difíciles de deletrear.[3] A la gente le gusta lo fácil y familiar, hasta en un resumé o para una reservación en el restaurante.
- Pruebe[4] el nombre escogido diciéndolo en voz alta y en formas diferentes para asegurarse de que no es problemático.
- Si no tiene más remedio que ponerle un nombre raro, prepare a su hijo a enfrentarse con la reacción de la gente.
- Dígale que explique que se trata de un nombre étnico o de una tradición familiar, y que tome cualquier comentario con sentido del humor.
- En el caso anterior, puede ponerle también un segundo nombre o un apodo.
- Busque nombres de los que pueda sentirse orgulloso o que suenen[5] amigables, sociables e inteligentes. Esto es, que causen una buena impresión.

[1]mocking   [2]rhyme   [3]spell   [4]Try out   [5]sound

1. ¿Por qué sugiere el artículo que los padres tengan cuidado con las connotaciones de un nombre?
2. ¿Por qué es más eficaz un nombre sencillo que un nombre complicado?
3. ¿Qué debe hacer un niño que tenga un nombre raro?
4. ¿Está Ud. de acuerdo con los consejos del artículo? ¿Por qué sí o por qué no?

Paso 2 Conteste las siguientes preguntas según su propia experiencia con los nombres.

1. ¿Por qué escogieron sus padres el nombre que le pusieron a Ud.? ¿Sabe Ud. qué significa su nombre? ¿Le gusta su nombre?
2. Piense en los hijos de personas famosas. ¿Qué nombres tienen? ¿Son raros o son comunes?
3. ¿Le gustaría tener un nombre diferente? ¿Cuál sería? ¿Por qué?
4. Cuando Ud. tenga hijos, ¿qué nombres les pondrá? ¿Por qué? Si ya tiene hijos, ¿cuáles son sus nombres? ¿Por qué los escogió?
5. De todas las personas que Ud. conoce, ¿quién tiene el nombre más interesante? ¿el más bonito? ¿el más feo?

Paso 3 Imagínese que Ud. está casado/a con una persona venezolana y van a tener un bebé. Su suegra les sugiere varios nombres, los cuales aparecen en la siguiente lista. Teniendo en cuenta que el bebé va a vivir entre dos culturas, la venezolana y la norteamericana, indique qué nombre cree Ud. que es el más aceptable y cuál es el menos aceptable. Piense en otros nombres apropiados para un niño bicultural. Luego, prepare un diálogo entre Ud. y su suegra en el que cada uno/a defienda sus selecciones y lleguen a un acuerdo en cuanto al nombre del bebé.

NOMBRES FEMENINOS	NOMBRES MASCULINOS
Concepción	César
Encarnación	Fidel
Luz	Hilario
Macarena	Ignacio
María Jesús	Jesús
Nieves	José María
Pilar	Perfecto

 # NOTA CULTURAL • Los apodos

En el mundo hispano es muy común ponerle apodos a la gente. Muchas veces un apodo puede indicar el cariño o amistad especial que se siente por una persona. El apodo puede originar de una forma corta del nombre de uno o se puede crear con una forma del diminutivo. Ud. habrá notado, por ejemplo, que los amigos le dicen «Javi» a Javier; por otra parte, los padres de Sara le dicen «Sarita».

Sin embargo, el apodo de una persona frecuentemente viene de alguna característica física sobresaliente de esa persona o, al contrario, de una característica física que no posee. Por ejemplo, cuando Diego estaba en el colegio, sus amigos mexicanos lo llamaban «Flaco», puesto que era muy delgado; sin embargo, los hermanos de Sergio lo llaman «Gordo», aunque no tiene nada de gordura. A una persona con la nariz corta la pueden llamar «Chata», y a un pelirrojo le pueden poner el apodo de «Zanahoria». Una amiga cubana de Sergio recuerda que los chicos la llamaban «Bacalao[1]» porque tenía las piernas muy delgadas. Pero es importante entender que aunque para un norteamericano este tipo de apodo puede parecer cruel, en la cultura hispana es simplemente una manera de demostrar la estrechez[2] de las relaciones entre parientes o amigos.

[1]*"Codfish"*; en este contexto, implica "Fish Bones", o sea, que sus piernas eran como *fish bones*   [2]*closeness*

Conversación en parejas

1. ¿Tiene Ud. algún apodo? ¿Cuál es? ¿Tiene un apodo entre su familia y otro diferente en sus amigos?

2. ¿Cuáles son algunos de los apodos más interesantes que Ud. ha oído? ¿Puede explicar su significado en español?

Puntos clave

REACCIONAR
R
RECOMENDAR

Reacciones y recomendaciones

Here are more resources that offer practice with the grammar presented in this section.
· *Manual*
· CD-ROM
· Website

En esta sección del capítulo, Ud. va a practicar las reacciones y recomendaciones. Para hacerlo bien, hay que utilizar las estructuras gramaticales de la siguiente tabla que pertenecen al punto clave. Antes de continuar, estudie las explicaciones de estas estructuras gramaticales en las páginas verdes al final del libro.

LA META COMUNICATIVA DE ESTE CAPITULO		
ICONO	**META COMUNICATIVA**	**PUNTOS CLAVE**
REACCIONAR **R** RECOMENDAR	Reacciones y recomendaciones	• el subjuntivo en cláusulas nominales • los mandatos

Ponerlo a prueba

A. El subjuntivo   Complete el siguiente párrafo con la forma correcta de los verbos entre paréntesis.

La madre de Javier no es tan mandona como parece. Simplemente le preocupa que su hijo _____[1] (perder) contacto con su cultura. Ella está muy orgullosa de él, pero teme que _____[2] (poder) empezar a americanizarse demasiado en los Estados Unidos. Para ella, como para la gran mayoría de los hispanos, es importante _____[3] (mantener) contacto directo e inmediato con la familia y la cultura. No cree que las relaciones a larga distancia _____[4] (ser) efectivas. De hecho, piensa que el estilo norteamericano de las relaciones familiares _____[5] (ser) un poco raro. Por eso, insiste en que su hijo la _____[6] (llamar) y la _____[7] (visitar) mucho. A Javier le molesta un poco, pero para él también es esencial _____[8] (tener) relaciones estrechas con su familia y su país.

B. Los mandatos   Cambie los infinitivos por mandatos informales.

Cuando está de mal humor (*in a bad mood*), la madre de Javier es muy franca y le dice:

1. «No _____ (pasar) tanto tiempo en los Estados Unidos.»
2. «¡_____ (Casarse) con una puertorriqueña ya!»
3. «No _____ (ser) tan ensimismado.»

Cuando Javier y su hermano gemelo eran jóvenes, su madre les decía:

4. «No _____ (jugar) en la oficina de su padre.»
5. «_____ (Compartir) sus juguetes con los demás.»
6. «No _____ (tocar) nada.»

Expresiones útiles

Las siguientes expresiones le pueden servir para hablar de las relaciones familiares. ¿Cuáles de ellas requieren el subjuntivo?

Para alabar

Es impresionante que…	*It's impressive/awesome that . . .*
Estoy orgulloso/a de que…	*I'm proud that . . .*
Estoy súper contento/a de que…	*I'm super-happy that . . .*
Me alegro de que…	*I'm glad that . . .*
Qué bueno que…	*How great that . . .*

Para quejarse

¡Esto es el colmo!	*This is the last straw!*
Estoy decepcionado/a por / porque…	*I'm disappointed because . . .*
No me gusta que…	*I don't like that . . .*
Ya estoy harto/a (de que…)	*I'm fed up already (that) . . .*
Ya no puedo soportarlo/la más.	*I can't stand it/him/her anymore.*

Para pedir perdón

Lo siento mucho.	*I'm very sorry.*
Mil disculpas/perdones.	*A thousand pardons.*
Perdón, me equivoqué.	*Sorry, I made a mistake.*
Se me olvidó por completo.	*I totally forgot.*
Siento que…	*I'm sorry that . . .*

Para enfatizar una respuesta negativa

Me importa tres narices / un pepino.	*I couldn't care less.*
¡Ni hablar!	*No way!*
Ni se te ocurra. / Ni lo pienses.	*Don't even think about it.*
¡Ni soñarlo!	*In your dreams!*

Para reaccionar ante una situación

No es para tanto.	*It's not such a big deal.*
¡Qué bacán/chévere/guay/padre!	*How cool!*
¡Qué cara tiene!	*What nerve he/she has!*
¡Qué horror!	*How awful!*
¡Qué vergüenza!	*How embarrassing!*

Actividades

A. Algunas situaciones delicadas Con un compañero / una compañera, lean las siguientes situaciones y respondan a su hermano/a, madre, amigo/a, etcétera, pidiendo perdón o quejándose según el contexto. Utilicen las expresiones útiles que acaban de aprender cuando puedan. Su respuesta debe tener tres partes y su compañero/a debe hacer comentarios apropiados mientras escucha su explicación.

MODELO: Ud. le dio dinero a su hermano para ir a Europa y él no le mandó ni una postal.

    a. No me gusta que no me hayas mandado ni una postal. No puedo soportar tu ingratitud.

    b. Te presté el dinero para tu viaje. Siempre he sido un hermano excelente.

    c. Por eso, insisto en que me devuelvas el dinero inmediatamente.

1. Se le olvidó por completo el cumpleaños de su madre.
   a. pedir perdón
   b. explicar por qué se le olvidó
   c. proponer un remedio
2. El benjamín de la familia va a representar a su país en un torneo internacional de béisbol en San Pedro de Macorís, la República Dominicana.

    a. alabar su logro
    b. explicar por qué sabía Ud. que él iba a ganar este honor
    c. proponer una manera de celebrar este logro

3. Su madre le dice que su novio/a es mala gente porque tiene muchos tatuajes.
    a. hablar con su madre, quejándose de que sea tan conservadora
    b. explicar que las apariencias engañan
    c. proponer una manera de que su madre conozca mejor a su novio/a

4. Ud. es el único miembro de la familia que no llegó a la cita que la familia tenía con la psicóloga.
    a. quejarse de que Ud. tenga que ir a la psicóloga
    b. explicar por qué no fue
    c. proponer un remedio

5. Su compañero/a de cuarto acaba de comprar un cartel de Salvador Dalí para colgar (*hang*) en la sala, pero a Ud. no le gusta para nada el arte de Dalí.
    a. hablar con su compañero/a, quejándose por su mal gusto
    b. explicar por qué no le gusta
    c. proponer un remedio

B. La vida de los cinco amigos   En parejas, reaccionen ante las siguientes oraciones sobre los cinco amigos. Luego, hagan una recomendación o sugerencia. Deben variar los verbos y frases que utilizan para reaccionar y recomendar.

1. La madre de Javier le ruega a su hijo que regrese a Puerto Rico y que se case con una puertorriqueña.

2. Laura tiene un novio que vive en Ecuador y lo extraña mucho.

3. Los padres de Sara se quejan de que ella viva en los Estados Unidos y de que no les escriba con más frecuencia.

4. Sergio heredó el espíritu rebelde de su abuelo. Por eso le encanta trabajar con rockeros y otra gente extravagante.

5. Diego nació en un pueblito y ahora es un importante hombre de negocios.

C. Una señorita puertorriqueña   La madre de Javier acaba de enviarle una foto de una modelo puertorriqueña. Quiere convencer a su hijo de que si regresa a Puerto Rico encontrará a muchas mujeres guapas a su disposición. Como es de imaginar, Javier está furioso.

Paso 1   A continuación, Ud. va a encontrar las cosas que Javier quiere decirle a su madre. Como está tan enojado, no piensa de una manera adecuada para expresarse. Ayúdelo a suavizar sus comentarios, utilizando las expresiones útiles que Ud. aprendió al principio de esta sección.

1. ¡No me castigues por no vivir en Puerto Rico!

2. ¡No me mandes más fotos!

3. ¡Respeta mi independencia!

4. ¡Apóyame en mis decisiones!

5. ¡Alaba mis logros!

Ojo

Cuando Ud. reacciona, cualquier frase que exprese una opinión subjetiva sobre la circunstancia requíere el subjuntivo. Ud. ya conoce **es bueno que, es increíble que, es mejor que,** etcétera. También necesitan el subjuntivo expresiones como **qué alucinante que, qué horror que, qué sorprendente que,** etcétera.

Paso 2 Ahora, imagínese que Ud. es la madre de Javier y escriba algunas reacciones y recomendaciones basadas en los comentarios de Javier del Paso 1. Luego, comparta sus reacciones y recomendaciones con un compañero / una compañera.

Paso 3 Javier y su madre visitan a un psicólogo para hablar de sus problemas familiares. En grupos de tres, hagan un breve diálogo entre los tres. ¿Cuáles son los problemas? ¿Qué soluciones les ofrece el psicólogo a Javier y su madre?

Paso 4 Ahora, imagínese que Ud. es Javier. Escríbale una carta a su madre, quejándose de que ella sea tan entrometida. Trate de utilizar algunas de las expresiones útiles que aparecen al principio de esta sección.

D. Pasado, presente, futuro: «De tal palo, tal astilla»*

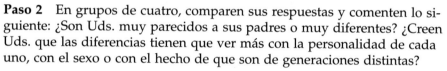

Paso 1 ¿Cómo es Ud. en comparación con sus padres (así como son o como eran)? Vea las siguientes características personales y diga cómo es Ud. en comparación con su madre o con su padre.

¿Más, menos o igual que sus padres?

1. ambicioso/a
2. sensible
3. involucrado/a en la política
4. egoísta
5. quejón/quejona
6. abierto/a
7. rebelde
8. exigente
9. religioso/a
10. franco/a

Paso 2 En grupos de cuatro, comparen sus respuestas y comenten lo siguiente: ¿Son Uds. muy parecidos a sus padres o muy diferentes? ¿Creen Uds. que las diferencias tienen que ver más con la personalidad de cada uno, con el sexo o con el hecho de que son de generaciones distintas?

Paso 3 ¿Qué sugiere que haga una persona que no quiere ser como su madre o su padre? Explique el porqué de sus recomendaciones.

Paso 4 Observe la misma lista de adjetivos en el Paso 1 e indique si Ud. quiere que sus (futuros) hijos tengan las mismas cualidades que Ud. tiene. ¿Qué quiere que sus hijos hereden de Ud.? ¿Qué espera que sea diferente? ¿Por qué? ¿Por qué soñamos así con respecto a nuestros hijos?

Desafío

Paso 5 Hoy día los avances en el campo de la genética son alucinantes. Es posible que en el futuro podamos diseñar (*design*) a nuestros hijos. ¿Diseñaría Ud. a su hijo/a si pudiera? Explique por qué sí o por qué no. Si lo hiciera, ¿qué características tendría? ¿En qué aspectos se parecería a Ud.? ¿En qué aspectos sería diferente?

---

*«De tal palo, tal astilla» es un refrán cuyo equivalente en inglés es: «*Like father, like son*».

Rincón cultural

Lugares fascinantes:
El Caribe

Here are more resources that offer practice with the grammar presented in this section.
· Manual   · Website
· CD-ROM

1. **La Habana, Cuba**   Antes de la Revolución Cubana, La Habana era la ciudad más cosmopolita del Caribe. Hoy, aunque muchos de los edificios necesitan reparaciones, hay museos y monumentos de gran interés y belleza. El capitolio,[1] por ejemplo, es casi igual en estilo y tamaño al que hay en Washington, D.C. El Museo Arabe, de estilo mudéjar,[2] tiene una réplica exacta de un mercado del Oriente Medio.[3] Otros museos fascinantes incluyen el Museo de la Revolución, el Museo de Carros Antiguos y el Museo Nacional de Música que tiene una colección impresionante de tambores[4] africanos y que muestra la historia y el desarrollo de la música cubana.

2. **El Yunque, Puerto Rico**   Es un bosque lluvioso[5] de 28.000 acres que está a sólo veintidós millas de San Juan, la capital. El Yunque cuenta con[6] 60 especies de pájaros, 80 clases de orquídeas y 150 tipos de helechos.[7] Más de 100 mil millones de galones de lluvia caen aquí anualmente. Se puede hacer excursiones a pie para ir a la catarata[8] La Mina y a El Toro, una montaña de 3.524 pies. Se tarda ocho horas en llegar a la cumbre[9] de El Toro, pero el esfuerzo vale la pena.[10]

3. **Cabarete, República Dominicana**   Queda[11] a siete millas de Sosúa, un pueblo fundado en 1941 por un grupo de judíos refugiados de Alemania. Se considera la capital del *windsurfing* del mundo por haber sido el lugar de muchos campeonatos internacionales de este deporte. Durante febrero y marzo las olas[12] son más grandes que en el resto del año, pero en el mes de junio los vientos son mejores. Por eso, cada año se realizan varios campeonatos internacionales en Cabarete durante este mes. Con sus condiciones ideales y siete escuelas de *windsurfing*, la playa se ha convertido en una especie de «naciones unidas» para la gente joven.

4. **San Pedro de Macorís, República Dominicana**   Este puerto industrial se conoce sobre todo como el centro del béisbol dominicano y el lugar que más jugadores de béisbol profesional produce. El béisbol es una obsesión nacional y local y muchos de los jugadores de San Pedro de Macorís terminan en las ligas mayores estadounidenses, como, por

---

[1]*capitol building* [2]estilo de arte que combina lo cristiano con lo árabe [3]Oriente... *Middle East* [4]*drums* [5]bosque... *rainforest* [6]cuenta... tiene [7]*ferns* [8]*waterfall* [9]*summit* [10]vale... *is worth it* [11]Está [12]*waves*

ejemplo, Sammy Sosa. Cada año entre octubre y febrero, los aficionados al béisbol acuden[13] a la ciudad para ver los partidos de la temporada de invierno. Pero además de su fama como centro beisbolístico, San Pedro tiene mucha importancia histórica. Fue el lugar donde se instaló la primera estación telefónica del país en el siglo XIX. Además, la ciudad ha sido un centro de producción de azúcar, lo cual la convirtió en un centro de riqueza a principios del siglo XX. La producción azucarera atrajo a la zona a trabajadores de ascendencia africana, quienes han contribuido de manera profunda a la cultura, la música, la danza y las prácticas religiosas de la ciudad. Hoy día, San Pedro está experimentando un renacimiento, con la atención que recibe por sus contribuciones al béisbol y por su industria.

5. **El Viejo San Juan, Puerto Rico** La ciudad más antigua del territorio estadounidense y la segunda más antigua de las Américas, el Viejo San Juan (el centro colonial que ahora forma parte de la zona metropolitana de San Juan) ofrece una fascinante mezcla de lo viejo y lo nuevo. Aquí se puede visitar fortalezas[14] españolas como El Morro y San Cristóbal; la Catedral de San Juan, donde yacen[15] los restos del conquistador Juan Ponce de León; las murallas[16] originales que protegían la ciudad; casas coloniales, ahora muy bien preservadas, que datan de los siglos XVI y XVII; y seis lugares designados «Patrimonio Cultural de la Humanidad» por la UNESCO.[17] También se puede simplemente pasear por las calles empedradas[18] y visitar sus hermosas plazas, como el Parque de las Palomas, donde cada día se reúnen familias puertorriqueñas para dar de comer a los centenares de palomas que habitan la plaza. En cuanto a lo moderno, por la noche, el centro colonial se convierte en una zona de entretenimiento, con sus bares, clubes de salsa y teatros, frecuentados por puertorriqueños jóvenes y mayores. Además, el Viejo San Juan tiene uno de los puertos más importantes de las Américas y, junto con la zona metropolitana, es un centro burocrático, financiero y farmacéutico.

6. **Mérida, Venezuela** Fundada en el siglo XVI como capital del estado de Mérida y localizada entre los picos[19] más altos de los Andes venezolanos, esta ciudad tiene mucho que ofrecer para complacer[20] una variedad de gustos. Con su respetada Universidad de los Andes, Mérida es un centro cultural que hospeda,[21] entre otras cosas, un festival internacional de violín cada año en el mes de enero. Para los que prefieren estar al aire libre, el estado de Mérida goza de cuatro parques nacionales, más de 400 lagunas y muchísimas cascadas. Es famoso por sus deportes de aventura, como el andinismo,[22] el esquí, el parapente,[23] la bicicleta de montaña y el *rafting* en aguas blancas. Para llegar a los puntos de partida para muchas de estas actividades, se puede experimentar otra aventura —¡montarse en el teleférico[24] más alto y largo del mundo!

[13]van [14]fortresses [15]lie buried [16]city walls [17]United Nations Educational, Scientific, and Cultural Organization [18]calles… cobblestoned streets [19]mountain peaks [20]satisfy [21]hosts [22]mountain climbing [23]paragliding [24]cable car

Actividades

A. Primero, localice los seis lugares en el mapa del Caribe y póngale a cada uno un número del 1 (el más interesante) al 6 (el menos interesante) para indicar el grado de interés que Ud. tiene en visitar estos lugares.

LOS PAISES DEL CARIBE				
	PUERTO RICO	**VENEZUELA**	**CUBA**	**REPUBLICA DOMINICANA**
Gobierno	Estado Libre Asociado de los Estados Unidos	democracia representativa	república socialista	democracia representativa
Ciudades principales	San Juan, Bayamón, Ponce	Caracas, Maracaibo, Barquisimeto	La Habana, Santiago de Cuba, Camagüey	Santo Domingo, Santiago de los Caballeros
Lenguas oficiales	español e inglés	español	español	español (oficial) y francés criollo
Moneda	el dólar estadounidense	el bolívar	el peso	el peso

B. Túrnese con un compañero / una compañera para describir uno de los lugares fascinantes del Caribe con sus propias palabras. Luego, escriban una comparación entre los dos lugares que acaban de describir. Finalmente, con otra pareja, den recomendaciones para pasarlo bien en estos lugares.

C. En grupos de tres, pónganse de acuerdo para elegir los dos lugares del Caribe que les gustaría visitar durante sus próximas vacaciones. Expliquen por qué escogieron esos lugares y qué les gustaría hacer en cada lugar.

Una calle en La Habana, Cuba

El teleférico en Mérida, Venezuela

Un artista hispano:
Nick Quijano

Nick Quijano nació en Nueva York en 1953 de padres puertorriqueños. Cuando tenía catorce años, su familia regresó a Puerto Rico permanentemente. Por eso, Quijano debe su formación cultural a Puerto Rico y su arte refleja una celebración del espíritu de la gente de la Isla. A causa de la especial situación de Puerto Rico, que ha sido territorio de los Estados Unidos desde 1898, la lucha entre los esfuerzos para asimilar y a la vez resistir las influencias y los valores estadounidenses ha sido parte central del arte puertorriqueño a lo largo del siglo XX. Muchos de los artistas contemporáneos están motivados por la búsqueda[1] de una identidad puertorriqueña única.

En su arte, Nick Quijano celebra con gran afecto la vida familiar y la omnipresencia de la espiritualidad en la vida cotidiana[2] de su gente. También muestra el gran componente africano que se encuentra en la Isla.

En *La siesta* (página 61), Quijano representa a su abuela materna, durmiendo en un sofá. Los colores vivos y la riqueza de los detalles reflejan el sentimiento nostálgico y cariñoso que el artista tiene hacia su familia. Cada objeto tan cuidadosamente colocado[3] en la sala simboliza parte de la cultura puertorriqueña que el artista no quiere perder.

[1]*search* [2]*daily* [3]*placed*

La siesta, *de Nick Quijano (n. 1953)*

Actividades

A. Los objetos que se encuentran en *La siesta* representan la conexión íntima con los miembros de la familia y también muestran la importancia de la religión en la vida cotidiana. Indique el simbolismo de cada objeto a continuación y explíquele a un compañero / una compañera el porqué de su selección.

OBJETO

1. _____ la estatua de la Virgen Milagrosa (*Miraculous*)
2. _____ el boleto de la lotería
3. _____ la taza de café
4. _____ el retrato del padre
5. _____ los lentes, el recado (*note*), la carta
6. _____ el perro

SIMBOLO

a. la educación

b. la generosidad

c. la espiritualidad

d. la promesa de volver algún día a Puerto Rico

e. la hospitalidad

f. el respeto

B. Describa brevemente el cuadro. Si Nick Quijano pintara una escena familiar para Ud., ¿qué objetos le pediría que pusiera en el cuadro?

Lo hispano en los Estados Unidos:
Los «nuyoricans»

Puesto que son ciudadanos de los Estados Unidos, los puertorriqueños tienen el derecho de mudarse al continente para trabajar y vivir como cualquier otro ciudadano estadounidense. Aunque los que toman la decisión de salir de la Isla se van a muchos lugares diferentes, la gran mayoría se muda a la costa este de los Estados Unidos, especialmente a Nueva York. Allí se ha formado una comunidad impresionante de casi un millón de «nuyoricans». Como su nombre lo indica, los nuyoricans combinan aspectos de las culturas estadounidense y puertorriqueña para formar una cultura única.

El Barrio, Nueva York

Al llegar al continente, muchos puertorriqueños no han dejado atrás su «puertorriqueñidad». Al contrario, siempre han mantenido conexiones fuertes con la Isla por medio de diferentes recursos. Para muchos, la lengua de la casa sigue siendo el español. Jóvenes y viejos escuchan la música de la Isla y de los propios nuyoricans que más atrae a su generación, sea la salsa tradicional de Tito Puente y otros, el rap en español o el pop tropical. La gran mayoría vive en una sección de Manhattan conocida como el Barrio. Dentro o cerca del Barrio se encuentran instituciones dedicadas a la cultura puertorriqueña. Por ejemplo, el Museo del Barrio ofrece exposiciones de artistas puertorriqueños como Nick Quijano. No muy lejos del museo está el famoso Nuyorican Poets' Café, donde se presentan música en vivo, lecturas de escritores hispanos y emocionantes *poetry slams*. Cada año un desfile (**parada** para los puertorriqueños) del Puerto Rican Day atrae a millones de espectadores. La universidad Hunter College también tiene un importante centro de estudios afroamericanos y puertorriqueños, que promueve a importantes intelectuales puertorriqueños.

Aunque los nuyoricans viven en su cultura adoptiva, han mantenido sus raíces y fuertes lazos con Puerto Rico.

Actividad de Internet

Busque información en el Internet sobre los nuyoricans para poder contestar las siguientes preguntas.

1. ¿Qué eventos culturales hay en el Nuyorican Poets' Café este mes? ¿Qué evento le interesa ver más a Ud.? ¿Por qué?

2. Mire la lista de libros que se pueden encontrar en la biblioteca del café. ¿Cuál cree Ud. que le gustaría leer a Javier? ¿Por qué?

3. ¿Cuándo tendrá lugar el desfile del Puerto Rican Day este año? ¿Qué se podrá ver allí?

4. Busque la página Web del Centro de Estudios Puertorriqueños de Hunter College. ¿Qué información le da sobre el centro?

5. Busque información sobre la vida y música de Tito Puente. Si puede, escuche una de sus canciones. ¿Qué le interesa de la música de Tito Puente o qué le molesta? Explique su respuesta.

Lectura

Cristina García nació en La Habana, Cuba, en 1958, pero se crió y se educó en los Estados Unidos. En su primera novela, *Soñar en cubano,* narra la vida de diferentes mujeres de la misma familia —las que se quedaron en Cuba y las que salieron para los Estados Unidos después de la Revolución cubana. Las selecciones que Ud. va a leer tratan de los recuerdos nostálgicos que la protagonista tiene de Cuba y de su propia búsqueda de identidad.

Antes de leer

A. Para comentar En parejas o en grupos pequeños, comenten estas preguntas. Luego, compartan sus respuestas con el resto de la clase.

1. ¿De qué manera influye el lugar donde uno vive en el bienestar emocional y psicológico?

2. ¿En algún momento ha tenido Ud. que mudarse de un lugar que quería mucho? ¿Cómo le afectó esta mudanza? Si nunca ha tenido esta experiencia, ¿cómo se sentiría si tuviera que mudarse y dejar un lugar muy especial?

3. ¿Hay personas en su familia que tienen diferentes opiniones en cuanto a la política, a la religión o a los problemas sociales? ¿Qué opina cada una? ¿En qué se diferencian sus actitudes?

4. Lean las líneas escritas en letra cursiva que indican el comienzo de las dos partes de la lectura (en las páginas 65 y 66). Luego, indiquen qué información de la siguiente lista creen Uds. que van a encontrar en la lectura.

_____ información sobre el nacimiento de la protagonista

_____ información sobre sus amigos

_____ descripciones de sus parientes

_____ un acontecimiento extraordinario

_____ un viaje

_____ descripciones de lugares importantes

_____ conflictos emocionales

_____ conflictos familiares

_____ una mudanza

_____ consejos

_____ castigos

_____ algo que la narradora extraña

_____ algo que la narradora lamenta

B. **Acercándose al tema** Ahora, lean el título de la siguiente ficha y las nueve palabras asociadas con el tema de la lectura. Utilicen su imaginación y las palabras de la ficha para imaginarse y expresar qué pasará en la lectura. Sean creativos y tomen apuntes para poder compartir sus ideas con el resto de la clase.

Visitando el pasado		
los abuelos	la juventud	la nostalgia
mudarse	recordar	volver
asombrado/a	limitado/a	orgulloso/a

C. **Preparación histórica** Lea el siguiente párrafo sobre Fidel Castro para entender mejor el contexto de la lectura.

En 1959, Fidel Castro y sus tropas revolucionarias tomaron control de la Habana, poniendo fin a la dictadura sanguinaria (*bloody*) de Fulgencio Batista. Al asumir el poder, Castro y su gobierno optaron por el modelo económico comunista y se aliaron con el bloque soviético. La Revolución trajo muchos cambios a la Isla —reforma educativa, eliminación de las clases sociales, reforma agraria, ayuda a los pobres, disminución del prejuicio racial y sexista. Por esta razón, recibió mucho apoyo, especialmente de las clases populares. Al mismo tiempo, alienó a mucha gente, sobre todo a los ricos que se habían beneficiado del régimen de Batista. Por eso, muchos dejaron la Isla y se mudaron a los Estados Unidos.

Soñar en cubano (fragmentos)

En esta primera sección, la narradora recuerda cómo su mamá la separó de su abuela y la llevó con ella a los Estados Unidos. Cuenta las diferentes visiones que tenían su mamá y su abuela sobre la Revolución y sobre Fidel Castro.

Cuando salí de Cuba tenía sólo dos años, pero recuerdo todo lo que pasó desde que era una <u>cría</u>, cada una de las conversaciones, palabra por palabra. Estaba sentada en la falda de mi abuela jugando con sus pendientes de perlas, cuando mi madre le dijo que nos iríamos de la Isla. Abuela Celia la acusó de haber traicionado la Revolución. Mamá trató de separarme de la abuela, pero yo me agarré a ella y grité a todo pulmón.[1v] Mi abuelo vino corriendo y dijo: «Celia, deja que la niña se vaya. Debe estar con Lourdes.» Esa fue la última vez que la vi.

Mi madre dice que Abuela Celia ha tenido un montón de oportunidades de salir de Cuba, pero que es terca[2] y que El Líder le ha sorbido el seso.[3] Mamá dice «comunistas» de la misma manera que alguna gente dice «cáncer», lenta y rabiosamente. Lee los periódicos página por página intentando detectar las conspiraciones de la izquierda, hinca[4] su dedo sobre la posible evidencia, y dice «¿Ves lo que te digo?». El año pasado, cuando El Líder encarceló a un famoso poeta cubano, ella, tratando de salvarle, se burló con desprecio de «esos izquierdosos intelectuales hipócritas»: «Crearon esas prisiones para que ellos se pudrieran[5] en ellas —gritaba, sin que sus palabras tuvieran demasiado sentido—. ¡¡Son subversivos peligrosos, rojos hasta el tuétano[6]!!»

Blanco o negro, así es la visión de Mamá. Es su forma de sobrevivir.

[…]

La mayor parte del tiempo, Cuba, para mí, es como si hubiese muerto, aunque de vez en cuando un <u>ramalazo</u> de nostalgia me golpea[7] y tengo que reprimirme[8] para no secuestrar[9] un avión hacia La Habana o algo así. Siento rencor contra ese infierno de políticos y generales que fuerzan los acontecimientos que estructurarán nuestras vidas, y que controlan los recuerdos que tengamos cuando seamos viejos. Cada día que pasa, Cuba se desvanece[10] un poco más dentro de mí, mi abuela se desvanece un poco más dentro de mí. Y el lugar que debería estar ocupado por nuestra historia, está ocupado tan sólo por mi imaginación.

No ayuda en nada el que Mamá se resista a hablar de Abuela Celia. Se molesta cada vez que le pregunto por ella y me manda callar de inmediato, como si yo estuviese intentando sonsacarle[11] un alto secreto de Estado. Papá es más abierto, pero él no puede contarme lo que yo necesito saber, como, por ejemplo, las razones por las que Mamá casi nunca le dirige la palabra a Abuela, o por qué ella aún continúa conservando la fusta[12] que usaba en

[1]a... at the top of my lungs   [2]testaruda   [3]le... has brainwashed her   [4]she jams   [5]se... would rot   [6]bone (lit., marrow)   [7]me... hits me   [8]hold myself back   [9]hijack   [10]se... fades away   [11]to pry out of her   [12]riding crop

(Continúa.)

Cuba cuando montaba a caballo. Él se pasa la mayor parte del tiempo intentando actuar de moderador en nuestras peleas, y el resto del tiempo está flotando dentro de su propia órbita.[13]

Papá se siente un tanto perdido aquí en Brooklyn. Creo que se pasa la mayor parte del día en su taller[14] porque de lo contrario se deprimiría o se volvería loco. A veces pienso que nosotros debimos habernos instalado en un rancho, en Wyoming o en Montana. Él se hubiese sentido feliz allí, con sus caballos y sus vacas, sus cerdos y un gran cielo abierto sobre él.^V Papá sólo parece vivir cuando habla sobre su pasado, sobre Cuba.

VISUALIZAR

[13]*orbit, world* [14]*workshop*

VERIFICAR

1. ¿Quiénes participan en la acción de esta sección?

2. ¿Cuáles son los puntos principales de esta sección?

3. ¿Qué acciones tienen lugar en esta sección? ¿Qué verbos de acción se usan?

4. ¿Cómo puede Ud. expresar con sus propias palabras lo que pasa en esta sección?

Aquí la narradora cuenta cómo, muchos años después, ella regresa con su madre a Cuba. Allí reflexiona sobre su identidad y sus raíces culturales.

Llevamos cuatro días en Cuba y Mamá no ha hecho otra cosa que quejarse y sentarse a fumar cigarro tras cigarro cuando se cierra la noche. Discute con los vecinos de Abuela, busca bronca[15] con los camareros, riñe con[16] el hombre que vende los <u>barquillos</u> de helado en la playa. Le pregunta a todo el mundo cuánto ganan y, no importa lo que le contesten, siempre les dice: «¡Podrías ganar diez veces más en Miami!» Para ella, el dinero es el fondo de todas las cosas. Además intenta pillar[17] a los obreros robando para poder decir: «¡Mira! ¡*Esa* es su lealtad con la Revolución!»

VOCABULARIO

El Comité Pro Defensa de la Revolución ha comenzado a montarle broncas a Abuela por culpa de Mamá, pero Abuela les dice que tengan paciencia, que ella se quedará sólo una semana. Yo quiero quedarme más tiempo, pero Mamá se niega porque no quiere dejar en Cuba más divisas,[18] como si nuestras contribuciones fueran a enriquecer o a <u>arruinar</u> la economía. (Por cierto, a Mamá le dio un ataque de apoplejía cuando se enteró que tenía que pagar una habitación de hotel con sus tres comidas diarias correspondientes durante el tiempo que durase nuestra estancia, aunque nos estuviéramos quedando en casa de familiares.) «¡Sus pesos no valen nada[19]! —grita—. ¡Nos permiten que entremos al país porque necesitan de nosotros, y no lo contrario!» En cualquier caso no entiendo cómo le han dejado entrar a ella. ¿Estarán haciendo estos cubanos sus deberes como Dios manda?

VOCABULARIO

Sigo pensando que a mi madre le va a dar un ataque cardíaco en cualquier momento. Abuela me dice que no es normal el calor que está haciendo

[15]busca... *she picks fights* [16]riñe... *she berates* [17]*to catch* [18]*hard currency* [19]no... *are worth nothing*

para ser abril. Mamá se ducha varias veces al día, y luego enjuaga[20] su ropa en el fregadero y se la pone mojada[21] para refrescarse.^v En casa de Abuela no hay agua caliente. El océano está más caliente que el agua que sale por sus grifos,[22] pero ya me estoy acostumbrando a las duchas frías. La comida es otra historia, y, para colmo,[23] <u>grasienta</u> como el demonio. Si me quedara aquí más tiempo, terminaría comprándome un par de esos pantalones elásticos color neón que llevan puestos todas las mujeres cubanas. Debo admitir que la vida aquí es bastante más dura de lo que yo me pensaba, pero al menos todos parecen tener cubiertas sus primeras necesidades.

VISUALIZAR

VOCABULARIO

Pienso en lo distinta que habría sido mi vida si me hubiese quedado con mi abuela. Creo que soy probablemente la única ex *punky* de toda la Isla, que nadie más lleva las orejas agujereadas[24] en tres lugares distintos. Se me hace difícil pensar en mi existencia sin Lou Reed. Le pregunto a Abuela si en Cuba yo podría pintar lo que me diera la gana y me dice que sí, siempre y cuando no atente contra el Estado. Cuba está aún en vías de desarrollo,[25] me dice, y no puede permitirse el lujo de la disidencia. Y entonces cita algo que El Líder había dicho en los primeros años, antes de que comenzaran a arrestar a poetas: «A favor de la Revolución, todo; en contra de la Revolución, nada.» Me pregunto lo que pensaría El Líder sobre mis pinturas. El arte, le diría yo, es la máxima revolución.

[…]

He comenzado a soñar en español, cosa que no me había pasado nunca. Me despierto sintiéndome distinta, como si algo dentro de mí estuviese cambiando, algo químico e irreversible. Hay algo mágico aquí que va abriéndose camino por mis venas. Hay algo también en la vegetación a lo que yo respondo instintivamente: la hermosa buganvilla, los flamboyanes[26] y las jacarandás,[27] las orquídeas que crecen sobre los troncos de las misteriosas ceibas.[28] Y quiero a La Habana, su bullicio[29] y su decadencia y su aquello de fulana.[30] Podría sentarme feliz durante días y días en uno de aquellos balcones de hierro forjado,[31] o quedarme en compañía de mi abuela en su porche, con su vista al mar de primera fila.[32]^v Me da miedo perder todo esto, perder nuevamente a Abuela Celia. Pero tarde o temprano tendré que regresar a Nueva York. Ahora sé que es allí adonde pertenezco (y no *en vez* de a Cuba, sino *más* que a Cuba). ¿Cómo puedo decirle esto a mi abuela?

VISUALIZAR

[20]*she rinses*   [21]*wet*   [22]*faucets*   [23]para… *to top it all off*   [24]*pierced*   [25]en… *developing*   [26]*type of tree, found in the Caribbean*   [27]*jacaranda trees*   [28]*silk-cotton trees*   [29]*din*   [30]aquello… *whorishness*   [31]hierro… *wrought iron*   [32]primera… *front row*

1. ¿Quiénes participan en la acción de esta sección?

2. ¿Cuáles son los puntos principales de esta sección?

3. ¿Qué acciones tienen lugar en esta sección? ¿Qué verbos de acción se usan?

4. ¿Cómo puede Ud. expresar con sus propias palabras lo que pasa en esta sección?

VERIFICAR

Después de leer

A. Comprensión   Conteste las siguientes preguntas, según la lectura.

1. ¿Qué opinión tiene Mamá de Fidel Castro? ¿Qué opinión tiene Abuela Celia de él?

2. ¿Qué relaciones tiene Pilar, la narradora, con Cuba y con la familia que se quedó allí?

3. ¿Está contento el padre de Pilar con la vida que tiene en Brooklyn?

4. ¿Cómo son las relaciones entre Mamá y Abuela Celia?

5. ¿Qué hizo Mamá durante la visita a Cuba? ¿Cómo se portó?

6. ¿Cómo describe la narradora la vida en Cuba?

7. ¿Dónde dice Pilar que tiene sus raíces?

B. El editor exigente   Un editor lee la lectura y pide que se hagan algunos cambios. Imaginándose que Ud. es el autor / la autora de la lectura, añada una de las siguientes secciones según las sugerencias del editor, manteniendo el tono original de la lectura.

1. «Me gusta la parte sobre la vida de Pilar, la narradora, en Brooklyn antes de que viajara a Cuba. Ud. dice que el papá sólo parecía vivir cuando hablaba sobre su pasado en Cuba. Añade otra sección en la cual el papá explique un poco la vida que tenía en Cuba. Parte de la explicación del papá debe incluir una comparación entre la vida que tenía en Cuba y la que tiene en Brooklyn.»

2. «Me gusta el final, pero creo que sería interesante añadir otro párrafo sobre cómo cambian las cosas o no cuando Pilar vuelve a Nueva York. Escriba un último párrafo que explique cómo Pilar percibe su vida en Nueva York después de haber viajado a la Isla.»

C. Citas   En grupos de dos o tres, expliquen con sus propias palabras el significado de las siguientes citas tomadas de la lectura.

1. «Blanco o negro, así es la visión de Mamá. Es su forma de sobrevivir.»

2. «Debo admitir que la vida aquí es bastante más dura de lo que yo me pensaba, pero al menos todos parecen tener cubiertas sus primeras necesidades.»

3. «Me da miedo perder todo esto, perder nuevamente a Abuela Celia.»

D. Para comentar   En grupos pequeños, comenten lo siguiente.

1. Denles recomendaciones a la narradora, a su madre y a su abuela sobre cómo mantenerse unidas a larga distancia y sobre cómo pueden o deben superar (*overcome*) los problemas que tienen.

2. ¿Cuáles son algunos de los problemas que surgen en nuestra sociedad moderna, en la que las personas se mudan con frecuencia y las familias están cada vez más separadas? ¿En qué se diferencian las relaciones familiares de ahora de las del pasado?

3. Comenten la importancia de mantener las conexiones con la familia. ¿Cómo se puede mantener las conexiones familiares en el mundo moderno?

4. ¿Cómo se sentiría Ud. si tuviera que irse de su lugar de origen y nunca pudiera regresar? ¿Qué haría para mantener sus conexiones con ese lugar y con la gente que se quedó allí?

E. **La democracia familiar**   La madre de la narradora dice que cree en la democracia, pero actúa como una dictadora, separando a su hija de su abuela. ¿Qué opina Ud. sobre el poder que tienen los padres?

Paso 1   Comente el papel que Ud. tiene o tenía en su familia con respecto a los siguientes temas. ¿Quiénes tomaban las decisiones? ¿Cómo se decidía… ? ¿Tenía Ud. voto?

1. los quehaceres domésticos
2. dónde vivían
3. las vacaciones familiares
4. dónde y qué estudiaban los hijos

Paso 2   Con toda la clase, comenten lo siguiente. Teniendo en cuenta su propia experiencia, ¿creen Uds. que es importante que los hijos tengan voz y voto en todas las decisiones de la familia? ¿Debe ser una democracia la familia? ¿Por qué sí o por qué no?

F. **Composición**   Escriba sobre un acontecimiento extraordinario que le cambió la vida a Ud. o a uno de sus padres o abuelos.

¡A escribir!

A. **Lluvia de ideas**

Paso 1   Entre todos los estudiantes de la clase, hagan una lista de los adjetivos que sus abuelos usurían para describir la generación de sus nietos.

Paso 2   ¿Cuáles son algunas de las actividades de esta generación que les molestan a los mayores? Hagan una lista de ellas.

B. **Composición preliminar**   Escriba una carta al editor / a la editora de un periódico local como si Ud. fuera una abuela de 68 años. En la carta debe quejarse de o alabar a la generación joven actual. Use las ideas que apuntó en la Actividad A.

C. **Composición final**   Lea la carta de un compañero / una compañera y escriba otra en la que responda a lo que escribió la abuela.

Hablando del tema

Paso 1 Prepare una ficha sobre los siguientes temas para luego poder hacer comentarios sobre cada una de las situaciones a continuación.

Las familias de hoy

- Hable sobre las ventajas y desventajas de criarse en una familia numerosa y multigeneracional.

- Hoy día muchos niños se crían en familias en las que el padre o la madre son solteros, y a menudo (*often*) sin el apoyo de la familia extendida porque los otros parientes viven en lugares distantes. ¿Qué opina Ud. sobre esta realidad de la vida moderna?

- Si los padres divorciados se casan otra vez, juntando así a dos familias, puede ser difícil para una persona acostumbrarse a la nueva situación. Haga recomendaciones para que los hermanastros y los padrastros se lleven bien.

Las conexiones familiares

- ¿Cree Ud. que la familia es más importante ahora que hace veinte años o cree que es menos importante? Explique su respuesta.

- ¿Cómo podemos mantener las conexiones con la familia y nuestras raíces en este mundo moderno?

La brecha generacional

- ¿Cuáles son los gustos y preferencias de la generación de Ud. que les molestan/molestaban a sus padres?

- Compare a los *hippies* de los años 60 del último siglo con los miembros de su propia generación.

- ¿Cree Ud. que es inevitable que la brecha generacional cause problemas entre padres e hijos?

El exilio

- ¿Cómo influye el ambiente donde Ud. se crió en su visión del mundo?

- ¿Qué pasaría y cómo se sentiría si nunca pudiera volver al lugar donde nació o se crió?

Paso 2 Prepare una pregunta para cada ficha, utilizando los puntos clave. Luego, hágale las preguntas a un compañero / una compañera de clase.

Capítulo 3

Pasiones y sentimientos:

¿Está equilibrada su vida?

Cristina y Diego: ¿Dos almas gemelas?

En este capítulo, Ud. va a explorar el tema de las relaciones sentimentales. ¿Qué nos atrae? ¿Qué hace que las relaciones sean duraderas o pasajeras (*fleeting*)? ¿Cuáles son las emociones que surgen en las relaciones humanas? Ud. va a comentar este tema y cómo han influido en Ud. las relaciones sentimentales de su pasado. También va a leer sobre los novios de ayer y los de hoy.

Punto clave   PASADO P
- narración en el pasado

Temas centrales
- el amor
- los sentimientos
- las pasiones

Zona de enfoque
- México

In the *Interactive CD-ROM to accompany Punto y aparte*, you will find additional practice with the culture, grammar, and vocabulary in this chapter.

La historia

Buscando el equilibrio

Situación: En los últimos años Diego y Cristina han tenido unas relaciones amorosas problemáticas. Se quieren mucho pero no han podido mantener un **compromiso** porque no disponen del tiempo necesario para cultivar unas relaciones **exitosas.** Aunque Cristina está segura de que Diego y ella son **almas gemelas,** de nuevo empieza a tener dudas en cuanto al futuro de estas relaciones. A menudo, comparte sus preocupaciones con su amiga Laura.

Cristina y Laura están almorzando en Calle Ocho, un café y club salsero del centro de Austin. Lea el diálogo y conteste las preguntas que lo siguen. Preste especial atención al uso del vocabulario nuevo en negrita.

CRISTINA: Ay, Laura, no creo que me quede otro remedio que **romper con** Diego definitivamente.

LAURA: Pero, ¿qué pasó? Pensaba que todo iba bien entre los dos. La última vez que los vi bailando aquí en Calle Ocho, parecían más **enamorados** que nunca.

CRISTINA: Lo amo y él me ama, eso sí lo sé. Somos **almas gemelas.** Pero su pasión por su negocio es tan fuerte como su amor por mí,… o quizás más. A veces me siento en segundo lugar, así como me sentí después de lo que pasó el sábado por la noche.

LAURA: A ver. Dime qué pasó.

CRISTINA: Pues, ¿qué te parece? Habíamos quedado en salir[1] a bailar a las 8:00 ¡y **me dejó plantada!** El tuvo una reunión con un cliente de Guadalajara a las 6:00 y se apasionó tanto con la conversación que se olvidó de mí. Es la segunda vez que me lo hace este mes, ¿tú crees? **Me puse rabiosa** y le dije que lo iba a **dejar** para siempre, pero ahora lamento mi reacción. Estoy totalmente **confundida.**

LAURA: Qué pena, Cristina. Está claro que los dos se quieren. Y ahora recuerdo que lo que primero te **atrajo** de Diego fue su pasión por su trabajo.

CRISTINA: Ya lo sé. Me pone triste pensar que algo tan bueno pueda terminar en **fracaso. Odio** que Diego **se ponga** tan **emocionado** con los asuntos de su trabajo. Francamente me siento **celosa** de esa pasión.

LAURA: Es natural que creas que **mereces** mejor **trato,** pero él tiene que buscar un **equilibrio** entre el amor y el trabajo. Ahora, para que unas relaciones sean **exitosas,** los dos necesitan tener sus propios intereses. Eres una mujer moderna, inteligente y profesional. Tú misma me dijiste que antes te encantaba escalar montañas y hacer remo[2] también. ¿Por qué no te unes al Club Sierra, o algo así? O puedes…

[1]Habíamos… *We had agreed to go out*   [2]hacer… *rowing*

Actividades

A. La búsqueda de las metas comunicativas en contexto

Paso 1   Identifique en el diálogo ejemplos de las siguientes metas comunicativas: Descripción (D) y Narración en el pasado (P). Subraye cada palabra o frase que represente una (o una combinación) de estas metas comunicativas. Luego, escriba al margen la(s) letra(s) que corresponde(n) a cada ejemplo subrayado (D o P).

MODELOS: <u>Me puse rabiosa</u> y le <u>dije</u>…   *P/D, P*

…<u>parecían más enamorados</u> que nunca.   *P/D*

Paso 2   Busque los pronombres de complemento directo e indirecto. Luego, indique en su cuaderno a qué se refiere cada complemento como en los modelos.

MODELOS: La última vez que los vi bailando… (los: Se refiere a Cristina y Diego.)

…y él me ama,… (me: Se refiere a mí, Cristina)

B. Comprensión

1. ¿Quién es Cristina?
2. ¿Por qué decidió Cristina romper con Diego?
3. ¿Por qué se sorprendió Laura?
4. ¿Qué le confesó Cristina a Laura?
5. ¿Qué sugerencia le hace Laura a Cristina?
6. En su opinión, ¿se podrán salvar estas relaciones?

REACCIONAR
R
RECOMENDAR

C. Reacciones y recomendaciones   Complete las siguientes oraciones, basándose en la situación de Diego y Cristina y utilizando un conector en cada oración.

Conectores

en cambio
para que + *subjuntivo*
por eso
porque
sin embargo
ya que

MODELO: A Laura no le gusta que Cristina piense romper con Diego ya que son almas gemelas.

1. A Cristina no le gusta que…
2. Laura insiste en que Cristina…
3. Es obvio que Diego y Cristina…
4. Yo recomiendo que Cristina…

D. Diálogo   En parejas, preparen un diálogo que represente una de las siguientes situaciones y preséntenlo a la clase.

1. Vuelvan a crear el diálogo entre Cristina y Laura, utilizando sólo su memoria y sus propias palabras.
2. Inventen una continuación del diálogo entre Cristina y Laura en el que Laura le aconseje a Cristina sobre cómo descubrir sus propios intereses.

Here are more resources that offer practice with the vocabulary presented in this section.
· *Manual*
· CD-ROM
· Website

Vocabulario del tema

Para hablar de las relaciones sentimentales

atraer (*irreg.*)	to attract
casarse (con)	to marry, get married (to)
confiar (confío) en	to trust in
coquetear	to flirt
dejar a alguien	to leave someone
dejar plantado/a	to stand (someone) up
discutir	to argue
divorciarse (de)	to get a divorce (from)
enamorarse (de)	to fall in love (with)
merecer (merezco)	to deserve
meterse en líos	to get into trouble
odiar	to hate
piropear	to compliment (romantically)*

—Mi amor . . . prométeme que nunca más volverás a ordenar en francés . . .

Describa la «noche inolvidable» de esta pareja.

---

*Piropear** and **piropo** carry a special significance in Hispanic culture. See the **Nota cultural** later in this chapter.

ponerse (*irreg.*)	to become, get*	**celoso/a**	jealous
querer (*irreg.*)	to love	**confundido/a**	confused
romper con	to break up with	**deprimido/a**	depressed
salir (*irreg.*) **con**	to date	**emocionado/a**	excited
soñar (ue) con	to dream about	**enfadado/a** } **enojado/a**	angry

Para describir las relaciones sentimentales[†]

dañino/a	harmful	**halagado/a**	flattered
duradero/a	lasting	**harto/a (de)**	fed up (with), sick (of)
exitoso/a	successful	**nostálgico/a**	nostalgic; homesick
genial	wonderful	**perdido/a**	lost
inolvidable	unforgettable	**rabioso/a**	furious
pasajero/a	fleeting	**satisfecho/a**	satisfied
tempestuoso/a	stormy		

Más sobre las relaciones sentimentales

Para describir las emociones[†]

alucinado/a	amazed	**el alma gemela**	kindred spirit
apasionado/a	passionate	**la amistad**	friendship
apenado/a	pained, sad	**el compromiso**	commitment
asqueado/a	repulsed	**el equilibrio**	balance
asustado/a	frightened	**el fracaso**	failure
avergonzado/a	embarrassed	**el piropo**	(romantic) compliment
cauteloso/a	cautious	**el resentimiento**	resentment
		el riesgo	risk
		el trato	treatment

Ampliación léxica

Paso 1   Lea las siguientes palabras y escriba el verbo y adjetivo relacionados con los últimos tres sustantivos de la lista.

SUSTANTIVOS	VERBOS[‡]	ADJETIVOS
la confusión	confundirse	**confundido/a**
la depresión	deprimirse	**deprimido/a**
la pérdida	perderse	**perdido/a**
el susto	asustarse	**asustado/a**
la vergüenza	avergonzarse	**avergonzado/a**
la alegría	¿ ?	¿ ?
el enojo	¿ ?	¿ ?
la tristeza	¿ ?	¿ ?

---

*Remember that **ponerse** is used with adjectives to communicate the English concept of *to become/get* + *adjective* when describing emotional or physical states.

Me puse nerviosa.	I became/got nervous.
El se puso rojo.	He blushed. (*Literally:* He became/got red.)

[†]Remember to use **ser** with adjectives when describing inherent characteristics and **estar** when referring to emotional or physical states.

[‡]These, and other reflexive verbs that describe emotional or physical states, can be used to communicate the English concept of *to become/get* (in the same way that **ponerse** + *adjective* is used.)

Laura se deprimió.	Laura became/got depressed.
Diego se asustó.	Diego became/got scared.

Paso 2   Lea el siguiente párrafo sobre unos minutos de pánico que sufrió Sara cuando asistía a un concierto con un chico muy guapo. Mientras lee, decida si los espacios en blanco requieren un sustantivo (S), un verbo (V) o un adjetivo (A) según el contexto y escriba la letra S, V o A correspondiente en su cuaderno. Luego, escoja la palabra apropiada de la lista del Paso 1 para llenar cada espacio en blanco.

Hace dos años sufrí un _____[1] inolvidable durante un concierto al que asistía con Julio, un chico muy guapo y genial. Quince minutos después de que empezó el concierto, sentí la necesidad de ir al baño. Esperé media hora más porque me daba _____[2] decirle a Julio que tenía que salir. Por fin, se lo dije y salí para el baño. Cuando quise regresar, me quedé totalmente _____[3] porque no recordaba por qué puerta había salido y no sabía mi número de asiento. Había más de 20.000 personas en el concierto y no tenía la más mínima idea de dónde estaba Julio. Pasé unos minutos de pánico porque estaba _____.[4] No te puedes imaginar la _____[5] que sentí cuando Julio vino a buscarme. ¡Qué buen hombre era Julio, de veras! Nunca _____[6] conmigo aquella noche.

Paso 3   Formen grupos de tres personas. La mitad de los grupos va a utilizar las palabras de la columna A y la otra mitad va a utilizar las palabras de la columna B. Cada grupo debe escribir tres preguntas y cada pregunta debe emplear una palabra de su lista. Luego, una persona de uno de los grupos A debe juntarse con una persona de uno de los grupos B para hacerse las preguntas que escribieron.

A	B
la depresión	el susto
enojarse	entristecerse
confundido/a	perdido/a

Actividades

A. ¿Está Ud. de acuerdo?   Lea las siguientes opiniones. Con un compañero / una compañera, comenten por qué están de acuerdo o no con esas afirmaciones. Deben reaccionar ante las opiniones de su compañero/a.

Para conversar mejor

Desde mi punto de vista…	No estoy de acuerdo en
En mi opinión… / Yo creo que…	absoluto.
Estoy completamente de acuerdo.	Pero, ¿qué dices?
Me sorprende que creas eso.	¡Qué barbaridad!
	Tienes toda la razón.

1. Es estúpido salir con alguien que siempre coquetea con otros.
2. Es natural sentirse enojado/a si una persona lo/la deja plantado/a.
3. Es esencial hacer todo lo posible para no divorciarse nunca.
4. Una amistad entre personas sin intereses similares es imposible.

5. No es una buena idea casarse con una persona súper guapa.

6. Enamorarse de una persona de otro país es meterse en líos.

7. Las personas apasionadas con su trabajo, o con otro interés particular, no hacen buenos amigos.

8. Sería genial conocer a la futura pareja a través de un servicio de computadoras.

B. **Oraciones incompletas**   Mire la siguiente tabla de adjetivos y fíjese en la diferencia entre las terminaciones **-ado/a** (del participio pasado) y **-ante** o **-ente** y en los verbos que se usan en cada caso. Luego, con un compañero / una compañera, indiquen los adjetivos que completen mejor las oraciones que siguen. **¡OJO!** A veces hay más de una respuesta posible.

ESTAR		SER	
alucinado/a	*amazed*	alucinante	*amazing*
deprimido/a	*depressed*	deprimente	*depressing*
emocionado/a	*excited*	emocionante	*exciting*
fascinado/a	*fascinated*	fascinante	*fascinating*
preocupado/a	*worried*	preocupante	*worrisome*
soprendido/a	*surprised*	sorprendente	*surprising*

1. Sara estuvo _____ por dos meses porque rompió con su novio.

2. La popularidad de la película *Como agua para chocolate* es _____ ya que las películas extranjeras normalmente no captan la atención del público estadounidense.

3. Encontrar un alma gemela puede ser una experiencia _____.

4. Es _____ para los niños cuando sus padres discuten mucho.

5. Laura estuvo _____ cuando sus tíos, que llevaban treinta años de casados, se divorciaron.

6. El número de matrimonios fracasados en los Estados Unidos es _____.

7. Diego está _____ porque anoche Cristina lo llamó por teléfono.

C. **Preguntas personales**   En parejas, contesten las siguientes preguntas, utilizando palabras del Vocabulario del tema. Mientras escuche a su compañero/a, reaccione con algunas expresiones de Para conversar mejor. Luego, deben compartir con la clase lo que cada uno/a averiguó sobre su compañero/a.

Para conversar mejor

¡Qué bacán/chévere/guay/padre!	¡Qué suerte!
¡Qué barbaridad!	¡Qué vergüenza!
¡Qué bueno!	¿De veras? ¿En serio?
¡Qué horror!	Sí, tienes razón.
¡Qué lío!	¿Tú crees?

1. ¿Qué pasó la última vez que estuvo asustado/a?
   ¿Qué hizo alguna vez para hacer que alguien se sintiera halagado/a?
   ¿Recuerda una situación de su niñez en la que se sintió muy avergonzado/a?

2. ¿Qué actividades le apasionan a Ud.? ¿Cree que pasa demasiado o poco tiempo haciendo esas actividades que le apasionan? Explique su opinión.
   ¿Ha formado amistades a través de esas actividades? Describa cómo son esas amistades.

3. ¿Qué consejos le daría a un hombre cuya novia rompió con él a través del correo electrónico?
   Haga una comparación entre el comportamiento de una pareja que tiene relaciones exitosas y una pareja que tiene relaciones dañinas.
   ¿Qué les recomienda a las dos parejas?
   ¿Qué haría Ud. para no meterse en líos en sus relaciones sentimentales?

D. **¿Qué nos atrae?**   Pensando en su grupo de amigos íntimos, ¿son todos semejantes, por lo general? ¿Tienen Uds. los mismos intereses?

Paso 1   Llene la tabla en la siguiente página indicando con una X cuáles de los siguientes adjetivos se pueden aplicar a su propia personalidad y a la personalidad de su mejor amigo/a. Luego, indique cuáles de las siguientes actividades les interesan a Ud. y a su mejor amigo/a. Finalmente, añade algunas características y algunos intereses de Ud. y su mejor amigo/a que no aparecen en la tabla.

¿Cree Ud. que estos amigos tienen los mismos intereses?

CARACTERISTICAS			INTERESES		
	YO	MI MEJOR AMIGO/A		YO	MI MEJOR AMIGO/A
atrevido/a			chismear		
cómico/a			cocinar		
estudioso/a			hacer ejercicio		
fiestero/a			ir a los bares		
hablador(a)			ir de compras		
independiente			jugar videojuegos		
práctico/a			leer		
religioso/a			mirar deportes		
testarudo/a			mirar telenovelas		
tranquilo/a			tomar el sol		
¿ ?			viajar		
			¿ ?		
			¿ ?		

Paso 2 Ahora calcule los resultados.

1. ¿Cuántas características tienen en común?
2. ¿Cuántos intereses comparten?

Paso 3 En grupos de tres, compartan los resultados y comenten las siguientes preguntas.

1. ¿Cree Ud. en la idea de que los polos opuestos se atraen?
2. ¿Pueden ser exitosas las relaciones entre personas muy diferentes?
3. ¿Cuál es más importante para tener una amistad duradera: poseer características personales similares o compartir muchos intereses?
4. ¿De qué manera puede una pasión interferir en las relaciones interpersonales?
5. ¿Conoce a alguien que tenga una pasión que lo/la haya alejado (*has distanced him/her*) de sus amigos o familiares?

E. ¿Qué quiere decir? Explíquele los siguientes conceptos a un compañero/una compañera. Utilice los pronombres relativos apropiados.

1. *blind date* 2. *gripe session* 3. *to be into something*
4. *to dump* (*someone*) 5. *computer dating service*

Pronombres relativos

cuando
cuyo/a/os/as
donde
lo que
que

▽   ▽   ▽   ▽   ▽

 # Nota cultural • Los piropos

Imagínese la siguiente situación: Varios chicos están reunidos en un lugar público, charlando.[1] De repente, ven pasar un coche descapotable,[2] último modelo, de una buena empresa[3] automovilística. Uno de los chicos exclama: «¡Vaya máquina!» Ahora tenemos una situación similar, pero esta vez los chicos ven pasar a una chica muy guapa y no pueden evitar un comentario: «¡Vaya monumento!» Estos chicos acaban de piropear a una joven atractiva.

El piropo es una forma de expresión muy hispana que los chicos usan normalmente para halagar a las chicas. Cuando los piropos son alabanzas discretas, cuando tienen gracia[4] y son inofensivos, pueden ser bien recibidos por las chicas. Por desgracia, las cosas que se dicen no siempre son un modo inocente de coqueteo. Es posible que reflejen el mal gusto y la grosería de quien las dice y, por lo tanto, pierden su validez como piropos y pasan a ser algo diferente y desagradable. Cuando esto ocurre, la reacción de la chica será de disgusto y rechazo.

A algunas mujeres hispanas les puede agradar que las piropeen por la calle, siempre que se trate de un verdadero piropo y no de una barbaridad vulgar y obscena. Es indudable que hasta los piropos más simpáticos implican una coquetería «sensual», pero cuando un chico traspasa los límites permitidos ya no se trata de un sencillo piropo, sino de una agresión que nunca será bien recibida.

[1]hablando [2]*convertible* [3]compañía [4]tienen... *they're charming*

Conversación en parejas

Aunque no es lo más normal, las mujeres también dicen piropos. En parejas, escriban dos o tres piropos (¡en español, claro!) para decirle a un chico y otros dos o tres para decirle a una chica. Luego, compartan sus piropos con la clase.

▽ ▽ ▽ ▽ ▽ ▽ ▽ ▽ ▽ ▽ ▽ ▽ ▽ ▽ ▽ ▽ ▽ ▽ ▽

Puntos clave

Narración en el pasado

En esta sección del capítulo, Ud. va a practicar la narración en el pasado. Para hacerlo bien, hay que utilizar las estructuras gramaticales de la siguiente tabla que pertenecen al punto clave. Antes de continuar, estudie las explicaciones de estas estructuras gramaticales en las páginas verdes al final del libro.

Here are more resources that offer practice with the grammar presented in this section.
· *Manual*
· CD-ROM
· Website

LA META COMUNICATIVA DE ESTE CAPITULO		
ICONO	**META COMUNICATIVA**	**PUNTOS CLAVE**
PASADO P	Narración en el pasado	• el pretérito • el imperfecto • los tiempos perfectos

Ponerlo a prueba

Estudie la siguiente narración y ponga los verbos entre paréntesis en las formas apropiadas del pretérito, imperfecto, presente perfecto o pluscuamperfecto. ¡OJO! A veces, tendrá que escoger entre **ser** y **estar.**

Cuando Laura _____[1] (llegar) por primera vez al Ecuador, no _____[2] (pensar) que _____[3] (ir) a enamorarse. De hecho, ella _____[4] (haber ingresar) en el Cuerpo de Paz llena de ilusiones de cómo podría cambiar el mundo. Sin embargo, el amor es impredecible[a] —un día _____[5] (enamorarse) de golpe.[b]

_____[6] (Ser/Estar) conversando con unos médicos en la clínica donde _____[7] (trabajar) cuando _____[8] (entrar) Manuel. El director de la clínica los _____[9] (presentar) y allí _____[10] (empezar) unas grandes relaciones.

Después de dos años, cuando _____[11] (terminar) el contrato de Laura con el Cuerpo de Paz, ella _____[12] (tener) que regresar a los Estados Unidos. El último día en el Ecuador, Laura _____[13] (sentirse) muy triste. Los dos novios _____[14] (llorar) cuando _____[15] (abrazarse) por última vez. Pero Laura _____[16] (prometer) regresar tan pronto como terminara sus estudios.

[a]*unpredictable* [b]*de... suddenly*

Expresiones útiles

Las siguientes expresiones le pueden servir para narrar en el pasado.

Para contar una historia

además, también	luego, entonces
al mismo tiempo	mientras
después	por eso, por lo tanto
de vez en cuando	por último, por fin…
en cambio	primero, segundo
finalmente, al final	

Para añadir emoción a su historia

Te voy a contar algo increíble (estupendo, ridículo) que le pasó a…	*I'm going to tell you something incredible (wonderful, ridiculous) that happened to…*
Escucha lo que le sucedió a…	*Listen to what happened to…*
Pero eso no fue nada.	*But that was nothing.*
Ahora viene lo peor.	*Now comes the worst part.*
Se dio cuenta de* que…	*He/She realized that…*
De repente / De golpe	*Suddenly*
¡Cataplún!	*Crash!*
¡Paf!	*Bang!*

Para reaccionar ante una historia

¡De ninguna manera!	*No way!*
¡Imagínate!	*Imagine that!*
¡Pobrecito/a!	*Poor thing!*
¡Qué bacán/chévere/guay/padre!	
¡Qué lío!	
¡Qué mala onda!	
¡Qué mala pata!	

---

*__Realizó__ is never appropriate here, as __realizar__ means *to fulfill, accomplish.*

Actividades

A. Una noche inolvidable

Paso 1 En parejas, miren los siguientes dibujos y comenten lo que les pasó a Diego y Cristina la semana pasada.

Paso 2 ¿Qué le dijo Cristina a Diego al día siguiente? Preparen un diálogo entre los dos.

B. ¿Cómo se sintió? Pregúntele a un compañero / una compañera cómo reaccionó en las siguientes circunstancias y por qué.

MODELO: ¿Cómo te sentiste cuando te graduaste de la secundaria? →
Me sentí fatal porque no quería perder el contacto con mis amigos.

¿Cómo se sintió…

1. cuando se graduó de la secundaria?
2. cuando sacó una nota más baja de lo que esperaba?
3. cuando supo que había sido aceptado/a en esta universidad?
4. cuando recibió su licencia de conducir?
5. cuando supo del ataque terrorista en el *World Trade Center* en Nueva York?

C. Hablando de mi vida

Paso 1 Escoja uno de los siguientes temas y escriba un breve párrafo, incluyendo descripciones de fondo y las acciones clave de la situación.

1. el momento más vergonzoso de mi vida
2. algo que hice que enojó a un amigo / una amiga
3. algo que hice y que no quiero que sepan mis padres (hijos, amigos,…)
4. la decisión más importante que he tomado

Paso 2 Ahora, en grupos de tres o cuatro personas, repitan lo que han escrito, *sin leer* su párrafo. El grupo va a elegir el mejor relato y leerlo al resto de la clase.

D. El remordimiento (*Remorse*)   ¿Qué aspectos de su pasado lamenta Ud.? ¿Qué se puede aprender del pasado?

Paso 1 Todos han caído alguna vez en la tentación de actuar de una manera no muy apropiada. Lea las siguientes preguntas e indique si Ud. ha cometido lo siguiente alguna vez.

¿Alguna vez ha…

	SI	NO
1. tomado demasiadas bebidas alcohólicas?	☐	☐
2. dado una fiesta en la casa de sus padres cuando ellos no estaban allí?	☐	☐
3. coqueteado con un compañero / una compañera de trabajo?	☐	☐
4. insultado a un amigo / una amiga?	☐	☐
5. peleado con un hermano u otro pariente?	☐	☐
6. utilizado un documento de identidad falso?	☐	☐
7. salido con el novio / la novia de su mejor amigo/a?	☐	☐

Paso 2 Entre todos, hagan una encuesta (*survey*). ¿Cuántas personas respondieron «sí» a cada pregunta? Alguien debe anotar los resultados de todas las preguntas en la pizarra.

Paso 3 En parejas, hablen de una de las situaciones del Paso 1. Expliquen las razones por las que actuaron de esa manera, cuáles fueron las consecuencias de sus acciones y cómo se sienten ahora.

Paso 4 Ahora, todos deben hacer otra encuesta. ¿Cuántas personas lamentan sus acciones? ¿Cuántas personas creen que los errores del pasado son resultados naturales de la juventud? ¿Cuántas personas creen que uno no debe lamentar sus errores si aprende de ellos?

E. Una pareja famosa Las tempestuosas pero apasionadas relaciones amorosas entre Diego Rivera y Frida Kahlo son ya famosísimas. Se casaron, se separaron y se casaron de nuevo, pero las aventuras amorosas de los dos imposibilitaron su felicidad absoluta. Diego mismo admitió que cuánto más amaba a Frida más quería hacerle daño. Este conflicto se refleja a menudo en las pinturas de Frida.

Diego Rivera y Frida Kahlo

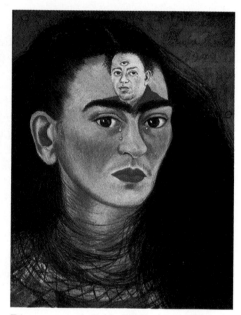

Diego y yo, *de Frida Kahlo (1907–1954)*

Paso 1 Aquí hay un artículo sobre cómo se enamoraron Diego y Frida. Lea el artículo y ponga un círculo alrededor de los verbos en el pretérito y subraye los qué están en el imperfecto. Luego, con un compañero / una compañera, comenten las razones posibles por las que se usaron esos tiempos verbales en cada caso.

¿QUE VIERON EL UNO EN EL OTRO? LA HISTORIA DE LA CHISPA[1] QUE INCENDIO[2] ESTOS CORAZONES

La pintora mexicana Frida Kahlo se enamoró locamente del pintor Diego Rivera cuando apenas tenía 15 años. «Mi ambición es tener algún día un hijo de Diego Rivera», le dijo Frida a sus amigas. «Y algún día se lo voy a hacer saber.»

Como Rivera estaba casado y tenía 20 años más que ella, Frida no llegó a conseguir su objetivo hasta 7 años más tarde, cuando la voluntariosa estudiante volvió a «la carga[3]»: fue a ver a Diego a la Escuela de Arte, lo hizo bajar de una enorme escalera desde la que trabajaba en un mural, le pidió opinión sobre sus pinturas... y el pintor se sintió muy intrigado por la atrevida chica que había sufrido un espantoso accidente y tenía una pierna destrozada, pero una cara exótica y bella y mostraba un espíritu indomable. Así fue como, ya divorciado y lleno de curiosidad por aquella mujer con quien «podía hablar de todos los temas de la Tierra», la empezó a cortejar,[4] hasta que Guillermo Kahlo, el padre de Frida, decidió hablarle a Diego. «Mire, Rivera, quiero hacerle una advertencia. Mi hija Frida es una chica inteligente, pero... tiene un demonio oculto.[5]» A lo que el pintor contestó: «Yo lo sé, Sr. Kahlo, yo lo sé.» Kahlo respiró tranquilo: «Ah, qué bien Rivera, he cumplido con mi deber y ya me siento en paz habiéndole advertido.» Y con esa semibendición del padre de Frida, la pareja contrajo matrimonio el 21 de agosto de 1929 sin que nunca Diego le hiciera la pregunta clave.

[1]spark [2]ignited [3]la... the task at hand [4]court [5]hidden

Paso 2 Complete lo siguiente.

1. Después de haber visto la fotografía de Diego y Frida y la pintura de Frida, y después de haber leído el artículo sobre los dos, describa la personalidad de Frida. Luego, haga una comparación de los atributos físicos de la pareja.

2. ¿Qué hizo Frida para que Diego le prestara atención?

3. ¿Por qué piensa Ud. que a Diego le interesó la joven artista?

4. En su opinión, ¿es posible que unas relaciones puedan durar si un hombre tiene veinte años más que su esposa? ¿Por qué sí o por qué no?

Desafío

5. Si su padre le dijera a su novio/a que Ud. es una persona encantadora pero que tiene problemas psicológicos, ¿cómo se sentiría? ¿Qué le diría a su padre?

F. ¿Compartir los mismos intereses ayuda a las relaciones amorosas?
Frida y Diego compartieron muchos intereses. Los dos eran artistas muy talentosos y ambos estuvieron muy involucrados en el partido comunista de México. Cada uno de los dos tenía un amor inmenso por la nación mexicana y su gente, lo cual se refleja en su arte. Con tantas pasiones en común, sus relaciones parecerían ideales. Pero nadie sabe nada de la vida íntima de una pareja.

Paso 1 Escoja de entre las siguientes parejas famosas una pareja que ha tenido relaciones duraderas y otra que ha tenido relaciones pasajeras.

Luego, utilizando el nuevo vocabulario de este capítulo, hable con un compañero / una compañera sobre las características principales de las parejas que Ud. escogió. Finalmente, hagan algunas comparaciones entre las cuatro parejas que escogieron Ud. y su compañero, y especulen por qué han tenido éxito o por qué han fracasado.

Andre Agassi y Steffi Graf
Antonio Banderas y Melanie Griffith
Bill y Hillary Rodham Clinton

Nicole Kidman y Tom Cruise
Madonna y Sean Penn
Tom Hanks y Rita Wilson
¿ ?

Paso 2   Ahora, en grupos pequeños, comenten lo siguiente: En el mundo moderno, ¿qué elementos hacen que las relaciones sean duraderas o pasajeras? Luego, compartan sus opiniones con la clase.

G. **La educación matrimonial**   Lea el siguiente artículo sobre los cursos de educación matrimonial que ahora se dan en algunas escuelas de los Estados Unidos. Luego, conteste las preguntas que lo siguen.

EL AMOR PASA EL EXAMEN

Más de 40 estados brindan[1] educación matrimonial en las escuelas

Es el sexto período de clase en la Escuela Superior de Natomas, en Sacramento, California, y el amor se respira en el aire. La maestra Janet Mann lleva puesto un velo[2] blanco, una liga y sostiene unos claveles[3] que ha comprado en una tienda cercana a la escuela. Luego, pide a los alumnos que se organicen en parejas: «¿Prometes serle fiel y honesto a tu enamorado... hasta que termine la clase el 10 de junio?» Las parejas contestan: «Sí, lo prometo», e intercambian anillos plásticos. Finalmente, Mann indica a los recién casados, quienes no pueden ocultar la risa: «Ahora *no* pueden besar a la novia.»

Muchas escuelas intermedias y secundarias en más de 40 estados han empezado a ofrecer cursos sobre educación matrimonial en los últimos cuatro años, según Diane Sollee, directora de la Coalición para Educación sobre Matrimonio, Familia y Parejas, en Washinton, D.C.

Ante el hecho de que la mitad de los matrimonios termina en divorcio, muchos niños carecen de[4] relaciones saludables en la casa que les sirvan de ejemplo. Los cursos, que duran desde unas semanas hasta un semestre, atraen tanto a estudiantes sin pareja como a los que ya salen con alguien.

Un matrimonio prematuro puede ser trágico. Natalie, de 16 años, y Robi, de 17, estudiantes de Natomas, al principio disfrutaron de la vida doméstica. Tenían una casa en Sacramento, vacacionaban en Monterey. Hasta que Mann les dijo que iban a tener un bebé. El salario de $38.000 que Robi ganaba como contador no era suficiente para mantener a una familia de tres. Las discusiones comenzaron cuando Natalie quiso retomar sus estudios. «El simplemente dejó de hablarme y comenzó a comportarse como si fuera el jefe», dice Natalie. Robi esgrimía[5] también sus quejas. «Todo me cayó encima a la misma vez», dice. «Yo pensé: 'Hombre, esto me va a causar el divorcio'.» Pero no fue así, porque la clase terminó a los pocos días.

[1]ofrecen   [2]*veil*   [3]*carnations*   [4]carecen... *are in need of*   [5]*brandished*

1. Describa los matrimonios de hoy. ¿Qué problemas pueden tener?

2. Compare los matrimonios de hoy con los del pasado. Piense tanto en las semejanzas como en las diferencias.

3. Haga el papel de un maestro / una maestra de educación matrimonial. Deles a sus estudiantes los tres consejos fundamentales para tener un matrimonio duradero.

4. Descríbales a sus estudiantes el caso de una pareja ficticia que tuvo problemas y terminó divorciándose. Nombre cuatro o cinco de las cosas que hicieron o no hicieron los miembros de esta pareja y que fueron la causa del fracaso de su matrimonio.

5. ¿Cuáles son las cosas que más les gustan a las mujeres casadas de sus esposos? ¿Qué les molesta? ¿Qué más les interesa a los hombres casados de sus esposas? ¿Qué les fastidia?

6. Si todos los estudiantes tomaran este tipo de curso, ¿bajaría la tasa (*rate*) de divorcio en este país? ¿Cómo cambiarían los matrimonios?

7. ¿De qué manera cambiarán los matrimonios del futuro? Piense en el papel de cada esposo, el número de hijos, etcétera. ¿Cree Ud. que en algún momento se legalizarán los matrimonios entre personas del mismo sexo? Explique su respuesta.

DESCRIBIR
D C
COMPARAR
REACCIONAR
R
RECOMENDAR
PASADO

P
GUSTOS

G
HIPÓTESIS

H
FUTURO

F

Rincón cultural

Here are more resources that offer practice with the culture presented in this section.
· *Manual*
· CD-ROM
· Website

Lugares fascinantes:

México

1. **El Museo de las Momias**   En la ciudad de Guanajuato, los cadáveres se momifican de forma natural a causa de los minerales que existen en la tierra y en el agua que bebe la gente. Cuando las familias de los muertos no pueden pagar el cementerio, los cuerpos momificados se instalan en el Museo de las Momias. En este museo se puede ver la momia más pequeña del mundo: un bebé nunca nacido.

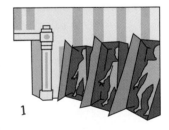
1

2. **Jalapa**   Esta ciudad bella y tranquila es la capital del estado de Veracruz. Está rodeada[1] por plantaciones de café y aloja[2] una de las mejores universidades de México. También tiene el Museo de Antropología que cuenta con las famosas cabezas de piedra de la cultura Olmeca* y otros artefactos importantes. Otros puntos de interés son el Teatro

2

[1]*surrounded*   [2]*is home to*

*La cultura olmeca fue la más antigua de las culturas precolombinas que ocuparon lo que hoy es México.

Nacional donde se pueden escuchar conciertos de la famosa orquesta sinfónica y el Palacio de Gobierno con murales del artista chileno José Chaves Morado.

3. **El volcán Paricutín**   Es el volcán más joven del país, localizado cerca de Uruapan, Michoacán. Nació el 7 de febrero de 1943. Durante sus nueve años activos echó mil millones[3] de toneladas de lava. El volcán ha convertido sus alrededores[4] en un paisaje de otro mundo. Es posible subir hasta la boca del volcán, pero es necesario montar a caballo durante cuatro horas y luego seguir andando para llegar a la cima.[5]

4. **Zitácuaro, Michoacán**   Más de 20 millones de mariposas monarca[6] emigran a Zitácuaro cada año para pasar el invierno. Debido a la cantidad enorme de mariposas, la tierra se convierte en una alfombra[7] multicolor mientras que las ramas[8] de los árboles se inclinan bajo su peso.

5. **Chichén Itzá**   Cerca de Mérida, Yucatán, Chichén Itzá es una de las ciudades más famosas de los mayas. En el equinoccio de primavera (el 21 de marzo), el juego de luz solar en las crestas de la escalera norte del templo principal crea la ilusión de una serpiente descendiendo hacia el pie de la pirámide. Este efecto les indicaba a los mayas el inicio de la siembra de maíz.[9] En contraste, en el equinoccio de otoño (el 21 de septiembre), el ascenso de la serpiente indicaba el inicio de la cosecha.[10]

6. **La Barranca del Cobre**   Este cañón, localizado en el estado de Chihuahua, es más profundo que el Gran Cañón en los Estados Unidos. Hay un tren que pasa por el cañón desde el cual los turistas pueden apreciar unas vistas espléndidas. Durante los últimos cien kilómetros de este viaje, el tren pasa por treinta y nueve puentes[11] y ochenta y seis túneles.

7. **La Laguna Catemaco**   Esta es una laguna formada por el cráter de un volcán en el estado de Veracruz. En una de las islas, en el centro de la laguna, se encuentra un grupo de monos pescadores.[12] El área también es conocida por su festival de brujos, celebrado en el mes de marzo, conocido como «marzo mágico».

[3]*mil… one billion*   [4]*outlying areas*   [5]*top*   [6]*mariposas… monarch butterflies*   [7]*carpet*   [8]*branches*
[9]*siembra… corn planting season*   [10]*harvest*   [11]*bridges*   [12]*monos… fishing monkeys*

Actividades

A. Primero, localice los siete lugares fascinantes de México en el mapa (en la siguiente página) y póngale a cada uno un número del 1 (el más interesante) al 7 (el menos interesante) para indicar el grado de interés que Ud. tiene en visitar estos lugares.

MEXICO (ESTADOS UNIDOS MEXICANOS)	
Gobierno	presidencia constitucional
Ciudades principales	México, D. F.; Guadalajara; Monterrey; Puebla
Lenguas	español (oficial), más de sesenta idiomas indígenas
Moneda	el peso

B. Imagínese que Ud. acaba de volver de uno de los lugares fascinantes de México. Túrnese con un compañero / una compañera, utilice su imaginación y diga lo que Ud. hizo durante su estancia en ese lugar. Luego, ofrézcale sugerencias a su compañero/a para pasarlo bien en el lugar que Ud. visitó.

C. En grupos de tres, pónganse de acuerdo para elegir los dos lugares que les gustaría visitar con su futuro esposo / futura esposa durante su luna de miel (*honeymoon*). Recuerden que sólo tienen una semana de vacaciones, así que deben prestar atención a la distancia entre los lugares de interés. Luego, expliquen por qué escogieron esos lugares.

Una calle en Jalapa, Veracruz

La gran pirámide de Chichén Itzá

Un artista hispano:
José Guadalupe Posada

El artista mexicano José Guadalupe Posada nació en Aguascalientes, en el estado del mismo nombre, en 1852. Desde muy pequeño le gustaba dibujar. A los diecinueve años, hizo sus primeras caricaturas políticas para una revista local. En 1888, se marchó[1] a la capital y, junto con otro ilustrador, Antonio Venegas Arroyo, empezó a producir miles de grabados[2] que reflejaban los intereses, los miedos y la conciencia del pueblo mexicano.

Posada fue prolífico: Hizo más de 20.000 dibujos a lo largo de su vida. En su día, no tenía la fama que tiene hoy. Gracias a otros artistas como Diego Rivera y Jean Chalot, el mundo redescubrió el talento de Posada. Diego Rivera dijo: «Analizando la obra de José Guadalupe Posada puede realizarse el análisis más completo de la vida social del pueblo de México.»

Gran parte de su obra artística se centra en el tema de «las calaveras[3]». En este grabado se puede ver que todos los personajes son calaveras o esqueletos que hacen actividades humanas. Posada los usó como reportajes satíricos de la vida social y política.

Baile de las calaveras, *de José Guadalupe Posada*

[1]*se… se fue*   [2]*engravings*   [3]*skulls*

Actividad

Conteste las siguientes preguntas sobre el arte de José Guadalupe Posada.

1. Según Diego Rivera, ¿qué contribución al mundo hizo Posada con su talento artístico?
2. ¿Cual fue la reacción de Ud. ante el grabado de las calaveras? ¿Por qué?
3. Descríbale este grabado de Posada a una persona que no lo está mirando. ¿Qué se representa en esta escena?

Lo hispano en los Estados Unidos:

La «invasión» latina

¿Es posible que los estadounidenses se conviertan en «amantes latinos»? Según Ricardo Romo, un experto en historia mexicanoamericana, en los Estados Unidos se está empezando a reconocer que la asimilación cultural es un proceso complementario que va en dos direcciones. Antes era unidireccional: muchos inmigrantes decidieron acostumbrarse a la vida estadounidense y dejar su propia identidad cultural. Pero a diferencia de los inmigrantes de hace 30 o 40 años, los inmigrantes actuales se esfuerzan por[1] hacerse miembros activos de la sociedad de su nuevo país sin sacrificar su identidad étnica. Por eso, traen consigo una gran riqueza de idioma, arte, comida, música y baile. En los Estados Unidos se ven por todas partes «salsatecas» (discotecas donde se pone y se baila lo último de los ritmos latinos), se come en restaurantes mexicanos, salvadoreños y cubanos, se ponen películas españolas, mexicanas y de otros países hispanos y en todos los niveles de la sociedad los hispanos están dejando su huella.[2]

De hecho, hay evidencia concreta de la «invasión» latina. Después de México, España y Colombia, los Estados Unidos es el cuarto país más grande de habla española por su gran población latina. En cuestiones de comida, actualmente la salsa es el condimento que más se vende —¡más que el catsup! En cuanto a los negocios, hay compañías de mercadotecnia[3] que desarrollan campañas de publicidad en inglés y en español para atraer al público hispanoamericano. Y es sumamente significativo que en las elecciones presidenciales del año 2000, los dos candidatos principales hablaban español. Según Romo, en el año 2040, uno de cada cuatro estadounidenses será hispano. Para ese año, seguramente, su influencia será aún más impresionante.

[1]se... *make an effort* [2]están... *are leaving their mark* [3]*marketing*

Actividad de Internet

Paso 1 Busque información en Internet sobre uno de los grupos latinos a continuación para poder contestar las preguntas que los siguen.

los centroamericanos   los mexicanoamericanos
los cubanoamericanos   los puertorriqueños

1. ¿Cuál es la historia de este grupo en los Estados Unidos? ¿Cuándo y adónde empezaron a llegar? ¿Por qué llegaron?

2. ¿Cuáles son algunos de los problemas que experimentan los miembros de este grupo en los Estados Unidos?

3. ¿Cuáles son algunos de los programas u organizaciones que sirven a los miembros de este grupo?

4. ¿Quiénes son algunas de las personas importantes de este grupo, es decir, que han contribuido significativamente de alguna manera al mejoramiento de su gente o de los Estados Unidos en general?

Paso 2 Ahora, busque información en Internet sobre una de las personas de la lista a continuación para hacer las actividades que siguen.

César Chávez   Antonia Novello
Sandra Cisneros   Ellen Ochoa
Dolores Huerta   George Santayana

1. Dé información biográfica sobre la persona: cuándo y dónde nació, qué nivel de educación obtuvo, de dónde era su familia, etcétera.

2. Explique por qué es o era famosa esa persona.

Lectura

El siguiente artículo, de la periodista Elizabeth Subercaseaux, proviene de *Vanidades*, una revista popular para mujeres. En el artículo, la hija de una amiga le hace visita a Subercaseaux. La joven está muy deprimida porque su novio acaba de irse a Alaska a estudiar y ahora le pregunta a Subercaseaux cómo eran los novios de «su tiempo».

Antes de leer

A. Para comentar   En parejas, contesten las siguientes preguntas.

1. *Vanidades* es una revista popular para mujeres. ¿Qué tipo de información contiene normalmente este tipo de revista? Nombren algunas revistas similares de este país. ¿Cuáles son algunas de las revistas populares para hombres? ¿Qué tipo de información contienen?

2. Piensen en algunas películas románticas de los años 40 ó 50 y en algunas películas románticas más recientes. En su opinión, ¿eran los novios de antes más románticos que los de ahora? Expliquen su respuesta.

B. Acercándose al tema Ahora, lean el título de la siguiente ficha y las nueve palabras asociadas con el tema del artículo. Utilicen su imaginación y las palabras de la ficha para crear una historia basada en el tema del artículo de Subercaseaux. Sean creativos y tomen apuntes para poder compartir sus ideas con el resto de la clase.

Unas relaciones fracasadas		
el fútbol	la pasión	el trato
ir de compras	pelearse	piropear
harto/a	frustrante	romántico/a

Novios de antes y de ahora

La hija de mi amiga Joyce vino a verme. […]

Yo me quedé pensando un rato y luego de reponerme[1] de la impresión de que alguien le hable a una de «tu tiempo», traté de hacer memoria y me puse a recordar cómo eran los novios de mis tías, mis primas, los novios míos y los tres que tuvo mi amiga Clarita antes de declarar que todos los hombres eran enfermos mentales y meterse a monja.[2]

El novio[v] de mi tía José era el partido perfecto, el sueño de toda mamá, la dicha[3] de mi abuelo, orgullo de sus profesores, hijo mimado de su madre, mejor amigo de sus amigos. Ideal. Buenas notas en el colegio, buenas notas en la universidad, «master» en la Universidad de Chicago, amigo de Milton Friedman, auto propio a los 22 años; cuando pidió la mano de mi tía le regaló un anillo de <u>brillantes</u>, tomaba poco alcohol, casi no fumaba, olía a colonia importada, perfectamente bien afeitado, iba caminando derecho al éxito empresarial y a todas las riquezas de la tierra. La llamaba todos los días por teléfono, la visitaba todas las tardes en la casa de sus papás, el sábado la invitaba al teatro, el domingo a cenar en un restaurante con velas, se casaron vírgenes los dos y el matrimonio fue un desastre.

[…]

Mi tía Trini tuvo un novio romántico a más no poder.[4v] Nunca la llevó al cine sino al parque a ver la salida de la luna, cosa que mi tía nunca pudo ver tranquila porque el novio se ponía a llorar de la emoción y a veces hasta

[1]recuperarme [2]meterse… *becoming a nun* [3]*joy* [4]a… *unlike any other*

(Continúa.)

VISUALIZAR

VOCABULARIO

VISUALIZAR

VOCABULARIO

se desmayaba. Nunca le había hablado como hablan todos los mortales del planeta sino que siempre lo hacía en verso:

> Cendal[5] flotante de leve bruma,[6]
> rizada cinta[7] de blanca espuma,[8]
> rumor sonoro[9] de arpa de oro,
>
> beso del aura,[10] onda[11] de luz...
> Eso eres tú.

—¡Qué hace este cursi en mi casa!— chillaba mi abuelo.

—No es cursi, papá— lo defendía mi tía Trini. —Está recitando una rima de Gustavo Adolfo Bécquer.

—¡Otro cursi ese Bécquer!— le respondía mi abuelo, quien solía decir que la poesía era la tabla de salvación de los inútiles.

VERIFICAR

1. ¿Cuáles son los puntos principales de esta sección?
2. ¿Qué se describe en esta sección? ¿Qué palabras descriptivas se usan?
3. ¿Qué acciones tienen lugar en esta sección? ¿Qué verbos de acción se usan? ¿En qué tiempo verbal se conjugan?
4. ¿Cómo puede Ud. expresar con sus propias palabras lo que pasa en esta sección?

VOCABULARIO

«Los novios de mi tiempo», le explicaba a la hija de mi amiga Joyce, «tienen que haber sido bien parecidos a los de ahora, ¿no?»

Entonces ella se quedó mirándome con esos ojos almendrados[12] que tiene y esa cara preciosa de niña moderna, y me preguntó si me había vuelto loca. ¡Cómo se me ocurría que los hombres de ahora iban a ser tan tarados como esos novios de mis tías que yo le describía!

VOCABULARIO

«Los hombres de ahora andan en otra cosa», me dijo. «Son atléticos, deportistas, triunfadores, les gusta la vida al aire libre, mucho *camping*, mucho alpinismo, mucho tenis y esquí. Y, sobre todo, mucho, mucho fútbol. ¿Líderes políticos? ¡Cómo se le ocurre! La política no les interesa. Sus modelos son Bob Marley y Maradona,[13] pero desde que Maradona se metió con[14] la droga dejó de ser modelo y fue reemplazado por Romario».[15]

VOCABULARIO

Los novios de ahora no eran románticos sino prácticos. Quizás un poco egoístas, como el novio de su amiga Teresa. «Les dan ganas de ir a bucear y se van a bucear, les dan ganas de ir al campo y se van al campo; les dan ganas de quedarse tomando cerveza con los amigos y se quedan tomando cerveza con sus amigos.»

O como el de su amiga Lucy, que la conquistó un sábado, le regaló una pulsera[16] el domingo, la invitó a cenar el lunes, el martes le dijo que se iban a casar, el miércoles se metió con ella a la cama y el jueves desapareció.

[...]

[5]Silk veil [6]mist [7]band (ribbon) [8]foam [9]resounding [10]gentle breeze [11]flicker [12]almond-shaped [13]una estrella del fútbol argentino [14]se... got involved with [15]una estrella del fútbol brasileño [16]bracelet

Los novios de hoy son más desparpajados,[17] están menos fijados en la idea del matrimonio, le tienen miedo a las rejas.[18] Y no es cierto que sean tan materialistas como suele decirse. Lo que pasa es que ahora tienen acceso fácil a casi todas las cosas de la tierra.

—¿Tú dirías que son intelectuales?
—No. Eso sí que no.
—¿Sensuales?
—Tampoco.
—¿Sentido del humor?
—Sí, eso sí.
—¿Livianos o profundos?
—*Light*.
—¿Sus temores?
—El fracaso.

Y el fracaso se mide[19] en el trabajo cuando están solteros, y en el trabajo y la familia cuando están casados.

«Claro, que no están tan apurados en casarse», continuó explicándome. «Primero quieren viajar y dedicarle tiempo a su pasión. Su pasión es el fútbol y el fútbol es su único tema de conversación.»

—¿Su *hobby*?
—El fútbol también.

Después de todo, las cosas no han cambiado tanto, porque mientras hablábamos, el marido de Joyce estaba mirando el fútbol, el marido mío estaba mirando el fútbol, y el abuelo de mi interlocutora se había dormido mirando el fútbol también.[v]

[17]*sly, resourceful*   [18]*bars (of a jail cell)*   [19]*se… is measured*

1. ¿Cuáles son los puntos principales de esta sección?
2. ¿Qué se describe en esta sección? ¿Qué palabras descriptivas se usan?
3. ¿Qué acciones tienen lugar en esta sección? ¿Qué verbos de acción se usan? ¿En qué tiempo verbal se conjugan?
4. ¿Cómo puede Ud. expresar con sus propias palabras lo que pasa en esta sección?

VERIFICAR

Después de leer

A. Comprensión

Paso 1   Conteste las siguientes preguntas, según el artículo.

1. ¿Por qué estaba la autora sorprendida de que la hija de Joyce le preguntara sobre los novios de «su tiempo»?
2. ¿Por qué se consideraba al novio de la tía José un novio perfecto? ¿Cómo fueron sus relaciones al final?

3. ¿Por qué pensaba el padre de la tía Trini que su novio era cursi?

4. ¿Qué pensaba la hija de la amiga Joyce de los novios que la autora le describía?

5. ¿Cómo describe la hija de la amiga Joyce a los novios de ahora?

6. ¿De qué tienen miedo los novios de ahora? Mencione por lo menos dos cosas y explique su respuesta.

7. ¿Por qué dice al final la autora que no hay mucha diferencia entre los novios de antes y los de ahora?

Paso 2 Haga un resumen oral del artículo para un compañero / una compañera. ¿Cuáles son los puntos principales del artículo?

B. **El editor exigente** Un editor de *Vanidades* pide que se hagan algunos cambios en el artículo. Imaginándose que Ud. es la autora Subercaseaux, vuelva a escribir las siguientes secciones según las sugerencias del editor, manteniendo el tono original del artículo.

1. «Necesitamos un ejemplo más de una de las relaciones que fracasaron. Escríbame cuatro oraciones sobre un fracaso amoroso.» (Ud. puede utilizar el párrafo que escribió en Antes de leer como punto de partida.)

2. «El final me parece demasiado predecible y convencional. Cámbielo por una escena más original.»

C. **La respuesta masculina** En grupos de tres, hagan el papel de tres hombres que acaban de leer el artículo y completen los siguientes pasos.

Paso 1 Usando una de las siguientes frases, reaccionen ante las líneas, o ideas, tomadas del artículo, según el modelo.

Es increíble que	No puedo creer que
Es mentira que	Qué horror que
(No) es verdad que	¿ ?

MODELO: «Los hombres de ahora son atléticos, deportistas, triunfadores… »
Es verdad que somos más atléticos, deportistas, triunfadores, etcétera hoy, pero no hay nada malo en esto porque así somos más sanos y…

1. «La política no les interesa.»

2. «Los novios de hoy no [son] románticos, son prácticos.»

3. «Los novios de hoy son más desparpajados… »

4. «Los novios de hoy están menos fijados en la idea del matrimonio.»

5. «No es cierto que sean tan materialistas como suele decirse. Lo que pasa es que ahora tienen acceso fácil a casi todas las cosas de la tierra.»

6. «Su pasión es el fútbol y el fútbol es su único tema de conversación.»

Paso 2 Siguiendo en el papel de los tres hombres del Paso 1, pinten un perfil de las mujeres de antes y las de ahora. Completen la siguiente tabla.

	LAS MUJERES DE ANTES	LAS MUJERES DE AHORA
Actividades e intereses		
Características predominantes		
Papel que desempeñaban[1]/ desempeñan en unas relaciones románticas		
Lo que consideraban/ consideran romántico		

[1]*used to play*

Paso 3 Pensando en los apuntes que acaban de tomar, y manteniendo la perspectiva de los tres hombres, completen las siguientes adaptaciones de las líneas e ideas del Paso 1 y expliquen sus respuestas.

1. Las mujeres de ahora son _____, _____, _____···
2. El/La _____ no les interesa.
3. Las novias de hoy no son _____, son _____.
4. Las novias de hoy son más _____···
5. Las novias de hoy están (más / menos / igual de) fijadas en la idea del matrimonio.
6. No es cierto que sean tan _____ como suele decirse. Lo que pasa es que ahora _____.
7. Su pasión es el/la _____ y el/la _____ es su único tema de conversación.

D. Para comentar En grupos de tres, contesten las siguientes preguntas, teniendo en cuenta lo que dice el artículo.

1. ¿Cree Ud. que la vida de antes era más romántica que la de ahora? ¿Cree que ahora las relaciones son mejores? ¿Por qué?
2. ¿Está de acuerdo con el perfil que pinta la autora de los hombres en general? ¿Por qué sí o por qué no?

COMPARAR

3. ¿Le parece cursi que un hombre le escriba o recite poemas a su pareja? ¿Qué acciones descritas en el artículo le parecen cursis? ¿Cuáles le parecen románticas?

4. ¿Cómo serían unas relaciones perfectas con Diego desde la perspectiva de Cristina? ¿y desde la perspectiva de Diego? ¿Sería mejor si Cristina tuviera un interés o una pasión tan fuerte como la que tiene Diego por el trabajo? Explique su respuesta.

E. **Composición**   Ahora, utilizando las ideas que Ud. ha comentado con sus compañeros en los pasos anteriores, escríbale a Subercaseaux una carta en la que Ud. le ofrezca sugerencias para su próximo artículo sobre las novias de antes y de ahora.

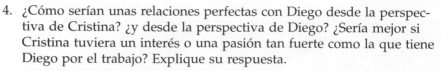
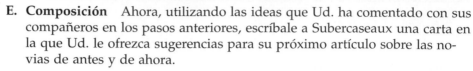

¡A escribir!

A. **Lluvia de ideas**   En grupos pequeños, contesten y comenten las siguientes preguntas.

1. ¿Cuáles son algunas de las expresiones que se usan para declarar una opinión?

2. ¿Qué expresiones se pueden utilizar para diferir de las opiniones de otro?

3. De la segunda lista de expresiones, ¿cuáles son las expresiones más fuertes y cuáles son las más corteses?

B. **Composición preliminar**   Ahora, imagínese que Ud. es un sociólogo experto / una socióloga experta en el campo de las relaciones humanas. Escriba un breve ensayo, dando su opinión sobre una de las siguientes declaraciones. Apoye su opinión con ejemplos específicos.

1. Dentro de 50 años el matrimonio será algo obsoleto.

2. Las clases de educación matrimonial deben ser un requisito antes de poder obtener una licencia para casarse.

3. No hay romance en la sociedad norteamericana actual.

C. **Composición final**

Paso 1   Ahora, lea el ensayo de un compañero / una compañera. Anote la tesis principal de su ensayo e indique los puntos que apoyen al argumento de él/ella.

Paso 2 Haga el papel de un(a) periodista que no esté de acuerdo con las ideas del / de la especialista en sociología. Escriba un editorial en el que Ud. reaccione fuertemente ante las ideas de su compañero/a. Empiece el editorial con una oración destinada a llamar la atención de los lectores. Luego, reaccione ante cada uno de los puntos expuestos por el/la especialista, utilizando los conectores necesarios. Al final, escriba una conclusión fuerte y convincente.

Hablando del tema

Paso 1 Prepare una ficha sobre los siguientes temas para luego poder hacer comentarios sobre cada una de las preguntas o situaciones de cada tema.

Las amistades íntimas

- Describa una de las amistades más íntimas que Ud. tiene. ¿Qué intereses comparte con su amigo/a?
- ¿Cómo se conocieron Uds.?
- Haga una comparación entre sus propias características personales y las de este amigo íntimo / esta amiga íntima.
- ¿Qué recomienda Ud. que hagan los demás para establecer y fomentar relaciones íntimas y duraderas?

Las relaciones dañinas

- Describa las acciones que ocurren en las relaciones dañinas. Luego, compare las relaciones dañinas con las relaciones sanas.
- Imagínese que Ud. tiene un amigo / una amiga que sostiene unas relaciones dañinas. Convénzalo/la para que rompa con su pareja o que deje su amistad con esa persona.
- ¿Qué haría Ud. si tuviera unas relaciones dañinas con alguien?

El amor moderno

- ¿Qué opina Ud. del efecto que tendrá correo electrónico sobre el arte de escribir cartas de amor?
- ¿Cómo se sentiría Ud. si recibiera flores virtuales o una tarjeta de San Valentín a través del Internet en vez de flores o de una tarjeta convencional?

Desafío

Los amigos famosos

- Si Ud. pudiera tener como amigo íntimo / amiga íntima a una persona famosa, ¿a quién escogería? Explique su respuesta.
- ¿Qué problemas podrían resultar de tener un amigo famoso / una amiga famosa?
- ¿Cómo pasarían el tiempo juntos Uds.?
- ¿Por qué le interesaría a esta persona ser amigo/a de Ud.?

Paso 2 Prepare una pregunta para cada ficha, utilizando los puntos clave. Luego, hágale las preguntas a un compañero / una compañera de clase.

Capítulo 4

El trabajo y el ocio:
¿Cómo se relaja Ud.?

Diego se divierte montando a caballo.

En este capítulo, Ud. va a explorar el tema del trabajo y el ocio (*leisure*). ¿Cuáles son nuestras prioridades? ¿Trabajamos demasiado o somos fiesteros/as (*party-goers*)? ¿Qué hacemos para aliviar el estrés? ¿Cuáles son las actividades que nos ayudan a relajarnos? Ud. va a explorar lo que hace la gente en su tiempo libre. También va a leer sobre cómo se puede aliviar el estrés.

 In the *Interactive CD-ROM to accompany Punto y aparte,* you will find additional practice with the culture, grammar, and vocabulary in this chapter.

Punto clave
- los gustos

GUSTOS
6

Temas centrales
- el trabajo
- el ocio

Zona de enfoque
- El Cono Sur

La historia

Hay que ser más fiesteros

Situación: Sergio, Sara y Diego están hablando del fin de semana. Sergio tiene pensado[1] un fin de semana muy divertido y quiere hacer planes con los otros, pero va a ser un desafío convencer a Diego de que deje la tienda. Lea el diálogo y conteste las preguntas que lo siguen. Preste especial atención al uso del vocabulario nuevo en negrita.

SERGIO: Este fin de semana tengo que **reunirme con** el dueño del rancho donde pensamos realizar el próximo Festival de Música Latinoamericana. ¿Por qué no vamos todos y pasamos un fin de semana en el campo?

SARA: Yo, encantada. Estoy segura de que Javi y Laura estarán **dispuestos** a arreglar su horario para acompañarnos.

DIEGO: Suena padrísimo,[2] pero quiero **aprovechar** el fin de semana para **ponerme al día** en la tienda. Tengo un montón[3] de cosas que hacer.

SARA: ¡Qué **aguafiestas**! Con razón Cristina se queja de ti. ¿**Te sacas el aire** durante la semana y todavía piensas **desvelarte** por el trabajo todo el fin de semana?

[1]tiene… *has planned*   [2]Suena… *Sounds awesome!*   [3]*pile*

SERGIO: Hombre, aunque no lo creas tú, también tienes que **cargar las pilas** de vez en cuando. Se ve[4] que estás **quemado.** Mira, nos quedaremos en una cabaña preciosa al lado del lago. Podemos cocinar al aire libre, **relajarnos,** cantar, bailar, nadar, montar a caballo —todas las cosas que a ti te gustaban antes de hacerte adicto al trabajo.

DIEGO: Es que la tienda…

SARA: Ay, hombre, ¿qué pasó con el Diego que yo conocía, el que **charlaba** con sus amigos hasta las cuatro de la **madrugada,** el hombre **impulsivo** que **gastaba** su dinero en cenas elegantes y obras de teatro, el que **se reía a carcajadas** de los **chistes** de Javi? Me preocupa que estés **agobiado** y no reconozcas[5] que vivir así no es **saludable** en absoluto.

SERGIO: Sí, primo, no importa el **éxito** de tu negocio ni el dinero que puedas ganar si no tienes equilibrio en tu vida.

DIEGO: Déjenme pensarlo. Es verdad que me hace falta[6] un descansito.

SARA: Contamos contigo, Diego. Te conviene cambiar de rutina, ser un poco **extravagante** y **disfrutar de** la vida.

SERGIO: Ya verás, primo, **lo pasaremos de maravilla.**

SARA: Si te parece, puedo llamar a Cristina para invitarla. ¿Quién sabe? Tal vez un fin de semana **animado** en el campo os ayude a mejorar vuestra «amistad».

DIEGO: Ya, ya, Sara, no insistas… está bien. **Pospondré** mi trabajo este fin de semana para acompañarlos, pero no esperen que me vuelva **ocioso** de la noche a la mañana.

[4]Se… *It's apparent*   [5]no… *you don't recognize*   [6]me… *I need*

Actividades

A. **La búsqueda de las metas comunicativas en contexto** Identifique en el diálogo ejemplos de las siguientes metas comunicativas: Reacciones y recomendaciones (R), Narración en el pasado (P), Hablar de los gustos (G) y Hablar del futuro (F). Subraye cada palabra o frase que represente una (o una combinación) de estas metas comunicativas. Luego, escriba al margen la(s) letra(s) que corresponde(n) a cada ejemplo subrayado (R, P, G o F).

MODELOS: …todas las cosas que a ti te gustaban… *G/P*
…lo pasaremos de maravilla. *G*

B. **Comprensión** Conteste las siguientes preguntas, según el diálogo.
1. ¿Cree Ud. que Diego es muy fiestero? ¿Por qué sí o por qué no?
2. ¿Quién es más adicto al trabajo, Sara, Sergio o Diego? ¿Por qué?
3. ¿Qué plan tiene Sara para Diego y Cristina?
4. ¿Por qué cree Ud. que Diego por fin decide hacer planes con sus amigos?

REACCIONAR
R
RECOMENDAR

C. **Reacciones y recomendaciones** Complete las siguientes oraciones sobre la conversación de Sergio, Diego y Sara, utilizando un conector en cada oración.

MODELO: A Sergio le interesa que Diego vaya al rancho porque sabe que su primo trabaja demasiado y necesita relajarse.

Conectores

además
en cambio
para que + *subjuntivo*
por lo tanto
porque
puesto que
sin embargo

1. A Sergio le interesa…
2. A Sara le fastidia que Diego…
3. Es obvio que Diego…
4. Es interesante que Sergio…

D. Diálogo   En parejas, preparen un diálogo que represente una de las siguientes situaciones y preséntenlo a la clase.

1. Vuelvan a crear el diálogo entre Sara, Diego y Sergio, utilizando sólo su memoria y sus propias palabras.

2. Sara tiene planes secretos para reconciliar a Cristina y a Diego. Ella llama a Cristina y trata de convencerla de que vaya al rancho con los otros amigos.

3. La madre de Diego lo llama, diciéndole que está preocupada porque lo ve muy agobiado. Diego le explica por qué tiene que trabajar tanto.

Here are more resources that offer practice with the vocabulary presented in this section.
· *Manual*
· CD-ROM
· Website

Vocabulario del tema

Para hablar del trabajo

aprovechar(se)(de)	to take advantage of
aumentar	to increase
desvelarse	to stay awake all night
disminuir	to decrease
madrugar	to get up early
mejorar	to improve (make better)
ponerse al día	to catch up
posponer (*like* **poner**)	to postpone
realizar	to accomplish, fulfill (a goal)
sacarse el aire	to work hard
tener éxito	to be successful

Para hablar del dinero

ahorrar	to save (money)
gastar	to spend (money)
malgastar	to waste
cuidadoso/a	careful
extravagante	extravagant
impulsivo/a	impulsive
moderado/a	moderate
pelado/a	broke
tacaño/a	stingy

De vacaciones: ¿Cómo se carga Ud. las pilas?

Para describir el estado de ánimo

agobiado/a	overwhelmed
agotado/a	exhausted
angustiado/a	distressed
dispuesto/a (a)	willing (to)
entusiasmado/a	enthusiastic
estresado/a	stressed (out)

harto/a (hasta las narices)	fed up (to here)	**el chisme**	gossip
quemado/a	burned out	**el chiste**	joke
satisfecho/a	satisfied	**el espectáculo**	show, performance
		la madrugada	early morning
		los ratos libres	free time
		la resaca	hangover
		el recreo	recreation

Para hablar del ocio

aliviar	to relieve
cargar(se) las pilas	to recharge one's batteries
charlar	to chat
disfrutar de	to enjoy
entretener(se) (*like* **tener**)	to entertain (oneself)
estar de buen/mal humor	to be in a good/bad mood
pasarlo bien/mal	to have a good/bad time
reírse (i, i) (me río) a carcajadas	to laugh loudly
relajarse	to relax
reunirse (me reúno) (con)	to get together (with)
sonreír(se) (*like* **reír**)	to smile

animado/a	lively
descansado/a	rested
fiestero/a	fun loving
relajante	relaxing
renovado/a	renewed
saludable	healthy
vago/a	lazy

Expresiones útiles para hablar del ocio

¡Que lo pase/ pases/pasen bien!	Have a good time!
¡Que se divierta / te diviertas / se diviertan!	
¿Cómo lo pasó/ pasaste/pasaron?	How was it?, Did you have a good time?
Lo pasé muy bien / de maravilla / fatal.	I had a great time / a blast / a terrible time.

Para describir las diversiones

el/la aguafiestas	party pooper
el bienestar	well-being
la broma	practical joke; teasing

Ampliación léxica

Paso 1 Lea las siguientes palabras y escriba los sustantivos y el adjetivo relacionados con los últimos dos verbos de la lista.

SUSTANTIVOS	VERBOS	ADJETIVOS
el agobio	agobiar	**agobiado/a**
el ánimo	animar	**animado/a**
la broma	bromear	bromista
el entretenimiento	**entretener(se)**	entretenido/a
la fiesta	festejar(se)	**fiestero/a**
¿ ?	**mejorar**	¿ ?
¿ ?	**sonreír(se)**	sonriente

Paso 2 Lea el siguiente párrafo sobre las bromas de Sergio. Mientras lee, decida si los espacios en blanco requieren un sustantivo (S), un verbo (V) o un adjetivo (A) según el contexto y escriba la letra S, V o A correspondiente en su cuaderno. Luego, escoja la palabra apropiada de la lista del paso 1 para llenar cada espacio en blanco.

Sergio tiene fama de ser muy _____,[1] especialmente cuando ve que alguien tiene problemas. El otro día, Laura se sentía un poco _____[2] porque tenía demasiado trabajo. Sergio está acostumbrado a verla _____³ y de buen humor. Así que cuando la vio en ese estado, decidió _____⁴ la situación. En el fondo, Laura es una persona fiestera y Sergio sabía que la mejor manera de _____⁵la, era planear una _____.⁶ Llegó a su casa vestido de Elvis Presley, con una docena de sus galletas favoritas y dos capuchinos y empezó a cantar, imitando perfectamente a Elvis. Laura empezó a reírse a carcajadas y así Sergio la hizo sentir _____.⁷

Paso 3 En parejas, escriban una pregunta con cada una de las siguientes palabras. Luego, háganles esas preguntas a otra pareja.

1. bromear   2. entretenimiento   3. sonreír(se)

Actividades

A. Vocabulario en contexto

Paso 1 Según lo que Ud. sabe de los primos Diego y Sergio, indique quién diría cada una de las oraciones a continuación. Luego, explique por qué.

1. «Para tener éxito en cualquier trabajo profesional, es necesario trabajar más de 40 horas por semana.»
2. «Dos semanas de vacaciones al año deben ser suficientes para cargar las pilas de cualquier empleado.»
3. «Las personas que saben disfrutar de su tiempo libre son mejores trabajadores que las que no saben entretenerse.»
4. «Hay ciertas personas, las llamadas 'tipo A', que no son capaces de relajarse.»
5. «Una persona eficiente nunca necesita desvelarse trabajando.»
6. «Seguir trabajando cuando uno se siente totalmente agobiado no es saludable.»

Paso 2 En parejas, indiquen si están de acuerdo o no con cada oración y expliquen por qué.

B. Decisiones

Paso 1 Conteste las siguientes preguntas, explicándole sus respuestas a un compañero / una compañera.

	SÍ	NO
1. Después de haberse desvelado en una fiesta fantástica, ¿madrugaría Ud. al día siguiente para hacer ejercicio antes de asistir a su primera clase?	☐	☐
2. ¿Pospondría una entrevista para un trabajo importante si tuviera la oportunidad de asistir a un concierto de su grupo musical favorito?	☐	☐
3. ¿Iría a clase con una resaca terrible?	☐	☐
4. ¿Estaría dispuesto/a a suspender sus estudios por un año para trabajar en Cancún?	☐	☐

	SI	NO

5. ¿Gastaría más de cien dólares en una de las siguientes cosas: un partido de fútbol, una obra de teatro de *Broadway* en Nueva York, un concierto, una botella de vino, un suéter, un masaje? ☐ ☐

6. ¿Iría de compras para aliviar el estrés? ☐ ☐

Paso 2 Según las respuestas y las explicaciones de su compañero/a, ¿se parece él/ella más a Sergio o más a Diego? Explique por qué.

C. **Preguntas personales** En parejas, contesten las siguientes preguntas. Mientras escucha a su compañero/a, reaccione con algunas expresiones de Para conversar mejor. Luego, revelen a la clase lo que cada uno/a averiguó de su compañero/a.

Para conversar mejor

¡Qué bacán/ chévere/guay/ padre!	¡Qué suerte!	Tienes razón.
¡Qué chistoso!	¿De veras?	Yo (A mí)
¡Qué lío!	¿En serio?	también/
		tampoco.

---

1. ¿Qué hacía Ud. los fines de semana para pasarlo bien cuando estaba en la escuela secundaria?

   Describa la fiesta más divertida a la que ha asistido en los últimos tres años.

   Haga una comparación entre su vida social actual y su vida social ideal.

2. Describa a la persona más fiestera que Ud. conoce. ¿Qué le gusta hacer a esta persona en las fiestas? ¿Les molesta a los otros invitados lo que hace esta persona?

3. ¿Qué hace el aguafiestas típico? ¿Es Ud. extrovertido/a o introvertido/a en una fiesta? ¿Ha sido alguna vez un(a) aguafiestas? Explique su respuesta.

4. ¿Es la música una parte importante de la vida de Ud.? ¿Qué tipo de música le gusta escuchar cuando se siente estresado/a, nostálgico/a, de buen humor, triste?

   Si pudiera conocer a cualquier cantante o músico, ¿a quién le interesaría conocer? ¿Por qué?

5. ¿Qué le gusta hacer para aliviar el estrés?

   Si fuera el decano (*dean*) encargado de (*in charge of*) los servicios estudiantiles, ¿qué recursos ofrecería para ayudar a los estudiantes a disminuir el estrés?

   ¿Qué hará durante las próximas vacaciones para relajarse?

D. ¿Qué tipo de comprador es Ud.?

Paso 1 En parejas, comenten las siguientes preguntas y expliquen sus respuestas. ¿Es Ud. moderado/a, extravagante, económico/a o tacaño/a? ¿Gasta Ud. su dinero libremente o piensa mucho antes de hacer cualquier compra? ¿Le gusta gastar su dinero para aliviar el estrés?

Paso 2 Lea los biotipos de los cuatro compradores: Arturo el auto-afirmativo, Egoberto la ego-defensivo, Hugo el utilitario y Regina la reflexiva.

¿Qué tipo de comprador es Ud.?

[1]*nuevo* [2]*accentuate* [3]*No… He does not squander* [4]*norms of beauty or good taste* [5]*magnifying glass* [6]*haggling* [7]*tricks*

Paso 3 En parejas, comenten las siguientes preguntas y expliquen sus respuestas. ¿Cuál de los cuatro biotipos describe mejor a Ud. y sus hábitos de consumo? ¿Sería difícil para Ud. vivir con una persona con hábitos de consumo totalmente diferentes a los suyos?

Paso 4 Ahora, escojan uno de los biotipos que no describa a ninguno/a de Uds. dos. Utilizando su imaginación, describan el apartamento o casa

del biotipo seleccionado. ¿Qué tipo de muebles, ropa o aparatos eléctricos tiene? ¿Qué le gusta hacer a esta persona para entretenerse en sus ratos libres?

E. **¿Qué quiere decir... ?** Explíquele a un compañero/una compañera qué significan las siguientes palabras y expresiones. **¡OJO!** No deben usar las manos ni otros gestos.

1. *groupie*
2. *wallflower*
3. *slacker*
4. *spendthrift*

NOTA CULTURAL • ¿Quiénes son los más fiesteros?

La primera vez que Diego recibió una invitación para ir a una fiesta en los Estados Unidos, se sorprendió mucho. ¡La invitación indicaba la hora en que iba a terminar la fiesta! Eso nunca pasaría en el mundo hispano, donde sí, se indica la hora en que comienza una fiesta (algo que no siempre se respeta), pero se considera de mala educación decirles a los invitados que tienen que irse a una hora determinada. La práctica estadounidense puede resultar un choque cultural para los hispanos. De hecho, a Javier le molesta tanto que él se niega a ir a una fiesta si la invitación indica cuándo va a terminar.

En el mundo hispano, el invitado tiene derecho a quedarse todo el tiempo que quiera en una reunión o una fiesta, y el anfitrión tiene el deber de atenderlo. En el Ecuador, Laura asistió a una boda que empezó a las siete de la noche y no terminó hasta las siete de la mañana del día siguiente. Era muy diferente de las bodas estadounidenses que ella conocía, pero no parecía que los novios estuvieran enojados con sus invitados. Al contrario, se rieron, cantaron y bailaron con los otros hasta que se fue la última persona. Sergio también prefiere las fiestas alegres y largas de su familia mexicana a las cenas cortas y secas que tiene con su familia de los Estados Unidos.

En fin, cada cultura es diferente y hay que respetar las costumbres especiales. Pero cuando Ud. vaya a una fiesta en un país hispano, ¡no se sorprenda si nunca termina!

Conversación en parejas

En parejas, escriban un diálogo en el que uno de Uds. haga el papel de un anfitrión / una anfitriona estadounidense que está cansado/a y quiere pedirles a sus invitados, de manera educada, que se vayan. La otra persona será un invitado hispano / una invitada hispana que no entiende las indirectas (*discreet hints*) de su anfitrión/anfitriona.

Puntos clave

Hablar de los gustos

Here are more resources that offer practice with the grammar presented in this section.
· *Manual*
· CD-ROM
· Website

En esta sección del capítulo, Ud. va a practicar el punto clave, Hablar de los gustos. Para hacerlo bien, hay que utilizar las estructuras gramaticales de la siguiente tabla que pertenecen al punto clave. Antes de continuar, estudie las explicaciones de estas estructuras gramaticales en las páginas verdes al final del libro.

LA META COMUNICATIVA DE ESTE CAPITULO		
ICONO	META COMUNICATIVA	PUNTOS CLAVE
GUSTOS 6	Hablar de los gustos	• los verbos como **gustar** • los pronombres de complemento indirecto

Ponerlo a prueba

En la siguiente narración, Sergio habla de su amor por la música. Llene cada espacio en blanco con la forma correcta del verbo entre paréntesis, junto con el pronombre de complemento indirecto apropiado.

La música siempre ha sido una parte importante de mi vida. De niño, (a mí) _____[1] (encantar) las canciones folclóricas que me cantaba mi madre. A ella _____[2] (emocionar) cantarlas hasta hoy en día. Por mi experiencia bicultural, tengo gustos eclécticos.

Puesto que a mis hermanos y a mí _____[3] (importar) preservar nuestra herencia hispana, tratamos de mantenernos al día en cuanto a los grupos hispanos, como Maná, Juan Luis Guerra y los 4.40, Gloria Estefan, Jaguares y otros. Pero cuando me pongo nostálgico _____[4] (apetecer) oír la música de los años 70 y la llamada «nueva canción», epecialmente la música de los cubanos Silvio Rodríguez y Pablo Milanés, la argentina Mercedes Sosa y el grupo chileno Inti Illimani.

En cuanto a la música «country» estadounidense, a mi primo Diego _____[5] (fascinar) Garth Brooks. No sé por qué, pero esa música a mí _____[6] (aburrir). Pero cuando los dos sentimos mucho estrés, la música siempre _____[7] (relajar). Creo que por eso la escogí como carrera. ¿Y a ti? ¿Qué tipo de música más _____[8] (interesar)?

Expresiones útiles*

Para hablar de lo que le gusta

me apetece(n)	*I feel like*
me cae(n) bien/fenomenal	*I really like (person or people)*
me conviene(n)	*it's good (a good idea) for me to*
me da(n) ganas de	*I feel like*
me emociona(n)	*I'm excited by*
me encanta(n)	*I love, really like*
me fascina(n)	*I'm fascinated by*
me importa(n)	*I care about*
me interesa(n)	*I'm interested in*

Para expresar lo que no le gusta

me aburre(n)	*I'm bored by*
me cae(n) mal/fatal	*I don't like (person or people)*
me da(n) asco	*I'm disgusted by*
me disgusta(n)	*I don't like*
me fastidia(n)	
me molesta(n)	*I'm bothered by*
me preocupa(n)	*I'm worried about*

Para expresar indiferencia

me da igual	*I don't care, it's all the same to me*
me da(n) lo mismo	
me es igual	*I don't care (about)*
no me importa(n)	
no me interesa(n)	*I'm not interested (in)*

Actividades

A. ¡A bailar! ¡A cantar! Lea este breve párrafo sobre Sergio y conteste las preguntas que lo siguen.

Cuando Sergio tenía dieciocho años, su amor por la música se convirtió en amor por el baile, hasta que tomó clases para aprender a bailar tango. Desde entonces, no pasa ni una semana sin ir a algún club para su terapia preferida: bailar salsa, merengue o *jitterbug*. Para él, su bienestar físico y emocional depende del movimiento y de los ritmos que lo hacen sentir vivo.

---

*Note that for all of these **gustar**-like constructions, if they are immediately followed by **que** + *verb phrase*, the verb in this following verb phrase must be in the subjunctive.

Me molesta *que* mis vecinos *hagan* ruido después de la medianoche.
but
Me molesta *el ruido*. (followed by a noun)
and
Me molesta *desvelarme* por el ruido que hacen mis vecinos. (followed by an infinitive)

1. ¿Por qué le conviene a Sergio bailar muy a menudo?
2. ¿Por qué piensa Ud. que le aburriría a Sergio ejercer (*to hold*) un trabajo convencional?
3. ¿A Ud. le gusta bailar? ¿Le interesa aprender los bailes de moda? Explique sus respuestas.
4. ¿Por qué les disgusta a algunas personas mayores cierta música moderna, como el rock o el rap?
5. Si su pareja no supiera bailar, ¿le fastidiaría a Ud.? Explique su respuesta.
6. ¿Hay ciertas canciones que le emocionan porque le recuerdan algún momento sentimental o emocionante de su pasado? ¿Cuáles son? ¿Hay otras canciones que le molesta oír porque le resultan demasiado tristes por los recuerdos que evocan? ¿Cómo son esas canciones?

B. **Los peces y el rock** Dicen que la música puede afectar el crecimiento de las plantas y ahora, según unos científicos japoneses, hasta los peces tienen preferencias musicales.

Paso 1 Lea el siguiente artículo.

LOS PECES Y EL ROCK

TOKIO.— Experimentos de varios científicos permitieron determinar que a los peces les gusta más la música de Madonna y Tin Machine que [la de] Mozart o Tchaicovski, lo cual los demuestran con un sano apetito y un marcado dinamismo.

En el centro experimental de Tsuruoka, al norte de Japón, los especialistas se dieron a la tarea[1] de buscar sistemas sonoros adaptados en los centros de crianza comerciales para aliviar el estrés de los peces.

Un grupo de 600 ejemplares[2] fue dividido en tres partes iguales y colocados en tres piletas[3] separadas. En una de ellas se instaló un

altoparlante[4] para emitir música de rock, en otra se hizo lo mismo pero con música clásica y en la tercera no había música.

Luego[5] de mes y medio, los animalitos de la primera pileta pesaban 43 gramos de promedio, los que escuchaban música clásica apenas tenían 37 gramos de peso y los de la tercera 42 gramos.

Además del apetito, los peces rockeros tuvieron todo el tiempo mucha vivacidad y una activa movilidad.

[1]*se... undertook the task* [2]*samples* [3]*pools* [4]*loudspeaker* [5]*Después*

Paso 2 En parejas, formen oraciones completas con los elementos entre los diagonales (*slashes*) (parte A). Luego, reaccionen a cada oración con por lo menos una de las frases entre paréntesis (parte B), incluyendo el porqué de sus reacciones como en el modelo.

MODELO: los científicos / gustar / investigar / este tipo de cosas
(Es absurdo / bueno / ¿ ?)

PARTE A: A los científicos les gusta investigar este tipo de cosas.
PARTE B: Es bueno que los científicos investiguen este tipo de cosas porque nunca se sabe cómo tal información ayudará al mundo en el futuro.

1. los peces / encantar / escuchar / la música de rock

   (Es dudoso / fascinante / ridículo / ¿ ?)

2. los científicos / interesar / medir / el nivel de estrés entre los peces

   (Es importante / increíble / inútil / ¿ ?)

3. los animalitos / no apetecer / escuchar / la música clásica

   (Es difícil creer / normal / triste / ¿ ?)

Paso 3 En parejas, comenten los resultados del experimento descrito en el Paso 1 y los beneficios que aportarán (*they will bring*) o no al mundo. Expliquen su opinión.

C. **Sus opiniones** En parejas, indiquen para cada una de las siguientes situaciones una cosa que les gusta (emociona, interesa,…) y una cosa que les disgusta (molesta, fastidia,…), explicando por qué.

MODELO: SARA: Cuando salgo por primera vez con alguien, me encanta que me traiga flores porque es muy romántico, pero me molesta que me abra la puerta porque es un gesto bastante machista y anticuado.

1. cuando sale por primera vez con alguien
2. cuando da una fiesta
3. cuando tiene un fin de semana de tres días
4. cuando sus padres (hijos, abuelos,…) vienen a visitarlo/la
5. cuando va a un concierto en un estadio grande
6. cuando va a un restaurante nuevo

D. **Su tiempo libre**

Paso 1 Para cada una de las categorías que se ofrecen a continuación, escoja la actividad que más le guste a Ud. Indique sus preferencias del 1 al 6, de mayor a menor importancia.

CATEGORIA 1
escribir cartas
escribir en un diario
leer el periódico
leer obras de ficción
leer revistas de chismes
mandar mensajes por
    correo electrónico

CATEGORIA 2
charlar con amigos
dormir una siesta
escuchar música
explorar el Internet
meditar
ver la televisión

CATEGORIA 3
bailar
ir al cine
ir a una fiesta
ir de compras
jugar a juegos de mesa
jugar a videojuegos

CATEGORIA 4
correr
escalar montañas
hacer *camping*
hacer ejercicios aeróbicos
jugar al basquetbol
levantar pesas
    (*weightlifting*)

Paso 2   Explíquele sus selecciones a un compañero / una compañera. Trate de usar algunas de las Expresiones útiles que aparecen al principio de esta sección.

Paso 3   Describa a la clase cómo es su compañero/a, según lo que le gusta hacer en sus ratos libres. ¿Es energético/a? ¿vago/a? ¿tranquilo/a? ¿extrovertido/a? ¿solitario/a? ¿ ?

E. Su vida cultural

Paso 1   ¿Con qué frecuencia asiste Ud. a acontecimientos culturales? Indique si va a los siguientes acontecimientos una vez a la semana, varias veces al mes, una vez al año, etcétera. Luego, compare sus respuestas con las de un compañero / una compañera.

> el ballet
> el cine (películas extranjeras)
> los conciertos de música popular
> las conferencias (*lectures*)
> la danza moderna
> las exposiciones en los museos
> la ópera
> la sinfonía
> el teatro

Paso 2   Ahora, conteste las siguientes preguntas.

1. ¿Con qué frecuencia asiste a acontecimientos culturales?

2. ¿Con qué frecuencia ve programas culturales en la televisión? ¿Cuáles le gustan más?

3. ¿Le gustaría tener más tiempo libre para asistir a más acontecimientos culturales? ¿A qué asistiría si tuviera el tiempo disponible?

4. ¿Qué artistas, actores o bailarines le fascinan? ¿Cuáles no le gustan en absoluto? ¿Por qué?

5. ¿Son caros los acontecimientos culturales donde Ud. vive? ¿Se ofrecen descuentos con un carnet (*card*) de estudiante?

Paso 3   En parejas, lean este artículo sobre la popularidad del teatro en la Argentina. Luego, contesten las siguientes preguntas.

¡Viva el teatro!

En una época en que los argentinos no pueden permitirse grandes lujos, comprar una entrada, entrar en una sala y esperar la magia que se esconde tras el telón está poniéndose de onda.[1] Una saludable onda que es el tema de conversación para el café después de la función y para el resto de la semana, y que a cambio no exige grandes gastos. Hay espectáculos con localidades desde 5 pesos... un peso menos de lo que cuesta ir al cine...

[1]de... de moda

1. ¿Por qué cree Ud. que a los argentinos les interesa tanto el teatro?
2. ¿Les gusta a los argentinos el teatro más que a los norteamericanos?
3. ¿Con qué frecuencia van Ud. y sus amigos al teatro?
4. ¿Cree que la popularidad del teatro está aumentando o disminuyendo en este país? ¿Por qué?
5. ¿Cuál fue la última obra de teatro que Ud. vio y por qué fue a verla?

Rincón cultural

Lugares fascinantes:
El Cono Sur

Here are more resources that offer practice with the culture presented in this section.
· *Manual*
· CD-ROM
· Website

1. **La Patagonia, Argentina y Chile**   Aunque esta zona al extremo sur de Sudamérica compone una tercera parte de las tierras de la Argentina y Chile, sólo un 5% de las poblaciones de los dos países vive en ella. Es un terreno muy diverso, con llanas desiertas,[1] un distrito de lagos y montañas (los Andes). Entre los varios parques nacionales está el Bosque Petrificado y la Cueva de las Manos, que tiene pinturas de una antigua cultura indígena. También en la zona se han encontrado importantes restos de dinosaurios. Las famosas aventuras de Butch Cassidy y el Sundance Kid los llevaron a la Patagonia para escaparse de las autoridades. Compraron tierra en Cholila donde construyeron una casa y una pequeña tienda y donde se quedaron por cinco años. Robaron varios bancos en Santa Cruz y en San Luis. En 1907, vendieron la casa y se escaparon a la cordillera.[2] A Butch Cassidy le gustaban las montañas de la Patagonia porque le recordaban el paisaje de su estado natal, Utah.

1

2. **El Observatorio Paranal, Chile**   Este observatorio está localizado encima del Cerro[3] Paranal, una montaña de 2.635 metros en el Desierto de Atacama en el norte de Chile. Este lugar se considera el más seco del mundo, lo cual lo hace el lugar perfecto para poner un observatorio —es poco probable que los seres humanos quieran vivir allá y hace falta una zona aislada para que no haya contaminación[4] de luz para el observatorio. El Observatorio Paranal es un centro internacional de astronomía. Allí se encuentra el telescopio más grande y avanzado del mundo. Científicos de todas partes del mundo van allí para

2

[1]llanas... *deserted plains*   [2]*mountain range*   [3]*Hill*   [4]*pollution*

realizar investigaciones astronómicas. ¿Quién sabe? Tal vez algún día desde el Paranal encuentren vida en otro planeta.

3. **Buenos Aires, Argentina**   Es la capital del país y conocida como «el París de Sudamérica». Se puede encontrar cafés en casi todas las esquinas, desde los más elegantes y caros hasta los más sencillos. En el centro de la ciudad hay más de 70 cines. Las representaciones teatrales en Buenos Aires, por otro lado, son más numerosas que en París o Nueva York. La vida nocturna es alucinante. Se dice que en la calle Corrientes, la calle principal, nunca se duerme. ¡Las discotecas y los clubes no cierran hasta las cinco de la madrugada!

4. **Punta del Este, Uruguay**   Es una ciudad que está en la costa del Océano Atlántico y es un lugar favorito de los ricos y famosos para veranear. Se considera «la Riviera de Sudamérica». La playa está rodeada de bellos bosques de pinos y las olas, de más de diez pies de altura, son perfectas para hacer *surfing*. Hay grandes mansiones, pistas de golf y tenis y lujosos casinos. Se puede hacer una excursión fascinante a Isla de Lobos, que se encuentra a seis millas y media de Punta del Este. Esta isla es una reserva biológica donde hay más de 500.000 lobos marinos,[5] razón por la cual recibe ese nombre.

5. **Viña del Mar, Chile**   Es una ciudad balnearia[6] que fue fundada hace más de cien años. Tiene lujosas villas de comienzos de siglo con torrecillas miradores[7] que dan al mar,[8] así como casas modernas de estilo elegante. Cada mes de febrero se celebra allí el gran Festival de Música de Viña del Mar, en el que tocan músicos hispanos de todo el mundo, como Juan Luis Guerra, Luis Miguel y Maná. Este festival es tal vez la reunión de estrellas hispanas más grande del mundo.

6. **Las Cataratas de Iguazú**   Estas impresionantes cataratas, más grandes que las de Niágara, se encuentran en la frontera entre la Argentina, el Brasil y el Paraguay. El español Alvar Núñez Cabeza de Vaca las «descubrió» en 1541. Quedó impresionado no sólo por ese fabuloso grupo de cascadas, sino también por la naturaleza que las rodeaba: Vio un bosque lleno de orquídeas, begonias, pájaros exóticos y quinientas clases diferentes de mariposa. Las cataratas entran a formar parte del Río Iguazú —cuyo nombre significa «grandes aguas» en guaraní[9]— con una fuerza tremenda, creando nubes de vapor de treinta metros de altura. Dentro de las nubes el juego de luz solar crea acros iris[10] radiantes. Una de las cascadas que forman las cataratas se conoce como «La Garganta del Diablo».

7. **El Cerro Uritorco, Argentina**   Es un lugar, al noroeste de Córdoba, en el que se encuentra una geografía espectacular con vertientes[11] naturales y balnearios[12] de aguas cristalinas. Es también un lugar de avistamientos[13] de OVNIs.[14] Investigadores, caminantes y mochileros[15] visitan el cerro esperando la posibilidad de experimentar «un encuentro» o aprovechar la maravillosa energía concentrada allí para hacer meditación y yoga.

[5]lobos... *sea lions*   [6]*resort*   [7]torrecillas... *little watchtowers*   [8]dan... *face the sea*   [9]lengua indígena de la zona   [10]arcos... *rainbows*   [11]*springs*   [12]*spas*   [13]*sightings*   [14]Objetos Volantes (Voladores) No Identificados (*UFOs*)   [15]*backpackers*

Actividades

A. Localice los siete lugares fascinantes del Cono Sur en el mapa y ponga un número del 1 al 7 para indicar el grado de interés que Ud. tiene en investigar y explorar estos lugares.

PAISES DEL CONO SUR				
	ARGENTINA	**CHILE**	**URUGUAY**	**PARAGUAY**
Gobierno	república federal	república unitaria	república democrática y unitaria	república unitaria
Ciudades principales	Buenos Aires, Córdoba, Rosario	Santiago, Concepción, Valparaíso	Montevideo, Salto, Paysandú, Las Piedras	Asunción, San Lorenzo, Ciudad del Este
Lengua oficial	el español	el español	el español	el español
Otra lengua				el guaraní
Moneda	el peso	el peso	el peso	el guaraní

B. Túrnese con un compañero / una compañera para describir uno de los lugares fascinantes con sus propias palabras. Incluyan las cosas que les interesan a los visitantes de ese lugar y den sus recomendaciones para pasarlo bien allí. Luego, escriban algunas comparaciones entre los dos lugares que Uds. acaban de describir.

C. En parejas, imagínense que van a hacer un reportaje sobre algunos de estos lugares para el periódico universitario. Pónganse de acuerdo en cuáles son los dos lugares que más les gustaría visitar y sobre los que van a escribir el artículo. Expliquen por qué escogieron esos lugares.

Las Cataratas de Iguazú

Carlos Gardel

Un artista hispano:

Carlos Gardel

El tango, tal y como lo conocemos hoy, es el resultado de una evolución fascinante. Sus raíces se encuentran en el candombe[1] y en la habanera,[2] de origen cubano. Los primeros tangos aparecieron en los barrios bajos[3] de las afueras de Buenos Aires, a finales del siglo XIX. Allí la gente empezó a imitar e improvisar un baile nuevo, combinando pasos y ritmos de los bailes y danzas mencionados. La popularidad del tango se incrementó, y hasta llegó a París en 1907. Al principio, el tango se consideraba inmoral y escandaloso. Para 1913 la «tangomanía» se había extendido por Europa y había originado toda una nueva moda de vestir, nuevos clubes para exposiciones del tango y los famosos «tango bars». H.G. Wells denominó el año 1913 como «el año del tango», pero la edad de oro[4] del tango se inició en los años 20 y muy pronto las canciones del tango se convirtieron en «el último grito».[5]

Carlos Gardel (1890–1935) llegó a ser el tanguista más famoso de todos los tiempos. En los años 30, Gardel protagonizó

[1]tipo de baile africano [2]tipo de baile [3]pobres [4]edad... *golden age*
[5]«el... *"the latest thing"*

varias películas que servían de marco a[6] su talento musical. *Tango Bar* y *Tango Broadway* son dos de sus películas más populares. Desgraciadamente, Carlos Gardel murió en junio de 1935 debido a un terrible accidente de aviación. A pesar de que él murió hace tantos años, hasta en la actualidad los peregrinos gardelianos acuden a la tumba de Gardel cada año en el aniversario de la muerte del famoso cantante.

Aunque durante años el tango estuvo un poco olvidado, actualmente, gracias a películas como *The Scent of a Woman* y *Evita*, protagonizadas por Al Pacino y Madonna, respectivamente, su popularidad está resurgiendo.

[6]de... *as a setting for*

Actividad

Comparaciones ¿Puede Ud. encontrar algunas semejanzas entre Carlos Gardel y Elvis Presley? En parejas, hagan una lista de esas semejanzas. Luego, comparen su lista con la de otra pareja. ¿Cuántas semejanzas entre Carlos Gardel y Elvis Presley encontraron Uds.? ¿Pueden pensar en algunas más?

COMPARAR

Lo hispano en los Estados Unidos:
La música latina

La música latina tiene cada vez mas importancia en los Estados Unidos. En ciudades como Austin, Miami, Nueva York, San Francisco y hasta Bethlehem, Pennsylvania, hay grupos que tocan ritmos latinos procedentes de[1] diferentes lugares. Del Caribe se importan el son, el chachachá, la guaracha (hoy llamados genéricamente «la música salsa»), el merengue y la cumbia; del Cono Sur, el tango; de México, los corridos y el mariachi; de los Andes, la música folclórica andina; y, como Ud. ya ha visto en el Capítulo 1, el flamenco español. Uno puede ver a estos grupos tocando en las calles, en clubes populares, en festivales de música y en películas y programas de televisión.

Estos grupos no están simplemente copiando la música que se desarrolla en el mundo hispano, sino que también han creado sus propias versiones de esta música. En Texas la música tejana, una expresión de la cultura mexicanoamericana, tiene mucha popularidad. En Nueva York, la mezcla del

Un club de salsa en Los Angeles, California

jazz con ritmos caribeños transformó estos últimos y produjo la música que ahora se conoce como la música salsa.

En los últimos años ha habido una explosión en cuanto a la popularidad de los artistas latinos en este país, especialmente en cuanto a los que han

[1]procedentes... *coming from*

empezado a cantar en inglés. Cantantes como Ricky Martin, Marc Anthony, Jennifer López y Christina Aguilera combinan los ritmos y sonidos de su herencia con la música popular de su época para crear una música nueva y rica con su propio estilo. A menudo, estos cantantes hispanos ocupan el primer lugar en las listas de la música más popular y ganan importantes premios como los Grammys. Además de estos cantantes famosos, hay otros artistas que crean diferentes géneros de música: rap, hip hop, música tejana, música mariachi, etcétera. Por medio de la música, se ve cada vez más la importancia que tienen las culturas hispanas en este país.

 ## Actividad de Internet

Busque la página Web oficial sobre uno/a de estos cantantes latinos para poder contestar las preguntas.

Christina Aguilera
Marc Anthony
Gloria Estefan
Tish Hinojosa
Jennifer López
Ricky Martin
Jon Secada
Shakira

1. ¿Dónde nació? Si nació en los Estados Unidos, ¿de dónde es su familia?
2. ¿Cuándo y cómo empezó a cantar?
3. ¿Cómo se llaman algunos de sus CDs y cuál es su canción más popular?
4. ¿Qué estilo de música canta o compone?
5. ¿Qué premios ha ganado este/a cantante?
6. Si su página Web lo permite, escuche algunas muestras de la música de este/a cantante. ¿Qué le gusta de su música a Ud.? ¿Qué no le gusta? ¿Por qué?

Lectura

El siguiente artículo, «La vida anti estrés», apareció en la revista hispana *Vanidades*.

Antes de leer

A. Para comentar   En parejas, contesten las siguientes preguntas. Luego, comenten sus respuestas con el resto de la clase.

1. ¿Qué cosas le causan estrés?

2. En su opinión, ¿quiénes experimentan más estrés, los hombres o las mujeres? ¿Por qué?

3. ¿Qué hace Ud. para evitar o aliviar el estrés?

4. ¿Cree Ud. que los avances tecnológicos aumentan o disminuyen el estrés? ¿Por qué?

B. Acercándose al tema   Ahora, lean el título de la siguiente ficha y las nueve palabras asociadas con el tema del artículo. Utilicen su imaginación y las palabras de la ficha para describir una manera efectiva para aliviar el estrés. Sean creativos y tomen apuntes para poder compartir sus ideas con el resto de la clase.

Para aliviar el estrés		
el bienestar	el equilibrio	la presión
calmar	disfrutar (de)	revitalizar
relajante	saludable	tranquilo/a

La vida Anti estrés

La sociedad tecnológica ha trastornado el mundo.[1] ¿Quién puede huir del fax, del beeper, del celular y de la computadora? Y para la mujer es peor. No importa lo ejecutiva que sea en la casa es responsable de su hogar y sus hijos. «Pero hay remedio para todos los extenuados[2]», afirman los expertos...

La era moderna parece estar al borde del ataque de nervios. Innumerables personas viven con un estrés enorme y se sienten totalmente agotadas. En los países industrializados, sobre todo, la tensión nerviosa ocasiona enfermedades, como infecciones, hipertensión y ataques al corazón.

En Japón, por ejemplo, más de 30.000 trabajadores murieron el año pasado por trabajar bajo presión. En el resto del mundo, aunque los empleados no mueren en sus escritorios, muchos han quemado todas sus reservas nerviosas. Agobiados por las responsabilidades, acosados por la falta de tiempo y preocupados por sus condiciones económicas, son como un volcán a punto de estallar.[3] No es raro que el volcán les explote enfermándolos, extenuándolos y, en ciertos casos, tornándolos violentos hacia la sociedad o las personas en su entorno.[4]

La tecnología que, supuestamente, iba a mejorar sus vidas, ha agravado estos síntomas al aumentar la presión con que viven. ¿Quién puede ignorar la urgencia de un fax o de un beeper? ¿Y cómo descansar cuando el teléfono celular interrumpe nuestro descanso en una playa, un cine o un partido de tenis?

A nivel ejecutivo, la competencia que se ha establecido es de proporciones olímpicas. Para triunfar, los ejecutivos tienen que superar la labor de los demás y la propia. Es decir, deben competir en una carrera que nunca se acaba. Un síntoma de la sociedad tecnológica de hoy es trabajar sin cesar. Algunos ejecutivos duermen sólo cuatro o cinco horas por noche. La falta de sueño los convierte, con el tiempo, en los candidatos ideales para el ataque cardíaco o el colapso nervioso. Por ejemplo, el fiscal[5] de Los Angeles, William Hodgman, tuvo que tomarse unas vacaciones forzadas cuando sintió fuertes dolores en el pecho durante el juicio de O.J. Simpson. Según su esposa, Hodgman llevaba muchos meses trabajando 18 horas al día y durmiendo sólo tres y cuatro horas por noche.

Pero no sólo los ejecutivos y los profesionales padecen[6] de estrés. El agotamiento mental es muy democrático. Los obreros y las secretarias también lo padecen. Es más, el estrés se cuenta entre las cinco razones principales por las que una persona va hoy en día a ver a un médico. Las víctimas del estrés se quejan de no tener tiempo para sus familias, sus aficiones y sus amistades. Están deprimidos o con los nervios de punta.[7] Se sienten enormemente frustrados de ver cómo la vida se les escapa mientras corren a sus trabajos, se apuran en sus tareas, lidian[8] con el tránsito y se preocupan por el dinero.

Es cierto que siempre se ha trabajado duro y que mientras menos desarrollada es la sociedad, más anticuados son sus instrumentos de trabajo, pero una máquina de escribir no requería tanta prisa como una computadora. En cuanto a la casa, las abuelas lavaban a mano, cortaban leña,[9] tenían 12 niños, ayudaban con los nietos... pero no hablaban de estrés. Por otra parte, el abuelo era agricultor, minero, picapedrero,[10] pero no tenía los nervios de punta porque, entre otras cosas, no dependía de un beeper y cuando llegaba a casa no lo esperaban ni faxes ni noticias catastróficas en la televisión. La tecnología de las computadoras, que ha acelerado el tiempo en que se vive, ha convertido también los días en algo que puede comprarse, venderse o cambiarse. Los ejecutivos y ejecutivas están tan ocupados, que pagan para que otras personas se queden en sus casas esperando por el técnico de la televisión o el plomero.

---

[1]ha... *has turned the world upside-down* [2]personas agotadas [3]a... *about to explode* [4]en... a su alrededor [5]*district attorney* [6]sufren [7]de... *on edge* [8]luchan [9]*firewood* [10]*stonecutter*

1. ¿Cuáles son los puntos principales de esta sección?
2. ¿Qué acciones tienen lugar en esta sección? ¿Qué verbos de acción se usan?
3. ¿Qué emociones se expresan en esta sección?
4. ¿Cómo puede Ud. expresar con sus propias palabras lo que pasa en esta sección?

La vida Anti estrés

La tensión femenina

Pero si los hombres están a punto del ataque de nervios, el estrés está devastando aún más a las mujeres.

No importa lo duro que trabaje en la calle, la mujer sigue teniendo la responsabilidad de su hogar y de sus hijos. Al estrés de sus deberes profesionales, mamá tiene que añadir la culpabilidad que siente si su casa y sus hijos son menos que perfectos.

Muchas mamás que traen el pan a la mesa también tienen que hornearlo[11] y servirlo cuando llegan exhaustas a sus casas. Incluso en Estados Unidos, donde los hombres, supuestamente, ayudan en las tareas caseras, sólo el 36 por ciento de los maridos desempleados ayudan en las faenas[12] domésticas. ¡Y ésos son los desocupados!

Hay innumerables ejemplos de mujeres extenuadas. «Linda» es una de ellas. Casada y con dos hijos pequeños, trabajó de secretaria mientras su mamá le cuidaba a los niños, pero cuando su papá se enfermó y su mamá tuvo que irse a atenderlo, «Linda» se vio ante el dilema de dejar de trabajar o de tener que pagarle a otra persona para que le cuidara a sus hijos.

En realidad, su marido y ella necesitaban los dos sueldos. La situación era crítica. Linda, que ya arrastraba[13] un viejo estrés y que, por estrecheces económicas[14] nunca se entretenía ni iba siquiera a un cine, cayó en un lastimoso estado nervioso. Comenzó a desvelarse. Se vio atacada por jaquecas.[15] Por fin, tuvo que dejar su puesto y tomar una plaza nocturna que, por cierto, estaba en un barrio lejano, lo cual aumentó su tensión por el miedo que le daba conducir sola de noche. Además, como su marido trabajaba de día, casi no se veían.

Las víctimas del estrés como Linda abundan. Hay más mujeres solteras o divorciadas que trabajan en dos puestos para poder sostener a sus hijos. Sus días pueden empezar a las 7 de la mañana en un trabajo y terminar a las 11 de la noche en otro. Lo más irracional es que se sienten culpables de no poder estar con sus niños. Algunas, incluso, creen que tomarse un día de asueto[16] es ir al dentista.

En realidad, la sociedad de hoy trastorna. Las presiones de un empresario que gana millones de dólares son tan intensas como el estrés de la mujer o el hombre que se ve forzado a hacer el trabajo de dos compañeros cesanteados[17] el día en que instalaron las nuevas computadoras.

¿Puede vivirse indefinidamente así? «Claro que no», dicen los expertos. «Hay formas de combatir el estrés.» Lo primero, no obstante, es reconocer su causa. «Hay que diferenciar la tensión de los tensores», afirma el conocido médico de Miami, el doctor Manuel Viamonte, Jr.

Serenidad, paz

[11]*bake it* [12]*tareas* [13]*tenía* [14]*estrecheces… financial difficulties* [15]*migraines* [16]*día… day off* [17]*fired*

VERIFICAR

1. ¿Cuáles son los puntos principales de esta sección?
2. ¿Qué acciones tienen lugar en esta sección? ¿Qué verbos de acción se usan?
3. ¿Qué emociones se expresan en esta sección?
4. ¿Cómo puede Ud. expresar con sus propias palabras lo que pasa en esta sección?

La vida Anti estrés

Respuestas negativas

Según este experto y autor de valiosas obras médicas, las presiones modernas son una realidad, sólo que algunas personas tratan de huir de ellas con escapes negativos, como la bebida, el juego, la promiscuidad, el uso indebido de medicamentos y comidas, el consumo de drogas...

Algunos síntomas peligrosos del estrés o agotamiento mental son la falta de apetito, la incapacidad de concentrarse y el sentir que uno no está en control de su propia vida. También, fenómenos como los siguientes:

- insomnio
- cansancio prolongado o apatía
- ansiedad
- volatilidad
- dolores de cabeza
- anorexia
- depresión
- hostilidad...

¿Cómo bajar el termómetro del estrés?

Los expertos sugieren, ante todo, tratar de calmar la mente, reposar los nervios; incluso, tomarse unos días de vacaciones. Si esto no es posible, entonces, tratar de tomar ratos «de vacaciones».

Vea a continuación algunas pautas.[18]

Ver un panorama distinto

No es posible cambiar el mundo, pero lo que sí podemos hacer es cambiar el modo como lo percibimos.

«El 90 por ciento de la tensión es percepción», dice el doctor Viamonte. Para controlar el estrés, de acuerdo con él, hay que aprender a relajar la mente. Como medidas que ayudan a aliviar la tensión entre otras, sugiere prácticas como éstas:

- Concurrir[19] a eventos agradables.
- Interesarse por otras personas.
- Estar en contacto con la naturaleza.
- Practicar ejercicios de relajación y técnicas para aquietarse.[20]
- Conocerse mejor, aceptarse. Amarse a sí mismo y a los demás.
- Perdonar. Nunca odiar ni envidiar. (El resentimiento, según todos los psicólogos, enferma la mente.)
- Cuidar su persona. Realzar[21] la imagen.
- Realizar más actividades de recreo.

De acuerdo con él, también deben practicarse los cinco estilos de vida positivos, que resume así:

- Amar.
- Laborar.
- Aprender materias nuevas.
- Reír más.
- Prepararse para las pérdidas.

En un estudio realizado por la Universidad de Stanford, se observó que el mejor control del estrés se obtenía calmando el espíritu con prácticas como la oración,[22] la visualización y los paseos tranquilos a la orilla del mar.[23] Una visita al gimnasio también es muy productiva, siempre que no se convierta en una obligación. Después de todo, el secreto es combatir el estrés con actividades que den placer y serenidad, desde darse un baño de burbujas,[24] hasta ir al cine o pasar un rato entregada a la afición que más le guste.

El asunto es hacer pausas que revitalicen el espíritu, establecer un equilibrio.

Ninguna práctica, sin embargo, puede eliminar una depresión o una psicosis biológica. Las experiencias traumáticas y los golpes psicológicos de la niñez no desaparecen por encanto. Siempre hay personas que necesitan curas médicas. Pero, en general, el estrés de la vida moderna puede superarse cuando la persona aprende a mejorar la visión que tiene de su situación y comienza a aflojar el paso, para dar espacio a más ratos de reposo y recreación.

Entonces, con las emociones descansadas, comienza a percibir un mundo más amistoso, positivo y bonito.

[18]normas [19]Asistir [20]ponerse más tranquilo/a [21]Levantar [22]prayer [23]orilla... seashore
[24]baño... bubblebath

VERIFICAR

1. ¿Cuáles son los puntos principales de esta sección?
2. ¿Qué acciones tienen lugar en esta sección? ¿Qué verbos de acción se usan?
3. ¿Qué emociones se expresan en esta sección?
4. ¿Cuál es el propósito de la primera lista en esta sección? ¿Y de la segunda? ¿Y de la tercera?
5. ¿Cómo puede Ud. expresar con sus propias palabras lo que pasa en esta sección?

Después de leer

A. Comprensión

Paso 1 Conteste las siguientes preguntas, según el artículo.

1. ¿Por qué tenía menos estrés la gente de antes que la gente de hoy en día?
2. ¿Por qué aumenta el estrés con el aumento de los avances tecnológicos?
3. ¿Por qué sufren las mujeres más tensión que los hombres?
4. ¿Cuáles son algunas maneras negativas de enfrentarse con el estrés?
5. ¿Cuáles son algunas cosas que uno puede hacer para aliviar el estrés?
6. ¿Qué puede hacer una persona para prevenir (*prevent*) el estrés?

Paso 2 Explíquele a un compañero / una compañera lo que dice el artículo, usando sus propias palabras. Si hay diferencia de opinión, justifique sus respuestas.

B. El editor exigente

Un editor de *Vanidades* ha leído «La vida Anti estrés» y pide que se hagan algunos cambios. «En su artículo, Ud. habla del estrés de los trabajadores y de los padres de hoy, pero creo que hace falta un párrafo sobre el estrés que sufren los estudiantes de hoy.» Imaginándose que Ud. es el autor / la autora del artículo, escriba un párrafo adicional según la sugerencia del editor, manteniendo el tono general del artículo.

C. ¿Están Uds. de acuerdo?

En parejas, indiquen si están de acuerdo o no con estas oraciones tomadas del artículo. Expliquen el por qué de sus opiniones.

1. «La tecnología que, supuestamente, iba a mejorar [nuestras] vidas, ha agravado estos síntomas al aumentar la presión con que [vivimos].»
2. «Pero si los hombres están a punto del ataque de nervios, el estrés está devastando aún más a las mujeres.»
3. «El 90 por ciento de la tensión es percepción.»

D. Composición

Imagínese que Ud. es una madre preocupada por el estrés que está sufriendo su hijo. Escríbale una carta en la que le aconseje lo que debe hacer para combatir el estrés. Puede utilizar algunas de las sugerencias del artículo.

E. Sobre cómo evitar el estrés

Paso 1 Lea la siguiente lista de actividades e indique las que Ud. utiliza para aliviar el estrés.

charlar con amigos
comer
dormir
escribir en un diario
escribir obras de ficción, incluso la poesía
escuchar música
fumar cigarrillos
hacer ejercicio
ir de compras

leer revistas populares
llamar por teléfono a amigos/ miembros de la familia
meditar
mirar programas no intelectuales o los que no requieren mucha concentración
tomar bebidas alcohólicas

Paso 2   Repase sus respuestas e indique las que benefician a su salud mental o física (+), las que son dañinas (−) y las que requieren poco esfuerzo mental o físico pero que no tienen un efecto ni positivo ni negativo (0).

Paso 3   Finalmente, en grupos de tres, comenten los siguientes temas.

1. ¿Por qué lo/la ayudan a combatir el estrés las actividades que Ud. escogió? ¿Cómo se siente después de cumplirlas?

2. ¿Qué hace específicamente en cada una de las actividades que escogió? Por ejemplo, ¿qué tipo de música escucha, qué revistas lee, qué compra, qué come, etcétera?

3. ¿Por qué a veces escogemos actividades dañinas o las que requieren poco esfuerzo para escaparnos del estrés?

F.   El trabajo y el estrés

Paso 1   En parejas, lean el siguiente recorte de una revista hispana. Luego, sigan las instrucciones que aparecen a continuación.

CON MAS O CON MENOS... ESTRES

SEGUN UN ESTUDIO REALIZADO POR EL "JOBS RATED ALMANAC", ENTRE MILES DE PERSONAS, **LOS 10 TRABAJOS QUE PRODUCEN MAS ESTRES SON, EN ESTE ORDEN:**

1. PRESIDENTE DE UN PAIS.
2. BOMBERO.
3. CORREDOR DE AUTOS.
4. ASTRONAUTA.
5. CIRUJANO.
6. JUGADOR DE FUTBOL.
7. POLICIA EN UNA CIUDAD.
8. MEDICO, ESPECIALISTA DE LOS HUESOS.
9. OFICIAL DE LA POLICIA DE CARRETERAS.
10. CONTROLADOR DE TRAFICO AEREO.

¿Y LOS QUE MENOS ESTRES PRODUCEN?

1. REPARACION DE INSTRUMENTOS MUSICALES.
2. REPARACION DE MAQUINARIAS INDUSTRIALES.
3. EMPLEADO DEL DPTO. DE *RECORDS* MEDICOS EN UN HOSPITAL.
4. FARMACEUTICO.
5. INGENIERO PROGRAMADOR DE COMPUTADORAS.
6. MECANOGRAFA.
7. BIBLIOTECARIO.
8. CONSERJE DE UN EDIFICIO.
9. TENEDOR DE LIBROS.
10. SECRETARIA MEDICA.

SER ASTROLOGO, FLORISTA O COCINERO TAMBIEN PRODUCE MUY POCO ESTRES, EN CAMBIO, "TODOS LOS POLITICOS SUFREN DE ENORME ESTRES, IGUAL QUE LOS CHOFERES DE TAXI Y LOS REPORTEROS."

1. Escojan dos trabajos que causan mucho estrés, explicando por qué causan tanta tensión.

2. Escojan dos trabajos que causan menos estrés, explicando por qué son más relajantes.

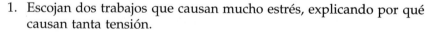
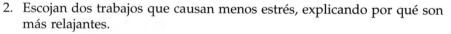

Paso 2   Ahora, comenten cómo deben ser las personas que cumplen las funciones de los trabajos que Uds. escogieron. Deben indicar qué les gusta y qué les molesta de esos trabajos.

Paso 3   Háganles de tres a cinco recomendaciones a los trabajadores que Uds. señalaron sobre lo que pueden hacer para aliviar el estrés.

Paso 4   Trabajando a solas (*alone*), escriba una breve composición que conteste la siguiente pregunta: Si Ud. tuviera que escoger una de las profesiones de su lista, ¿cuál escogería y por qué?

Lectura 2

Alfonsina Storni nació en Suiza en 1892, pero emigró con su familia a Argentina cuando tenía tres años. Estudió para maestra rural, pero a los veinte años se mudó a Buenos Aires y empezó a escribir. En 1916, publicó su primer poemario, *La inquietud del rosal*, seguido por *Irremediablemente* (1919) y *Languidez* (1920). Fue la primera mujer incluida en la élite literaria de Buenos Aires. Sus ensayos, artículos periodísticos y ficción de esa época de su vida revelan una preocupación por la situación de la mujer, la cual empezó también a manifestarse en su poesía. *El mundo de siete pozos* (1934) y *Mascarilla y trébol* (1938) son poemarios que muestran su preocupación por el estado cultural de la mujer en el siglo XX. En el año en el que salió este último, Storni ya se encontraba deprimida y con mala salud. En octubre de 1938, se suicidó, ahogándose en el mismo mar al que tantas veces había cantado en su poesía.

Antes de leer

Para comentar   En grupos de tres, comenten las siguientes preguntas.

1. Cuando Ud. quiere escaparse de sus problemas, ¿qué hace? ¿adónde va? ¿Prefiere estar solo/a o con sus amigos?
2. Describa el lugar adonde va para escaparse. Si no tiene ningún lugar así, describa cómo sería el «lugar de escape perfecto» para Ud. si tuviera uno.

Yo en el fondo del mar

En el fondo del mar
hay una casa
de cristal.

A una avenida
de madréporas[1]
da.

Un gran pez de oro,
a las cinco,
me viene a saludar.

Me trae
un rojo ramo[2]
de flores de coral.

Duermo en una cama
un poco más azul
que el mar.

Un pulpo
me hace guiños[3]
a través del cristal.

En el bosque verde
que me circunda[4]
—din don... din dan—
se balancean y cantan
las sirenas
de nácar verdemar.[5]

Y sobre mi cabeza
arden,[6] en el crepúsculo,[7]
las erizadas puntas[8] del mar.

[1]*reef-building coral* [2]*bouquet* [3]*Un... An octopus winks at me* [4]*me... surrounds me* [5]*nácar... seagreen mother-of-pearl* [6]*burn*
[7]*twilight* [8]*erizadas... spiny points (thorns)*

Después de leer

A. **Comprensión y análisis**   En parejas, contesten lo siguiente.

1. ¿Dónde tiene lugar el poema?
2. ¿Qué se está imaginando la poeta?
3. ¿Cómo es el lugar que describe? ¿Le parece a Ud. un lugar que le gustaría ver?
4. ¿Cuáles son los colores que se mencionan en el poema? ¿Qué animales se nombran? ¿Es el poema muy visual? Explique por qué sí o por qué no.
5. En su opinión, ¿cuál es el punto principal del poema? ¿Cómo se siente Ud. al leerlo?
6. Si viviera en el lugar que describe la poeta, ¿cómo se sentiría?
7. ¿Cómo cambia su reacción al poema al saber que la poeta se suicidó en el mar?

B. **El lenguaje poético**

Paso 1   Storni usó imágenes muy concretas para expresar su mensaje en este poema. Indique los cinco sustantivos y los cinco adjetivos que Ud. cree que expresan mejor el mensaje central del poema.

Paso 2   Ahora, escoja el verso que, en su opinión, expresa mejor el mensaje central del poema. Con sus propias palabras, indique qué significa el verso, qué emociones evoca en Ud. y explique por qué lo escogió.

C. **La poesía y yo**   Leer poesía es una experiencia muy individual; cada persona tiene una reacción única y personal al leer un poema. La poesía nos habla a través de las imágenes, los símbolos, las metáforas y, sobre todo, de las emociones. A veces es difícil poner en palabras nuestra experiencia con la poesía; es más fácil responder de igual manera: con imágenes, símbolos, metáforas y emociones. Pensando en «Yo en el fondo del mar», indique cuáles de los siguientes adjetivos asocia Ud. con el poema. Luego, comparta y explique sus respuestas con tres compañeros de clase.

alegre	estresado/a	pacífico/a
bello/a	juguetón/juguetona	rebelde
cerrado/a	musical	relajante
deprimente	nostálgico/a	vivo/a

D. **Yo, poeta**   El poema de Alfonsina Storni es una fantasía de cómo sería vivir en el fondo del mar. Es un poema muy sencillo con imágenes muy concretas. Piense en un lugar donde a Ud. le gusta relajarse. Escriba un poema original, describiendo este lugar. Mantenga el estilo que usó Storni en «Yo en el fondo del mar»: frases cortas, vocabulario concreto, imágenes vivas.

¡A escribir!

A. Lluvia de ideas   Complete lo siguiente.

1. Haga una lista de actividades que, en su opinión, contribuirían a formar parte de un día perfecto.
2. Haga una lista de actividades que pueden causarle estrés a Ud.

B. Composición preliminar   Imagínese que Ud. está sufriendo de estrés y un famoso psicólogo argentino, Ricardo Iglesias, le ha ofrecido su ayuda. Antes de empezar la terapia, el Dr. Iglesias le pide que escriba un ensayo en el que Ud. describa lo que le gusta de su vida y lo que le molesta de ella. Utilice por lo menos cinco verbos diferentes para expresar lo que le gusta y lo que no le gusta.

C. Composición final   El Dr. Iglesias está experimentando con una nueva terapia llamada Terapia de Música. Está convencido de que la música puede aliviar cualquier tipo de estrés. Lea lo que Ud. escribió en la Actividad B de esta sección. Ahora, Ud. va a desempeñar el papel del Dr. Iglesias y proporcionarle consejos a este/a «paciente». Escriba un informe médico en el que describa algunas actividades musicales que ayudarán a su «paciente» a combatir el estrés. Explique cómo va a beneficiarlo/la cada actividad. A continuación hay una lista de actividades musicales que le puede recomendar a su «paciente».

Actividades musicales

bailar el/la _____ (tipo de baile)
escuchar música a solas / con amigos / en CD / en vivo (*live*)
ir a comprar _____ (tipo de música)
meditar (con música relajante)
tocar el/la _____ (instrumento musical)
ver la película _____ (que tiene algo que ver con la música)
¿ ?

Hablando del tema

Paso 1   Prepare una ficha sobre los siguientes temas para luego poder hacer comentarios sobre cada una de las preguntas o situaciones de cada tema.

El ocio

- ¿Qué le gusta a Ud. de pasar el tiempo de manera ociosa? ¿Qué le preocupa?
- Haga una comparación entre lo que hace en su tiempo libre como estudiante y lo que hará cuando termine los estudios universitarios y tenga un trabajo a tiempo completo (*full-time job*).
- ¿Qué haría con su tiempo libre si fuera rico/a y no tuviera que trabajar?

El estrés

- Dele consejos a un amigo / una amiga que está sufriendo de mucho estrés.
- Comente los beneficios de escribir poesía o de escribir en un diario.
- Si Ud. tuviera un trabajo que le causara mucho estrés, ¿qué haría?

El dinero

- ¿Cree Ud. que el dinero le causa mucho estrés en su vida? ¿Por qué?
- ¿En qué le gusta gastar el dinero? ¿En qué le molesta gastarlo?
- Si tuviera más dinero, ¿cree que tendría menos o más estrés en su vida? Explique su respuesta.

La música

- Dé su opinión sobre la siguiente afirmación: La música moderna tiene una mala influencia sobre la gente joven.
- ¿Cree Ud. que la música y el baile pueden aliviar el estrés? Explique.
- Compare la música que Ud. escucha con la música que escuchaban sus padres.

Paso 2 Prepare una pregunta para cada ficha, utilizando los puntos clave. Luego, hágale las preguntas a un compañero / una compañera de clase.

Capítulo 5

El mundo actual:
¿Cómo influyen en nosotros los problemas del mundo?

A Laura le encantó visitar Cuzco, Perú.

En este capítulo, Ud. va a explorar el tema del mundo actual. ¿Cuáles son los problemas sociales más importantes de hoy? ¿Cómo podemos participar activamente en nuestra comunidad? Ud. va a examinar los problemas de la pobreza, el crimen y la justicia. Va a hablar del activismo político y de las actividades voluntarias en las que Ud. puede participar. También va a leer sobre los derechos de los niños, las medicinas tradicionales, las Organizaciones No Gubernamentales (ONGs) y sobre el candidato ideal para el futuro y sobre los favores políticos.

Punto clave
- hacer hipótesis

HIPÓTESIS
H

Temas centrales
- los problemas actuales
- la política
- el servicio comunitario

Zona de enfoque
- la región andina

In the *Interactive CD-ROM to accompany Punto y aparte*, you will find additional practice with the culture, grammar, and vocabulary in this chapter.

Este mundo nuestro

Situación: Laura y Sergio están en Ruta Maya hablando del último correo electrónico que Laura acaba de recibir de Bolivia. Lea el diálogo y conteste las preguntas que lo siguen. Preste especial atención al uso del vocabulario nuevo en negrita.

De: Luis Alberto <luisalberto@usaid.com>
Para: Laura <laura@mail.utexas.edu>
Tema: El proyecto y un puesto abierto

Hola, Laura:

Te escribo para decirte que todo avanza con el proyecto. USAID* lo va a **financiar**. Lo único que nos falta es una persona como tú para **llevarlo a cabo**. Estaríamos contentísimos de tenerte entre nosotros otra vez.

Si quieres **colaborar**, llámame cuanto antes.[1]

Abrazos,

Luis Alberto

P.D. Adjunto[2] unas fotos de uno de los pueblos donde trabajarías si aceptaras el puesto.

---

[1]cuanto… *as soon as possible*   [2]*I've attached*

---

*La *U.S. Agency for International Development* (USAID) es una agencia independiente que **brinda** ayuda económica y humanitaria a los países del mundo que la necesiten, además de asistencia para su desarrollo (*development*) interno, como apoyo a las metas de la **política** exterior (*foreign policy*) de los Estados Unidos.

LAURA: Acabo de recibir un correo electrónico de mi amigo Luis Alberto.

SERGIO: ¿El que trabajó contigo en la clínica en el Ecuador?

LAURA: Sí. Ahora está en Bolivia **haciendo de voluntario** con Médicos Sin Fronteras. Es un hombre a quien admiro mucho. ¿Sabes que heredó un montón de dinero de su abuelo y lo **donó** a la Cruz Roja Internacional y a Médicos Sin Fronteras? Es **impresionante** todo lo que hace para combatir las **injusticias** de este mundo.

SERGIO: Pues, ¿en qué proyecto está metido ahora en Bolivia?

LAURA: Bueno, por lo visto, viaja entre Bolivia, Perú y el suroeste de Colombia, supervisando la construcción de hospitales, educando al personal sanitario y trabajando con los campesinos. Es **inquietante** el **hambre** y la **desnutrición** de los niños y la **pobreza** de la gente del campo. Tal vez lo más **chocante** sea la **apatía** del resto del mundo en cuanto al **subdesarrollo** de esta y otras zonas parecidas en otras partes del mundo.

SERGIO: Y, ¿qué harías tú para ayudarlo si fueras?

LAURA: Pues, sería súper interesante. Tiene un proyecto relacionado con las mujeres mayores cuyo conocimiento de las medicinas tradicionales está por perderse. Podría estudiar con ellas y **enterarme** de sus prácticas. Después, trabajaría en una **campaña** para **promover** el respeto por las culturas y costumbres tradicionales.

SERGIO: Pues, está bien claro: Tienes que ir. ¿No es cierto? Siempre me has dicho que quieres conocer Colombia y que todo lo andino te fascina.

LAURA: Tienes razón, pero tengo un pequeño inconveniente —mi papá. El se pone inquieto cada vez que yo anuncio mis planes para salir de los Estados Unidos. Le preocupan los **secuestros,** el **narcotráfico,** el **terrorismo,** etcétera. Se ha vuelto bastante **pesimista** y cree que siempre podrá protegerme si me tiene cerca.

SERGIO: Por desgracia, hoy en día el peligro se puede encontrar en cualquier lugar del mundo.

LAURA: Ya lo sé, pero ahora más que nunca quiere que los suyos estén cerca de él. Es peor que la madre de Javi.

SERGIO: Es irónico que te haya criado para ser una persona **idealista** y **altruista** y que sea tan protector y un poco **alarmista** ahora que eres mayor.

LAURA: Sí, es triste. El mismo fue a la India con el Cuerpo de Paz en los años 60 y siempre nos animaba a ser **activistas** en la política, pero el mundo ha cambiado…

SERGIO: Pero tú no has cambiado Laura. Sigue tus sueños. Vete a Bolivia y Colombia. Tu papá entenderá que los valores que ha inculcado en sus hijos no pueden desaparecerse tan fácilmente.

Actividades

A. **La búsqueda de las metas comunicativas en contexto** Identifique en el diálogo ejemplos de las siguientes metas comunicativas: Descripción (D), Narración en el pasado (P), Hablar de gustos (G), Hacer hipótesis (H) y Hablar del futuro (F). Subraye cada palabra o frase que represente una (o

una combinación) de estas metas comunicativas. Luego, escriba al margen la(s) letra(s) que corresponde(n) a cada ejemplo subrayado (D, P, G, H o F).

MODELOS: ¿Sabes que <u>heredó</u> un montón de dinero… *P*

…¿<u>qué harías</u> tú para ayudarlo <u>si fueras</u>? *H, H*

B. Comprensión Conteste las siguientes preguntas, según el diálogo.

1. ¿Qué oportunidad tiene Laura?
2. ¿Cuáles son algunas de las actividades en las que participa Luis Alberto?
3. ¿Cómo es Luis Alberto? Explique su respuesta.
4. ¿Qué haría Laura si fuera a trabajar con Luis Alberto?
5. ¿Por qué no quiere el padre de Laura que ella vaya a Bolivia y Colombia?
6. ¿Por qué le sorprende a Sergio que el padre de Laura proteste?
7. ¿Está Ud. de acuerdo con Sergio cuando él dice: «Hoy en día el peligro nos puede encontrar en cualquier lugar del mundo»? Explique su respuesta.
8. Si Ud. fuera Laura, ¿qué haría? Explique el porqué de su respuesta también.

REACCIONAR
RECOMENDAR

C. Reacciones y recomendaciones Complete las siguientes oraciones sobre la conversación entre Laura y Sergio, utilizando un conector en cada oración.

MODELO: Es bueno que Laura…

Es bueno que Laura tenga la oportunidad de regresar a Sudamérica puesto que le fascinó su último viaje allí. Sin embargo, debe tratar de tener en cuenta los sentimientos y preocupaciones de su papá.

1. Es impresionante que la USAID…
2. Es triste que en países como Bolivia y Colombia la gente…
3. El padre de Laura no cree que…
4. Es obvio que Laura y Luis Alberto…

D. Diálogo En parejas, preparen un diálogo que represente una de las siguientes situaciones y preséntenlo a la clase.

1. Vuelvan a crear el diálogo entre Sergio y Laura, utilizando sólo su memoria y sus propias palabras.
2. Preparen un diálogo en el que Laura hable con su padre pidiéndole consejos sobre la oferta de trabajo. Ella también debe tratar de convencerlo de que no es malo que ella se vaya a Bolivia y Colombia.

Conectores

además
en cambio
para que + *subjuntivo*
por lo tanto
porque
puesto que
sin embargo
ya que

▽   ▽   ▽   ▽   ▽

Vocabulario del tema

Here are more resources that offer practice with the vocabulary presented in this section.
· *Manual*   · Website
· CD-ROM

Para hablar de los problemas actuales

el analfabetismo	illiteracy
la apatía	apathy
los derechos humanos	human rights
la desnutrición	malnutrition
la guerra	war
el hambre (*but* mucha hambre)	hunger
la huelga	strike
la injusticia	injustice
el narcotráfico	drug traffic; drug trafficking
la pobreza	poverty
el prejuicio	prejudice
el secuestro	kidnapping; hijacking
el SIDA	AIDS
el subdesarrollo	underdevelopment
el terrorismo	terrorism

Para hablar de las soluciones

la alimentación	nourishment
el bienestar	well-being
la diversidad	diversity
la inversión	investment
la lucha	fight; struggle
la paz	peace
los recursos	resources
la tolerancia	tolerance
el tratamiento	treatment

Acciones para hablar de las soluciones

afrontar	to confront
brindar	to offer
colaborar (con)	to help; work (with)
desarrollar	to develop
donar	to donate
enterarse (de)	to become informed (about)
financiar	to finance
hacer de voluntario/a	to volunteer
llevar a cabo	to carry out

—Es el arma más terrible. Ojalá el hombre no la utilice jamás. Acabaría con la raza humana . . .

En su opinión, ¿cuál es el arma más terrible de la humanidad?

promover (ue)	to promote
respetar	to respect
salvar	to save (*someone, something*)
valer (*irreg.*) la pena	to be worth it

Para hablar de la política

la campaña	campaign
el/la ciudadano/a	citizen
la ley	law
la manifestación	demonstration
la polémica	controversy
la política	politics; policy
la prensa	the press (*media*)
los titulares	headlines

Para hablar de una situación

alarmante	alarming
chocante	shocking
desafiante	challenging
desilusionante	disappointing
horripilante	horrifying
impresionante	impressive
inquietante	disturbing

COGNADOS: **activista, alarmista, altruista, egoísta, extremista, idealista, oportunista, optimista, pesimista**

Ampliación léxica

Paso 1 Lea las siguientes palabras y escriba las palabras que faltan.

SUSTANTIVOS	VERBOS	ADJETIVOS
el choque	chocar (con)	**chocante**
la desilusión	desilusionar	desilusionado/a
el valor	**valer**	valioso/a
¿ ?	¿ ?	alarmante
¿ ?	**desarrollar**	¿ ?

Paso 2 Lea el siguiente párrafo sobre los problemas que tiene el Ministro de Salud de un país andino. Mientras lee, decida si los espacios en blanco requieren un sustantivo (S), un verbo (V) o un adjetivo (A) según el contexto y escriba la letra S, V o A correspondiente en su cuaderno. Luego, escoja la palabra apropiada de la lista del Paso 1 para llenar cada espacio en blanco.

El Ministro de Salud le decía a Luis Alberto que el programa que se había _____[1] para combatir el hambre iba a fracasar. Quedó muy _____[2] cuando vio el _____[3] entre los oficiales y los que iban a distribuir la comida. Notó que esta _____[4] campaña contra el hambre estaba en peligro a causa de los oficiales corruptos. Se _____[5] tanto que decidió conseguir la ayuda de un equipo de nuevos voluntarios. Por eso contactó a Luis Alberto.

Paso 3 En parejas, escriban un titular que incluya las siguientes palabras y algunas palabras del Vocabulario del tema. Luego, lean su titular a otra pareja. Ellos deben reaccionar ante el titular.

alarmante	chocar (con)	el desarrollo

Actividades

A. Vocabulario en contexto

Paso 1 Lea las siguientes oraciones e indique si Ud. está de acuerdo con ellas o no.

	SI	NO
1. Una de las causas principales de la pobreza es el analfabetismo.	☐	☐
2. Los estudiantes universitarios de hoy sufren de apatía; no les importan los eventos mundiales.	☐	☐
3. Pronto se inventará la medicina que curará el SIDA.	☐	☐
4. El nivel de la desnutrición infantil en este país es alarmante.	☐	☐
5. Una manera de combatir los problemas sociales es pedir que todos los estudiantes universitarios hagan de voluntarios por dos horas por semana mientras están en la universidad.	☐	☐
6. Los países desarrollados respetan más los derechos humanos que los países subdesarrollados.	☐	☐

7. Es importante enseñar a los niños pequeños la tolerancia ☐ ☐
   por la diversidad de culturas que hay en este país.

8. La prensa de este país debe dar más reportes sobre otros ☐ ☐
   países para que la gente se entere de lo que pasa en el
   resto del mundo.

Paso 2 En parejas, expliquen por qué están de acuerdo o no con cada
oración.

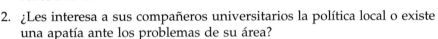

B. **El mundo actual en los Estados Unidos**   Sara y Diego todavía están
aprendiendo mucho sobre la vida política de los Estados Unidos. En grupos de tres, explíquenles el estado actual de las siguientes polémicas y
sus opiniones sobre cada una de ellas. Utilicen el Vocabulario del tema
cuando sea posible.

1. la acción afirmativa

2. Medicare

3. el programa de desayunos y almuerzos para los niños escolares

4. el sistema político de cabildeo (*lobbying*)

5. los derechos de los homosexuales

6. los derechos de la gente minusválida (*disabled*)

C. **Preguntas personales**

PASADO
P

1. ¿Ha experimentado algún prejuicio personalmente o ha visto de
   cerca el maltrato de alguien por ser diferente? ¿Qué pasó? ¿Cómo
   reaccionó Ud.?

GUSTOS
G

REACCIONAR
R
RECOMENDAR

2. ¿Les interesa a sus compañeros universitarios la política local o existe
   una apatía ante los problemas de su área?

3. ¿Cuáles son algunas de las recomendaciones que Ud. le haría al go-
   bernador / a la gobernadora de su estado para resolver los problemas
   de su estado?

FUTURO
F

4. En su opinión, ¿cuáles son dos de los problemas más desafiantes que
   los futuros líderes del mundo tendrán que afrontar? Explique su
   respuesta.

C
COMPARAR

5. ¿Cree Ud. que las organizaciones internacionales deben dedicar más
   fondos para tratar de eliminar la desnutrición o el analfabetismo? ¿Cuál
   de estos dos problemas le parece más urgente? Explique su respuesta.

GUSTOS
G
COMPARAR

6. ¿Le interesa a Ud. la política del resto del mundo? ¿Lee Ud. la prensa
   más de lo que la leía antes de los eventos horripilantes del 11 de septiembre del 2001 u otros eventos alarmantes para estar enterado/a de
   los eventos mundiales? Explique su respuesta.

FUTURO
F

7. ¿Cree Ud. que la inversión de más dinero en organizaciones como
   AmeriCorps y el Cuerpo de Paz promoverá el voluntarismo entre la
   gente joven? Explique su respuesta.

DESCRIBIR
D

8. En cuanto a su actitud hacia los problemas del mundo actual, es Ud.
   activista, alarmista, extremista, idealista, optimista o pesimista? Explique su respuesta.

D. La medicina tradicional: ¿Debemos respetarla o rechazarla?

Paso 1 Lea el siguiente artículo. Mientras lee, busque cognados que lo/la ayudará a entender mejor el tema.

LA MEDICINA TRADICIONAL:
¿Debemos respetarla o rechazarla?

Por siglos los indígenas del Amazonas han recurrido a sus alrededores para buscar tratamientos para las enfermedades. Normalmente, cada tribu amazónica cuenta con al menos un chamán, un doctor indígena, que conserva el conocimiento de las medicinas tradicionales y que lleva a cabo los ritos elaborados para curar una variedad de enfermedades. Los medicamentos se encuentran en las plantas de los bosques tropicales donde viven las tribus. Hasta hace poco, la medicina occidental calificaba a estos chamanes de embusteros[1] y a sus medicamentos de falsos. Pero, últimamente ha habido gran interés en la medicina tradicional de esta zona, y de otras alrededor del mundo. Ahora, varias escuelas de medicina estadounidenses ofrecen cursos en el Amazonas, para que los médicos, enfermeros y farmacéuticos del futuro puedan aprender de la sabiduría tradicional de los chamanes.

Sin embargo, este interés trae consigo problemas también. Muchas compañías farmacéuticas internacionales han llegado al Amazonas para explotar los recursos naturales y buscar curas para una variedad de enfermedades que afligen a muchos en todo el mundo. Los que abogan por[2] los derechos de los indígenas se quejan de la presencia de las compañías multinacionales. Dicen que las compañías han pedido permiso a los gobiernos nacionales, pero no a las tribus, para explotar sus recursos. Se quejan de que las compañías no respeten sus prácticas tradicionales, que los dejen sin los recursos para atender a su propia gente y que sólo les interesen las plantas que tienen un valor monetario. Además, dicen que las compañías no respetan la diversidad biológica de la zona, que a menudo sus propios intereses dejan a las tribus sin medicamentos, comida y hogar y que el dinero que ganan con los recursos de la zona casi nunca llegue a manos de los habitantes originales de la zona. Según un estimado, la gente indígena del Amazonas recibe sólo un 0,001% del dinero que se obtiene de la venta de sus plantas. Sobre todo, las tribus indígenas temen perder[3] su cultura y su modo de vida, por el contacto excesivo con culturas más poderosas y por presiones del mundo occidental. Para aquellas, la globalización no es positiva porque amenaza su mera[4] existencia.

Los miembros del Pacto Andino (Bolivia, Colombia, Ecuador, Perú y Venezuela) están desarrollando leyes modelo para la conservación y el uso sostenible de materia biológica. Estas leyes les darán más poder a las naciones y tribus locales del Amazonas para que todas puedan controlar y beneficiarse más de la explotación de los recursos biológicos de la zona.

[1]*tricksters* [2]abogan... *advocate* [3]temen... *are afraid of losing* [4]*mere*

Paso 2 Mencione algunas medicinas tradicionales que se usen en su familia. ¿Usa Ud. algún remedio natural para curarse o aliviarse alguna enfermedad o algún malestar? ¿Cuáles son algunos de los medicamentos o tratamientos alternativos que se usan en este país?

Paso 3 En parejas, busquen 1 ó 2 argumentos a favor y 1 ó 2 en contra de cada una de las afirmaciones a continuación. Después, expresen sus propias opiniones sobre cada afirmación. Cuando terminen, compartan sus ideas con el resto de la clase.

1. Podemos aprender mucho de las culturas «subdesarrolladas», incluso en áreas tan avanzadas como la medicina.
2. Los indígenas pueden beneficiarse de la presencia de las compañías farmacéuticas extranjeras en sus tierras.
3. Los países «primermundistas» deben dejar en paz a estas tribus y buscar curas para sus enfermedades en otras partes.
4. Aunque las compañías destruyan la forma de vivir de los indígenas, es importante seguir explotando los recursos del Amazonas porque muchas más personas podrán curarse con los medicamentos que se encuentran allí.
5. La globalización es un fenómeno del que todos se pueden beneficiar.

E. Noticias positivas

Paso 1 Lea el siguiente artículo y subraye cinco verbos que indiquen lo que hará una estación de radio colombiana para transmitir noticias positivas de su país.

Informativo colombiano de radio sólo transmite «noticias positivas»

SANTE FE DE BOGOTA, Colombia, 9 de diciembre (EFE).- El «circuito Todelar de Colombia», una de las principales organizaciones de radio de este país, empezó por primera vez en la historia nacional un programa especial de 120 horas continuas con «noticias positivas» de su país.

Hasta el próximo viernes serán entrevistados más de 600 ciudadanos colombianos que destacan en diferentes disciplinas, tras[1] ser localizados en una investigación que duró cuatro meses, declaró el director de noticias, César Fernández.

El programa, que se transmitirá por las 40 emiso-ras del circuito de emisoras para toda Colombia, tiene proyección internacional y pretende mostrar la «cara real» de esta nación latinoamericana, que ha soportado duras acciones del narcotráfico y la violencia.

Estaciones como «105.9 Aquí Colombia», de Nueva York, emitirá para Estados Unidos durante los cinco días la «positiva» jornada radial.

«Vamos a demostrar que tenemos muchos valores y que hay una buena semilla[2] humana en Colombia. Somos millones y millones de buenos frente a unos pocos que se destacan por sus delitos», agregó Fernández.

Con las once estrofas[3] del himno nacional, que por primera vez se interpretaron completas en una red[4] de emisoras, Todelar comenzó la «jornada de creer en Colombia y en sus habitantes».

Personalidades como el Nobel de Literatura (1982) Gabriel García Márquez, el científico Manuel Elkin Patarroyo, el pintor y escultor Fernando Botero, y cientos de colombianos que viven por todo el mundo, que destacan por sus labores profesionales, desfilarán[5] por los micrófonos de Todelar.

[1]después de [2]*seed* [3]*strophes, verses* [4]*network* [5]*will parade*

Paso 2   Ahora, en parejas, escriban cuatro titulares positivos sobre este país, utilizando el vocabulario nuevo de este capítulo.

Paso 3   Léanles sus titulares a otros compañeros. Cada persona debe reaccionar ante los titulares. Utilicen algunas de las siguientes expresiones.

REACCIONAR
R
RECOMENDAR

> Dudo que…
> Es alucinante que…
> Es evidente que…
> Es impresionante que…
> No puedo creer que…

NOTA CULTURAL • La vida política de los jóvenes hispanos

Para muchos jóvenes hispanos, el activismo político es una parte importante de la vida diaria. A un nivel general, los jóvenes se mantienen al día en cuestiones de política de manera consistente: creen que es importante leer el periódico y mirar el noticiero[1] en la televisión. No sólo saben cuál es la situación de su propia nación, sino que también están muy enterados de la política internacional. En los cafés y los bares que frecuentan los jóvenes, es común oír fuertes discusiones sobre la situación mundial, además de conversaciones sobre los deportes, el cine y los chismes actuales.

Sin embargo, el interés en la política con frecuencia va más allá de la conversación. Es muy común que los estudiantes universitarios y de escuela secundaria participen en huelgas generales y manifestaciones para protestar contra ciertas injusticias como, por ejemplo, la subida[2] del precio de los boletos de autobús, la matrícula de las clases o los impuestos, o cuando algún político comete un fraude. Además, no es raro ver protestas contra las intervenciones estadounidenses en Latinoamérica o en otras partes del mundo. Las acciones de los jóvenes, a veces pacíficas, a veces más agresivas, demuestran una fuerte creencia en el poder de la voz del pueblo.

[1]*newscast*   [2]*raising*

Conversación en parejas

1. ¿Se mantienen Uds. al día en cuestiones de política? ¿Cómo se enteran de lo último?
2. ¿En qué actividades políticas participan Uds.?
3. ¿Han participado alguna vez en una manifestación o una huelga para protestar contra algo? ¿Por qué participaron? ¿Cuáles fueron los resultados de la manifestación o huelga?
4. ¿Cuáles son las mejores maneras de protestar contra la injusticia? ¿Por qué creen así?

Puntos clave

Hacer hipótesis

En esta sección del capítulo, Ud. va a practicar el punto clave Hacer hipótesis. Para hacerlo bien, hay que utilizar las estructuras gramaticales de la siguiente tabla que pertenecen al punto clave. Antes de continuar, estudie las explicaciones de estas estructuras gramaticales en las páginas verdes al final del libro.

Here are more resources that offer practice with the grammar presented in this section.
· *Manual*
· CD-ROM
· Website

LA META COMUNICATIVA DE ESTE CAPITULO		
ICONO	**META COMUNICATIVA**	**PUNTOS CLAVE**
HIPOTESIS H	Hacer hipótesis	• el pasado de subjuntivo • el condicional

Ponerlo a prueba

En el siguiente diálogo, Laura habla con su consejera sobre su posibilidad de viajar a Bolivia y Colombia. Conjugue los verbos entre paréntesis para expresar situaciones hipotéticas.

LAURA: Dra. Ruiz, me urge[a] tomar una decisión sobre el proyecto en Bolivia y Colombia.

DRA. RUIZ: Si hicieras ese viaje, Laura, no _____[1] (terminar) la tesis hasta finales de febrero. Pero una tesis con la información que _____[2] (poder) juntar allí sería mucho más valiosa.

LAURA: _____[3] (Entrevistar) a las curanderas,[b] _____[4] (sacar) muchas fotos y _____[5] (ver) de cerca cómo utilizan las plantas medicinales. Y si mi amigo Luis Alberto me _____[6] (presentar) a una facultad de medicina, podría hablar con otros farmacéuticos a quienes les interesa la medicina alternativa.

DRA. RUIZ: Si yo _____[7] (ser) tú, hablaría con la oficina de estudios de posgrado. A lo mejor si entregas la tesis en febrero, todavía podrás graduarte en mayo. Con esta información creo que ya podrás tomar la decisión.

LAURA: De acuerdo. No sé qué _____[8] (hacer) sin su ayuda. Mil gracias.

[a]me… *it's urgent for me*   [b]*(herbal) healers*

Expresiones útiles

Para hablar del mundo actual

actualmente	*currently*
desgraciadamente	*unfortunately*
francamente	*frankly*
seguramente	*surely*
verdaderamente	*truly*
de hecho	*in fact*
el hecho de que + *subjuntivo**	*the fact that*
en cuanto a	*as far as . . . is concerned*
hoy (en) día	*nowadays*

Actividades

A. La cadena En parejas, formen una serie de oraciones hipotéticas, utilizando la última cláusula de la oración anterior para formar la cláusula hipotética de la próxima oración como en el modelo. A ver hasta qué punto cada pareja lleva su serie de oraciones.

MODELO: Si Laura fuera a Bolivia y Colombia, su padre estaría inquieto.
Si su padre estuviera inquieto, Laura lo calmaría.
Si Laura calmara a su padre, ella podría pasarlo bien en su viaje.
Si ella pudiera pasarlo bien en su viaje…

1. Si Laura decidiera colaborar con Luis Alberto, su novio Manuel…
2. Si Laura pospusiera la tesis,…
3. Si Laura entrevistara a las curanderas,…
4. Si yo decidiera hacer de voluntario/a en Latinoamérica, mis padres…
5. Si mi mejor amigo/a y yo tuviéramos un montón de dinero,…

B. ¿Qué diría y qué haría… ? En parejas, comenten lo que Uds. dirían y lo que harían en cada una de las siguientes situaciones. Utilicen las expresiones útiles de arriba cuando sea posible.

1. a. si su médico le ofreciera plantas medicinales en vez de una receta farmacéutica
   b. si Ud. fuera un médico / una médica tradicional

2. a. si viera a una persona con hambre en la calle
   b. si Ud. fuera una persona con hambre en la calle

3. a. si un voluntario / una voluntaria de la Cruz Roja tratara de reclutarlo/la (*recruit you*) para ir a Bolivia
   b. si Ud. fuera un voluntario / una voluntaria de la Cruz Roja en Bolivia

4. a. si sus compañeros de clase quisieran protestar contra el precio de la matrícula en esta universidad
   b. si Ud. fuera el presidente / la presidenta de esta universidad

---

*Traditionally, the phrase **el hecho de que** has always been followed by the subjunctive. In *Punto y aparte* and elsewhere, however, you may notice it followed by the indicative. This shift in usage seems to be due in part to influences from the English language and in part to the fact that some native Spanish speakers report choosing between the subjunctive and the indicative according to how certain or uncertain they are of the truth or validity of the statement following the phrase.

5. a. si se enterara de que un buen amigo suyo tiene SIDA
   b. si Ud. fuera una persona con SIDA

6. a. si Ud. estuviera en un avión secuestrado
   b. si Ud. fuera el piloto / la pilota de un avión secuestrado

C. Este mundo nuestro

Paso 1 Lea la siguiente tabla, tomada de la revista española *Quo*. La tabla presenta algunos de los problemas que había (cuando se publicó en septiembre de 1999) y todavía hay en diferentes partes del mundo.

Donde más se necesita

Asia, Africa e Hispanoamérica son los continentes que más ayuda requieren. Sin embargo, a la hora de ser solidarios conviene no olvidar que en los países desarrollados también hay importantes cinturones de pobreza —por ejemplo, en Estados Unidos se estima que dos millones de personas duermen en la calle—.

A. No tiene qué comer

El 33% de los bebés que nacen en la India sufre de falta de peso y a nivel mundial hay 800 millones de personas desnutridas. La Organización de las Naciones Unidas para la Agricultura y la Alimentación (FAO) calcula que cada día mueren de hambre 40.000 niños, más de 1.500 a la hora.

• **Intermón**
• **Ayuda en Acción**

B. Forzados a trabajar

En La Paz (Bolivia) unos 400.000 niños trabajan y viven en la calle y en Brasil la cifra[1] asciende a diez millones de niños. Aproximadamente dos de cada cinco menores africanos trabajan; de hecho, se estima que el 17% de la población activa africana está formada por niños con edades comprendidas entre cuatro y quince años. Según datos de la organización *Save the Children*, en todo el mundo podría haber un total de 250 millones de menores que son explotados laboralmente.

• *Save the Children*

C. Enfermos de SIDA

En Botsuana, el 25% de los adultos son seropositivos[2] y en Zimbabwe y en Namibia la tasa es del 20%. En todo el mundo, existen 33,4 millones de personas infectadas y según las Naciones Unidas, cada minuto se contagian once individuos más. España es el país europeo con mayor número de afectados: 51.000.

• **Fundación Anti SIDA de España (FASE)**
• **Programa de las Naciones Unidas para el SIDA (UNAIDS)**

D. No saben leer ni escribir

Tan sólo el 3% de las mujeres nigerianas y el 7% de los hombres está alfabetizado. En todo el mundo existen 855 millones de personas analfabetas y más de 150 millones de niños en los países en desarrollo comienzan la escuela, pero no la terminan. Según datos del Fondo de las Naciones Unidas para la Infancia (UNICEF), si se invirtieran 1,2 billones[3] de pesetas al año hasta el 2010, se conseguiría la matriculación en la escuela primaria de todos los niños que habitan en el Tercer Mundo.

• **Fondo de las Naciones Unidas para la Infancia (UNICEF)**
• **Educación sin Fronteras**

E. Torturados y sin derechos

En China, las leyes no prohíben la tortura, el castigo físico ni el maltrato a presos.[4] Y en todo el planeta, durante 1998 se produjeron torturas en al menos 125 países, en 37 había personas desaparecidas y en otros 36 más se llevaron a cabo ejecuciones.

• **Amnistía Internacional (AI)**

F. Azotados[5] por una catástrofe natural

Solamente en Nicaragua, el huracán Mitch dejó a su paso en octubre del año pasado [1998] 2.800 muertos. En Afganistán, en el mismo año, otras 2.500 personas murieron a causa de un terremoto y 32.000 resultaron damnificadas. Según datos de Cruz Roja Internacional, anualmente muere un promedio de 56.726 personas debido a desastres naturales.

• **Medicus Mundi**
• **Cruz Roja Internacional**

---

[1]*figure* [2]*HIV-positive* [3]*trillion* [4]*prisoners* [5]*Scourged*

Paso 2 En parejas, contesten y comenten las siguientes preguntas sobre la tabla.

1. ¿Cuáles son los seis problemas mencionados?

2. ¿Qué problemas afectan de manera más directa a los niños? Expliquen.

3. ¿Qué problemas afectan de manera más directa a otros grupos? Expliquen.

4. ¿Qué problemas son la causa o el resultado de violaciones de los derechos humanos?

5. ¿Qué problemas existen gracias a los seres humanos? ¿Cuáles son productos de la naturaleza?

Paso 3 La tabla menciona varias Organizaciones No Gubernamentales (ONGs) que ayudan a las víctimas de los problemas.

1. Hagan una lista de las ONGs mencionadas que Uds. reconocen. ¿A qué se dedica cada organización de su lista?

2. Si Uds. pudieran inscribirse en (*enroll in*) una de estas ONGs, ¿en cuál se inscribirían? ¿De qué manera se involucrarían en esta organización?

3. Si las ONGs tuvieran más dinero y más recursos, ¿cómo cambiaría el mundo?

Paso 4 Ahora, escriban un breve anuncio para el periódico de esta universidad en el que Uds. anuncien que varios representantes de ONGs estarán en su campus la semana que viene. Traten de animar a los lectores para que se enteren de las oportunidades que hay para servir a su propia comunidad y al mundo.

Desafío

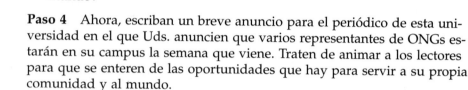

Paso 5 Un futuro más justo y pacífico Conjugue el verbo entre paréntesis y termine las oraciones, explicando cómo será el mundo en el futuro.

1. Cuando todos los niños del mundo (tener) suficiente comida,...

2. Tan pronto como los derechos humanos (respetarse) en todos los países,...

3. Después de que (encontrarse) una cura para el SIDA,...

4. En cuanto todos los padres de Bolivia (tener) un trabajo que les pague bien,...

5. Hasta que los países desarrollados no les (dar) más dinero a los países pobres,...

6. Para que (haber) menos terrorismo,...

7. Cuando más personas (hacer) de voluntarias,...

D. ¿Cómo puedo yo cambiar el mundo?

Paso 1 Ahora, lea otra tabla tomada de *Quo* en la que se comenta cómo el ciudadano / la ciudadana común y corriente puede ayudar a cambiar la situación mundial.

Sin esfuerzo[1]

Ser solidario no sólo es dar dinero para ayudar en situaciones puntuales de necesidad. Es más, la mayoría de las Organizaciones No Gubernamentales dirigen campañas en las que podrás participar sin apenas esfuerzo y, en muchos casos, sin tener que realizar ninguna aportación económica.

Totalmente gratis

A. Ceder ropa usada La organización Humana tiene en toda España contenedores que recogen ropa usada para enviarle a los países más pobres.

B. Enviar cartas Puedes enviar cartas y faxes de protesta a los gobiernos de todo el mundo cuando éstos violen los derechos humanos. Amnistía Internacional tiene una red de voluntarios que se encarga[2] incluso de escribir la misiva en tu nombre y Survival la recoge de tu puño y letra[3] y luego la envía.

C. Donar libros Algunas organizaciones recogen libros usados y los envían a los países donde más los necesitan. Solidarios para el Desarrollo y Libros para el Mundo tiene en estos momentos campañas abiertas.

D. Dar medicinas Muchas farmacias recogen medicinas que no estén caducadas.[4] También Farmacéuticos Mundi recoge las donaciones que hagas.

Por poco dinero

E. Optar por el comercio justo En la mayoría de las ciudades existen tiendas de Comercio Justo que garantizan que sus productos han sido fabricados con métodos que respetan los derechos de los trabajadores y que en ningún caso se ha usado para su elaboración mano de obra infantil.[5]

F. Apadrinar[6] un niño Por unas 3.000 pesetas al mes tendrás la posibilidad de apadrinar un niño con el que podrás cartearte[7] y al que ayudarás para que asista a la escuela y reciba asistencia sanitaria. Ayuda en Acción, Intervida y *Reach International* realizan este trabajo.

---

[1]*effort* [2]*se... is in charge* [3]*de... [after you rewrite it] in your own handwriting* [4]*expired* [5]*mano... child labor* [6]*Sponsoring*
[7]*comunicarte por escrito*

Paso 2 ¿Serían efectivas de verdad estas sugerencias? En parejas, conjuguen el verbo entre paréntesis para completar cada situación hipotética y luego terminen las oraciones, dando por lo menos tres posibles resultados de cada situación hipotética.

1. Si todos los estudiantes de esta universidad (donar) libros a una biblioteca local,...

2. Si el líder de este país (recibir) miles de cartas y faxes para protestar por _____ (escojan una causa),...

3. Si (tener, nosotros) mucha ropa que ya no usáramos,...

4. Si todas las personas de este país (donar) veinte dólares en medicinas a los países pobres,...

5. Si más personas (optar) por el comercio justo,...

6. Si cada familia en este país (apadrinar) a un niño de Latinoamérica,...

Paso 3 **¿Soluciones viables?** Ahora, recomienden por lo menos otras dos medidas (*measures*) que la gente podría tomar y expliquen por qué estas medidas darían mejor o igual resultado que las sugerencias de la tabla.

E. **Una campaña publicitaria** MEGAPLATA, una compañía multinacional, ha decidido donar 100.000,00 dólares a una Organización No Gubernamental (ONG) que se dedica a ayudar a los jóvenes (infantes, niños y/o adolescentes).

Paso 1 En parejas, preparen una campaña publicitaria para una ONG que quiere ganarse el dinero que ofrece MEGAPLATA. Su organización puede ser verdadera o imaginaria. Para dar más seriedad y peso a su presentación, busquen información en Internet sobre su organización o sobre el problema que su organización quiere afrontar. Para su campaña, deben utilizar el vocabulario nuevo para:

1. presentar la organización: describir sus metas, sus logros y su futuro y crear un nombre para su organización si es imaginaria.

2. describir a la gente que se beneficia de su organización.

3. mencionar algunos de los proyectos concretos que su organización ha llevado a cabo durante el último año.

4. explicar el nuevo proyecto para el que buscan el apoyo financiero de MEGAPLATA. (Deben incluir en su explicación qué hará su organización con el dinero y cómo se beneficiará la comunidad que su organización sirve.)

5. preparar un cartel publicitario en el que resuman la información anterior.

6. preparar sus argumentos para convencer a MEGAPLATA de que financie su proyecto.

Paso 2 Cada grupo debe presentarle su organización a la clase. Los estudiantes que escuchan cada presentación servirán de representantes de MEGAPLATA.

Paso 3 En grupos de cuatro, indiquen qué grupo(s) recibirá(n) la donación de MEGAPLATA. (Si deciden donar el dinero a más de un grupo, indiquen cómo lo dividirán.) Preparen sus recomendaciones y justificaciones y preséntenselas al presidente / a la presidenta de MEGAPLATA [su profesor(a)]. Luego, el presidente / la presidenta indicará qué organización u organizaciones han ganado el dinero.

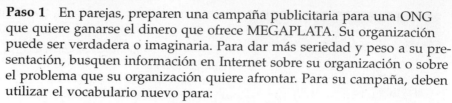

Rincón cultural

> Here are more resources that offer practice with the culture presented in this section.
> · *Manual*   · Website
> · CD-ROM

Lugares fascinantes:
La región andina

1. **Machu Picchu, Perú** Estas ruinas en lo alto de los Andes fueron una vez un importante centro de la civilización inca. En 1911, un profesor de la Universidad de Yale, Hiram Bingham, descubrió este lugar arqueológico. Allí se puede admirar el Templo Mayor, una plaza sagrada, acueductos, fuentes y otras maravillas arquitectónicas. Aunque es difícil llegar allí, la gente que visita Machu Picchu considera la experiencia algo mágico e intensamente espiritual.

2. **El Lago Titicaca** Este lago se sitúa entre Bolivia y el Perú. Queda a unos 13.000 pies sobre el nivel del mar y cubre una área de 3.500 millas cuadradas. Dentro del lago están las islas del Sol y de la Luna, con sus palacios, jardines y templos de la civilización inca. Alrededor del lago se encuentran hermosos pueblos y fincas[1] pequeñas cuya economía se basa en gran parte en el agua del lago y la pesca.

3. **Las Islas Galápagos, Ecuador** A unas 500 millas de la costa ecuatoriana está el archipiélago de las Islas Galápagos, que ofrece una enorme variedad de animales. Allí uno puede nadar con lobos marinos y pingüinos y observar la gigantesca tortuga galápago[2] o el famoso piquero con sus patas azules.[3] Fue en estas islas donde el científico Charles Darwin formuló su teoría de la evolución.

4. **Otavalo, Ecuador** Aquí viven los indios otavaleños, famosos por sus tejidos,[4] como suéteres y tapices, y por su aptitud para el negocio local e internacional. Siendo tal vez el pueblo indígena más próspero de Latinoamérica, los otavaleños tienen un alto nivel de educación y viajan por todo el mundo para vender sus productos, pero nunca pierden sus raíces. Dondequiera que estén,[5] visten su ropa tradicional y se recogen el pelo en una larga trenza en la espalda. Cada sábado se realiza un inmenso mercado en el centro de la ciudad, donde se vende de todo —artesanías,[6] tejidos, joyería étnica para los turistas, verduras, fruta y animales para la gente local.

5. **Medellín, Colombia** Aunque a nivel mundial Medellín tiene fama como sede del narcotráfico colombiano, es injusto calificar esta hermosa ciudad de lugar violento y peligroso. Al contrario, por un lado es un centro industrial y, por otro, un centro botánico, la capital mundial de la orquídea. El Festival de la Flor, realizado cada año en mayo o junio, convierte a la ciudad en un enorme jardín.

6. **Museo del Oro, Bogotá, Colombia** Los habitantes originales de Bogotá eran los Chibchas, unos indígenas artesanos renombrados por su trabajo en oro. Hoy en día el Museo del Oro, un edificio de excelente arquitectura contemporánea, almacena[7] y exhibe más de 35.000 piezas de oro —estatuas, collares, aretes, diademas,[8] etcétera. El valor del museo, según el peso de la totalidad de las piezas, es de 105 millones de dólares. Esta cifra, por supuesto, no incluye el valor artístico de las piezas en sí.

7. **La Paz, Bolivia** Localizada a dos millas sobre el nivel del mar, La Paz es la capital más alta del mundo. Allí se puede encontrar una mezcla fascinante de lo viejo y lo moderno: viejas casas e iglesias coloniales dentro de barrios modernos con discotecas, cines y restaurantes eclécticos. En el centro de la ciudad está el Mercado de Brujas, donde se puede comprar una variedad de cosas dedicadas a la magia —amuletos y pociones— igual que joyería de plata y dulces tradicionales. Por su altura, La Paz es una ciudad bastante fría. Si Ud. piensa viajar allí, incluya en su itinerario varios días de descanso al principio para recuperarse de los efectos a veces graves del sorroche —enfermedad provocada por el cambio de altitud y la falta de oxígeno en las alturas. Puede provocar fuertes dolores de cabeza, escalofríos y vómitos.

[1]*farms* [2]tortuga... *land tortoise* [3]piquero... *blue-footed booby* [4]*textiles*
[5]Dondequiera... *Wherever they may be* [6]*handicrafts* [7]*stores* [8]*tiaras*

Actividades

A. Localice los siete lugares fascinantes de la región andina en el mapa y ponga un número del 1 al 7 para indicar el grado de interés que Ud. tiene en visitar estos lugares.

B. Túrnese con un compañero / una compañera para describir uno de los lugares fascinantes con sus propias palabras. Incluya lo que Ud. haría si estuviera en ese lugar ahora mismo. Luego, haga recomendaciones para pasarlo bien allí. Finalmente, colabore con su compañero/a para escribir una comparación entre los dos lugares que Uds. acaban de describir.

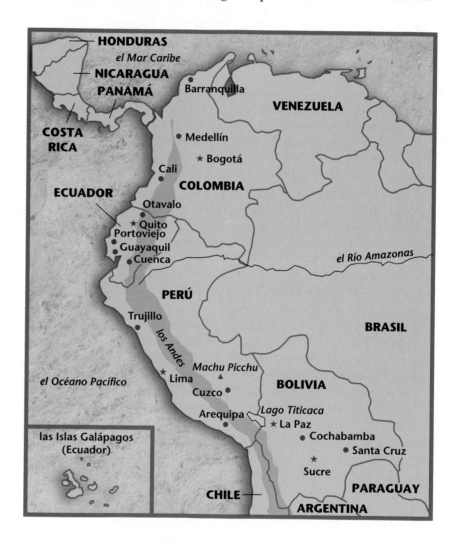

C. En parejas, pónganse de acuerdo para elegir los dos lugares que Uds. visitarían si fueran guías de un grupo turístico con las siguientes personas: Michael Jordan, Donald Trump, David Copperfield, Oprah Winfrey, Madonna. Expliquen sus razones.

LA REGION ANDINA				
	PERU	**ECUADOR**	**BOLIVIA**	**COLOMBIA**
Gobierno	república democrática y unitaria	república democrática y unitaria	república unitaria	república democrática y unitaria
Ciudades principales	Lima, Cuzco, Arequipa, Trujillo	Quito, Guayaquil, Cuenca, Portoviejo	La Paz, Sucre, Santa Cruz, Cochabamba	Bogotá, Medellín, Cali, Barranquilla
Lengua oficial	el español	el español	el español	el español
Otras lenguas	el quechua, el aimará	el quechua	el quechua, el aimará	el chibcha
Moneda	el nuevo sol	el sucre	el boliviano	el peso

Machu Picchu, Perú

Un pingüino de las Islas Galápagos

Un artista hispano:
Gonzalo Endara Crow

Gonzalo Endara Crow nació en Quito, Ecuador, en 1936. Ganador de muchos premios nacionales e internacionales, Endara Crow participa por medio de su arte en el surrealismo y en la corriente literaria del realismo mágico,* cuyo representante más famoso es el escritor colombiano Gabriel García Márquez.

El arte de Endara Crow es una maravilla de colores y fantasía, pero a la vez representa la realidad americana. Muestra un mundo donde conviven lo tradicional y lo moderno, la realidad y la imaginación, la vida material y la vida espiritual. Su pintura es verdaderamente mestiza,[1] mezclando lo indígena campesino tradicional con lo occidental moderno. El protagonista de sus obras de arte es un anónimo pueblo colonial andino. Es un pueblo en el que el tiempo se ha detenido, donde la modernidad pasa por encima de él.

En los cuadros de Endara Crow, cada color y cada objeto tienen un valor simbólico. El conjunto artístico forma una fábula que narra la vida de los pueblos ecuatorianoandinos. Fíjese en el cuadro reproducido aquí, *Después de la noche,* y piense en la simbología de los colores y objetos representados.

[1]mezcla de lo indígena con lo europeo

Después de la noche, *de Gonzalo Endara Crow*

Actividades

A. Identifique y explique el simbolismo de los siguientes objetos en el cuadro *Después de la noche.*

---

*El realismo mágico: Movimiento literario en el que se combinan hechos de la vida diaria con imágenes de la fantasía y del subconsciente.

OBJETO	SIMBOLISMO
1. el tren de colores brillantes	a. el mestizaje
2. el tren negro	b. la esperanza
3. los habitantes del pueblo	c. el amanecer (*dawn*)
4. los globos (*balloons*)	d. la felicidad
5. los arcos iris	e. la noche

B. Conteste las siguientes preguntas según el cuadro y la lectura sobre el arte de Endara Crow.

1. ¿Por qué vuelan (*fly*) los trenes por encima del pueblo? ¿Por qué cree Ud. que no se representa ninguna estación de trenes?

2. ¿Qué cree que implica *Después de la noche,* el título del cuadro?

3. ¿Por qué son tan pequeñas las personas y por qué parecen todas iguales?

4. ¿Qué aspectos de la vida de un pueblo pequeño nunca se ven afectados por el tiempo? ¿Qué cosas nunca cambiarán?

5. ¿Opina Ud. que la modernización siempre mejora la vida humana? Dé ejemplos para apoyar su opinión.

Lo hispano en los Estados Unidos:
Ayudando a los inmigrantes hispanos

Debido a la gran población de inmigrantes y ciudadanos hispanohablantes que viven en los Estados Unidos, existen numerosas organizaciones cuya meta principal consiste en mejorar la calidad de vida y el bienestar económico y social de la comunidad hispana. En el área de Washington, D.C., la Casa de Maryland, fundada en 1985, se creó con el fin de satisfacer las necesidades particulares de miles de centroamericanos que llegaban a la zona, huyéndose de las guerras y las luchas civiles de sus países de origen. En la actualidad, la Casa atiende a los inmigrantes de todos los países de Latinoamérica. En Austin, Texas, La Casa Marianella les ofrece alojamiento a los refugiados latinoamericanos y les proporciona clases de inglés y otros servicios para ayudarlos a integrarse en la comunidad estadounidense. Entre las organizaciones nacionales que sirven a la comunidad hispana se encuentran MALDEF (Mexican American Legal Defense and Education Fund) y el programa «Big Brothers/Big Sisters».

A medida que Ud. adquiere mayor fluidez en español, aumentan sus posibilidades de hacer de voluntario/a en una organización local que sirva a la comunidad hispana. Estas organizaciones con frecuencia necesitan personas disponibles para entregar comida, ayudar a los clientes a llenar solicitudes,[1] dar clases de inglés, trabajar con niños en programas de lectura, etcétera. Piense en la idea de poner sus habilidades al servicio de una causa justa. Y si Ud. es más aventurero/a, puede considerar la posibilidad de hacer de voluntario/a para la Cruz Roja, Médicos sin Fronteras o el Cuerpo de Paz en Latinoamérica.

[1]*job applications*

Actividad de Internet

Busque información en el Internet sobre una de las organizaciones mencionadas en la lectura anterior, u otra que se dedique a ayudar a las comunidades
hispanas en este país. Luego, conteste las siguientes preguntas.

1. ¿Cuándo y por qué se fundó la organización?
2. ¿Quiénes se benefician del trabajo de la organización?
3. ¿Cuáles son las metas principales de la organización?
4. ¿Cuáles son algunas de las actividades de la organización?
5. ¿De dónde recibe ayuda financiera la organización?
6. ¿Qué otra información pertinente se encuentra en la página de la
   organización?
7. ¿Es la página bilingüe? ¿Contiene la misma información en inglés que
   en español?

Lectura 1

José Cardona-López es un colombiano radicado en los Estados Unidos. Es
profesor de literatura hispanoamericana en la Texas A&M International University. Su cuento «El candidato» trata de un personaje político que se preocupa más por su imagen y por su individualidad que por el trabajo que re-
alizaría si fuera elegido.

Antes de leer

A. Para comentar Lea el título y el primer párrafo del cuento y conteste las
siguientes preguntas. Luego, en grupos de tres, compartan sus respuestas.

1. ¿Quién es el protagonista del cuento?
2. ¿Cuál es su profesión?
3. ¿Qué hace en este momento?
4. Basándose en lo que Ud. leyó en el primer párrafo del cuento, indique
   si espera encontrar información sobre los siguientes detalles en el
   resto del cuento.

	SI	NO
a. información sobre una campaña electoral	☐	☐
b. un viaje	☐	☐
c. un escándalo político	☐	☐
d. algo que pasó entre el narrador y el protagonista	☐	☐
e. algo malo que hace el protagonista	☐	☐
f. información sobre la vida del narrador	☐	☐
g. las opiniones del narrador	☐	☐

h. un accidente □ □

i. una muerte □ □

j. una sorpresa al final □ □

B. Acercándose al tema   Ahora, lean el título de la siguiente ficha y las nueve palabras asociadas con el tema del cuento. Utilicen su imaginación y las palabras de la ficha para describir un discurso político que daría un candidato / una candidata para la presidencia. Sean creativos y tomen apuntes para poder compartir sus ideas con el resto de la clase.

Un discurso político		
el bienestar	la inversión	la lucha
colaborar con	eliminar	prometer¹
exitoso/a	harto/a	involucrado/a

¹*to promise*

El candidato

Después de no verlo por casi quince años, ahora Aicardo Umaña se ha convertido en candidato a la presidencia de la república. Su ascenso hasta la candidatura lo inició con campañas para pavimentar calles de barrios y <u>periféricos</u> de la capital y para repartir juguetes en diciembre. Fue diputado,¹ más tarde senador, y en algunas reuniones internacionales presentó <u>ponencias</u> para que el país pudiera salir del subdesarrollo. Ahora, por la televisión promete, cito:² «eliminar el déficit en

VOCABULARIO

VOCABULARIO

¹*(congressional) delegate*   ²*(I) quote*

(Continúa)

VOCABULARIO

VOCABULARIO

VOCABULARIO

VERIFICAR

VISUALIZAR

VISUALIZAR

VOCABULARIO

VISUALIZAR

VOCABULARIO

nuestra <u>balanza de pagos</u> y de paso rescatar al país de las pezuñas de apátridas noches infaustas», fin de cita.[3]

Recuerdo que él tenía vena de candidato para todo, de líder. En el colegio ayudó a organizar el voluntariado infantil de la Cruz Roja y el cuerpo de los *Boy Scouts*. En cada izado[4] de la bandera a cargo de nuestro curso era el animador, el orador y el declamador de turno. Aicardo es abogado y en Francia estudió política internacional. Luego que el doctor Severo Umaña dejó la embajada, le <u>costeó</u> a Aicardo, su hijo, un viaje de seis años por todos los países de Europa. ¡Cómo hubiera sido de bueno encontrármelo en Roma! Hubiéramos[5] bebido vino entre las ruinas del Foro y después él hubiera[6] dicho un discurso lleno de <u>floripondios</u> junto a algo que tocó César Augusto, mientras dos gatos y yo lo escuchábamos. Bueno, por lo menos nos habría sobrado risa.[7]

1. ¿Cuáles son los puntos principales de esta sección?
2. ¿Qué se describe en esta sección? ¿Qué palabras descriptivas se usan?
3. ¿Qué acciones tienen lugar en esta sección? ¿Qué verbos de acción se usan? ¿En qué tiempo verbal se conjugan?
4. ¿Cómo puede Ud. expresar con sus propias palabras lo que pasa en esta sección?

Durante estos dos últimos años he seguido paso a paso su carrera de candidato presidencial, pero me he tomado el cuidado de no presentármele,* de no dejarme ver de él. Lo he visto por la televisión haciendo su campaña. Con esa sonrisa de foto de cumpleaños[V] instalada en su cara robusta, dice: «Yo soy tal, yo haré esto, yo prometo, yo haré lo otro, hasta yo podría, seré yo quien, si yo hubiera sido escuchado, yo dije.» Y empuja con vigor el índice derecho contra su pecho cuando dice el yo.[V]

He concluido que su manera de señalarse a sí mismo cuando pronuncia el yo es un movimiento que ha requerido mucho <u>ensayo</u>. Me lo imagino todas las mañanas ante el espejo, en práctica de su única gimnasia digital. Antes que diga el yo, su mano derecha ya está empuñada[8] y el índice dispuesto a disparársele. Llega el yo y es como el instante cero para los cohetes espaciales en Houston:[V] el índice de Aicardo va directo al esternón.[9] De acuerdo con la cantidad de <u>yoes</u> que diga en su intervención, su mano derecha permanecerá empuñada o no todo el tiempo. Una ocasión, en un discurso de noventa minutos para inaugurar una exposición internacional de cañas para saxofones altos le conté ochenta y siete yoes. Creo que ese día su mano terminó entumecida.[10]

Cuando lo entrevistan por la radio no puedo mirarle su mano derecha con el índice tieso,[11] pero alcanzo a escuchar el ruido seco y afelpado[12] de

---

[3]fin... *end quote* [4]*raising* [5]Habríamos [6]habría [7]nos... *there would have been extra laughter to go around* [8]*in a fist* [9]*sternum* [10]*numbed* [11]*taut* [12]*velvety*

*El uso de **presentármele** en este contexto quiere decir: «presentarme ante él».

la punta digital sobre la corbata, a la altura del esternón. En las plazas públicas, que es donde estoy más cerca de él, su mano permanece por horas a la intemperie[13] de la tarde y de mis ojos. No hago más que mirarla y contar los yoes que él dice. A veces mi conteo adquiere el ritmo del corazón del atleta que está a punto de culminar alguna prueba de fondo, y debo contar a pares con el fin de no quedarme atrás. Por el temor a que él de pronto perciba mi mirada y entonces responda mirándome, siempre me escondo detrás de un árbol[v] o me hago en el marco de una puerta. A decir verdad, le temo más a los ojos de Rosita, su esposa. Mientras él habla, ella está a su lado con un ramo de flores. Sonríe, estira el cuello y <u>gira</u> la cabeza como un periscopio.[v] En casa le dirá a Aicardo que allá estaba Fulanito de Tal o Sutanito de Cual.[14] Además, como no es mucha la gente que asiste a las plazas, cada vez debo mantenerme más escondido.

La compaña electoral está por terminarse y Aicardo ha llegado a la completa punta de su publicidad. A diario la prensa lo muestra en grandes fotos y posando de mil maneras, menos su índice y su boca. Ese dedo está siempre fusilándole el pecho,[v] y la boca abierta como una O mayúscula, subrayando la vocal del consabido[15] yo.

En las fotos está de *smoking*[v] en un lujoso salón y brinda con champaña, de sport y casco amarillo carga un niño y mira una obra que construyen, de saco y corbata en una conferencia o en una mesa redonda, todo de blanco en un campo de golf, en traje de baño en la piscina de su casa. Precisamente en la última foto que le vi estaba asomado al borde de su piscina. Acababa de terminar la braceada,[16] el cabello chorreaba mucha agua. Tenía la boca abierta, como haciendo un gesto de vencedor. Los brazos en palanca para levantar el cuerpo, la pierna izquierda ya sobre el borde. El índice derecho estaba recto y dirigido hacia arriba, en actitud bélica.[v] ¡Cómo me reí de ese dedo! Me reí hasta cuando miré su pecho. Recordé que siendo jóvenes, los dos fuimos muchas veces a balnearios, y que jamás le vi un lunar grande en el pecho. Seguí mirándole el pecho, observándolo con mucho detalle. Vi una <u>mancha</u> redonda, oscura, un bajo relieve sobre el esternón. Esa mancha era nada menos que un hueco profundo en la piel que a lo mejor le llegaba hasta la espalda.[v]

---

[13]a… al aire libre [14]Fulanito… *John What's-his-name* [15]*aforementioned* [16]*violent waving of arms*

1. ¿Cuáles son los puntos principales de esta sección?
2. ¿Qué se describe en esta sección? ¿Qué palabras descriptivas se usan?
3. ¿Qué acciones tienen lugar en esta sección? ¿Qué verbos de acción se usan? ¿En qué tiempo verbal se conjugan?
4. ¿Cómo puede Ud. expresar con sus propias palabras lo que pasa en esta sección?

Después de leer

A. Comprensión

Paso 1 Conteste las siguientes preguntas, según el cuento.

1. ¿Quién es Aicardo Umaña? ¿Qué relación tiene con el narrador?
2. ¿De qué manera se preparó Aicardo Umaña para ser candidato presidencial?
3. ¿Cuando Aicardo estaba en Europa, se encontró con el narrador en Roma? ¿Cómo lo sabe Ud.?
4. ¿Qué movimiento hace Aicardo que le fascina al narrador?
5. ¿Con qué palabra que dice el protagonista se corresponde ese movimiento?
6. ¿Qué papel tiene la esposa del candidato?
7. ¿Qué ve el narrador en las fotos del candidato?
8. ¿Qué ve en la foto del candidato sin camisa cuando este salía de la piscina?

Paso 2 Haga un resumen oral del cuento con sus propias palabras para un compañero / una compañera.

B. El editor exigente Un editor ha leído el cuento y pide que se hagan algunos cambios. Imaginándose que Ud. es el autor José Cardona-López, escriba un párrafo adicional según una de las sugerencias del editor, y manteniendo el tono general del artículo.

1. «Me interesa saber más sobre la esposa del candidato. ¿Cómo se ve? ¿Cómo se viste? ¿Qué hace para la campaña de su esposo? ¿Cómo son sus relaciones con su esposo? ¿Tiene mucha influencia en las decisiones que toma su esposo?»
2. «Hable más sobre las relaciones entre el narrador y el candidato. ¿Cómo se conocieron? ¿Eran amigos íntimos? ¿Qué hacían juntos? ¿Por qué dejaron de verse?»

C. Para comentar En grupos de tres, contesten las siguientes preguntas. Luego, compartan sus respuestas con el resto de la clase.

1. ¿Qué promesas hace Aicardo Umaña como candidato presidencial? ¿Cuáles son algunas de las promesas que hacen los candidatos políticos en este país?
2. ¿Cree Ud. que los candidatos tienen la intención de cumplir con sus promesas? En general, ¿son confiables los políticos? Explique sus respuestas.
3. Aicardo Umaña tiene un hueco grande en el pecho, producto de las múltiples veces que se ha golpeado con el índice al decir la palabra **yo.** Debe de haber dicho esa palabra muchísimas veces para tener tal hueco. ¿Qué nos quiere decir el narrador con esta caracterización del candidato? ¿Cómo es Aicardo Umaña en el fondo? ¿Es muy similar o muy diferente de los políticos que Ud. conoce? Explique su respuesta.

D. Reacciones y recomendaciones

Paso 1 Reaccione a las siguientes situaciones que tuvieron lugar en el cuento. Explique su reacción, usando un conector apropiado y siguiendo el modelo. Preste atención especial a los tiempos verbales de las oraciones originales y a los de sus reacciones.

MODELO: El narrador tiene una fascinación con Aicardo Umaña.
Qué raro que al narrador le fascine tanto Aicardo ya que este parece ser una persona bastante superficial.

1. El narrador no quiere hablar con Aicardo, ni que Aicardo lo vea durante sus discursos.
2. Aicardo Umaña se ha preparado toda la vida para ser candidato presidencial.
3. Aicardo Umaña estudió política internacional en Francia.
4. Aicardo Umaña dijo la palabra **yo** 87 veces durante uno de sus discursos.
5. Rosita, la esposa de Aicardo, examina el público mientras habla su esposo.
6. Aicardo tiene una mancha grande en el pecho.

Paso 2 ¿Qué le parece el estilo de Aicardo Umaña? Imagínese que Ud. es un experto en publicidad y va a ayudar a Aicardo a mejorar su imagen pública. Dele recomendaciones concretas sobre cómo cambiar su mensaje y su estilo para impresionar mejor a los ciudadanos de su país.

E. ¿Los líderes nacen o se hacen?

Paso 1 ¿Por qué y para qué entran las personas en la política? Ponga las siguientes razones en orden del 1 (la más importante) al 9 (la menos importante). Después, comparta sus respuestas con un compañero / una compañera.

_____ para ayudar a las personas con menos recursos
_____ para cambiar el mundo
_____ para combatir las injusticias
_____ para conocer a personas famosas
_____ para pasar a la historia
_____ por el dinero
_____ por el poder
_____ por la fama
_____ por responsabilidad cívica

Paso 2 ¿Qué hacen las personas para prepararse para una carrera en política? Complete las siguientes oraciones con un compañero / una compañera.

1. Estudian…
2. Trabajan en…
3. Participan en organizaciones como…
4. Se inscriben en…
5. Hacen de voluntarios en…
6. Tratan de conocer a…

Conectores

además
en cambio
para que + *subjuntivo*
por lo tanto
porque
puesto que
sin embargo
ya que

Paso 3 ¿Cómo será el candidato ideal del futuro? En grupos de cuatro, contesten las siguientes preguntas.

1. ¿Cómo será el candidato ideal para las próximas elecciones nacionales de este país?
2. ¿Qué profesión tendrá? ¿Será político / mujer político, abogado/a, hombre/mujer de negocios, actor/actriz, profesor(a), algo más?
3. ¿Qué cualidades personales tendrá?
4. ¿Qué le interesará?
5. ¿Qué le molestará?
6. ¿Existe hoy en día un político / una mujer político local, nacional o internacional a quien Ud. admire? ¿Quién es, cómo es y cuáles son las cualidades que hacen que esta persona sea buena para la política?

Lectura 2

Blanca Varela nació en Lima, Perú, en 1926. Viene de una familia de escritores y artistas y fue una de los poetas más importantes del Perú en el siglo XX. Varela vivió además diez años en París, donde se hizo amiga de los intelectuales franceses Jean-Paul Sartre y Simone de Beauvoir, y del renombrado poeta mexicano Octavio Paz. Sus colecciones de poesía incluyen *Ese puerto existe* (1959), *Luz de día* (1963) y *Valses y otras confesiones* (1974). Es probable que Varela escribiera el poema que Ud. va a leer a continuación, «Conversación con Simone Weil», después de leer el libro *La gravedad y la gracia*, de la filósofa judíofrancesa Simone Weil. En esta conversación imaginaria, se ve una preocupación compartida por las dos escritoras: la angustia que sufre el ser humano al sentirse completamente abandonado por Dios.

Antes de leer

Para comentar   En grupos de tres, comenten las siguientes preguntas.

1. ¿Conversa Ud. a menudo con sus amigos de los problemas actuales del mundo? ¿De cuáles? Si no, ¿cuáles son sus temas de conversación preferidos?
2. ¿A veces se siente Ud. muy angustiado/a por un problema que hay en el mundo? ¿Hay algún problema que no lo/la deje dormir, o que lo/la distraiga mucho? ¿Cuál es?

Conversación con Simone Weil

—los niños, el océano, la vida silvestre,[1] Bach.
—el hombre es un extraño animal.

En la mayor parte del mundo
la mitad de los niños se van a la cama
    hambrientos.

¿Renuncia el ángel a sus plumas, al iris,
a la gravedad y la gracia?

¿Se acabó para nosotros la esperanza de
    ser mejores ahora?

La vida es de otros.
Ilusiones y yerros.[2]
La palabra fatigada.
Ya ni te atreves a comerte un durazno.

Para algo cerré la puerta,
di la espalda[3]
y entre la rabia y el sueño olvidé muchas
    cosas.

La mitad de los niños se van a la cama
    hambrientos.

—los niños, el océano, la vida silvestre, Bach.
—el hombre es un extraño animal.

Los sabios, en quienes depositamos nuestra
    confianza,
nos traicionan.

—los niños se van a la cama hambrientos.
—los viejos se van a la muerte hambrientos.

El verbo no alimenta. Las cifras no sacian.[4]

Me acuerdo. ¿Me acuerdo?
Me acuerdo mal, reconozco a tientas.[5] Me equivoco.
Viene una niña de lejos. Doy la espalda.
Me olvido de la razón y el tiempo.

[1]*untamed* [2]*mistakes* [3]*di… I turned my back* [4]*satisfy (us)* [5]*a… vaguely*

(Continúa)

Y todo debe ser mentira
porque no estoy en el sitio de mi alma.
No me quejo de la buena manera.
La poesía me harta.
Cierro la puerta.
Orino tristemente sobre el mezquino[6] fuego de
   la gracia.

—los niños se van a la cama hambrientos.
—los viejos se van a la muerte hambrientos.

El verbo no alimenta.
Las cifras no sacian.

—el hombre es un extraño animal.

[6]*wretched*

Después de leer

A. **Comprensión y análisis**   En parejas, contesten las siguientes preguntas.

   1. ¿Cuál es el problema que más preocupa a la autora del poema?

   2. ¿Qué significa el verso: «El verbo no alimenta. Las cifras no sacian.»? ¿De qué manera puede la autora estar refiriéndose a su posición como poeta frente a la situación mundial?

   3. ¿Qué significa el verso, «El hombre es un extraño animal.»? ¿Por qué lo repite la autora?

   4. En su opinión, ¿cuál es el punto principal del poema?

B. **El lenguaje poético**

   Paso 1   Valera usó muchas imágenes incompletas e ideas sueltas para expresar su mensaje en este poema. Indique los cinco sustantivos y los cinco adjetivos que Ud. cree que expresan mejor el mensaje central del poema.

   Paso 2   Ahora, escoja el verso que, en su opinión, expresa mejor el mensaje central del poema. Con sus propias palabras, indique qué significa el verso y explique por qué lo escogió.

C. **La poesía y yo**   Leer poesía es una experiencia muy individual; cada persona tiene una reacción única y personal al leer un poema. La poesía nos habla a través de las imágenes, los símbolos, las metáforas y, sobre todo, las emociones. A veces es difícil poner en palabras nuestra experiencia con la poesía; es más fácil responder de igual manera: con imágenes, símbolos, metáforas y emociones. Termine las siguientes oraciones hipotéticas sobre el poema, expresando su propia opinión. Luego, comparta y explique sus respuestas con tres compañeros de clase.

1. Si el poema fuera un color, sería…
2. Si el poema fuera una canción, sería…
3. Si el poema fuera un libro, sería…
4. Si el poema fuera una emoción, sería…
5. Si el poema fuera un estilo de pintura, sería…

D. Yo, poeta   El poema de Varela trata el tema de los niños hambrientos en el mundo de hoy. Escoja otro problema mundial y escriba un poema corto, imitando el estilo de Varela, en el que Ud. explore sus relaciones con ese problema.

¡A escribir!

A. Lluvia de ideas   Entre todos, apunten algunas ideas sobre el siguiente tema.

¿Cuáles son algunas de las causas de las revoluciones mundiales de los últimos dos siglos?

B. Composición preliminar   Imagínese que un primo suyo acaba de anunciar que ha vendido todas sus posesiones y sale para San Cristóbal, México, la semana que viene. Ha decidido trabajar con el subcomandante Marcos contra la injusticia y la corrupción en el estado de Chiapas. El libro *Yo, Marcos* le ha servido de inspiración. Lea el siguiente fragmento de la introducción de *Yo, Marcos*. Luego, escríbale una carta a su primo en la que Ud. apoye su decisión o trate de convencerlo de que lo que cree es una locura.

El subcomandante Marcos y sus tropas en Chiapas

Yo, Marcos (fragmento)

A mediados de enero de 1994, cuando apenas se había decretado el cese al fuego[1] entre el Ejército Zapatista de Liberación Nacional y el ejército mexicano, un puñado[2] de estudiantes universitarios (en su mayoría de la UNAM[3]) nos lanzamos a Chiapas con ayuda humanitaria para los damnificados por el conflicto armado, rompiendo por primera vez el cerco[4] militar. Como homenaje póstumo a un sociólogo que amó y defendió a los indios, la caravana desde entonces se llama Ricardo Pozas. Además de llevar víveres[5] y medicinas, recogimos los testimonios de las personas más golpeadas por la guerra y difundimos[6] la palabra de aquellos a quienes milenariamente[7] se les ha negado: los indios.

Este libro es un esfuerzo por rescatar y exponer el pensamiento de los indígenas zapatistas...

No pretendo rendir culto[8] a la personalidad de Marcos como si fuera el inspirador o centro de la lucha zapatista, ni presentarlo como un «Tarzán de la Selva Lacandona,[9] tirando línea[10] a los indígenas». La palabra del sub [comandante] es la palabra de la comunidad india; él es su intérprete, su traductor, el puente[11] entre dos mundos: el indígena y el nuestro. El sub es el autor de este libro. A través de su voz es posible escuchar a los choles, tzotziles, tojolabales, mames, tzeltales, motozintlecos, chujes, jacaltecos, zoques y lacandones.[12]

[1]cese... *cease-fire* [2]*handful* [3]Universidad Nacional Autónoma de México [4]*siege* [5]alimentos [6]distribuimos [7]para siempre [8]rendir... *to pay homage* [9]de Lacandón, región que comprende parte de Guatemala y México [10]tirando... *throwing a line* [11]*bridge* [12]choles... pueblos indígenas de México

C. Composición final

Paso 1 Lea la carta de un compañero / una compañera que esté a favor de la misión revolucionaria de su primo y la carta de otra persona que esté en contra de las ideas revolucionarias. Tome apuntes sobre lo que dicen las dos cartas.

Paso 2 Ahora, escriba un ensayo sobre alguna causa social en este país que le podría llevar a Ud. a ser revolucionario/a. Es decir, ¿por qué causa estaría dispuesto/a a entregar la vida?

Hablando del tema

Paso 1 Prepare una ficha sobre los siguientes temas para luego poder hacer comentarios sobre cada una de las preguntas o situaciones de cada tema.

Nuestros líderes

- ¿Cómo son los políticos estereotípicos?
- Haga una comparación entre dos políticos que han salido en la prensa últimamente.
- Si Ud. conociera personalmente a un político / una mujer político importante, ¿se aprovecharía de su amistad? Explique.

Hacer de voluntario/a

- Describa una organización que ha beneficiado a la sociedad.
- ¿Qué actividades para voluntarios serán populares en el futuro?
- ¿En qué actividades de voluntario/a participaría Ud. si tuviera más tiempo?

Un mundo en paz

- ¿Recuerda Ud. la canción *Imagine* escrita por John Lennon? Describa el mundo ideal que él se imaginaba o que Ud. se imagine.
- ¿Cuáles son las acciones que los gobiernos del mundo tendrán que iniciar para realizar el sueño de John Lennon?
- Explique algo provechoso que Ud. hará para mejorar el mundo para las próximas generaciones.

Los problemas actuales

- ¿Cuáles son los problemas actuales más graves?
- ¿Qué le gustaría a Ud. que hiciera el gobierno para solucionar los problemas actuales? ¿Qué no le gustaría que hiciera?
- ¿Bajo qué circunstancias sería Ud. revolucionario/a? ¿Qué haría?

Paso 2 Prepare una pregunta para cada ficha, utilizando los puntos clave. Luego, hágale las preguntas a un compañero / una compañera de clase.

Capítulo 6

El porvenir:
¿Qué nos espera en el futuro?

¿Habrá un romance entre Javi y Laura?

En este capítulo, Ud. va a explorar el tema del mundo del futuro. ¿Cómo seremos? ¿Qué aspectos tecnológicos cambiarán la vida para siempre? ¿Viviremos en un mundo sin fronteras? ¿Qué papel desempeñará la población hispana en el futuro? También va a leer sobre la posibilidad de vida en otros planetas y va a reflexionar sobre cómo podemos resolver los problemas con los que nos enfrentamos en *este* planeta.

Punto clave
- hablar del futuro

Temas centrales
- predicciones para el futuro
- la tecnología
- un mundo sin fronteras

Zona de enfoque
- Centroamérica

In the *Interactive CD-ROM to accompany Punto y aparte,* you will find additional practice with the culture, grammar, and vocabulary in this chapter.

Preparativos

Situación: Como Ud. ya sabe, Sergio está ayudando con los preparativos para un congreso «Las Américas en el siglo XXI», que se realizará pronto en Austin. Ahora, Sergio está hablando con los demás para que le echen una mano con los últimos detalles para el congreso. Lea el diálogo y conteste las preguntas que lo siguen. Preste especial atención al uso del vocabulario nuevo en negrita.

Francisco, Sergio y Javier ayudan con los preparativos para el congreso.

SERGIO: Estoy terminando los últimos arreglos para el entretenimiento que habrá durante el congreso. Pero hay un montón de cositas que todavía tendré que hacer antes de que lleguen los participantes.

LAURA: Bueno, ahora que Javi decidió acompañarme a Bolivia, tenemos que ir a comprar los boletos. Sé que Sara no podrá **aportar** ninguna ayuda hasta que no entregue el último capítulo de su tesis en estos días, pero a partir del lunes estaremos listos y dispuestos para ayudarte en cualquier cosa que necesites.

SERGIO: Perfecto. La verdad es que, si no tuviera tan buenos amigos, este congreso sería **desastroso**. Hasta mi primo Diego, desde que empleó a Francisco para ayudarlo en Tesoros, ha estado aquí en Ruta Maya cada día ofreciéndome consejos y pasándolo bien. El cambio es **asombroso**.

LAURA: Sabía que Francisco iba a **impactar** positivamente la vida de Diego. Cristina estará súper contenta. Me da mucho gusto verlos juntos de nuevo.

SARA: Pues Laura, tú **predijiste** todo esto. ¡Qué poderes de vidente[1] tienes!

LAURA: Ah sí. Vamos a ver. La fama mundial del promotor de conjuntos musicales, Sergio Wilson Flores, es **inminente.** Su fama llegará hasta la Tierra del Fuego. Tendrá su propio jet y todos sus amigos más íntimos viajarán con él alrededor del mundo.

SERGIO: No **alcanzaré** ni la **riqueza** ni la fama si no cumplo con mis obligaciones.

SARA: Bueno, guapo, puedes contar con nosotros cuatro para ayudarte.

JAVIER: Sí. Cuando lleguen los carteles anunciando el congreso, los pondré en Ruta Maya. Vi el programa y es impresionante. Yo asistiré a todos los discursos sobre la **deforestación** de los **bosques lluviosos.** Diego estará en todos los que tienen que ver con las **novedades** de la **informática,** ahora que ha descubierto **la página Web** de PeopleLink. Además, estoy seguro de que Laura no perderá ninguna sesión sobre los **avances médicos** y el uso de las medicinas tradicionales.

SERGIO: Aunque estaré agobiadísimo con el entretenimiento, tan pronto como pueda escaparme, iré a escuchar la presentación sobre la iniciativa que se llama *World e-Inclusion.* Es fascinante y quiero saber más sobre lo que están haciendo en Centroamérica.

SARA: ¿Y sabéis que voy a entrevistar a varios de los presentadores en la radio, incluyendo al director de *World e-Inclusion* y a la escritora nicaragüense Gioconda Belli? Fue **inesperado** que me escogieran para hacer estas dos entrevistas y estoy extática.

SERGIO: Qué padre.

LAURA: Mi querido Sergio, mencionaste hace tiempo que yo podría recoger a Mercedes Sosa cuando ella llegara al aeropuerto. Es así todavía, ¿verdad?

SERGIO: Laura, no soy capaz de quitarte la **felicidad** que ese viaje al aeropuerto te brindará. Y además me matarías si cambiara ese plan.

LAURA: Así es.

[1]*clairvoyant*

Actividades

A. **La búsqueda de las metas comunicativas en contexto**   Identifique en el diálogo ejemplos de las siguientes metas comunicativas: Descripción (D), Narración en el pasado (P), Reacciones y recomendaciones (R), Hacer hipótesis (H) y Hablar del futuro (F). Subraye cada palabra o frase que represente una (o una combinación) de estas metas comunicativas. Luego, escriba al margen la(s) letra(s) que corresponde(n) a cada ejemplo subrayado (D, P, R, H o F).

MODELOS: Sara no <u>podrá</u> aportar ninguna ayuda <u>hasta que no entregue</u>… *F/F*

Fue <u>inesperado</u> que <u>me escogieran</u> para hacer…   *P/R*

B. **Comprensión**   Conteste las siguientes preguntas, según el diálogo.

1. ¿Le queda mucho trabajo a Sergio antes del congreso?

2. Antes de que puedan ayudar a Sergio, ¿qué tienen que hacer Laura, Javier y Sara?

3. ¿Qué predice Laura en cuanto al futuro de Sergio? ¿Cómo responde Sergio?

4. ¿Qué les interesa del congreso a los amigos?

5. ¿Qué papel especial tendrá Sara?

6. ¿Cuál será la parte del evento que Laura espera más? ¿Por qué?

C. Reacciones y recomendaciones Complete las siguientes oraciones sobre el diálogo, utilizando un conector en cada oración.

MODELO: A Sergio le encanta que…
A Sergio le encanta que venga gente de todo el continente porque podrá hacer nuevos contactos.

1. Es fabuloso que Francisco…   3. Es necesario que Sara…
2. Es obvio que Laura y Javi…   4. A Laura le encanta que…

D. Diálogo En parejas, preparen un diálogo que represente una de las siguientes situaciones y preséntenlo a la clase.

1. Vuelvan a crear el diálogo entre los amigos, utilizando sólo su memoria y sus propias palabras.

2. Preparen un diálogo entre Laura y Javier en el que Laura prediga el futuro de Javier. Acuérdese de los problemas que Javier tuvo con su madre en el capítulo 2.

Conectores

aunque
para que + *subjuntivo*
sin embargo
ya que

Here are more resources that offer practice with the vocabulary presented in this section.
· *Manual*
· CD-ROM
· Website

Vocabulario del tema

Acciones *para hablar del futuro*

adivinar	to guess, divine
alcanzar	to reach, attain
aportar	to contribute
avanzar	to advance
curar	to cure
impactar	to impact
predecir (*like* decir)*	to predict
preguntarse	to wonder, ask oneself
recaudar fondos	to raise money
reemplazar	to replace
sobrevivir	to survive

¿Por qué es chistosa esta tira cómica? ¿Qué nos revela del futuro?

*Predecir is like **decir** except in the future and conditional: **predeciré, predecirás, predecirá,…** ; **predeciría, predecirías, predeciría,…***

Para describir el futuro

amenazante	threatening
asombroso/a	astonishing
desastroso/a	disastrous
disponible	available
inesperado/a	unexpected
ingenioso/a	ingenious
inimaginable	unimaginable
inminente	imminent
innovador(a)	innovative
insalubre	unhealthy
intrigante	intriguing
pacífico/a	peaceful
poderoso/a	powerful
polémico/a	controversial
provechoso/a	helpful, beneficial

COGNADOS: **catastrófico/a, comunitario/a, genético/a, humanitario/a**

Para hablar del medio ambiente

la basura	garbage
el bosque lluvioso	rain forest
el crecimiento	growth
el daño	harm
la deforestación	deforestation
el reciclaje	recycling

la riqueza	wealth
la sobrepoblación	overpopulation

Para hablar de la tecnología

el adelanto	advance
la informática	computer science
la novedad	new development
el teletrabajo	telecommuting

COGNADOS: **el ciberespacio, el Internet, la página Web, la realidad virtual**

Para hablar de los avances médicos

la clonación	cloning
la esperanza	hope
los genes	genes
la pastilla	pill
el trasplante	transplant

Para hablar de la colaboración mundial

la capacidad	capability
la compasión	compassion
el consumismo	consumerism
la desigualdad	inequality
la brecha digital	digital (information) gap
la felicidad	happiness
la frontera	border
la globalización	globalization

Ampliación léxica

Paso 1 Lea las siguientes palabras y escriba las palabras que faltan.

SUSTANTIVOS	VERBOS	ADJETIVOS
el adelanto	adelantar	adelantado/a
el alcance	**alcanzar**	alcanzado/a
la aportación	**aportar**	aportado/a
el daño	dañar	dañino/a
¿ ?	**predecir**	¿ ?
el reciclaje	¿ ?	¿ ?

Paso 2 Lea el siguiente párrafo que Sara escribió para el congreso. Mientras lee, decida si los espacios en blanco requieren un sustantivo (S), un verbo (V) o un adjetivo (A) según el contexto y escriba la letra S, V o A correspondiente en su cuaderno. Luego, escoja la palabra apropiada de la lista del Paso 1 para llenar cada espacio en blanco.

Venga al primer congreso sobre «Las Américas en el siglo XXI», para ver los más recientes _____[1] en el área de la tecnología. Allí verá cómo muchos de los sueños para el futuro se están convirtiendo ya en metas _____.[2] Por ejemplo, seguramente Ud. ya _____[3] porque no quiere _____[4] el medio ambiente. En el congreso encontrará las nuevas _____⁵ a la tecnología para la conservación de los recursos naturales. Además, podrá ver las novedades más importantes para el futuro. De veras, será el evento del año. ¡No se lo pierda!

Paso 3   En parejas, creen tres preguntas, usando las siguientes palabras. Después, hagan sus preguntas a otra pareja.

predecir   dañar   el adelanto

Actividades

A. ¿Se realizará antes del 2050?

Paso 1   Indique si Ud. cree que las siguientes predicciones se realizarán o no para el año 2050.

		SI	NO
1.	Habrá menos consumismo y más compasión por la gente pobre.	☐	☐
2.	El 25% de la población hará su trabajo por medio del teletrabajo.	☐	☐
3.	Recibiremos todas las noticias por medio de las redes de comunicación del Internet.	☐	☐
4.	Habrá compañías de clonación humana que permitirán que los padres escojan las características genéticas de sus hijos.	☐	☐
5.	Las fronteras entre los países de Latinoamérica desaparecerán.	☐	☐
6.	Toda la comida insalubre dejará de ser popular.	☐	☐
7.	Se descubrirá la cura para el cáncer por medio de una planta del bosque lluvioso de Centroamérica.	☐	☐
8.	Los que hayan hecho inversiones en las compañías de reciclaje serán ricos.	☐	☐
9.	Debido a la globalización, ya no habrá fronteras nacionales.	☐	☐
10.	Debido a la sobrepoblación y la explotación de los recursos naturales, la deforestación será tan intensa que los bosques lluviosos dejarán de existir.	☐	☐

Paso 2   Si Ud. indicó en el Paso 1 que cree que una de las predicciones no se realizará para el año 2050, ¿cree que es posible que se realice en otro momento? ¿Cuándo y bajo qué condiciones podrá realizarse?

B. Me pregunto cómo me sentiré cuando...

Paso 1   Para el año 2050, habrá muchos cambios significativos en el mundo, ¿no? En parejas, hagan el papel de estudiantes universitarios que conversan sobre las cosas que puedan ocurrir en los próximos años.

Pregúntense cómo se sentirán cuando ocurran las situaciones futuristas a continuación. Pueden utilizar los adjetivos de la lista en sus respuestas.

agobiado/a   confundido/a
aliviado/a   deprimido/a
alucinado/a   desilusionado/a
apenado/a   emocionado/a
asqueado/a   enojado/a
asustado/a   nostálgico/a
cauteloso/a   satisfecho/a

MODELO: —¿Cómo te sentirás cuando sepas que sólo puedes tener un hijo a causa de la sobrepoblación?
—Cuando yo sepa que sólo puedo tener un hijo a causa de la sobrepoblación, me sentiré deprimida porque siempre he querido tener una familia numerosa.

¿Cómo te sentirás…

1. cuando sepas que sólo puedes tener un hijo a causa de la sobrepoblación?
2. cuando el teletrabajo reemplace el trabajo de la oficina?
3. cuando la deforestación cause grandes problemas ecológicos?
4. cuando haya paz en el mundo?
5. cuando los extraterrestres tomen control de la Tierra?
6. cuando se inventen electrodomésticos (*appliances*) robóticos que hagan todos los quehaceres de la casa?
7. cuando las fronteras y naciones dejen de existir?
8. cuando la clonación humana se convierta en un acto normal y corriente?

Paso 2   Ahora, explíquele a su compañero/a cómo será la vida cuando tengan lugar los acontecimientos a continuación. Puede utilizar palabras de la siguiente lista, si quiere.

alarmante   fascinante
alucinante   horripilante
degradante   preocupante
deprimente   relajante
emocionante   repugnante

MODELO: Cuando ofrezcan viajes semanales a la luna, la vida será relajante, porque habrá otro lugar para descansar de la vida cotidiana.

¿Cómo será la vida…

1. cuando ofrezcan viajes semanales a la luna?
2. cuando no se pueda comprar nada en las tiendas porque todo se compra a través de Internet?
3. cuando los coches lleven un sistema antiaccidente?

4. cuando todo el mundo pueda asistir a Harvard o a cualquier universidad a través del Internet y la realidad virtual?

5. cuando aumente tanto la basura que no haya donde ponerla?

6. cuando se pueda tomar una pastilla para aumentar la inteligencia antes de tomar un examen?

7. cuando se pueda clonar a un ser humano?

C. ¿Qué quiere decir... ?

Paso 1 Imagínese que es el año 2050. Explíquele a un joven hispanohablante lo que eran las siguientes cosas que ya no existen.

1. *a typewriter*
2. *a cassette tape*
3. *a telephone booth*
4. *ATM machines*

Paso 2 Ahora, explique por qué ya no existen estas cosas en el año 2050.

D. Pastillas de la inteligencia

Paso 1 Lea el artículo sobre las pastillas de la inteligencia a continuación. Luego, conteste las preguntas.

1. ¿Por qué se dice que los Estados Unidos es «la nación Prozac»? ¿Está Ud. de acuerdo?

2. ¿Qué opina del hecho de que las mascotas tomen antidepresivos?

3. ¿Por qué se crearon inicialmente las pastillas de la inteligencia?

4. ¿Conoce algún café o bar donde se sirvan bebidas para mejorar la inteligencia? ¿Iría a uno de estos lugares?

La fiebre[1] por los antidepresivos en Estados Unidos le valió el título de «la nación Prozac» para denotar a un país sumido[2] en el consumo de la fluoxetina.[3] Ahí, un alto porcentaje de las personas que pasan por un «bajón»[4] toman estas pastillas con la esperanza de que sean una receta fácil para la felicidad. De hecho, el consumo ha llegado a tal grado que hasta las mascotas[5] que muestran síntomas de depresión, como ladrar[6] o jugar menos, pueden llegar a tomar estas pastillas. Pero ahora, una nueva línea de fármacos[7] de «autoayuda» se está poniendo de moda: son las «Smart Drugs» o pastillas de la inteligencia.

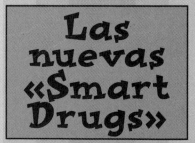

Estas sustancias fueron creadas para disminuir los efectos de enfermedades como el Parkinson o el Alzheimer. Sin embargo, en los últimos años su consumo por personas sanas[8] ha aumentado. El asunto se ha popularizado tanto que ya existen casi cincuenta bares que ofrecen verdaderos cócteles de aminoácidos y precursores de neurotransmisores, que prometen mejorar las capacidades intelectuales de sus consumidores. En pubs como el Smart Stuff de San Francisco, por ejemplo, cada sábado en la noche se venden en promedio[9] 1.200 copas con mezclas de hierbas, así como con sustancias químicas del tipo nootrópicas, que actúan a nivel cerebral.

[1]*craze* [2]*plunged* [3]*chemical basis of Prozac-type antidepressants* [4]*"slump"* [5]*pets* [6]*barking*
[7]drogas [8]*healthy* [9]en... *on average*

Paso 2 En parejas, hagan una lista de tres beneficios y tres posibles daños que podrían resultar de tomar estas pastillas para aumentar la inteligencia.

Paso 3 En grupos de tres, contesten las siguientes preguntas.

1. ¿Cuáles serán las ventajas y desventajas de tomar estas pastillas?
2. En su universidad, ¿toman los estudiantes algún tipo de pastilla u otro estímulo para poder estudiar más y salir mejor en los exámenes? ¿Cuáles son?
3. ¿Tomaría Ud. pastillas para aumentar la inteligencia antes de presentarse a un examen difícil?
4. Si Ud. creyera que las pastillas no eran insalubres y que lo/la ayudarían a funcionar mejor, ¿las compraría en otros países aunque fueran ilegales en este país?

E. Preguntas personales   En parejas, contesten las siguientes preguntas, utilizando el vocabulario nuevo. Mientras escuche a su compañero/a, reaccione con algunas de las expresiones de Para conversar mejor.

Para conversar mejor

¿En serio?
(No) Estoy de acuerdo.
Me sorprende que creas
   eso.
Puede ser.

¡Qué bacán/chévere/
   guay/padre!
¡Qué barbaridad!
¡Qué horror!
¿Tú crees?

1. ¿Cuáles son los beneficios de tener un teletrabajo?
   Si Ud. fuera un jefe / una jefa, ¿tendría miedo de que sus empleados perdieran el tiempo con los juegos de computadora y buscando información en Internet que no estuviera relacionada con su trabajo? ¿Qué haría?

2. ¿Conoce a alguien adicto al Internet? ¿Cómo es? ¿Qué sugiere que haga para curarse?
   Si pudiera dejar de asistir a clases y aprender las mismas materias a través del Internet, ¿lo haría? ¿Por qué?
   ¿Cree que las computadoras reemplazarán a los profesores algún día? ¿Qué puede aportar a la enseñanza la tecnología?

3. ¿Qué invención moderna le fascina más a Ud.? ¿Por qué?
   Si pudiera inventar algo ingenioso, ¿qué sería?
   ¿Qué invención moderna afectó más profundamente la vida de sus abuelos?
   ¿Qué invención o acontecimiento cambiará la vida de sus hijos?

NOTA CULTURAL • Los cibercafés

Tanto en Latinoamérica como en España se encuentran cibercafés y tiendas pequeñas desde donde uno puede mandar mensajes por correo electrónico y buscar información a través del Internet. En muchos países, el precio del servicio telefónico es mucho más alto que en este país, y por eso la gente prefiere usar las computadoras públicas. En las grandes ciudades latinoamericanas, hay tiendas en los centros comerciales que ofrecen servicio de correo electrónico. En Buenos Aires, es fácil encontrar Web@Cafés donde se ofrecen combinaciones de cafés con medialunas[1] y tiempo de acceso al Internet.

Pero las ventajas de Internet también se encuentran en lugares inesperados. Por ejemplo, en un pueblo costarricense en medio del bosque lluvioso, hay una escuela primaria donde hay muy pocos libros para los estudiantes pero sí hay un salón con doce computadoras. En Quetzaltenango, Guatemala, hay una oficina pequeña adonde cualquier persona puede ir para mandar y recibir mensajes electrónicos.

Además del uso personal, el Internet sirve como foro para proveerle información a un público internacional. Por ejemplo, los zapatistas[2] denunciaron a través del Internet el trato injusto que recibían los indígenas y Rigoberta Menchú (ver Actividad D, páginas 178–179) tiene su propia página Web. En la Argentina, la Asociación Madres de la Plaza de Mayo (organización cuyos miembros son madres de personas «desaparecidas» durante la dictadura militar de 1976–1983) también tiene su propia página. Esta es una manera eficaz de informar al público acerca de las necesidades y los derechos de la gente.

También el Internet puede ser un buen medio para ganarse la vida. Piense en el proyecto PeopleLink, fundado por el estadounidense Daniel Salcedo. Artesanos latinoamericanos, africanos y asiáticos pueden usar el servicio para venderle sus productos directamente al público por medio del Internet. PeopleLink lleva computadoras, modems y cámaras de video a los pueblos y les enseñan a los artistas a mercadear y vender sus productos. Se calcula que los artesanos ganan un 20% más por medio de PeopleLink que cuando venden a las compañías internacionales. Muchas indias Kuna de Panamá, por ejemplo, venden sus tradicionales «molas» por medio de PeopleLink.

Con el mismo ánimo de ayudar a los países en vías de desarrollo, la compañía tecnológica Hewlett Packard ha iniciado *World e-Inclusion*, un programa que se dedica a cerrar la brecha tecnológica entre los países desarrollados y los que están en vías de desarrollo. Provee computadoras, programas y asesoría técnica a comunidades aisladas para así ayudarlas a comunicarse con el resto del mundo, buscar información, vender sus productos en el Internet, etcétera. En Costa Rica, *World e-Inclusion* tiene ya tres iniciativas diferentes que usan la tecnología de diferentes maneras para mejorar la calidad de vida de todos los costarricenses.

[1]*croissants* [2]miembros del Ejército Zapatista de Liberación Nacional (EZLN) de Chiapas, México

Conversación en parejas

En parejas, inventen un diálogo en el que uno/a de Uds. es dueño/a de un café tradicional. Su compañero/a trata de convencerlo/la de que convierta su café en un cibercafé. ¿Cuáles son las ventajas y desventajas de hacerlo?

Puntos clave

Hablar del futuro

En esta sección del capítulo, Ud. va a practicar el punto clave Hablar del futuro. Para hacerlo bien, hay que utilizar las estructuras gramaticales de la siguiente tabla que pertenecen al punto clave. Antes de continuar, estudie las explicaciones de estas estructuras gramaticales en las páginas verdes al final del libro.

Here are more resources that offer practice with the grammar presented in this section.
· *Manual*
· CD-ROM
· Website

LA META COMUNICATIVA DE ESTE CAPITULO		
ICONO	META COMUNICATIVA	PUNTOS CLAVE
FUTURO F	Hablar del futuro	• el futuro • el subjuntivo en cláusulas adverbiales

Ponerlo a prueba

Laura y Sergio están hablando sobre sus planes para el congreso. Complete su diálogo con la forma correcta de los verbos entre paréntesis. **¡OJO!** El diálogo habla del futuro e incluye conjeturas e hipótesis que emplean conjugaciones en el futuro.

SERGIO: ¿No ha llegado Javi todavía? ¿Dónde _____[1] (ser/estar)?

LAURA: No lo sé. Dijo que estaría aquí a las cinco en punto y ya son casi las seis. Bueno, cuando _____[2] (venir), nosotros le _____[3] (decir) de qué hablamos.

SERGIO: Bien. Pues, hablé con Maite y me dijo que ya está todo en orden. Mañana _____[4] (ser) la apertura[a] del congreso. _____[5] (Llegar) más de 5.000 personas. Pero, si _____[6] (tener: nosotros) suerte, Maite nos _____[7] (poner) en la primera fila, donde _____[8] (poder: nosotros) ver de cerca a toda la gente importante que aparezca en el escenario.

LAURA: Fenomenal.

SERGIO: Mira, Laura, no puedo esperar más. Cuando _____[9] (llegar) Javi, dile que a menos que _____[10] (haber) complicaciones inesperadas, los _____[11] (esperar: yo) mañana enfrente del auditorio a las siete.

[a]*opening*

Puntos clave **175**

LAURA: Perfecto. En caso de que tú no _____¹² (estar) allí a las siete, te _____¹³ (llamar) a tu teléfono celular para que nos _____¹⁴ (decir) qué debemos hacer.

SERGIO: De acuerdo. Chao.

Expresiones útiles

Conjunciones A SPACE* (siempre llevan el subjuntivo)

antes de que	*before*
sin que	*without*
para que	*so that*
a menos que	*unless*
con tal de que	*provided that*
en caso de que	*in case*

Conjunciones THE CD* (pueden llevar el indicativo o subjuntivo)

tan pronto como	*as soon as*
hasta que	*until*
en cuanto	*as soon as*
cuando	*when*
despúes de que	*after*

Actividades

A. Las bolas de cristal

Paso 1 Ahora que el semestre está por terminar, habrá cambios en la vida de los cinco amigos. ¿Qué les pasará? En grupos de tres, consulten su bola de cristal y predigan lo que les pasará en el futuro.

1. Cuando Javier y Laura _____ (irse) a Bolivia y Colombia juntos,...
2. En cuanto Sara _____ (entregar) la tesis,...
3. Tan pronto como Diego y Cristina _____ (casarse),...
4. Cuando Sergio _____ (ser) famoso y bien conocido en el mundo de la producción de eventos musicales,...

Paso 2 Ahora, en parejas, hagan predicciones sobre el futuro de los siguientes temas para el año 2050. ¿En qué se parecerán a su estado actual? ¿En qué serán diferentes?

1. la apariencia de los jóvenes
2. la exploración espacial
3. el romance
4. el trabajo
5. el ocio
6. la tecnología
7. la política
8. la medicina
9. la familia

---

*A SPACE and THE CD are mnemonic devices. They are spelled out by taking the first letter of each of the conjunctions in these lists. See the *Explicación gramatical* section in the green pages for more information about these conjunctions.

Paso 3   Ahora, escriba tres predicciones sobre su propio futuro. Puede hablar de su apariencia física cuando sea mayor, de su futura vida amorosa, de su familia, trabajo, diversiones, etcétera. Pueden ser basadas en algo que Ud. espera que se realice o en unos sueños locos. Luego, comparta sus predicciones con un compañero / una compañera. Su compañero/a reaccionará ante sus predicciones, utilizando frases como: **No creo que...** , **Es posible que...** , **Dudo que...** , **Supongo que...** , etcétera.

B. ¿Qué nos espera?

Paso 1   Lea las descripciones de algunos posibles avances en el futuro. Luego, conteste las preguntas que los siguen.

¿QUE NOS ESPERA?

MASCOTA DE DISEÑO

La ingeniería genética promete pasos de gigante. Siempre se han modificado animales para el placer o el negocio mediante cruces, selección de razas... Lo que hace la tecnología genética es manipular los «planos» con los que se crean los seres vivos, y eso permitirá —se cree— curiosas creaciones, como la jirafa–bonsái.

EL CHICLE «ANTIBABY»

Este llamativo invento, que se pondrá a la venta en el año 2020, puede ser utilizado tanto por hombres como por mujeres. Una sola barra de chicle proporcionará una semana de seguridad, que será efectiva en un 99,99% de las ocasiones. No tendrá efectos secundarios, y vendrá en tres agradables sabores: fresa, menta y limón.

EL VIAJE PASIVO

Las conquistas de la realidad virtual permitirán «edificar» los grandes monumentos del mundo en cualquier esquina. Viajar perderá parte de su sentido, o al menos especializará sus objetivos. La visita a un castillo famoso, a una obra de arte, podrá realizarse sin salir de la casa. Viajar será más barato, ¿pero será igual de agradable?

NUESTROS VECINOS, LOS MARCIANOS

En cuanto a la posibilidad de vivir en otros planetas, todo parece indicar que para los dos o tres primeros siglos de este nuevo milenio, tendremos las primeras generaciones de marcianos de origen terrícola. El proyecto para acondicionar el planeta rojo es algo que cada día se vuelve más viable. También, es posible que se hagan los primeros viajes tripulados hacia nuestro vecino en las décadas iniciales del siglo XXI.

SU RETINA ES UNICA

Al llegar a su casa, ya no utilizará una llave para entrar. Mirará fijamente un *sensor* en la puerta que revisará las características de su retina, accionará la cerradura y así Ud., y sólo Ud., podrá entrar.

1. ¿Compraría Ud. una jirafa–bonsái? Si pudiera diseñar su propia mascota, ¿cómo sería?

2. ¿Le gustaría vivir en otro planeta? ¿Le interesa la exploración del espacio? Explique sus respuestas.

3. ¿Le parece que el chicle «antibaby» sería exitoso?

4. Si existieran viajes virtuales, ¿los usaría? ¿Serían tan relajantes como ir de vacaciones de verdad? ¿Qué ventajas y desventajas podrían tener?

Conectores

a menos que
  + *subjuntivo*
para que + *subjuntivo*
sin embargo
ya que

Paso 2 Conjugue el verbo entre paréntesis y termine las oraciones, explicando cómo cada invento afectará al mundo. Incluya un conector en su respuesta.

1. Cuando _____ (salir) el chicle «antibaby»…
2. Tan pronto como _____ (inventarse) las mascotas de diseño…
3. Antes de que los seres humanos _____ (poder) vivir en Marte (*Mars*)…
4. En cuanto _____ (haber) viajes virtuales…
5. El *sensor* de retina _____ (asegurar) cualquier casa a menos que…
6. Los seres humanos no _____ (poder) convivir con los extraterrestres sin que…

Paso 3 Ahora en grupos de tres, escriban un anuncio de un minuto para uno de los avances. Luego, presenten sus anuncios a la clase.

Paso 4 En los mismos grupos, inventen un producto nuevo para el año 2050. Para empezar, sigan los siguientes pasos.

- Piensen en un problema que necesite solución.
- Imagínense una invención que pueda solucionar el problema.
- Piensen en quiénes estarían interesados en comprar el producto.
- Escriban un anuncio para vender su producto.
- Presenten el producto y el anuncio a la clase.

C. ¿Qué pasará? Indique lo que probablemente está pasando ahora con las siguientes personas en cada situación. Use el futuro de probabilidad. ¿Dónde estarán? ¿Cómo se sentirán? ¿Qué estarán haciendo? Haga dos o tres oraciones para cada situación.

1. Javi nunca llegó a la reunión que tenía con Sara y Sergio.
2. Sara y Laura conocieron a Mercedes Sosa. Laura metió la pata cuando habló con la cantante.
3. En el congreso, Diego conoció a un importante exportador de arte latinoamericano.
4. Una vidente le predijo a Sergio que habría una amenaza de bomba en el concierto que él organizó para el congreso.
5. Durante el congreso, Ruta Maya recaudó 100.000 dólares para mandar a los pobres de Chiapas.

D. Dos Nobeles centroamericanos

Paso 1 Lea las siguientes biografías breves de dos centroamericanos que han recibido el Premio Nobel.

Oscar Arias Sánchez nació en Heredia, Costa Rica, en 1940. Tuvo una niñez y una juventud privilegiadas. Hizo sus estudios universitarios en Costa Rica y luego se doctoró en ciencias políticas en la Universidad de Essex en Inglaterra. Al regresar a su país natal, fue profesor de ciencias políticas en la Universidad de Costa Rica y ocupó varios puestos en el gobierno hasta 1986, cuando fue elegido presidente de Costa Rica. Debido a su famoso «Plan Arias», que acabó con la guerra civil de Nicaragua y estableció un acuerdo de paz entre los guerrilleros y las autoridades de El

Salvador, a Arias le fue otorgado[1] el Premio Nobel de la Paz en 1987. Actualmente trabaja en su *Fundación Arias Para la Paz y el Progreso Humano,* fundado con el dinero que él recibió del Premio Nobel. La fundación se dedica a defender los derechos humanos, promover la no violencia, ayudar en la democratización y desarrollo de Centroamérica y otras regiones y apoyar los proyectos de otras ONGs. El doctor Arias viaja por todo el mundo dando conferencias y cursos, siempre con el fin de mejorar el mundo.

Oscar Arias Sánchez

Rigoberta Menchú nació en Chimel, un pueblo de la selva de Guatemala, en 1959. Es india maya de la tribu quiché. Durante su niñez, trabajó con sus padres cosechando algodón y café para la gente rica de las grandes fincas del sur del país. Después, pasó a la Ciudad de Guatemala para trabajar como sirvienta doméstica. Heredó de su padre una gran conciencia social. Debido a las confrontaciones constantes entre la gente indígena y las facciones de descendencia europea de su país, Menchú vio muchas atrocidades que la afectaron de manera personal: Los soldados del ejército quemaron vivo a su padre; unos paramilitares violaron[2] y asesinaron a su madre; sus hermanos murieron en una guerra civil. Después de pasar ocho años exiliada en México, regresó a Guatemala para participar de manera íntegra en la defensa de su gente. Su trabajo le mereció el Premio Nobel de la Paz en 1992. Usó su dinero para crear la *Fundación Rigoberta Menchú Tum,* dedicada a la lucha por la justicia social y los derechos humanos de los indígenas de Centroamérica. Tiene muchos programas para combatir la pobreza, el subdesarrollo, la violación de los derechos humanos y las guerras interétnicas, religiosas y territoriales. De manera especial, la fundación provee programas de educación y capacitación para niños y jóvenes. Menchú dejó su Premio Nobel en la Ciudad de México, capital del país que le ofreció refugio durante su exilio. Dice que allí se quedará hasta que ya no haya injusticia para su gente en Guatemala, su país natal.

Rigoberta Menchú

[1]*awarded* [2]*raped*

Paso 2   En parejas, escriban tres o cuatro oraciones para hacer una comparación entre Oscar Arias y Rigoberta Menchú. Utilicen **más... que, menos... que** y **tanto... como.**

Paso 3   Ahora, comenten las siguientes oraciones y preguntas, prestando mucha atención al uso de los puntos clave.

1. Sin volver a mirar el artículo, hagan una descripción de Arias y de Menchú. Incluyan tanto lo físico como lo personal en sus descripciones.

2. Comparen a Arias o a Menchú con una figura política de este país.

3. Menchú quiere justicia e igualdad para la gente indígena de Guatemala. Escriban dos reacciones sobre la situación de los indígenas en Guatemala, en otro país latinoamericano que Uds. conozcan mejor,

(piensen, por ejemplo, en Chiapas, México) o en este país. Luego, hagan dos recomendaciones para mejorar la situación.

PASADO
P

GUSTOS
G

HIPOTESIS
H

FUTURO
F

4. ¿Qué hicieron Arias y Menchú para merecer el premio? ¿Hizo Ud. algo alguna vez para merecer un premio? ¿Qué hizo y cómo le resultó?

5. ¿Qué cree Ud. que les molesta a Arias y a Menchú de la situación de Centroamérica? ¿Y de la situación mundial? ¿Qué le molesta a Ud. de su propio país?

6. Si conociera a Arias, ¿qué le gustaría preguntarle? ¿De qué hablarían? ¿Y si conociera a Menchú?

7. ¿Qué cree que pasará con los sueños y esfuerzos de Arias y Menchú?

Rincón cultural

Here are more resources that offer practice with the culture presented in this section.
· *Manual*
· CD-ROM
· Website

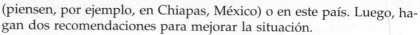

Lugares fascinantes:
Centroamérica

1. **El canal de Panamá**   La construcción de este inmenso canal empezó en 1904 y terminó diez años después. Además de ser una maravilla de la ingeniería moderna, el canal ofrece otros atractivos. Un visitante puede ver cómo pasan los barcos por las esclusas[1] de Miraflores, Pedro Miguel y Gatún. Al lado del canal, hay algunos jardines botánicos, un zoológico[2] y caminos ecológicos. En medio del canal, hay un lago artificial, creado por la presa[3] Gatún, que contiene la Isla Barro Colorado, un bosque lluvioso donde se encuentra el Instituto de Investigación Tropical Smithsonian.

2. **Tikal, Guatemala**   Es la ciudad mejor restaurada de todas las ruinas de la civilización maya. En esa ciudad silvestre[4] se encuentran pirámides, templos y plazas enormes; el complejo en sí es tan grande que uno necesita varios días para visitarlo todo. Las excavaciones arqueológicas han descubierto dentro de los edificios tumbas de reyes con joyas, instrumentos y escritura jeroglífica. La mayoría de las tumbas data del siglo VIII d.C., y hay evidencia de que el lugar había sido ocupado desde 400 a.C.

3. **El Lago de Nicaragua**   Con una extensión de 8.157 km cuadrados, este es el lago más grande de Centroamérica y uno de los diez más grandes del mundo. También es el único lago de agua dulce[5] donde habitan tiburones.[6] Al sur del lago se encuentra el archipiélago Solen-

[1]*locks*   [2]*zoo*   [3]*dam*   [4]de la selva   [5]*de... freshwater*   [6]*sharks*

tiname, donde el poeta nicaragüense Ernesto Cardenal fundó una vivienda colectiva para artistas, poetas y artesanos.

4

4. **Las Islas de la Bahía, Honduras** Estas islas están rodeadas por el segundo arrecife más grande del mundo, el Arrecife de Belice, lo cual hace que sea un lugar ideal para bucear[7] y hacer *snorkeling*. A lo largo de su historia las islas han sido habitadas por mayas; piratas ingleses, franceses y holandeses; y los garífunas, gente de descendencia afrocaribeña que llegó a las islas en 1795, escapándose durante una revolución de la isla inglesa de San Vicente. Debido a este último grupo de personas, la mayoría de los habitantes actuales de las islas es negra y de habla inglesa. El español se impuso en las escuelas a mediados del siglo XX.

5

5. **El Parque Nacional Tortuguero, Costa Rica** Santuario de flora y fauna, Tortuguero sirve de vivienda a siete especies de tortuga, tres tipos de mono, perezosos[8] y otros mamíferos y más de 300 especies de pájaro. También hay lagartos[9] de un metro de extensión que parecen pequeños dinosaurios. De pequeños, estos lagartos pueden correr sobre el agua, así que se los conoce como «lagartos de Jesucristo». Este es sólo uno de los muchos parques nacionales de Costa Rica dedicados a la conservación de la naturaleza y el ecoturismo.

6. **Metapán, El Salvador** Es uno de los muchos pueblos pequeños de las montañas salvadoreñas. Está rodeado de una fauna exuberante y a distancia se pueden apreciar volcanes activos. Es una zona muy pobre y remota: para ir de casa en casa hay que caminar bastante lejos. A primera vista, parece ser un lugar deprimente, pero hay mucha actividad comunitaria en la zona que crea un ambiente de esperanza. Allí los salvadoreños, entre ellos muchas mujeres, trabajan juntos para promover proyectos sanitarios, ponerles vacunas[10] a los niños y luchar contra el analfabetismo y la desnutrición. También existe ayuda financiera para los microempresarios que quieren aumentar sus negocios allí. Es un lugar ideal para cualquier persona con espíritu de voluntario/a.

6

[7] *scuba diving*   [8] *sloths*   [9] *lizards*   [10] *vaccinations*

Actividades

A. Localice los seis lugares fascinantes en el mapa de Centroamérica (pagína 182) y ponga un número del 1 al 6 para indicar el grado de interés que Ud. tiene en visitar estos lugares.

B. Túrnese con un compañero / una compañera para describir uno de los lugares fascinantes con sus propias palabras. Luego, imaginándose que Ud. está organizando un viaje a ese lugar, diga lo que Ud. hará cuando visite ese lugar. Finalmente, colabore con su compañero/a para escribir una comparación entre los dos lugares que Uds. acaban de describir.

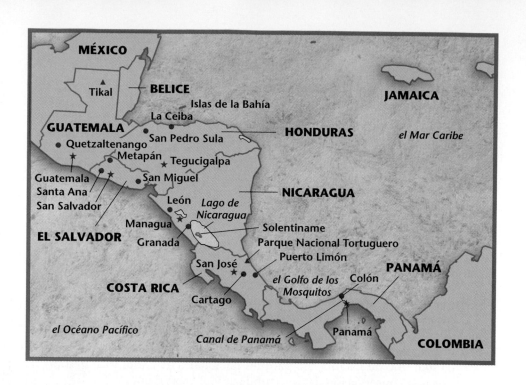

CENTROAMERICA		
COSTA RICA	**EL SALVADOR**	**GUATEMALA**
Gobierno república unitaria	república democrática	república democrática, unitaria y representativa
Ciudades principales San José, Cartago, Puerto Limón	San Salvador, Santa Ana, San Miguel	Ciudad de Guatemala, Quetzaltenango
Lengua oficial el español	el español	el español
Otras lenguas el inglés criollo		varias lenguas mayas
Moneda(s) el colón	el colón	el quetzal

HONDURAS	**NICARAGUA**	**PANAMA**
Gobierno república constitucional democrática	república unitaria	república democrática
Ciudades principales Tegucigalpa, San Pedro Sula, La Ceiba	Managua, León, Granada	Ciudad de Panamá, Colón
Lengua oficial el español	el español	el español
Otras lenguas el negro-caribe	el misquito, el inglés	el inglés criollo
Moneda(s) el lempira	el córdoba	el balboa, el dólar estadounidense

C. En parejas, imagínense que desean hacer voluntarismo. Pónganse de acuerdo en cuáles son los dos lugares que más les gustaría visitar para hacer de voluntarios/as. Expliquen por qué escogieron esos lugares.

Islas de la Bahía, Honduras

El Parque Nacional Tortuguero, Costa Rica

Algunos artistas hispanos:
Los artesanos de Centroamérica

A nivel mundial, los artistas más desconocidos y olvidados son los artesanos, los hombres y mujeres que trabajan en lo que se llama el «arte folclórico» o la artesanía. Aunque esta se considera arte «menor», ocupa un lugar muy importante en cualquier país: aporta mucho a la economía de una región y sirve para mantener las tradiciones, creencias y leyendas de cualquier cultura. Se puede decir que el trabajo de los artesanos sirve para unir el pasado, el presente y el futuro de un pueblo.

A pesar de que Centroamérica parece ser una zona pequeña y homogénea, la verdad es que hay mucha variedad entre los países y entre sus habitantes. Cada zona ofrece su especialidad artesanal, aunque hay tipos de arte que se pueden apreciar en varios países. Por toda la región se pueden encontrar cerámicas, canastas,[1] suéteres, pinturas, esculturas de madera, máscaras rituales, joyería, etcétera, todo con el toque especial de la región y del individuo que lo creó. También es importante el hecho de que, mientras el mundo del arte formal suele estar dominado por los hombres, el mundo artesanal les brinda[2]

Una artesana guatemalteca

[1]baskets [2]ofrece

oportunidades a artistas de ambos sexos. En Panamá, por ejemplo, las indias Kuna hacen molas (telas bordadas con hilos[3] de muchos colores brillantes) y las mujeres mestizas e indias cosen[4] polleras (faldas bordadas con encaje[5] intricado). En todas partes, las mujeres elaboran los famosos tejidos que forman los tapices, las alfombras y los suéteres tan codiciados[6] en varias partes del mundo.

[3]*threads* [4]*sew* [5]*lace* [6]*coveted*

Actividad

En parejas, contesten las siguientes preguntas.

1. ¿Qué tipos de artesanía hay en su propia región?
2. ¿Hay artesanías que son hechas principalmente por hombres? ¿Y por mujeres? ¿Cuáles son?
3. ¿Ha hecho Ud. algún tipo de artesanía alguna vez? ¿Cuándo lo hizo y qué era?
4. Si un turista quiere comprar algo «típico» de su región, ¿qué le recomienda que compre? ¿Por qué?
5. ¿Hay algo que sirva para unir el pasado, el presente y el futuro en este país? ¿Qué es?

Lo hispano en los Estados Unidos:
Una celebración especial

La celebración del Diez y Seis de Septiembre en Austin, Texas

Cada año los hispanos que viven en los Estados Unidos celebran el *Hispanic Heritage Month*. La celebración empieza con el Diez y Seis de Septiembre, fiesta que conmemora la Independencia de México (de España) y termina con el Día de la Raza, el 12 de octubre, también conocido como el Día de la Hispanidad o el Día de Colón. Los hispanos celebran activamente sus culturas con fiestas, bailes y programas educativos. Durante este mes, la atención se centra en los asuntos nacionales e internacionales de la comunidad hispana. Esta fiesta tan especial se celebra en casi todos los estados de la Unión. La meta es poner de relieve[1] las culturas latinoamericanas: su música, su comida, su artesanía, su literatura y su arte, con el fin de ampliar la red de personas comprometidas con la comunidad hispana.

Puesto que la participación hispana en las votaciones ha aumentado tanto, muchos políticos dedican parte de su tiempo a asistir a estos festivales. Según el *Census 2000*, más de 35 millones de hispanos viven en los Estados Unidos, lo que significa que esa comunidad va a requerir una mayor atención en todos los aspectos.

[1]poner... *to emphasize the importance of*

Actividad de Internet

Busque información en el Internet sobre el *Hispanic Heritage Month*, para poder contestar las siguientes preguntas.

1. ¿Cuál es la historia de esta celebración? ¿Cuándo y cómo empezó?
2. ¿Se celebra el *Hispanic Heritage Month* en la ciudad donde Ud. vive? ¿Cómo?
3. ¿Se celebra el *Hispanic Heritage Month* en esta universidad? ¿Cómo?
4. ¿Cuáles son algunas de las cosas que se podrían hacer para celebrar este mes?
5. ¿Qué son los *Hispanic Heritage Awards*? ¿Quiénes son algunas de las personas que han ganado uno de estos premios? ¿Qué hicieron para merecerlo?

Lectura 1

El cuento que va a leer, «Primer encuentro», fue escrito por el salvadoreño Alvaro Menéndez Leal, conocido también por su pseudónimo «Menén Desleal». Este cuento de ciencia ficción relata el primer contacto entre seres de dos planetas distintos.

Antes de leer

A. Para comentar: Los OVNIs

Paso 1 Lea las opiniones de las siguientes personas sobre la existencia de los OVNIs.

Claro que hay OVNIs. Los imagino redondos, llenos de luces. Y si existen extraterrestres, no tienen aspecto humano. Deben de ser más grandes y mejores que nosotros, pero no son verdes ni nada. Los de las fotos parecen ciencia ficción.

**Mari Carmen Segovia
21 años, niñera[1]**

¿Sí que hay OVNIs...? Quizás exista vida vegetal o incluso animal en otros planetas. Ya he tenido la oportunidad de leer algunos artículos sobre el caso Roswell y he visto las fotos de los presuntos extraterrestres. A mí, la verdad, me parece que son muñecas.[2]

**Belén Rodríguez
24 años, agente de viajes**

[1]*babysitter* [2]*dummies*

Lectura 1 **185**

Paso 2 Ahora en parejas, comenten las siguientes preguntas, explicando sus opiniones.

1. ¿Cree Ud. que hay vida en otros planetas?
2. ¿Cree en los OVNIs?
3. ¿Cree que los extraterrestres nos han visitado ya?
4. ¿Habrá relaciones pacíficas entre los planetas?
5. ¿Le interesa la ciencia ficción?

B. **Acercándose al tema** Ahora, lean el título de la siguiente ficha y las nueve palabras asociadas con el tema del cuento. Utilicen su imaginación y las palabras de la ficha para formular un reportaje desde Roswell, Nuevo México, en el que describan la existencia de unos extraterrestres en esa zona. Sean creativos y tomen apuntes para poder compartir sus ideas con el resto de la clase.

No cabe duda que viven entre nosotros.		
la apariencia física	el extraterrestre	el miedo
afrontar	convivir	respetar
asombroso/a	horripilante	inesperado/a

Primer encuentro

VISUALIZAR

No hubo explosión alguna. Se encendieron, simplemente, los retro-cohetes,[1] y la nave[2] se acercó a la superficie[3] del planeta. Se apagaron los retrocohetes y la nave, entre polvo[4] y gases, con suavidad poderosa, se posó.[5v]

Fue todo.

Se sabía que vendrían. Nadie había dicho cuándo; pero la visita de habitantes de otros mundos era inminente. Así, pues, no fue para él una sorpresa total. Es más:[6] había sido entrenado, como todos, para recibirlos. «Debemos estar preparados —le instruyeron en el Comité Cívico—; un día de estos (mañana, hoy mismo…), pueden descender de sus naves. De lo que ocurra en los primeros minutos del encuentro dependerá la dirección de las futuras relaciones interespaciales… Y quizás nuestra supervivencia. Por eso, cada uno de nosotros debe ser un embajador dotado[7] del más fino tacto, de la más cortés de las diplomacias».

[1]retro-rockets (for decelerating) [2](space)ship [3]surface [4]dust [5]se… landed [6]Es… What's more [7]endowed

Por eso caminó sin titubear[8] el medio kilómetro necesario para llegar hasta la nave. El polvo que los retrocohetes habían levantado le molestó un tanto; pero se acercó sin <u>temor</u> alguno, y sin temor alguno se dispuso a esperar la salida de los lejanos visitantes, preocupado únicamente por hacer de aquel primer encuentro un trance grato[9] para dos planetas, un paso agradable y placentero.

Al pie de la nave pasó un rato de espera, la vista fija en el metal <u>dorado</u> que el sol hacía destellar[10] con reflejos que le herían los ojos; pero ni por eso parpadeó.[11]

Luego se abrió la escotilla,[12] por la que se proyectó sin tardanza una estilizada escala[13] de acceso.

No se movió de su sitio, pues temía que cualquier movimiento suyo, por inocente que fuera, lo interpretaran los visitantes como un gesto hostil. Hasta se alegró de no llevar sus armas consigo.

Lentamente, oteando,[14] comenzó a insinuarse,[15] al fondo de la escotilla, una figura.

Cuando la figura se acercó a la escala para bajar, la luz del sol le pegó de lleno.[16] Se hizo entonces evidente su horrorosa, su espantosa forma.[v]

Por eso, él no pudo reprimir[17] un grito de terror.

Con todo, hizo un <u>esfuerzo</u> supremo y esperó, fijo en su sitio, el corazón al galope.[18]

La figura bajó hasta el pie de la nave, y se detuvo frente a él, a unos pasos de distancia.

Pero él corrió entonces. Corrió, corrió y corrió. Corrió hasta avisar a todos, para que prepararan sus armas: no iban a dar la bienvenida a un ser con *dos* piernas, *dos* brazos, *dos* ojos, *una* cabeza, *una* boca...[v]

[8]sin... *without hesitating* [9]trance... *pleasant moment* [10]*sparkle* [11]pero... *but not even that made him blink* [12]*hatch* [13]*ladder* [14]*looking things over* [15]*aparecer* [16]le... *revealed him fully* [17]*suppress* [18]al... *a toda velocidad*

VOCABULARIO
VOCABULARIO
VISUALIZAR
VOCABULARIO
VISUALIZAR
VERIFICAR

1. ¿Quiénes participan en la acción del cuento?
2. ¿Cuáles son los puntos principales del cuento?
3. ¿Qué acciones tienen lugar en el cuento? ¿Qué verbos de acción se usan?

4. ¿Cómo puede Ud. expresar con sus propias palabras lo que pasa en el cuento?

Después de leer

A. Comprensión

Paso 1 Conteste las siguientes preguntas, según el cuento.

1. ¿Esperaba el protagonista del cuento la llegada de seres de otro mundo?
2. Según el Comité Cívico, ¿cómo se debe recibir a los visitantes?
3. ¿Cómo reaccionó el protagonista cuando vio al visitante?
4. ¿Cómo era el visitante? ¿Quién o qué era?

Paso 2 En parejas, hagan un resumen del cuento. Incluyan tantos detalles como puedan.

B. El editor exigente Un editor ha leído el cuento y pide que se hagan algunos cambios. Imaginándose que Ud. es el autor Alvaro Menéndez Leal, escriba un párrafo adicional según una de las sugerencias del editor, y manteniendo el tono general del cuento.

1. «Me interesa saber más sobre el protagonista. ¿Cómo es su apariencia física? ¿Cuál es su profesión? ¿Qué edad tiene? ¿Tiene familia? ¿Por qué estaba en el bosque cuando llegó la nave?»

2. «¿Qué pasó cuando el protagonista llegó a su pueblo? ¿Cómo reaccionaron los demás? ¿Creyeron lo que les contó? ¿Qué hicieron con los recién llegados?»

C. Ud. y la ciencia ficción

Paso 1 Comente lo siguiente sobre Ud. y la ciencia ficción.

1. Describa un programa, un libro o una película de ciencia ficción que Ud. haya visto o leído.

2. Y en ese programa, libro o película, ¿cómo se describen las relaciones entre los extraterrestres y los seres humanos?

3. ¿Qué características tienen los diferentes extraterrestres? ¿En qué se parecen a los seres humanos? ¿En qué son diferentes?

4. ¿Qué papel desempeña la Tierra en las relaciones interespaciales? ¿Qué papel desempeña este país?

5. ¿Cree Ud. que ese programa, libro o película ofrece una visión realista o por lo menos factible (*feasible*) de las relaciones interespaciales del futuro? ¿Qué diferencias habrá entre esa visión y lo que Ud. cree que sucederá?

Paso 2 Comparta sus respuestas con un compañero / una compañera. ¿Tienen Uds. la misma visión del futuro?

D. El primer encuentro Escriba un diálogo en el que Ud. narre el primer encuentro entre un ser humano y un extraterrestre que acaba de llegar a la Tierra. ¿Cómo será ese encuentro? ¿Será placentero? ¿difícil? ¿horripilante? ¿ ? ¡Use su imaginación!

E. Las noticias de la llegada Imagínese que Ud. es un(a) habitante del planeta representado en «Primer encuentro». El día después de la llegada de los seres humanos a su planeta, Ud. lee los siguientes titulares en el periódico local y los comenta con dos amigos. En grupos de tres, preparen una reacción, una recomendación y una hipótesis para cada titular.

1. POR FIN LLEGAN LOS VISITANTES DE OTRO PLANETA
   a. reacción   b. recomendación   c. Si yo/ellos...

2. EL CIUDADANO QUE LOS ENCONTRÓ SE ASUSTÓ ANTE LA APARIENCIA HORRIPILANTE DE LOS VISITANTES
   a. reacción   b. recomendación   c. Si yo/ellos...

3. TIENEN SOLO DOS PIERNAS, DOS BRAZOS, DOS OJOS, UNA CABEZA Y UNA BOCA
   a. reacción   b. recomendación   c. Si yo/ellos...

4. EL CIUDADANO QUE LOS ENCONTRÓ DESCANSA EN UN HOSPITAL PSIQUIATRICO
   a. reacción   b. recomendación   c. Si yo/él...

5. DICEN QUE QUIEREN LA PAZ, PERO NO DEBEMOS CONFIAR EN ELLOS
   a. reacción   b. recomendación   c. Si yo/ellos…

F. La inmigración y la discriminación Imagínese otro planeta que es mucho más avanzado que el nuestro. Allí los seres tienen una mejor calidad de vida que la de aquí: Hay más trabajo con mejores sueldos, más acceso a la educación, un sistema médico más avanzado, etcétera.

Aquí en la Tierra se experimentan muchos problemas: la pobreza, el hambre, el desempleo, las enfermedades, etcétera. Por eso, Ud. y su familia deciden emigrar al nuevo planeta en busca de una nueva vida. Pensando en lo que Ud. haya leído y comentado este semestre en cuanto a la experiencia de los inmigrantes, conteste las siguientes preguntas.

1. ¿Cómo se sentirá Ud. al dejar a sus amigos y a otros familiares? ¿Qué les prometerá?

2. ¿Cómo se sentirá cuando tenga que dejar sus viejas costumbres y aprender otras nuevas?

3. Ya que los del nuevo planeta consideran que la Tierra es un planeta inferior y subdesarrollado, se ofrecen a los seres humanos sólo los trabajos menos deseados. Ud. hizo estudios universitarios en la Tierra, pero ¿cómo se sentirá cuando tenga que realizar trabajos manuales? ¿Cómo se preparará para realizarlos?

4. ¿Qué hará si tiene que aprender un nuevo idioma porque está prohibido que hable su lengua materna?

5. ¿Cómo se sentirá si lo/la acusan de criminal, si lo/la marginan de la sociedad dominante o si lo/la tratan como un ser inferior?

6. ¿Cómo afrontará esos prejuicios?

Lectura 2

La escritora Gioconda Belli nació en Managua, Nicaragua, en 1948. Además de ser renombrada poeta, novelista y ensayista, ha estado siempre muy involucrada en la política de su país. Durante los años 60, trabajó con los Sandinistas, un movimiento revolucionario marxista que estuvo en el poder en Nicaragua de 1979 a 1990. Como escritora ha ganado un sinnúmero de premios, incluyendo el prestigioso premio literario de Casa de las Américas en 1978 por su colección de poemas, *Línea de fuego*. Sus numerosas publicaciones incluyen, además, *De la costilla de Eva* (poesía, 1987), *La mujer habitada* (novela, 1988) y su reciente *Waslala, Memorial al futuro* (novela, 1996).

Antes de leer

Para comentar En grupos de tres, comenten las siguientes preguntas.

1. ¿De qué forma habría sido diferente su vida si hubiera nacido en otro país o durante otro siglo? Puede especular, por ejemplo, sobre cómo

habría sido nacer en uno de los países que estudiaron este semestre o en un tiempo antes de la llegada de Cristóbal Colón a las Américas.

2. ¿Cuánto control tiene una persona sobre la sociedad en la que vive? ¿Puede una persona afectar sus alrededores? ¿De qué manera?

Uno no escoge

Uno no escoge el país donde nace;
pero ama el país donde ha nacido.

Uno no escoge el tiempo para venir al mundo;
pero debe dejar huella de su tiempo.

Nadie puede evadir su responsabilidad.

Nadie puede taparse los ojos, los oídos,
enmudecer y cortarse las manos.

Todos tenemos un deber de amor por cumplir,
una historia que nacer
una meta que alcanzar.

No escogimos el momento para venir al mundo:
Ahora podemos hacer el mundo
en que nacerá y crecerá
la semilla que trajimos con nosotros.

Después de leer

A. **Comprensión y análisis**   En parejas, contesten las siguientes preguntas.

1. ¿Qué es lo que uno no escoge, según el poema?
2. ¿Qué significa el verso: «pero debe dejar huella de su tiempo»?
3. ¿Qué es «la semilla que trajimos con nosotros»?
4. En su opinión, ¿cuál es el tema principal del poema? ¿Está Ud. de acuerdo con Belli?

B. **El lenguaje poético**

Paso 1   Belli usó muchas imágenes e ideas muy concretas para expresar su mensaje en este poema. Todos los versos son casi oraciones completas. Indique los cinco sustantivos y los cinco verbos que Ud. cree que expresan mejor el mensaje central del poema.

Paso 2   Ahora, escoja el verso que, en su opinión, expresa mejor el mensaje central del poema. Con sus propias palabras, indique qué significa el verso y explique por qué lo escogió.

Paso 3 ¿De qué manera es «poético» el poema? Es decir, aunque recurre a imágenes concretas y un lenguaje muy sencillo, ¿cómo logra Belli hacer que suenen sus palabras a poesía? ¿por medio de la estructura, la melodía de las palabras,… ?

C. La poesía y yo   Leer poesía es una experiencia muy individual; cada persona tiene una reacción única y personal al leer un poema. La poesía nos habla a través de las imágenes, los símbolos, las metáforas y conexiones con nuestras experiencias. A veces es difícil poner en palabras nuestro entendimiento de un poema; es más fácil responder de igual manera con conexiones con la vida real. Pensando en «Uno no escoge», indique qué asociaría Ud. con el poema en cada una de las siguientes categorías. Luego, comparta sus respuestas con un compañero / una compañera.

1. películas que presentan a una persona o un grupo que trata de cambiar su país o comunidad
2. canciones o cantantes que comunican una conciencia social y un deseo de cambiar el mundo
3. libros que hablan de personas que han tenido un impacto importante en su sociedad
4. personas famosas que en este momento trabajan para mejorar su comunidad, su país o el mundo entero

D. El amor por la patria   En grupos de tres, comenten las siguientes preguntas.

1. Belli dice que uno ama el país donde nace. ¿Está Ud. de acuerdo con esa afirmación? ¿Qué es lo que uno normalmente ama de su país? ¿Ama Ud. el país donde nació?
2. También sugiere que uno tiene la obligación de trabajar para mejorar el país donde nació. ¿Está Ud. de acuerdo? ¿De qué manera trabaja o podría trabajar para mejorar su país natal?
3. ¿Hay amores peligrosos? ¿Es decir, es posible ser demasiado patriótico o nacionalista?

E. Yo, poeta   Piense en un problema de su universidad, comunidad o país que le gustaría resolver. Utilizando el mismo estilo directo, y lenguaje sencillo, del poema de Belli, escriba un poema corto en el que trate de convencer a otras personas de que trabajen para resolver el problema.

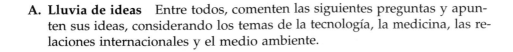

A. Lluvia de ideas   Entre todos, comenten las siguientes preguntas y apunten sus ideas, considerando los temas de la tecnología, la medicina, las relaciones internacionales y el medio ambiente.

1. ¿Cuáles son algunos de los avances que van a hacer que nuestro mundo sea mejor en el futuro?

2. ¿Cuáles son algunos de los avances que podrían cambiar nuestro mundo de una manera negativa?

B. **Composición preliminar**   Imagínese que es el año 2050. Ud. ya es una persona mayor. ¿Es Ud. optimista o pesimista en cuanto a los avances modernos que ha visto a lo largo de su vida? Prepare un ensayo corto sobre uno de los temas mencionados en la lluvia de ideas. En su ensayo, (1) indique si Ud. cree que los avances en el campo que escogió han tenido un impacto positivo o negativo en el mundo actual, (2) dé dos o tres ejemplos de cómo han ayudado o han dañado el mundo y (3) haga predicciones para el futuro.

C. **Composición final**   Lea la composición de un compañero / una compañera. Si su compañero/a ha expresado una actitud negativa sobre los avances, trate de convencerlo/la de que vea lo positivo de estos avances. Si su compañero/a ha expresado una actitud positiva, trate de convencerlo/la de que vea el lado negativo de los avances que mencionó. Finalmente, ofrezca ideas de cómo podemos conservar lo bueno del siglo XX y beneficiarnos de los avances del siglo XXI.

Hablando del tema

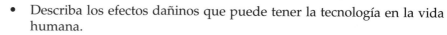

Paso 1   Prepare una ficha sobre los siguientes temas para luego poder hacer comentarios sobre cada una de las preguntas o situaciones de cada tema.

La tecnología

- Entre los avances robóticos y los genéticos, ¿cuáles le fascinan más? Explique por qué.

- ¿Qué pasaría si la clonación y el uso de los *robots* fuera común y corriente?

- Describa los efectos dañinos que puede tener la tecnología en la vida humana.

- ¿De qué forma será diferente la vida de sus nietos como consecuencia de los cambios en la tecnología?

La ecología

- Describa las amenazas actuales al medio ambiente.

- Las compañías multinacionales han hecho cosas dañinas al medio ambiente alrededor del mundo, pero también han hecho esfuerzos para protegerlo. En su opinión, ¿cuáles son algunas de las cosas positivas que han hecho las multinacionales? ¿Y las negativas?

- Si Ud. tuviera un puesto en el gobierno, ¿qué haría para mejorar el medio ambiente?

Un mundo sin fronteras

- ¿Qué problemas causan las fronteras entre las naciones?
- Si las fronteras políticas ya no existieran, ¿qué pasaría con la individualidad de las naciones?
- ¿Cómo se puede alcanzar el respeto mutuo por lo tradicional y lo moderno en un mundo tan dedicado al progreso tecnológico?

La colaboración mundial

- ¿Cuáles son los problemas mundiales que podemos resolver con más cooperación y compasión?
- ¿Sería provechoso que las universidades exigieran que los estudiantes de ciencias tomaran más cursos sobre las relaciones humanas, las relaciones interculturales y más años de estudio de los idiomas extranjeros? Explique por qué sí o por qué no.
- ¿Cree Ud. que habrá nuevas oportunidades en el futuro para las carreras que se dedican a resolver problemas globales?

Paso 2 Prepare una pregunta para cada ficha, utilizando diferentes puntos clave. Luego, hágale las preguntas a un compañero / una compañera de clase.

Explicación gramatical

LOS PUNTOS CLAVE

Descripción

The following grammar summaries on (A) agreement, (B) **ser** and **estar,** (C) past participles used as adjectives, and (D) uses and omission of articles will help you to make more accurate descriptions in Spanish.

A. Agreement

Although you learned about subject/verb agreement and noun/adjective agreement when you first started to learn Spanish, you may still have problems with agreement, or **concordancia,** especially when the person, place, or thing continues to be alluded to in a longer text. At this point, you are probably able to place adjectives with the correct gender when they are close to the noun they modify, but you may lose sight of the gender if the sentence continues. Note the following examples.

> *Incorrect:* Las rosas amarillas que Javi le dio a Sara eran **bonitos.**
> *Correct:* **Las rosas amarillas** que Javi le dio a Sara eran **bonitas.**

Remember that adjectives agree in number and gender with the nouns they modify. Adjectives ending in **-e** agree in number only (**un chico amable, una chica amable**). The plural is formed by adding **-s** to nouns and adjectives that end in a vowel (**la rosa roja, las rosas rojas**) and **-es** to nouns and adjectives that end in a consonant (**un joven alto, unos jóvenes altos**).

One problem in students' mastering of agreement is the existence of words that are not obviously masculine or feminine. The following lists contain some common nouns and rules that should help you.

1. Most nouns that end in **-a** or that refer to females are feminine.

la brisa	la madre	la reina	la rosa

2. Most nouns that end in **-o** or that refer to males are masculine.

el libro	el padre	el rey	el viento

3. Most nouns that end in **-ción, -sión, -d, -z, -ie, -is** and **-umbre** are feminine.

la actitud	la incertidumbre	la superficie
la canción	la pensión	la universidad
la costumbre	la realidad	la virtud
la crisis	la serie	la voz

4. Most nouns that end in **-l, -n, -r,** and **-s** are masculine.

el amor	el color	el mes
el árbol	el fin	el papel
el camión	el interés	el perfil
	el lunar	el tenedor

5. Even though they end with **-a,** many words ending in **-ma, -pa,** and **-ta** are masculine.

el clima	el drama	el planeta	el programa
el cometa*	el idioma	el poema	el sistema
el diploma	el mapa	el problema	el tema

6. Feminine nouns that begin with a stressed **a-** or stressed **ha-** use masculine articles when they are singular, but feminine articles when they are plural. Remember that these feminine nouns always use feminine adjectives.

el agua fría	las aguas frías
un aula pequeña	unas aulas pequeñas
un hacha larga	unas hachas largas

- Note that this rule applies only when the stress is on the first syllable, hence: **la atmósfera, la audición.**
- Also note that the word **arte** is generally masculine when it appears in the singular and feminine when it appears in the plural, hence: **el arte moderno, las artes gráficas.**

7. Some common words are shortened from their original feminine form. Although the shortened form ends in **-o,** the gender is still feminine.

la fotografía → la foto	la motocicleta → la moto

8. Many nouns ending in **-e** don't follow any specific gender rules. The gender of these nouns must be memorized. Most nouns ending in **-ante** or **-ente** that refer to a person can be masculine or feminine, depending upon the sex of the person to whom they refer.

el café	el/la estudiante
la gente	el/la gerente

9. Nouns and adjectives ending in **-ista** can be either masculine or feminine, depending on the gender of the person to whom they refer.

el/la artista	el presidente progresista
el/la dentista	la mujer realista
el/la periodista	

10. Finally, there are some nouns that do not follow any of the preceding rules. You will have to memorize their gender as you encounter them. Here are a few you may already know.

la cárcel	la mano	la miel	la sal

---

*Note that **el cometa** means *comet* but **la cometa** means *kite.*

¡A practicar!

A. For each of the following words, indicate the number of the corresponding rule of gender found in the preceding explanation.

1. _____ el águila
2. _____ el archivo
3. _____ la crisis
4. _____ la cumbre
5. _____ el día
6. _____ la flor

7. _____ la foto
8. _____ la luz
9. _____ la mano
10. _____ la moto
11. _____ la mujer
12. _____ la nariz

13. _____ el pan
14. _____ el papel
15. _____ la playa
16. _____ la voz

B. Indicate the appropriate articles and adjectives for each of the following sentences.

1. _____ gente de mi barrio es muy _____. (simpático)
2. _____ aguas de los dos lagos son _____. (frío)
3. _____ fotos de mi novio, Francisco, son _____. (bonito)
4. _____ problema con _____ voz de Margarita es que es muy _____. (bajo)
5. _____ canciones que Leo canta son _____. (fabuloso)
6. _____ crisis con _____ clima en California es _____. (malo)
7. _____ nariz de Pepe, mi hermano menor, es muy _____. (largo)
8. _____ mapa de _____ ciudad que queremos visitar es _____. (pequeño)
9. _____ sol en las montañas es muy _____. (fuerte)
10. _____ árboles que están en _____ jardín son _____. (gigantesco)

B. Ser and estar

The irregular verbs **ser** and **estar** are used when describing people, places, and things. Here are some of the more common uses of **ser** and **estar**.

SER	ESTAR
1. to express inherent characteristics or the perceived norm with adjectives (I) Eva Perón **era** una mujer **elegante** y **sofisticada.** Ana **es** médica.	1. to express the location of a physical entity (L) **¿Dónde está** el bolígrafo? La foto **está en mi coche.**
2. with **de** to indicate origin (O) José **es de** Costa Rica.	2. to express a condition, such as health, mental state, or a change from the perceived norm (C) La profesora no puede hablar porque **está cansada.** Los niños **estaban** más animados ayer. Mariola, ¡**estás lindísima** hoy!
3. with **de** to indicate possession (PO) Las flores **son de** Camila.	

4. to indicate time (T) and date (D)

   Eran las once cuando Sara llegó.
   Mañana **es el 15 de sep-tiembre.**

5. to express where an event takes place (E)

   ¿Dónde **es** el examen final?
   El concierto **es** en ese teatro.

3. to form the progressive (P)

   El atleta **estaba sudando** (*sweating*) profusamente.
   María **está estudiando** con Pepe.

Note how the use of **ser** or **estar** in the following sentences changes their meaning.

1. La paella **es** muy rica.
   La paella **está** muy rica.

   Paella is delicious. (It always is.)
   The paella tastes delicious. (this paella that I'm eating now)

2. Horacio **es** nervioso.

   Héctor **está** nervioso.

   Horacio is nervous. (He is a nervous person.)
   Héctor is nervous. (Something must have happened to make him nervous.)

3. Susana **es** guapa.

   Lola **está** muy guapa.

   Susana is pretty. (She's a pretty woman.)
   Lola looks very pretty. (She looks especially pretty today.)

4. Ramón **es** aburrido.

   Pepe **está** aburrido.

   Ramón is boring. (He's a boring person.)
   Pepe is bored. (right now)

5. Paco **es** listo.

   Juana **está** lista.

   Paco is smart. (He's an intelligent person.)
   Juana is ready. (She's prepared to begin/go.)

¡A practicar!

A. Select the correct word or phrase from those given to complete each of the following sentences.

1. La familia de Diego es _____.
   (en México, cerca de San Antonio, de México, tristes)

2. Los padres de Sergio estaban _____.
   (ricos, de San Francisco, norteamericanos, preocupados)

3. Laura creía que Sara era _____.
   (tímida, en otra tienda, llorando, con ella)

4. Sara estaba _____ cuando oyó las noticias.
   (joven, tomando un café, cruel, una trabajadora)

5. Javier es _____.
   (periodista, en Ruta Maya, frustrado, escribiendo un artículo)

B. Indicate the letter(s) (from the list of common uses of **ser** and **estar** at the beginning of this section) that explain(s) why **ser** or **estar** is used in each of the following sentences.

I = description of inherent characteristics
O = origin
PO = possession
T = time
D = date

E = event
L = location
C = description of state or condition
P = progressive

1. _____ *Soy* de Miami. ¿Y tú?

2. _____ ¿*Está* pensando en mudarse a Puerto Rico?

3. _____ Su casa natal *está* en San Juan.

4. _____ Tengo que irme; ya *son* las tres y media.

5. _____ La reunión *es* en la casa de Cristina.

6. _____ *Estamos* preparados para el examen.

7. _____ *Era* la una cuando Laura llegó al laboratorio.

8. _____ Ellos *son* de Cuba pero sus antepasados *eran* de España.

9. _____ La reunión *fue* en la oficina del presidente.

10. _____ *Es* una mujer muy lista y capaz.

11. _____ El coche rojo *es* de Diego.

12. _____ Marisol *estaba* muy contenta de oír la voz de su esposo.

13. _____ *Estuvo* estudiando durante tres horas.

14. _____ Los muebles antiguos *son* de sus abuelos.

15. _____ La puerta *estaba* cerrada.

C. Fill in the blanks with the correct form of **ser** or **estar.**

Los cinco amigos viven en Austin, la capital de Texas. Austin _____[1] una ciudad de tamaño mediano, aunque _____[2] experimentando un gran crecimiento[a] en la población. Austin _____[3] conocido por su actividad en el campo de la música, por eso le gusta a Sergio vivir allí. La mayoría de los conciertos _____[4] en la Calle Seis, que _____[5] muy cerca del centro de la ciudad. Uno de los lugares más tradicionales para ir a escuchar nueva música _____[6] el Continental Club. A veces toca allí un grupo de música cubana que se llama Son Yuma. Bueno, en realidad los músicos de este grupo _____[7] estudiantes y _____[8] de los Estados Unidos. Pero los muchachos _____[9] muy dedicados; el año pasado _____[10] en Cuba estudiando con músicos cubanos para perfeccionar su estilo. La chica que canta con ellos tiene una voz increíble. Ella _____[11] de Dallas, pero su español _____[12] tan bueno que parece _____[13] cubana. Este viernes, el grupo presentará un concierto de nueva música. El concierto _____[14] en el Club Palmeras, una salsateca importante. El club _____[15] de un primo de uno de los músicos. Los miembros del grupo _____[16] muy emocionados porque viene un promotor musical de Nueva York para escucharlos. También _____[17] nerviosos, pero _____[18] seguro que todo saldrá bien.

[a]*growth*

C. Past participles used as adjectives

The past participle can be used as an adjective to modify a noun. This type of adjective is frequently used with **estar,** as it often describes the state or condition that results from an action or change. Remember that the rules of agreement apply.

- Regular past participles are formed by adding **-ado** to the stem of **-ar** verbs and **-ido** to the stem of **-er** and **-ir** verbs.

  Laura está **frustrada** con Sara. (frustrar)
  Diego y Sergio estaban **sorprendidos** porque había tanta gente en el café aquel día. (sorprender)
  Javier estaba **dormido** durante la reunión porque era **aburrida.** (dormir, aburrir)

- Some verbs have irregular past participles, whereas others simply add a written accent to maintain the appropriate stress.

COMMON IRREGULAR PAST PARTICIPLES		ADDED ACCENT
abrir: abierto	morir: muerto	caer: caído
cubrir: cubierto	poner: puesto	creer: creído
decir: dicho	resolver: resuelto	leer: leído
descubrir: descubierto	romper: roto	oír: oído
escribir: escrito	ver: visto	traer: traído
hacer: hecho	volver: vuelto	

¡A practicar!

Fill in the blanks with the appropriate form of the past participle of the verbs in parentheses.

Cuando Laura llegó a su laboratorio el domingo pasado, se llevó una sorpresa. La puerta, que normalmente está _____[1] (cerrar) con llave, estaba _____[2] (abrir). Con mucha precaución, Laura entró en el laboratorio y descubrió que todo estaba _____[3] (hacer) un desastre. Había muchas probetas[a] _____[4] (romper) y papeles _____[5] (tirar) por el piso y algunos de los ratones de prueba estaban _____[6] (morir). Otras jaulas, de algunos animales que se habían escapado, estaban _____[7] (abrir). Laura llamó inmediatamente a la policía. Era obvio que alguien había entrado en el laboratorio maliciosamente, tal vez con la intención de robar algo. Y qué lástima fue, porque el trabajo de muchas personas estaba totalmente _____[8] (perder). Hasta hoy todavía, el caso no está _____[9] (resolver).

[a]*test tubes*

D. Uses and omission of articles

DEFINITE ARTICLES

In Spanish, the definite article (**el/la/los/las**) is necessary in many cases in which no article is used in English. Although you will find exceptions, the following rules will serve as a general guideline to help you decide whether or not to use the definite article.

1. The definite article is needed before nouns that refer to concepts and abstract things and to nouns used in a general sense.

El amor nos ayuda a sobrevivir.
Love helps us to survive.

Los deportes son importantes para **la gente joven.**
Sports are important for young people.

El dinero puede causar problemas en vez de resolverlos.
Money can cause problems instead of solving them.

2. The definite article is used with nouns that refer to a general group.

La gente sin recursos necesita nuestra ayuda.
People without resources need our help.

Los inmigrantes han aportado mucho a nuestro país.
Immigrants have contributed a lot to our country.

3. The definite article is used for dates, seasons, meals, and hours.

Vamos a México **el 3 de enero** para pasar **el invierno** en la playa.
We're going to Mexico on January third to spend the winter at the beach.

Sirven **la cena** a eso de **las ocho** de **la noche.**
They serve dinner at about eight at night.

4. The definite article is used in place of a possessive adjective for parts of the body and clothing.

Me puse **las sandalias** para ir a la playa.
I put on my sandals to go to the beach.

Rafael se lavó **la cara** con agua fría para despertarse.
Rafael washed his face with cold water to wake up.

5. The definite article precedes most professional titles or titles of respect, including **señor(a) (Sr[a].)** and **doctor(a) (Dr[a].)** when referring to or talking about these people. The masculine plural article **los** is used with the singular surname when referring to a family.

La Sra. Romo fue a ver al **Dr.** Peña.
Mrs. Romo went to see Dr. Peña.

Los Rivera y **los Smith** son amigos.
The Riveras and Smiths are friends.

6. The definite article is used before names of sciences, skills, school subjects, and languages when they are the subjects of a sentence or the object of a preposition other than **de** or **en.** When languages are objects of a verb, the article is not used.

El español es mi clase favorita, pero tengo problemas con **la conjugación** de los verbos.
Spanish is my favorite class, but I have problems with verb conjugations.

but No estoy muy interesado en **química.**
I'm not very interested in chemistry.

El libro de **alemán** cuesta más de 40 dólares.
The German book costs more than $40.00.

Estoy tomando **historia, matemáticas** y **español.**
I'm taking history, math, and Spanish.

7. The definite article is used with **cama, cárcel, colegio, escuela, guerra, iglesia,** and **trabajo** when they are preceded by a preposition.

Si vuelves de **la escuela** antes de las 3:30, todavía estaré en **la iglesia.**

If you return from school before 3:30, I will still be in church.

8. The masculine singular definite article **el** forms a contraction with the prepositions **de** and **a.** These are the only such contractions in Spanish.

No encuentro las llaves **del coche.**

I can't find the car keys.

but No encuentro las llaves **de la casa.**

I can't find the house keys.

Ayer fui **al centro comercial** para comprar zapatos.

Yesterday I went to the mall to buy shoes.

but Ayer fui **a la zapatería,** pero no me gustaron los precios de allí.

Yesterday I went to the shoestore, but I didn't like the prices there.

INDEFINITE ARTICLES

In Spanish, the indefinite article (**un/una/unos/unas**) is used less frequently than in English. Therefore, the rules in Spanish deal mostly with the omission of the article.

1. No indefinite article is used after the verb **ser** when referring to professions, nationalities, or political and religious affiliations. But whenever these items are modified with an adjective, the indefinite article must be used.

No quiere ser **administradora.**

She doesn't want to be an administrator.

Era republicano, pero ahora es **un demócrata apasionado.**

He was a Republican, but now he's a fervent Democrat.

2. No indefinite article is used before **otro/a, medio/a, cierto/a, mil, cien,** or **ciento.**

No hay **otra manera** de hacer la receta excepto con **media libra** de tomates frescos.

There's no other way to make the recipe except with a half pound of fresh tomatoes.

El libro cuesta **mil** ciento cincuenta **pesos.**

The book costs one thousand one hundred fifty pesos.

¡A practicar!

For the following narration, indicate the appropriate definite or indefinite article, according to the context of the story. **¡OJO!** In some cases, no article is required.

_____¹ primo de Sara es _____² maestro en _____³ escuela secundaria cerca de _____⁴ frontera[a] entre España y Portugal. Enseña _____⁵ inglés y _____⁶ matemáticas. En total tiene _____⁷ cien estudiantes en _____⁸ inglés y _____⁹ ciento veinte estudiantes en _____¹⁰ matemáticas.

[a]*border*

_____[11] Sr. Garrudo es _____[12] jefe de estudios[b] de _____[13] secundaria e insiste en que _____[14] maestros lleguen _____[15] hora antes de que empiecen _____[16] clases para hablar sobre _____[17] manera más satisfactoria de ayudar a _____[18] estudiantes con _____[19] problemas de _____[20] aprendizaje.[c] Es _____[21] administrador comprensivo y dedicado a _____[22] desarrollo académico y psicológico de _____[23] estudiantes de su escuela. El cree con todo _____[24] corazón[d] que _____[25] dedicación, _____[26] paciencia y _____[27] amor son _____[28] componentes necesarios para asegurar[e] _____[29] éxito[f] de todos _____[30] estudiantes.

[b]jefe... _principal_   [c]_learning_   [d]con... _wholeheartedly_   [e]_assure_   [f]_success_

Comparación

When describing people, places, things, emotions, and actions, we often compare them with others that are the same or different. In this section, you will review (A) comparisons of equality. (B) comparisons of inequality, (C) irregular comparative forms, and (D) superlatives.

C
COMPARAR

A. Comparisons of equality

When you compare people, places, and things that are equal, use the following formulas.

1. **tan** + _adjective_ + **como** (Note that the adjective always agrees with the noun it modifies.)

   Laura es **tan lista como** Sergio.
   Javi y Jacobo son **tan ambiciosos como** su padre.

2. **tan** + _adverb_ + **como**

   Javier habla **tan rápidamente como** Sara.
   Laura duerme **tan profundamente como** Sara.

3. **tanto/a/os/as** + _noun_ + **como** (Note that **tanto** agrees in number and gender with the noun it modifies.)

   Su tio tiene **tanto dinero como** su padre.
   Cristina ha traído **tantos regalos como** Diego.
   Marisol tiene **tantas amigas como** Sean.

4. _verb_ + **tanto como**

   Felipe **gasta tanto como** yo.
   Jorge no **come tanto como** su hermano.

B. Comparisons of inequality

When you compare people, places, or things that are not equal, use the following formulas.

1. **más/menos** + _adjective, adverb,_ or _noun_ + **que**

   Marisol estaba **más contenta** con el Hotel Regina **que** tú.
   Uds. viajan **más frecuentemente que** nosotros.
   Este plan tiene **menos actividades que** el otro.

2. *verb* + **más/menos** + **que**

Pablo siempre **paga menos que** Roberto.
Por lo general, los europeos **fuman más que** los norteamericanos.

3. **más de/menos de** + *number*

El viaje a Madrid le costará **menos de 1.000 dólares.**
Hay **más de 55 personas** apuntadas (*signed up*) para esta excursión.

C. Irregular comparative forms

Some adjectives have a regular and an irregular comparative form.

mejor   *better*
peor   *worse*
mayor   *older; greater*
menor   *younger; lesser*

¡OJO! Do not use **más bueno/malo** or **más joven/viejo** in these instances.

Esta clase es **mejor que** la del semestre pasado.
Carolina es **menor que** Sara, pero **mayor que** Claudia.
Los efectos del terremoto (*earthquake*) son **mayores que** los del
   huracán.

D. Superlatives

Superlative comparisons rank one member of a group as the highest or
lowest example of its kind. In general, superlatives are formed as follows.

definite article + *noun* + **más/menos** + *adjective* + **de**

Pancho es **el estudiante más entretenido** (*entertaining*) **de** todos.

• Note that irregular forms precede the noun in this type of comparison. Of course, **más/menos** is not used in these constructions.

Dormir en la playa es **la peor idea del** mundo porque hay muchos
mosquitos.

¡A practicar!

A. Write comparisons in complete sentences, using your imagination, the
clues given, and the information from the chart.

NOMBRE	EDAD	HERMANOS	SALARIO	CARRO
Javier	28	1	$2.000/mes	1972 Volkswagen
Laura	27	3	$1.200/mes	1999 Honda Civic
Diego	32	3	$6.000/mes	Mercedes Benz

1. Laura / Diego / tener hermanos
2. Laura / Javier / joven

3. el coche de Javier / el coche de Laura / bueno

4. Diego / Javier / ganar dinero

5. Javier / Laura / rico

6. Laura / Diego / salir a comer

7. Javier / Diego / tomar el autobús

B. Translate the following sentences into Spanish.

1. Diego is the most serious of the five friends.

2. I think Austin is the most beautiful city in Texas.

3. Javier is the best person for giving advice.

4. Sara is the youngest one in her family.

5. That place is the best café in the city, but its bathrooms are the worst.

Reacciones y recomendaciones

When reacting to situations or making recommendations in Spanish, you will often need to use the subjunctive mood. In order to help you master the concepts of the subjunctive, this section contains a review of (A) present subjunctive forms, (B) past subjunctive forms, (C) use of the subjunctive in noun clauses, and (D) formal and informal commands.

REACCIONAR
R
RECOMENDAR

A. Formation of the present subjunctive

1. The present subjunctive is formed by dropping the **-o** from regular present-tense first-person singular indicative forms, then adding **-e** endings to **-ar** verbs and **-a** endings to **-er/-ir** verbs.

-ar	**-er/-ir**	
ayudar	leer	vivir
ayud**o** → ayud-	le**o** → le-	viv**o** → viv-
ayud**e**	le**a**	viv**a**
ayud**es**	le**as**	viv**as**
ayud**e**	le**a**	viv**a**
ayud**emos**	le**amos**	viv**amos**
ayud**éis**	le**áis**	viv**áis**
ayud**en**	le**an**	viv**an**

2. Verbs that undergo spelling changes or are irregular in the first-person singular indicative retain this irregularity throughout the present subjunctive.

conocer	hacer	tener
conozc**o** → conozc-	hag**o** → hag-	teng**o** → teng-
conozca	haga	tenga
conozcas	hagas	tengas
conozca	haga	tenga
conozcamos	hagamos	tengamos
conozcáis	hagáis	tengáis
conozcan	hagan	tengan

3. There are only six irregular verbs in the present subjunctive. Note that the first letters of the infinitives of these irregular verbs, taken together, spell out the word DISHES.

dar: dé, des, dé, demos, deis, den
ir: vaya, vayas, vaya, vayamos, vayáis, vayan
saber: sepa, sepas, sepa, sepamos, sepáis, sepan
haber: haya, hayas, haya, hayamos, hayáis, hayan
estar: esté, estés, esté, estemos, estéis, estén
ser: sea, seas, sea, seamos, seáis, sean

4. Stem-changing **-ar** and **-er** verbs in the subjunctive do not include the stem change for the **nosotros** and **vosotros** forms. Stem-changing **-ir** verbs, however, do retain a stem change for those forms.

-ar: sentarse (ie)
  me s**ie**nte, nos sentemos,
    os sentéis
-er: volver (ue)
  v**ue**lva, volvamos, volváis

-ir: pedir (i, i)
  p**i**da, p**i**damos, p**i**dáis
  sentir (ie, i)
    s**ie**nta, s**i**ntamos, s**i**ntáis

B. Formation of the past subjunctive

1. The past subjunctive is formed by dropping the **-ron** from the third-person plural preterite form* and replacing if with endings that include **-ra**[†] for **-ar, -er,** and **-ir** verbs. Note the written accents on the first-person plural forms.

-ar	-er	-ir
ayudar	leer	vivir
ayuda**ron** → ayuda-	leye**ron** → leye-	vivie**ron** → vivie-
ayuda**ra**	leye**ra**	vivie**ra**
ayuda**ras**	leye**ras**	vivie**ras**
ayuda**ra**	leye**ra**	vivie**ra**
ayudá**ramos**	leyé**ramos**	vivié**ramos**
ayuda**rais**	leye**rais**	vivie**rais**
ayuda**ran**	leye**ran**	vivie**ran**

2. All irregular third-person plural preterite forms retain the irregularity in the past subjunctive.

dar: dieron → diera, dieras, diera,...
estar: estuvieron → estuviera, estuvieras, estuviera,...
saber: supieron → supiera, supieras, supiera,...

---

*See the next section, **Narración en el pasado,** for a review of preterite forms.
[†]An alternate ending that includes **-se** is also possible, but less common. It is used mostly in Spain, in legal documents, and in literature. Here's an example of **escribir** conjugated in this manner: escribie**ron** → escribie**se**, escribie**ses**, escribie**se**, escribié**semos**, escribie**seis**, escribie**sen**.

C. Using the subjunctive in noun clauses

Sentences that use the subjunctive have two clauses: an independent (main) clause and a dependent (subordinate) clause. The two clauses are generally separated by the connector **que.**

INDEPENDENT CLAUSE   DEPENDENT CLAUSE

Yo recomiendo + **que** + ella tenga más paciencia.
I recommend   + (that) + she have more patience.

Note that the English connector *that* is optional, whereas **que** is not.

1. Conditions for the use of subjunctive in Spanish

   • The two clauses must have different subjects.

     (Yo) Quiero que **ellos** lleguen   *I want them to arrive early.*
     temprano.

   • If there is no change of subject, use the infinitive in the dependent clause.

     Quiero llegar temprano.   *I want to arrive early.*

   • The verb in the independent clause must be in the indicative and express (W) willing/wish, (E) emotion, (I) impersonal expressions, (R) requests, (D) doubt or denial, or (O) **ojalá** (*I wish* or *Here's hoping*). If the verb in the independent clause does *not* indicate any of the above WEIRDO categories, the verb in the dependent clause must be in the indicative (even if the two clauses have different subjects). Compare the following examples, also noting how the sequence of tenses comes into play.

REACCIONAR
R
RECOMENDAR

     Quiero que ellos **estén** contentos en su casa nueva. (W: *wish expressed*)
     Sé que ellos **están** contentos en su casa nueva. (*certainty expressed*)

     Recomiendo que Loli **tenga** su propio dormitorio. (R: *request expressed*)

     Estoy seguro de que Loli **tiene** su propio dormitorio. (*certainty expressed*)

     Tenía miedo de que **hubiera** cucarachas en la cocina. (E: *emotion expressed*)
     Era cierto que **había** cucarachas en la cocina. (*certainty expressed*)

   • Impersonal expressions or generalizations that express willing/ wish, emotion, request, doubt, or denial are followed by an infinitive. When one of these generalizations is personalized (made to refer to a specific entity), it is followed by the subjunctive in the dependent clause.

     Es necesario matar las cucarachas. (*general*)
     Es necesario que **Javier mate** las cucarachas. (*personalized*)

     Era terrible tener cucarachas en casa. (*general*)
     Era terrible que **yo tuviera** cucarachas en casa. (*personalized*)

- Here are some expressions that use the subjunctive.

  W: willing/wish; R: requests (these expressions indicate a direct or implicit command)

  (no) decir (*irreg.*) que (when **decir** means *to tell someone to do something*)
  (no) desear que

  (no) necesitar que
  (no) querer (*irreg.*) que
  (no) recomendar (ie) que
  (no) sugerir (ie, i) que

  E: emotion; O: **ojalá**

  (no) alegrarse de que
  (no) esperar que
  (no) es una lástima que
  (no) gustàr que

  (no) sentir (ie, i) que
  (no) temer (*to fear*) que
  ojalá (que)

  I: impersonal expressions (indicate opinion or a subjective reaction)

  más vale que (*it's better that*)
  (no) es bueno que
  (no) es difícil que
  (no) es importante que
  (no) es imposible que
  (no) es increíble que

  (no) es mejor que
  (no) es necesario que
  (no) es posible que
  (no) es probable que
  (no) puede ser que

  D: doubt or denial*

  dudar (*to doubt*) que
  negar (ie)† (*to deny*) que
  no creer que
  no es cierto que

  no es evidente/obvio que
  no estar seguro de que
  no es verdad que
  no pensar (ie) que

2. Sequence of tenses

   a. If the verb in the main clause is in the present and denotes what the speaker perceives to be an objective opinion, then the action in the subordinate clause is indicated by an indicative tense based on the appropriate time frame.

MAIN CLAUSE (OBJECTIVE OPINION)	SUBORDINATE CLAUSE (INDICATIVE)	TIME FRAME OF ACTION IN SUBORDINATE CLAUSE
Sé que	comprendías.	
Creo que	has comprendido.	past
Supongo que	comprendiste.	
Opino que	comprendes.	present
Pensamos que	vas a comprender.	future
Me parece que	comprenderás.	

*Note that in cases where certainty is expressed, the indicative is used: **No estoy segura de** que Elena **tenga** razón, pero **es cierto** que ella **sabe** mucho.
†With **no negar,** either the indicative or the subjunctive may be used, although the tendency is to use the subjunctive: **No niego** que **sea** verdad.

b. If the verb in the main clause is in the present and denotes a subjective comment from the WEIRDO list, then the action in the subordinate clause is indicated by a subjunctive tense based on the appropriate time frame.

MAIN CLAUSE (SUBJECTIVE OPINION WEIRDO LIST)	SUBORDINATE CLAUSE (SUBJUNCTIVE)	TIME FRAME OF ACTION IN SUBORDINATE CLAUSE
No creo que Me alegro de que	hayas comprendido. comprendieras.	past
Dudo que Es importante que	comprendas.	present or future

c. If the verb in the main clause is in the past and denotes what the speaker perceives to be an objective opinion, then the action in the subordinate clause is indicated by an indicative tense based on the appropriate time frame in relation to that of the main clause.

REACCIONAR
R
RECOMENDAR

MAIN CLAUSE (OBJECTIVE OPINION)	SUBORDINATE CLAUSE (INDICATIVE)	TIME FRAME OF ACTION IN SUBORDINATE CLAUSE
Pensábamos que	ya se habían ido.	previous
Sabía que	lo quería.	simultaneous
Era obvio que	llegarían pronto.	subsequent

d. If the verb in the main clause is in the past and denotes a subjective comment from the WEIRDO list, then the action in the subordinate clause is indicated by a subjunctive tense based on the appropriate time frame in relation to that of the main clause.

MAIN CLAUSE (SUBJECTIVE OPINION WEIRDO LIST)	SUBORDINATE CLAUSE (SUBJUNCTIVE)	TIME FRAME OF ACTION IN SUBORDINATE CLAUSE
No creíamos que	hubieras comprendido.	previous
Temía que Era necesario que	comprendieras.	simultaneous or subsequent

¡A practicar!

A. Complete the following sentences with the corresponding indicative, subjunctive, or infinitive forms.

1. Los profesores insisten en que Laura _____ (asistir) a la recepción.
2. Es ridículo que Diego _____ (comprar) otro coche caro.
3. Es imposible que Juanito no _____ (saber) leer ese libro.
4. Niegan que tú _____ (ser) extranjero.
5. Alguien me dice que Uds. no _____ (ser) hermanos.
6. ¿Te sorprende que tu hermano _____ (ser) mi enemigo?
7. Creemos que Bárbara _____ (ir) a la playa durante el verano.
8. Espero que todos _____ (traer) su cuaderno de ejercicios.
9. Es necesario que nosotros _____ (trabajar) por la noche.
10. Dudan que yo _____ (poder) resolver el problema.

B. Complete the following sentences according to the context of each situation.

1. Javier fuma dos cajetillas (*packs*) de cigarrillos cada día.
   Es terrible que _____.
   El médico recomienda que _____.

2. Sara nunca sale con sus amigos porque siempre está estudiando.
   Es triste que _____.
   Es evidente que _____.

3. La novia de Diego siempre coquetea con otros hombres.
   Sugiero que Diego _____.
   Es obvio que su novia _____.
   A Diego no le gusta que su novia _____.

C. Fill in the blanks with the appropriate form of the verb in italics.

1. Javier *bebe* demasiado café.
   Sé que Javier _____ demasiado café.
   Es terrible que Javier _____ demasiado café.

2. Antes, Javier *tomaba* muchos licuados.
   Todos sabemos que antes Javier _____ muchos licuados.
   Era increíble que antes Javier _____ tantos licuados y que no engordara.

3. Laura siempre *recibe* notas muy altas.
   Estoy seguro/a de que Laura también _____ notas muy altas cuando tenía diez años.
   Es fantástico que Laura _____ notas muy altas el año pasado.

4. Pero en su primera clase de quechua, Laura *sacó* C en una prueba.
   Después, su padre supo que Laura _____ C en su primera prueba de quechua.
   El pensaba que era sorprendente que su hija _____ C en su primera prueba de quechua.

5. Cuando era joven, Sara *quería* ser cantante.
   Todos pensaban que era chistoso que Sara _____ ser cantante, ya que cantaba muy mal.

De sus amigos actuales, sólo Sergio sabe que antes Sara _____ ser cantante.

6. Sergio *hizo* tres viajes para llevar el equipo de sonido al concierto.
   —¿Quién le pidió que _____ los viajes?
   —Los músicos. Después, estaban muy contentos de que Sergio _____ tantos viajes para ayudarlos.

D. Commands

1. With few exceptions, the forms used for commands are exactly the same as those used for the present subjunctive. Only the affirmative **tú** commands and the affirmative **vosotros** commands are formed differently.

   - To form regular affirmative **tú** commands, use the third-person singular (present indicative) form of the verb.
   - Here are the eight irregular affirmative **tú** commands.

   decir → di   ir → ve*   salir → sal   tener → ten
   hacer → haz   poner → pon   ser → sé†   venir → ven

   - To form all affirmative **vosotros** commands, replace the final **-r** of the infinitive with **-d.**

REACCIONAR
R
RECOMENDAR

COMMANDS			
	UD.	**UDS.**	**TÚ**	**VOSOTROS**
hablar	hable no hable	hablen no hablen	habla no hables	hablad no habléis
comer	coma no coma	coman no coman	come no comas	comed no comáis
dar	dé no dé	den no den	da no des	dad no deis
decir	diga no diga	digan no digan	di no digas	decid no digáis
ir	vaya no vaya	vayan no vayan	ve no vayas	id no vayáis

---

*The affirmative informal command for **ir** has the same form as that of **ver: ve.** Context will determine meaning. **¡Ve a casa!, ¡Ve esa película!**

†The informal command form of **ser** is the same as the first-person singular indicative form of **saber: sé.** Again, context will determine meaning.

2. Pronouns (reflexive, indirect object, direct object) attach to the end of affirmative commands and precede the conjugated verb in negative commands. In the case of more than one pronoun, the order is always reflexive, indirect, direct (RID). (See the **Hablar de los gustos** section of these green pages for more on the use of direct and indirect object pronouns.)

- Written accents are added if attaching pronouns to affirmative commands moves the stress to the third-to-last syllable or further back. This is done to maintain the stress of the original affirmative command form.
- When attaching the reflexive pronoun **os** to an affirmative **vosotros** command, remove the **-d** of the command form before attaching the **os** pronoun. (EXCEPTION: **id** retains the **-d** when adding this pronoun.) Additionally, remember to add an accent to the **i** preceding the **os** pronoun in the case of the affirmative **vosotros** commands of reflexive **-ir** verbs.

COMMANDS WITH PRONOUNS				
	UD.	**UDS.**	**TÚ**	**VOSOTROS**
hacerlo	hágalo no lo haga	háganlo no lo hagan	hazlo no lo hagas	hacedlo no lo hagáis
dármela	démela no me la dé	dénmela no me la den	dámela no me la des	dádmela no me la deis
levantarse	levántese no se levante	levántense no se levanten	levántate no te levantes	levantaos no os levantéis
divertirse	diviértase no se divierta	diviértanse no se diviertan	diviértete no te diviertas	divertíos no os divirtáis
irse	váyase no se vaya	váyanse no se vayan	vete no te vayas	idos no os vayáis

3. To express suggestions and collective commands, such as *Let's leave, Let's speak, Let's not sing,* and so forth, use the present subjunctive **nosotros** form.

- The one exception to this rule is with the affirmative form of **ir:** Use **vamos,** not **vayamos.**
- In the affirmative form of reflexive verbs, the final **-s** is dropped before attaching the pronoun **nos.**

NOSOTROS COMMANDS		
	AFFIRMATIVE	**NEGATIVE**
hablar	hablemos	no hablemos
ir	vamos	no vayamos
llamarlo	llámemoslo	no lo llamemos
levantarse	levantémonos	no nos levantemos
irse	vámonos	no nos vayamos

¡A practicar!

A. Provide the affirmative and negative forms of the **Ud., Uds., tú,** and **nosotros** commands of the following phrases, substituting the correct pronouns for any italicized words according to the models.

MODELOS: hacer *la tarea* →
   Hágala. No la haga.
   Háganla. No la hagan.
   Hazla. No la hagas.
   Hagámosla. No la hagamos.

1. ponerse *los zapatos*
2. escribir *a los padres*
3. decir *la verdad*
4. leer *los capítulos*
5. irse de aquí

B. Translate the following commands.

1. Let's buy it. (**la alfombra**)
2. Let's sit down.
3. Bring it. (**la cerveza, tú**)
4. Play it. (**la guitarra, Ud.**)
5. Don't lose them. (**las llaves, Uds.**)
6. Let's not get up.
7. Wait for him. (**Ud.**)
8. Leave. (**tú**)
9. Don't do it. (**tú**)
10. Give it to them. (**la respuesta, Uds.**)

REACCIONAR
R
RECOMENDAR

Narración en el pasado

Narrating in the past requires that you know the past-tense verb forms and that you study and practice using the preterite, the imperfect, the present perfect, and the pluperfect tenses. To help you master this **punto clave,** this section contains (A) a review of the verb forms for the preterite and imperfect, (B) hints for understanding the relationship and differences between them through the use of the **carne/columna** metaphor, an explanation chart, and symbols to show how events take place in time and in relation to each other, (C) a list of verbs with different meanings in the preterite and imperfect, and (D) a review of the present perfect and pluperfect tenses.

A. Formation of the preterite and imperfect

1. Preterite forms

   - Here is a review of preterite verb forms, including high frequency irregular forms.

   REGULAR PRETERITE FORMS

hablar:	hablé	hablaste	habló	hablamos	hablasteis	hablaron
comer:	comí	comiste	comió	comimos	comisteis	comieron
vivir:	viví	viviste	vivió	vivimos	vivisteis	vivieron

   IRREGULAR PRETERITE FORMS

dar:	di	diste	dio	dimos	disteis	dieron
decir:	dije	dijiste	dijo	dijimos	dijisteis	dijeron
estar:	estuve	estuviste	estuvo	estuvimos	estuvisteis	estuvieron
hacer:	hice	hiciste	hizo*	hicimos	hicisteis	hicieron
ir:[†]	fui	fuiste	fue	fuimos	fuisteis	fueron
poder:	pude	pudiste	pudo	pudimos	pudisteis	pudieron
poner:	puse	pusiste	puso	pusimos	pusisteis	pusieron
querer:	quise	quisiste	quiso	quisimos	quisisteis	quisieron
saber:	supe	supiste	supo	supimos	supisteis	supieron
ser:[†]	fui	fuiste	fue	fuimos	fuisteis	fueron
tener:	tuve	tuviste	tuvo	tuvimos	tuvisteis	tuvieron
traer:	traje	trajiste	trajo	trajimos	trajisteis	trajeron
venir:	vine	viniste	vino	vinimos	vinisteis	vinieron

   - Verbs that end in **-car, -gar,** and **-zar** show a spelling change in the first-person singular of the preterite.

     buscar: bus**qué,** buscaste,...
     pagar: pa**gué,** pagaste,...
     empezar: empe**cé,** empezaste,...

   - An unstressed **-i-** between two vowels becomes **-y-** in the preterite.

     creer: creió → creyó   leer: leió → leyó
              creieron → creyeron   leieron → leyeron

---

*The **-c-** in the preterite stem is replaced here with **-z-** in order to maintain the [s] sound ([θ] in Spain).

[†]Note that **ir** and **ser** share the same preterite forms. Context will determine meaning: Mis tíos **fueron** a Londres para las vacaciones. Hace mucho tiempo que los dos **fueron** maestros.

- Although **-ar** and **-er** stem-changing verbs have no stem change in the preterite (**me acuesto → me acosté; pierde → perdió**), **-ir** stem-changing verbs do have a change in the preterite, but only in the third-person singular and plural. Thus, the stem vowels **e** and **o** change to **i** and **u**, respectively. You will notice in this text that some verbs are listed with two sets of letters in parentheses.

conseguir (i, i)   divertirse (ie, i)   dormir (ue, u)

The first set of letters indicates a stem change in the present tense and the second set represents a change in both the preterite and the present participle.

pedir (i, i)   dormir (ue, u)

PRESENT	PRETERITE	PRESENT	PRETERITE
pido	pedí	duermo	dormí
pides	pediste	duermes	dormiste
pide	pidió	duerme	durmió
pedimos	pedimos	dormimos	dormimos
pedís	pedisteis	dormís	dormisteis
piden	pidieron	duermen	durmieron

PRESENT PARTICIPLE   PRESENT PARTICIPLE
pidiendo   durmiendo

2. Imperfect forms

- Here is a review of imperfect forms.

hablar:	hablaba	hablabas	hablaba	hablábamos	hablabais	hablaban
comer:	comía	comías	comía	comíamos	comíais	comían
vivir:	vivía	vivías	vivía	vivíamos	vivíais	vivían

- There are only three irregular verbs in the imperfect.

ir:	iba	ibas	iba	íbamos	ibais	iban
ser:	era	eras	era	éramos	erais	eran
ver:	veía	veías	veía	veíamos	veíais	veían

PASADO

P

B. Using the preterite and imperfect

A general rule of thumb to help you understand the distinction between the preterite and the imperfect is that the preterite is used to report events that were completed in the past. The focus may be on the beginning of an event (**Empezó a llorar.**), the end of an event (**Terminó de escribir el informe.**), or on the totality of an event from beginning to end (**Compró otro coche.**). On the other hand, when the focus is on an action that was in progress, with no concern for when it started or ended, the imperfect is used. Think of the preterite verbs as those that move the storyline forward (the backbone of the story) and the imperfect as the descriptive filler (the flesh) used to enhance the listener's ability to picture more fully the circumstances of the past event being described. This distinction will be presented in three ways: (1) as a metaphor to guide you as you analyze and create past-time discourse, (2) as a general explanation of when to use the preterite or the imperfect, and (3) as an explanation of how events take place in time.

1. The metaphor*

The backbone/flesh metaphor can help you understand the relationship between the preterite and the imperfect. Think of the backbone (**la columna**) as the information that moves a story forward, a series of completed actions (preterite). As each event ends (as represented with an **X**), a new event begins, which in turn moves the story forward in time. Notice that, in the events narrated below, each preterite verb moves the storyline forward from the point of Santiago's waking up to the point of his leaving. The preterite is the backbone of the story.

Santiago se despertó temprano.	X X	
Comió rápidamente.	X X	
Salió corriendo de la casa.	X X	backbone
Llegó a la oficina a las ocho.	X X	(**la columna**)
Firmó el documento.	X X	
Salió para Lima.	X X	

Verbs in the imperfect do not introduce new events into the story and therefore do not move the storyline forward. The imperfect stops the storyline to fill in descriptive details or to "flesh out" the story. Hence the reference to the imperfect as the flesh (**la carne**) of the story. Note how the imperfect adds details to the above story.

FLESH (**LA CARNE**)	BACKBONE (**LA COLUMNA**)	FLESH (**LA CARNE**)
	Santiago se despertó temprano.	Era una mañana lluviosa.
	Comió rápidamente	No tenía mucha hambre.
Quería llegar temprano.	Salió corriendo de la casa.	Estaba un poco nervioso.
	Llegó a la oficina a las ocho.	Su jefe lo esperaba.
Temblaba un poco.	Firmó el documento.	Tenía que ser valiente.
	Salió para Lima.	

---

*This metaphor was devised and articulated by Dr. Ruth Westfall of the University of Texas at Austin.

Notice how the imperfect refers to a time specified by the preterite storyline.

- At the time he woke up, it was a rainy morning.
- At the time of eating, he wasn't very hungry.
- He ran from his house because he wanted to arrive early. At the time of leaving, he was feeling a little nervous.
- At the time of his arrival at the office, his boss was waiting for him.
- He was shaking at the time of signing the document, but he had to be brave.
- Then he left for Lima.

This metaphor can be very helpful as you create your own stories in the past, and it is also helpful in analyzing existing texts in Spanish. Read the following narrative. On a separate sheet of paper, indicate the **columna** and the **carne** found in the narration, using the previous example as a model.

El año pasado, Sara fue a Andalucía para pasar las vacaciones de primavera. Hacía muy buen tiempo. El sol brillaba[1] cada día. Primero, Sara paró en Granada, donde visitó la Alhambra. Era un lugar impresionante. Tenía vistas increíbles. Después, se marchó[2] a Sevilla para ver la famosa Semana Santa. Había flores por todas partes y las calles estaban llenas de gente de todas partes. Decidió entonces volver allí para hacer un reportaje para la emisora de radio.

[1]*was shining* [2]*se... se fue*

This metaphor can also be very useful when you are reading a text in Spanish. If you are confused about what happened in a particular passage, try looking just at the preterite verbs so you have the backbone of the story. Each verb in the preterite accounts for the forward movement of the narrative.

PASADO
P

2. Usage chart

Here is a brief summary of some of the more common uses of the preterite and the imperfect.

PRETERITE X	IMPERFECT ⌇⌇
a. completed action	a. progression of an action with no focus on beginning or end
Fui al concierto. Me **puse** furiosa y **decidí** irme. El picnic **terminó** cuando **empezó** a llover.	Lo **leía** con gran interés. **Dormía** tranquilamente. Mientras su padre **trabajaba,...**
b. completed actions in succession	b. habitual action
Se **levantó, comió** y **llamó** a Ana.	Siempre **comía** rápidamente.

c. completed action within a specific time period

Estudié por dos horas anoche.
Vivió cuatro años en Madrid.

d. Summary or reaction statement

Fue un verano perfecto.

c. description of physical and emotional states, including past opinions and desires

El chico **era** alto y delgado.
Tenía miedo de todo. **Quería** escaparse.

d. background information such as time, weather, and age

Eran las dos de la tarde y ya **hacía** frío.
En 1978, ella **tenía** trece años.

3. Uses of the preterite: expansion

   a. Completed action. Completed actions may refer to events that happened and ended quickly: *Se sentó* **en el sillón y** *cerró* **los ojos.** They may refer to the beginning or end of an action: *Decidió* **investigarlo.** *Terminaron* **la investigación.** Or they may refer to actions that started and ended in the past: *Limpió* **la casa entera.**
   b. Completed actions in succession. A series of actions, in which one action ended before the other began: *Tomó* **el desayuno,** *limpió* **la casa y** *cortó* **el césped** (*grass*). In this example, each action had a definite beginning and a definite end.
   c. Completed action within a specific time period. The preterite is used to describe an event that took place within a closed interval of time: **Diego** *estudió* **en Monterrey por cuatro años.** (He studied there during a closed interval of time—four years.)
   d. Summary or reaction statement. The preterite is also used to represent a summary statement or a reaction to a series of events packaged as a whole: **¿Qué tal la película? Me** *encantó*. **¡***Fue* **fenomenal!** (overall reaction to the picture as a whole) **¿Qué tal el viaje?** *Fue* **maravilloso.** (The whole trip was wonderful.)

4. Uses of the imperfect: expansion

   a. Progression of an action with no focus on the beginning or end. The imperfect is used to express what was in the process of happening at a given moment of the story in the past.

   Elena **preparaba** la comida mientras su esposo **bañaba** a los niños.

   Elena was preparing the meal while her husband was bathing the children. (beginning and end of both actions are not specified)

   b. Habitual action. The imperfect is used to describe an activity that used to occur in the past when no definite length of time is mentioned.

   Siempre **escuchaba** su música favorita en la sala.

   She always used to listen to her favorite music in the living room. (habitual action)

c. Description of physical and emotional states, including past opinions and desires. The imperfect is also used to describe characteristic states in the past.

Llevaba un traje elegante. **Estaba** guapísimo, pero **estaba** muy nervioso.

He wore an elegant suit. He was looking extremely handsome, but he was very nervous. (description of his physical and mental states)

Quería aprender más...

He wanted to learn more . . . (his desire was continuous in the past)

d. Background information such as time, weather, and age. The imperfect is used to set the scene by giving background information.

Era una noche oscura.

It was a dark night. (background information)

- Note that the imperfect can also be used to refer to the future in a past statement.

Me dijo que **iba** a romper con Diego.

She told me she was going to break up with Diego (in the near future).

Afirmó que **venía** a la fiesta.

He stated that he was coming to the party.

5. How events take place in time

You may use the following symbols to help describe the usage of the preterite and the imperfect in Spanish.

PASADO

At a specific point in time
Decidió mudarse.
X

Continuous, in progress
De niño, **tocaba** el piano.

Sequential
Hice las tortillas, **cené** y **lavé** los platos.
X X X

Continuous, interrupted by another action
Me **bañaba** cuando **sonó** el teléfono.

¡A practicar!

A. In this exercise you will work only with the four uses of the preterite listed in Section 3. List the appropriate letter (a–d) for each verb in italics to indicate which type of completed action is being expressed. Study the explanations again, if you wish.

1. _____ Marisol y Sean *abrieron* el café Ruta Maya en 1989.

2. _____ _____ El día que *inauguraron* el café *fue* fenomenal para ellos.

3. _____ _____ _____ Todos sus amigos *llegaron*, *tomaron* café y los *felicitaron*.

4. _____ _____ La madre de Marisol no *pudo* asistir, pero *trató* de llamarla durante todo el día.

5. _____ _____ _____ En 1994, *celebraron* el quinto aniversario del café; la madre de Marisol los *sorprendió* y *llegó* sin avisarlos.

6. _____ *Fue* una sorpresa muy especial.

7. _____ ¡La celebración *duró* tres días!

B. In this exercise you will work only with the four uses of the imperfect previously mentioned in Section 4. List the appropriate letter (a–d) for each verb in italics to indicate which type of ongoing activity or state is being described. Study the explanations again. if you wish.

1. _____ _____ El día de la apertura (*opening*) de Ruta Maya, Marisol *sentía* un orgullo tan grande que no *podía* contenerlo.

2. _____ _____ _____ *Era* un día perfecto: El sol *brillaba,* pero no *hacía* demasiado calor.

3. _____ _____ Sean *limpiaba* el nuevo bar mientras Marisol *preparaba* las bebidas para la fiesta.

4. _____ _____ Marisol *llevaba* un vestido nuevo y Sean le dijo que *estaba* muy guapa.

5. _____ Siempre *encendían* unas velas especiales antes de cualquier ocasión importante.

6. _____ Los dos *pensaban* que su nuevo café *iba** a ser un gran éxito.

C. Verbs with different meanings in the preterite and imperfect

The meanings of the following verbs change depending on whether they are used in the preterite or the imperfect.

	PRETERITE X	IMPERFECT ∿
conocer:	*to meet* Por fin, los amigos **conocieron** a la madre de Javier. *Finally, the friends met Javier's mother.*	*to know, be acquainted with* Todos **conocían** la tienda de Diego. *Everyone was acquainted with Diego's store.*
saber:	*to find out* **Supieron** la noticia. *They found out the news.*	*to know* **Sabían** que ella venía. *They knew that she was coming.*
poder:	*to be able to (to try and to succeed)* **Pudieron** subir a la cima de la montaña. *They were able (tried and succeeded) to climb to the top of the mountain.*	*to be able to (no knowledge of attempt or success)* Dijo que **podía** bailar bien. *He said he could dance well. (no indication of attempt or success, only of his self-declared ability)*

---

*Remember that the imperfect may be used to refer to the future in a past statement. None of the four uses of the imperfect as stated readily applies in this case.

no poder:	*to try but fail* **No pudo** traducirlo. *He couldn't (tried but failed to) translate it.*	*to be incapable of* **No podía** traducirlo. *He wasn't capable of translating it. (no indication of attempt or success)*
querer:	*to try* (but ultimately not achieve) **Quisimos** comprarlo. *We tried to buy it (but weren't able to for some reason).*	*to want* **Queríamos** comprarlo. *We wanted to buy it.*
no querer:	*to refuse* **No quiso** terminar. *She refused to finish.*	*not to want* **No quería** terminar. *She didn't want to finish.*
tener:	*to receive* **Tuvo** dos cartas hoy. *He received two letters today.*	*to have* **Tenía** mucho tiempo libre. *He had a lot of free time.*
tener que:	*to have to (and to do)* Laura **tuvo que** ir al médico. *Laura had to go (and went) to the doctor.*	*to have the obligation to* Estaba preocupada porque **tenía que** estudiar. *She was worried because she had (the obligation) to study.*
costar:	*to cost, be bought for* El suéter **costó** 150 pesos. *The sweater cost (and I bought it for) 150 pesos.*	*to cost, be available for* El abrigo **costaba** 500 pesos. *The coat cost (was priced at) 500 pesos.*

PASADO

P

¡A practicar!

A. For the following sentences, indicate the use of each verb. Use **P** for preterite and **I** for imperfect, plus the letter explaining the usage (a–d from Section B, Subsections 3 and 4) for each. Follow the model.

MODELO: Ayer *fue* un día fatal. → P:d

1. _____ Sara *vivió* en Salamanca de 1978 a 1995.

2. _____ Antes *vivía* en un pueblo cerca de Portugal.

3. _____ Su apartamento en Salamanca *era* pequeño pero muy acogedor (*cozy*).

4. _____ Casi todos los días, *tomaba* su cafecito en el bar de abajo.

5. _____ _____ Un día mientras *desayunaba*, *recibió* la noticia de su beca (*scholarship*).

6. _____ _____ _____ _____ Cuando su hermana lo *supo*, *lloró*. Pero le *dijo* que *quería* lo mejor para ella.

7. _____ Sara *fue* a Madrid tres veces para arreglar sus papeles.

8. _____ _____ _____ La última vez que *estuvo* en Madrid, *había* una larga cola y *tuvo* que esperar mucho tiempo.

9. _____ Desafortunadamente, *llevaba* tacones altos (*high heels*).

10. _____ *Fue* un día horrible para ella.

B. Complete each blank with the correct preterite or imperfect form of the verb in parentheses.

Cuando Sergio _____[1] (ser) joven, _____[2] (ir) todos los veranos con su familia a México para visitar a la familia de su madre. Siempre le _____[3] (gustar) ver a sus primos, tíos y abuelos y pasar tiempo con ellos. Además, su abuela _____[4] (ser) una cocinera excelente y a Sergio le _____[5] (encantar) su comida. Una vez, cuando Sergio _____[6] (tener) diez años, la familia entera _____[7] (ir) a pasar tres meses en Acapulco. Sus padres y sus tíos _____[8] (alquilar) una casa enorme cerca de la playa. Acapulco _____[9] (ser) una ciudad lindísima y/e _____[10] (hacer) muy buen tiempo, así que los primos _____[11] (poder) ir a la playa casi todos los días. Desafortunadamente, un día Sergio _____[12] (saber) que su otra abuela, la madre de su papá que _____[13] (vivir) en Boston, _____[14] (estar) enferma. El padre de Sergio _____[15] (tener) que ir a Boston urgentemente. Sergio _____[16] (querer) que su padre se quedara, pero también _____[17] (estar) preocupado por su abuelita. Cuando por fin Sergio y su madre _____[18] (estar) listos para salir, todos _____[19] (sentirse) tristes. A pesar de la enfermedad de su abuela paterna, Sergio lo _____[20] (pasar) muy bien ese verano. _____[21] (ser) unas vacaciones inolvidables.

D. The present perfect and pluperfect

1. Formation

   The present perfect and pluperfect tenses are formed by combining the auxiliary verb **haber** and the past participle (for a review of past participles, see Section C of **Descripción**). In contrast to the past participle used as an adjective, the past participle in all perfect tenses never changes in number or gender.

PRESENT PERFECT	PLUPERFECT
he vivido	había hecho
has vivido	habías hecho
ha vivido	había hecho
hemos vivido	habíamos hecho
habéis vivido	habíais hecho
han vivido	habían hecho

2. Usage

   - The present perfect expresses an action that began in the past and has relevance to the present.

     ¡Qué sorpresa! Sara **ha terminado** el examen antes que los otros. Los padres de Sara **han decidido** venir a los Estados Unidos para pasar la Navidad con ella.

   - On the other hand, the pluperfect expresses an action that had already happened before another action took place in the past.

     Javi nos dijo que **había trabajado** ocho días seguidos antes de tomar un descanso.
     Javier ya **había salido** de Ruta Maya cuando Sara llamó por él.

¡A practicar!

A. Since the five friends in Austin met, some changes have occurred in their lives. For each of the following sentences, change the verb in parentheses into the present perfect.

1. Sergio (conseguir) un contrato con Tish Hinojosa.
2. Javier (romper) con An Li.
3. Sara (escribir) 200 páginas de su tesis.
4. Laura no (volver) a ver a Manuel en el Ecuador.
5. Diego (tener) mucho éxito con «Tesoros».

B. For each of the following sentences, change the verb in parentheses into the pluperfect to indicate that the actions took place before the change mentioned in exercise A.

1. Antes de trabajar con Tish Hinojosa, Sergio (trabajar) con grupos poco conocidos.
2. Antes de romper con An Li, Javier (soñar) con tener relaciones duraderas.
3. Antes de escribir 200 páginas, Sara (tener) dudas sobre su habilidad de hacerlo.
4. Antes de volver a los Estados Unidos, Laura le (prometer) a Manuel que volvería a Quito dentro de tres meses.
5. Antes de tener éxito en su negocio, Diego (hacer) una inversión (*investment*) muy grande.

Hablar de los gustos

Expressing likes and dislikes in Spanish can present some confusion to English speakers, since the verb **gustar** is not used in the same way as other verbs you have learned. Indirect object pronouns are a necessary element in the construction with **gustar,** so before it is explained, we will review (A) direct object pronouns, (B) the personal **a,** (C) indirect object pronouns, and (D) double object pronouns. Then (E) **gustar** and other, similar verbs will be reviewed.

A. Direct object pronouns

1. A direct object receives the action of a verb and answers the questions *whom?* or *what?* in relation to that action. Note the direct objects in the following examples.

Consiguió **el aumento.**	*He got the raise.* (What *did he get?* **el aumento**)
No vi a **Sara** anoche.	*I didn't see Sara last night.* (Whom *did I not see?* **Sara**)

2. A direct object pronoun, like a direct object noun, receives the action of the verb and answers the questions *whom?* or *what?* These pronouns take the place of their corresponding nouns in order to avoid unnecessary repetition. Here is a complete list of direct object pronouns in Spanish.

me	*me*		nos	*us*
te	*you (fam., s.)*		os	*you (fam., pl., Sp.)*
lo	*him, it (m.)*		los	*them (m.)*
la	*her, it (f.)*		las	*them (f.)*
lo, la	*you (form., s.)*		los, las	*you (form., pl.)*

Third-person direct object pronouns should be used only after the direct object noun has been identified. That is, it is already known that the conversation is about Sara, so we can refer to her as *her* rather than say *Sara* each time she's mentioned.

3. Direct object pronouns are placed immediately before a conjugated verb.

(Consiguió **el aumento.**)	**Lo** consiguió ayer.	*He got it yesterday.*
(No vi a **Sara** anoche.)	No **la** vi anoche.	*I didn't see her last night.*
(No he hecho **la tarea** todavía.)	No **la** he hecho* todavía.	*I haven't done it yet.*

There are only three exceptions to this rule. (See number 4 below.)

4. Direct object pronouns *may* be attached to an infinitive and to the progressive form, but *must* be attached to *affirmative* commands.

Debe conseguir **el aumento.** → Debe conseguir**lo.**
= **Lo** debe conseguir.
No quería ver a **Sara** anoche. → No quería ver**la** anoche.
= No **la** quería ver anoche.
Está preparando **el presupuesto.** → Está preparándo**lo.**
= **Lo** está preparando.
Prepare **el presupuesto.** → Prepáre**lo.** ≠ No **lo** prepare.

Remember that when you attach a pronoun to a progressive form or affirmative command, a written accent is used to keep the original stress of the word: preparando → preparándolo.

5. The following verbs are commonly associated with direct objects and direct object pronouns.

admirar	conseguir	mirar
adorar	escuchar[†]	necesitar
ayudar	esperar[†]	querer
buscar[†]	invitar	ver
conocer	llamar	visitar

---

*Remember that the two elements that make up perfect tenses (a form of **haber** and the past participle) can never be separated. Accordingly, any pronouns that accompany a perfect tense verb will always appear before the conjugated form of **haber.**

[†]Note that **buscar** means *to look for,* **escuchar** means *to listen to,* and **esperar** means *to wait for.* The *to* and *for* that are part of the expression in English are simply part of the verb itself in Spanish, so the object pronoun used with the verb is a direct object pronoun, not the pronoun object of a preposition.

B. The personal a

In Spanish, the word **a** precedes the direct object of a sentence when the direct object refers to a specific person or personified thing. Pronouns such as **alguien, nadie,** and **quien,** indefinite pronouns that refer to people, are also preceded by the personal **a.** There is no equivalent for the personal **a** in English. Note the following examples in which the personal **a** is used.

> Sara buscó **a** Javier.   (*a specific person*)
> Perdí **a** mi perro en el mercado.   (*an animal that is close to you*)
> Tenemos que defender **a** nuestro país.   (*a personification of one's country*)
> ¿**A** quién llamaste?   (*the* whom *refers to a person*)
> No llamé **a** nadie.   (**alguien** *and* **nadie** *always take the personal* **a** *when they are direct objects*)
>
> *but*   Busco un tutor nuevo.   (*No personal* **a** *is used since the direct object is not a specific person.*)

C. Indirect object pronouns

1. Like a direct object, an indirect object also receives the action of a verb, but it answers the questions *to whom?* or *for whom?* the action is performed.

Sergio **le** escribió a **Sara.**	*Sergio wrote to Sara.* (To whom *did Sergio write?* **Sara**)
No **les** mandó el cheque.	*He didn't send them the check.* (To whom *did he not send the check?* **ellos**)

2. Review the following complete list of indirect object pronouns. Note that indirect object pronouns have the same form as direct object pronouns except in the third-person singular and plural, represented by **le** and **les,** respectively.

INDIRECT OBJECT PRONOUNS

me	*to me, for me*	nos	*to us, for us*
te	*to you, for you (fam., s.)*	os	*to you, for you (fam., pl., Sp.)*
le	*to him, for him*	les	*to them, for them (m.)*
le	*to her, for her*	les	*to them, for them (f.)*
le	*to you, for you (form., s.)*	les	*to you, for you (form., pl.)*

GUSTOS
6

3. The rules for placement of indirect object pronouns are the same as those for direct object pronouns.

> Laura **me** dio su número.
> Laura va a dar**me** su número. = Laura **me** va a dar su número.
> Laura está buscándo**me** su número. = Laura **me** está buscando su número.
> Da**me** tu número. ≠ No **me** des tu número.

4. Since **le** and **les** have several equivalents, their meaning is often clarified with the preposition **a** followed by a noun or pronoun. ¡OJO!

Although the clarifying noun or pronoun is often optional, indirect object pronouns are not.

Sergio **le** escribió (**a Sara**).   *Sergio wrote to Sara.*
Diego **les** prepara una buena   *Diego is preparing a good soup for*
    sopa (**a Uds.**).   *you.*
Va a mandar**le** la receta (**a ella**).   *He's going to send her the recipe.*

5. When trying to figure out whether to use a direct or indirect object pronoun, if you can answer the question *to whom* or *for whom*, you know that the indirect pronoun **le** or **les** is required.

I help her every day.	Do you say "I help to her" or "I help for her"? No, so you use the direct object pronoun **la,** which answers the question *whom do I help?* not *to whom do I help?:* **La** ayudo cada día.
I send him letters often.	Do you say "I send letters to him often"? Yes, so you use the indirect object pronoun **le,** which answers the question *to whom do I send letters?:* **Le** mando cartas a menudo.

6. The following verbs are commonly associated with indirect objects and indirect object pronouns.

dar	mandar	prometer
decir	ofrecer	recomendar
escribir	pedir	regalar
explicar	preguntar	servir
hablar	prestar	traer

D. Double object pronouns

1. It is common to have both a direct and an indirect object pronoun in the same sentence. When this occurs, the indirect object pronoun always precedes the direct object pronoun. Remember the acronym (RID) (reflexive, indirect, direct) to help you recall the order of appearance of pronouns.

Sara **nos** regaló **los dulces.** → Sara **nos los** regaló.
                                     Sara gave them to us.
Diego **me** prestó **la receta.** → Diego **me la** prestó.
                                     Diego lent it to me.
Javi quiere dar**me** la foto. → Javi quiere dár**mela.**
                                     Javi wants to give it to me.

2. When both the indirect and direct object pronouns begin with the letter *l* (such as **le lo** or **les la**), the indirect object pronoun always changes to **se.** This is done in order to avoid an awkward pronunciation.

Laura **le** compró **unas galletas.** → Laura **se las** compró.
Laura bought them for him.
Estoy trayéndo**les los libros.** → Estoy trayéndo**selos.**
I'm bringing them to you.

Since **se** can stand for **le** or **les,** easily referring to any number of referents, such as *to him, to her, to you* (singular or plural), or *to them*, it is often necessary to clarify its meaning by using **a** plus a noun or pronoun.

Laura **se las** compró **a Sara.**	*Laura bought them for Sara.*
Estoy trayéndo**selos a Uds.**	*I'm bringing them to you.*

¡A practicar!

Identify the direct object (*whom?/what?*) and the indirect object (*to/for whom? to/for what?*) in the following sentences. Then, translate the sentences into Spanish, replacing each object with the appropriate object pronoun.

1. Javier served the clients coffee.
2. Sara told Laura that she wouldn't be home until late.
3. Diego, show Mr. Galindo the paintings, please.
4. Sergio had to call the musicians and then listen to the tapes.
5. Laura was preparing a surprise dinner for Javier.
6. Javier, thank (**agradecer**) Laura for the dinner.
7. Sara used to visit her uncle in Salamanca every Sunday.
8. Sergio can buy the flowers for us.
9. Javier and Diego won't tell me the truth.
10. Sara wanted to sing us a song with her horrible voice.

E. Gustar and similar verbs

1. As you have learned in your prior Spanish studies, **gustar** means *to please* or *to be pleasing.* Thus, the subject of sentences with **gustar** and similar verbs is the person or thing that is pleasing not the person to whom it is pleasing. Sentences with **gustar** and similar verbs use the following formula.

indirect object pronoun + **gustar** + *subject*

me nos			**gusta**	*infinitive* (comer)
te os	}	+	**gusta**	+ (*article*) *singular noun* (el café)
le les			**gustan**	(*article*) *plural noun* (los tacos)

¿Te gusta cantar?	*Is singing pleasing to you? (Do you like singing / to sing?)*
Les gustó mucho la película.	*The movie was very pleasing to them. (They really liked the movie.)*
Me gustan los libros de Stephen King.	*Stephen King's books are pleasing to me. (I like Stephen King's books.)*

2. Note that subject pronouns are not generally used before the **gustar** construction. The most frequent mistake that students make with this construction is to forget that the person to whom something is pleasing is not the subject of the sentence. Note the following examples.

Incorrect: Ana le gustó el gato.
Correct: **A** Ana le gustó el gato. (**El gato** is the subject of the sentence, not **Ana:** *The cat was pleasing to Ana.*)

He likes those cookies.	= (*Those cookies* [plural] *are pleasing to him* [**le**].) A él le gustan esas galletas.
Sergio and Diego like fried fish.	= (*Fried fish* [singular] *is pleasing to them* [**les**].) A Sergio y a Diego les gusta el pescado frito.

3. Here are some other verbs that use the same construction as **gustar.** Note in all examples that the verb matches the person or thing that is interesting, delightful, fascinating, and so on.

aburrir (*to bore*)	Me aburren las películas lentas.
asustar (*to frighten*)	Le asustan las películas de horror a mi hermana.
caer bien/mal (*to like/dislike someone*)	El nuevo profesor me cae muy bien.
convenir (*to be beneficial / a good idea*)	Te conviene estudiar esta lección.
dar asco (*to turn one's stomach*)	Me dan asco las cucarachas.
dar igual (*to be all the same; not to matter*)	—¿Quieres salir ahora? —Me da igual.
dar ganas de (*to give the urge*)	—Ver ese anuncio me da ganas de llamar por una pizza ahora mismo.
disgustar (*to dislike*)	—¡Fuchi! (*Yuck!*) Me disgusta la pizza.
encantar (*to delight*)	—Pues, a mí me encanta la pizza.
fascinar (*to fascinate*)	A Javi le fascina todo tipo de música.
fastidiar (*to annoy; to bother*)	Te fastidian las personas tacañas, ¿verdad?
importar (*to matter*)	A Juan Carlos no le importa el precio.
interesar (*to interest*)	¿Te interesan las noticias internacionales?
molestar (*to annoy; to bother*)	¿Te molesta si fumo?
preocupar (*to worry*)	Me preocupa que la profesora nos dé una prueba mañana.
sorprender (*to surprise*)	Nos sorprende su actitud tan liberada.

¡A practicar!

A. For each of the following sentences, indicate the appropriate indirect object pronoun and the correct form of the verb in parentheses.

1. ¿A ti _____ (gustar: *preterite*) la comida que sirvió?

2. A mí _____ (encantar: *imperfect*) mirar la tele con mis padres cuando era joven.

3. A Laura y a Sara _____ (fascinar: *preterite*) la película *La lengua de las mariposas*.

4. A mi hermana _____ (dar: *present*) asco la comida frita.

5. A sus abuelos _____ (molestar: *present*) la música de sus nietos.

B. Form complete sentences according to the model.

MODELO: mis vecinos / molestar / las fiestas que tenemos cada fin de semana → A mis vecinos les molestan las fiestas que tenemos cada fin de semana.

1. yo / dar asco / los perritos calientes (*hot dogs*) con mostaza (*mustard*)

2. los profesores / fastidiar / los estudiantes que no estudian

3. mi amigo / fascinar / las películas violentas

4. nosotros / encantar / estudiar astrología

5. los niños pequeños / interesar / los dibujos animados

6. los jóvenes / disgustar / las reglas de las residencias universitarias

Hacer hipótesis

In this section, you will review how to express hypothetical situations. Hypothetical situations are those that express what you or someone else would do given certain circumstances, such as: *If I were president of the United States, I would first look for a diplomatic resolution to the conflict.* To form such hypothetical situations in Spanish, you will need to review (A) the past subjunctive, (B) the conditional, and (C) the various rules that govern the formation and use of hypothetical situations.

A. Past subjunctive and sequence of tenses

1. Past subjunctive

   For a review of the formation of the past subjunctive, see the section on **Reacciones y recomendaciones.**

2. Sequence of tenses

   Remember that, if the main clause is in the past (and represents one of the WEIRDO categories), then the subordinate clause will contain the past subjunctive.

   Es importante que los niños **duerman** la siesta.
   Era importante que los niños **durmieran** la siesta.

La maestra **recomienda** que Luis **coma** algo antes de llegar a clase.
La maestra **recomendó** que Luis **comiera** algo antes de llegar a clase.

No le **gusta** que sus hijos **vivan** tan lejos.
No le **gustaba** que sus hijos **vivieran** tan lejos.

B. The conditional

1. The conditional tense (*I would* go, I would speak,* and so on) of regular verbs is formed by adding the conditional endings to the entire infinitive of the verb. Note that the endings are the same for all **-ar,** **-er,** and **-ir** verbs. Here are some regular verbs in the conditional.

VIAJAR	BEBER	DORMIR
viajar**ía**	beber**ía**	dormir**ía**
viajar**ías**	beber**ías**	dormir**ías**
viajar**ía**	beber**ía**	dormir**ía**
viajar**íamos**	beber**íamos**	dormir**íamos**
viajar**íais**	beber**íais**	dormir**íais**
viajar**ían**	beber**ían**	dormir**ían**

2. Irregular conditional verbs have slightly different stems but take the same endings as regular conditional verbs. The twelve irregular conditional verbs can be grouped into the following three categories.

SHORTENED STEMS

decir: dir-	diría	dirías	diría	diríamos	diríais	dirían
hacer: har-	haría	harías	haría	haríamos	haríais	harían

-e- REMOVED FROM THE INFINITIVE

caber:[†] cabr-	cabría	cabrías	cabría	cabríamos	cabríais	cabrían
haber: habr-	habría	habrías	habría	habríamos	habríais	habrían
poder: podr-	podría	podrías	podría	podríamos	podríais	podrían
querer: querr-	querría	querrías	querría	querríamos	querríais	querrían
saber: sabr-	sabría	sabrías	sabría	sabríamos	sabríais	sabrían

-dr- ADDED TO THE STEM

poner: pondr-	pondría	pondrías	pondría	pondríamos	pondríais	pondrían
salir: saldr-	saldría	saldrías	saldría	saldríamos	saldríais	saldrían
tener: tendr-	tendría	tendrías	tendría	tendríamos	tendríais	tendrían
valer: valdr-	valdría	valdrías	valdría	valdríamos	valdríais	valdrían
venir: vendr-	vendría	vendrías	vendría	vendríamos	vendríais	vendrían

---

*When communicating the English idea of *would* in Spanish, you need to be careful. If *would* refers to a conditional action, often the result of a hypothetical situation, use the conditional in Spanish.

Iría si no tuviera que trabajar.   *I would go if I didn't have to work.*

However, if *would* refers to a habitual action that used to occur in the past, use the imperfect.

Iba a la playa todos los días.   *I would go* (I used to go) *to the beach everyday.*

†**caber** = to fit

C. Hypothesizing

1. A major component of expressing hypothetical situations is wondering "what if?". In this section, you will work with two types of *if* clauses: (1) those that represent a situation that is likely to happen or that represent a habitual action and (2) those that represent situations that are hypothetical or contrary to fact. Note the following examples.

   (1) Si estudio, recibiré una «A». (*there's still time for this to happen*)
   Si estoy preocupado, hablo con mi mejor amiga. (*habitual*)

   (2) Si **estuviera** en México, **visitaría** las ruinas mayas. (*I'm not in Mexico, so the statement is contrary to fact*)

2. Here are some formulas that use *if* clauses.

   si + *present indicative* + *future* or *present* = probable or habitual

Si **tengo** tiempo, **iré** al cine contigo.	*If I have time, I will go to the movies with you. (probable)*
Si ella **toma** buenos apuntes, **saca** buenas notas.	*If she takes good notes, she gets good grades. (habitual)*

   si + *past subjunctive* + *conditional* = hypothetical (contrary to fact)

Si yo **fuera** Laura, no **iría** a Colombia.	*If I were Laura, I wouldn't go to Colombia. (contrary to fact [I am not Laura])*

3. To express hypothetical, contrary-to-fact situations about the past, use the following formulas.

   si + *pluperfect subjunctive* + *conditional perfect* = hypothetical (contrary to fact)

Si yo **hubiera vivido** en el siglo XV, **habría sido** muy pobre.	*If I had lived in the fifteenth century, I would have been very poor. (hypothetical; contrary-to-fact [I didn't live then])*
Si **me hubiera casado** a los diecisiete años, no **habría terminado** mis estudios.	*If I had married at seventeen, I wouldn't have finished my studies. (hypothetical, contrary-to-fact [I didn't get married])*

¡A practicar!

A. Complete the following sentences with the appropriate form of each verb in parentheses. ¡OJO! Not all sentences express hypothetical situations.

1. Si yo hablara mejor el español, _____ (conseguir) un puesto en el Perú.
2. Si mi jefe me pagara más dinero, _____ (trabajar: yo) más horas.
3. Si no tomo el desayuno, _____ (tener) poca energía.
4. Si pudiera cambiar de nombre, me _____ (poner) el nombre de _____.
5. Si viera un asesinato, _____ (llamar) a la policía.
6. Si yo _____ (ser) presidente/a, cambiaría muchas cosas.

HIPÓTESIS
H

7. Si _____ (poder: yo) conseguir las entradas, te llamaré.

8. Si _____ (estar: yo) en Buenos Aires, iría a un tango bar.

B. Change the following sentences to indicate that the situation is hypothetical. Then translate each sentence into English.

1. Si voy a España, visitaré el Museo del Prado en Madrid.

2. Si Luis tiene suficiente dinero, te mandará un boleto para ir a las Islas Galápagos.

3. Si estudio en Puerto Rico, asistiré a la Universidad Internacional de San Germán.

Hablar del futuro

As you know, the **ir** + **a** + *infinitive* construction is often used to express future actions and states, usually to take place in the immediate future. Spanish also has a future tense with its own set of endings. In this section, you will review (A) the future tense, (B) another use of the future tense: the future of probability, and (C) talking about pending future actions by using the subjunctive in adverbial clauses.

A. The future tense

1. The future tense, like the conditional (see the section on **Hacer hipótesis**) is easy to form, adding future endings to the infinitive for regular forms.

ESCUCHAR	COMER	VIVIR
escuchar**é**	comer**é**	vivir**é**
escuchar**ás**	comer**ás**	vivir**ás**
escuchar**á**	comer**á**	vivir**á**
escuchar**emos**	comer**emos**	vivir**emos**
escuchar**éis**	comer**éis**	vivir**éis**
escuchar**án**	comer**án**	vivir**án**

2. The same twelve verbs that are irregular in the conditional are also irregular in the future; their stems have the same irregularities as in the conditional and their endings are regular.

SHORTENED STEMS

decir: dir-	diré	dirás	dirá	diremos	diréis	dirán
hacer: har-	haré	harás	hará	haremos	haréis	harán

-e- REMOVED FROM THE INFINITIVE

caber: cabr-	cabré	cabrás	cabrá	cabremos	cabréis	cabrán
haber: habr-	habré	habrás	habrá	habremos	habréis	habrán
poder: podr-	podré	podrás	podrá	podremos	podréis	podrán
querer: querr-	querré	querrás	querrá	querremos	querréis	querrán
saber: sabr-	sabré	sabrás	sabrá	sabremos	sabréis	sabrán

poner: pondr-	pondré	pondrás	pondrá	pondremos	pondréis	pondrán
salir: saldr-	saldré	saldrás	saldrá	saldremos	saldréis	saldrán
tener: tendr-	tendré	tendrás	tendrá	tendremos	tendréis	tendrán
valer: valdr-	valdré	valdrás	valdrá	valdremos	valdréis	valdrán
venir: vendr-	vendré	vendrás	vendrá	vendremos	vendréis	vendrán

B. The future of probability

The future can also be used to express probability or conjecture about what is happening now. This can be tricky for speakers of English, because the English words and phrases used to indicate probability, such as *must, probably, wonder,* and so on, are not directly expressed in Spanish.

—¿Dónde **estará** Javi?

—Es lunes. **Estará** trabajando en Ruta Maya.

—*I wonder where Javi is.* (*Where could Javi be?*)

—*It's Monday. He's probably (must be) working at Ruta Maya.*

¡A practicar!

A. Replace the **ir** + **a** + *infinitive* construction with the future in the following paragraph. **¡OJO!** Pay attention to pronoun placement.

Mamá, mañana tú *vas a despertarme*[1] temprano para que yo tenga tiempo de hacerlo todo bien. *Voy a ponerme*[2] un traje muy elegante para causarle una buena impresión a la entrevistadora. Cuando llegue a la oficina, *voy a saludarla,*[3] y ella me *va a decir*[4] que me siente. *Va a hacerme*[5] muchas preguntas sobre mis estudios y mi experiencia, y yo las *voy a contestar*[6] con cuidado y cortesía. No *voy a ponerme*[7] nerviosa. Cuando termine la entrevista, ella y yo *vamos a despedirnos*[8] cordialmente. ¡Estoy segura de que *van a llamarme*[9] muy pronto para ofrecerme el puesto!

B. Use the future of probability to make a conjecture about the following situations. Then translate the sentences into English.

1. Mario tiene el pelo canoso y muchas arrugas. _____ (Tener) por lo menos 70 años.

2. Alicia me dijo que llegaría a las siete, pero ya son las siete y media. _____ (Haber) mucho tráfico.

3. Pablo tiene un Rolls Royce y una casa en Boca Ratón. _____ (Ganar) mucho dinero.

4. La nueva película de mi primo ha sido un éxito maravilloso. _____ (Estar) muy contento.

5. Ricky Martin canta en inglés y español. _____ (Vender) muchos discos en el mercado internacional.

FUTURO
F

C. Using the subjunctive in adverbial clauses

It is important to remember that talking about future events often involves the use of adverbial phrases (conjunctions) that refer to some pending time in the future or in the past. Here you will concentrate on two groups of frequently used conjunctions. The first group (A SPACE) denotes contingency, or actions that are contingent upon the completion of other actions, and the second group (THE CD) contains conjunctions of time. A SPACE conjunctions are always followed by the subjunctive (present or past). The determining factor in deciding whether to use indicative or subjunctive after THE CD conjunctions is whether the action is habitual or completed (present or past indicative) or whether the action is pending or has not yet materialized (present or past subjunctive).

A SPACE		THE CD	
Antes de que		Tan pronto como	
Sin que		Hasta que	
Para que	always take	En cuanto	take indicative
A menos que	subjunctive	Cuando	or subjunctive
Con tal (de) que		Después de que	
En caso de que			

A SPACE (SUBJUNCTIVE)

Llámame **antes de que salgas** para el aeropuerto.

No voy a ir a Jamaica este ano **a menos que** me **den** más días de vacaciones.

Saldré contigo este viernes **con tal (de) que** no **vayamos** al cine.

No iba a aceptar el puesto **sin que** le **ofrecieran** más dinero.

El Sr. Mercado trabajaba mucho **para que** sus hijos **tuvieran** más oportunidades de las que él tenía.

Te di el número de teléfono **en caso de que** lo **necesitaras.**

THE CD (INDICATIVE OR SUBJUNCTIVE)

Juanito se pone triste **tan pronto como sale** su mamá. (*habitual in present: present indicative*)

Te llamo **tan pronto como llegue** mi esposo. (*pending in present: present subjunctive*)

Nuestro perro siempre comía **hasta que se enfermaba.** (*habitual in past: past indicative*)

Hasta que no pagara la multa (*fine*), no saldría de la cárcel. (*pending in past: past subjunctive*)

De niña, salía corriendo de la casa **en cuanto llegaba** su padre del trabajo. (*habitual in past: past indicative*)

Laura irá a Bolivia y Colombia **en cuanto tenga** suficiente dinero. (*pending in present: present subjunctive*)

Cuando llegó a Costa Rica, se fue al bosque lluvioso. (*completed action: past indicative*)

Nos sentiremos mucho más aliviados **cuando deje** de llover. (*pending in present: present subjunctive*)

Después de que Ema **salió** de la casa, su amiga Frida la llamó por teléfono. (*completed action: past indicative*)

Después de que aprendiera bien el español, le darían un aumento de sueldo. (*pending in past: past subjunctive*)

- Note that without the word **que**, the phrases **después de, antes de, para,** and **sin** become prepositions and are therefore followed by the infinitive.

Carmen vendrá **después de comer.**
Antes de tomar la pastilla, sugiero que llames al médico.
Para salir bien en el examen, debes estudiar más.
No vas a salir bien en este examen **sin estudiar.**

¡A practicar!

Complete the following sentences with the appropriate form of the verb in parentheses. Then indicate whether the action is contingent (**CN**), pending or not completed (**P**), completed (**C**), or whether it denotes habitual behavior (**H**).

1. Iré a comprar las entradas antes de que _____ (llegar) mi hermano.

2. Hasta que _____ (terminar) la tesis, Marta estaba muy nerviosa.

3. Marisa arregla su cuarto para que su madre _____ (estar) contenta.

4. Pensamos hacer caminatas (*to take long walks*) en las montañas a menos que _____ (llover) este fin de semana.

5. No me gusta viajar en avión cuando _____ (hacer) mal tiempo.

6. ¡Está bien! Iremos a Isla Mujeres con tal de que me _____ (ayudar: tú) con los niños.

7. Te dejo un poco de dinero en caso de que los niños _____ (querer) merendar algo.

8. Cuando era joven, yo salía de casa sin que me _____ (ver) mis padres.

9. Cuando _____ (escuchar: yo) música clásica, me pongo muy relajado.

10. Llámeme tan pronto como _____ (saber: Ud.) algo, por favor.

11. Voy a estar en la biblioteca hasta que _____ (llegar: tú).

12. El otro día, después de que _____ (despedirse: nosotros), vi un accidente horrible.

13. Cuando _____ (mudarse: ella) a Nueva York el año pasado, no conocía a nadie.

14. Después de que _____ (firmar) el contrato, Sergio se sintió emocionado.

FUTURO
F

Referencia de gramática

OTROS PUNTOS GRAMATICALES

A. Reflexive and reciprocal pronouns

1. Reflexive verbs usually express an action that one does to or for one-self. In English, this is understood but not always stated. Here are some of the more common reflexive verbs in Spanish.

acostarse (ue)	*to go to bed*
afeitarse	*to shave*
bañarse	*to bathe*
despertarse (ie)	*to wake up*
divertirse (ie, i)	*to have a good time*
ducharse	*to take a shower*
levantarse	*to get up; to stand up*
llamarse	*to be called*
ponerse	*to put on (clothing)*
quitarse	*to take off (clothing)*
sentarse (ie)	*to sit down*
vestirse (i, i)	*to get dressed*

    *   Note that the reflexive pronouns attached to these infinitives change to correspond with the subject performing the action.

me baño	**nos** bañamos
te bañas	**os** bañáis
se baña	**se** bañan

    *   The placement of reflexive pronouns is the same as that of direct and indirect object pronouns. (See the discussion of direct object pronouns, in the section on **Hablar de los gustos.**)

        Tienes que bañar**te** ahora. = **Te** tienes que bañar ahora.
        Los niños están bañándo**se**. = Los niños **se** están bañando.

2. The plural reflexive pronouns **nos, os,** and **se** can be used to express reciprocal actions that are expressed in English with *each other* or *one another.*

Nos queremos.	*We love each other.*
¿**Os** ayudáis?	*Do you help one another?*
Se admiran.	*They admire each other.*

3. Reflexive verbs may cease to be reflexive and instead take direct objects when the action is done to someone else.

acostar (ue)   *to put (someone else) to bed*   acostarse (ue)   *to go to bed*

A las siete Marta **acuesta** a sus hijos. Ella no **se acuesta** hasta las once y media.

levantar   *to raise or pick up; to lift*   levantarse   *to get up; to stand up*

Rosa no puede **levantar** a su hijo porque es muy grande.
Rosa **se levanta** a las siete pero nosotros no **nos levantamos** hasta las ocho.

- Some verbs can also change their meaning when a reflexive pronoun is added.

dormir (ue, u)   *to sleep*   dormirse (ue, u)   *to fall asleep*

No **duermo** bien cuando bebo mucho. **Me duermo** en clase cuando bebo mucho la noche anterior.

poner   *to put, place; to turn on*   ponerse   *to put on (clothing)*

Mi compañero de cuarto **pone** el aire acondicionado muy bajo. Por eso tengo que **ponerme** un suéter aunque estamos en agosto.

B. Prepositions and verbs that take prepositions

1. The only verb form that can follow a preposition is the infinitive.

a	*to; at*	durante	*during*
antes de	*before*	en	*in; on; at*
con	*with*	hasta	*until*
de	*of; from*	para	*for; in order to*
después de	*after*	por	*for; because of*

¿Qué haces **para aprender** el vocabulario?
¿Lees **antes de dormir?**
¿Qué te gusta hacer **después de tomar** un examen?

2. Many verbs are accompanied by a preposition when preceding an infinitive (*inf.*) and/or a noun (*n.*). Here are some of the more common verbs of this type.

- Verbs accompanied by **a:**

acostumbrarse a + *inf.* or *n.*	comenzar (ie) a + *inf.*	enseñar a + *inf.*
adaptarse a + *inf.* or *n.*	dedicarse a + *inf.* or *n.*	invitar a + *inf.* or *n.*
animarse a + *inf.*	empezar (ie) a + *inf.*	parecerse a + *n.*
aprender a + *inf.*		volver (ue) a + *inf.** or *n.*
ayudar a + *inf.*		

---

*The phrase **volver a** + *infinitive* means *to do something again.*

Espero otros cinco minutos. Si no llega, vuelvo a llamarlo.
I'll wait another five minutes. If he doesn't arrive, I'll call him again.

- Verbs accompanied by **con:**

casarse con + *n.*   cumplir con + *n.*   soñar (ue) con +
chocar con + *n.*   enfrentarse   *inf.* or *n.*
contar (ue) con +   con + *n.*
    inf. or *n.*

- Verbs accompanied by **de:**

acabar de + *inf.*   despedirse (i, i)   encargarse de +
acordarse (ue) de +   de + *n.*   *inf.* or *n.*
    inf. or *n.*   disfrutar de + *n.*   enterarse de + *n.*
aprovecharse   divorciarse de + *n.*   olvidarse de + *inf.*
    de + *n.*   enamorarse de + *n.*   or *n.*
depender de + *n.*   tratar de + *inf.*

- Verbs accompanied by **en:**

basarse en + *inf.*   consistir en + *inf.*   fijarse en + *inf.*
    or *n.*   or *n.*   or *n.*
confiar en + *inf.*   entrar en* + *n.*   insistir en + *inf.*
    or *n.*

- Verbs accompanied by **por:**

disculparse por +   optar por + *inf.*   preocuparse por +
    inf. or *n.*   or *n.*   *inf.* or *n.*

- Two verbs require **que** before an infinitive.

Hay que salir temprano.   **Tiene que** aumentar los sueldos.

C. Saber and conocer

1. **Saber** means *to know facts* or *pieces of information.* When followed by an infinitive, **saber** means *to know how to do something.*

No **saben** la dirección del jefe.   *They don't know the boss's address.*
¿**Sabes** usar esa máquina?   *Do you know how to use that*
                                              machine?

2. **Conocer** means *to know* or *to be acquainted* (*familiar*) *with* a person, place, or thing. It can also mean *to meet.* Note that the personal **a** is used before mention of a specific person.

Conocemos un café muy   *We know (are familiar with) a*
    agradable.   *very pleasant café.*
¿Quieres **conocer** a mis padres? *Do you want to meet my parents?*
No **conozco** a la dueña.   *I don't know the owner.*

D. Relative pronouns

Relative pronouns are used to join two simple sentences into one complex sentence. In the following example, the relative pronoun **que** replaces the re-

---

*Some native speakers use the preposition **a** instead of **en** after the verb **entrar.**

peated element in the second simple sentence (**El libro...**), thus forming one complex sentence.

> Diego necesita **el libro. El libro** tiene información sobre la artesanía boliviana.
> Diego necesita **el libro que** tiene información sobre la artesanía boliviana.

1. The pronoun **que** refers to things and people and expresses *that; which; who.*

Tengo el libro **que** querías.	*I have the book (that) you wanted.*
Es una persona **que** sabe mucho.	*He's a person who knows a lot.*

2. The pronoun **quien(es)** refers only to people, *may* be used in a nonrestrictive clause,* and *must* be used after a preposition or as an indirect object to express *who* or *whom.*[†]

Sara, **quien** es de España, vive en Austin.	*Sara, who is from Spain, lives in Austin.*
El chico **con quien** ella se quedaba es rico.	*The guy with whom she stayed is rich.*
El jefe, **a quien** no le gustan las fiestas, está allí.	*The boss, who doesn't like parties, is there.*

3. The pronouns **que** and **quien(es)** are the preferred choice in the Spanish-speaking world for informal speech. In writing and more formal speech situations, however, many native speakers prefer to use a set of compound relative pronouns after a preposition or to introduce a nonrestrictive clause. These compound relative pronouns are **el/la/los/las que** and **el/la/los/las cual(es)** and are used to express *that, which,* or *who/whom.* There is usually no semantic difference between the **que** or **cual** variants of these pronouns; the choice is a matter of personal preference.

Esa artesanía boliviana, **la que** buscaba Diego, es hermosa.	*Those Bolivian handicrafts, the ones that Diego was looking for, are beautiful.*
El cine **al cual** van está en el centro.	*The movie theater to which they are going is downtown.*

Additionally, the **el/la/los/las que** set can appear at the beginning of a sentence when the subject that the pronoun is replacing is already known or implied. In this case, these pronouns express *the one(s) that.*

La que me gustó más fue la falda verde.	*The one that I liked most was the green skirt.*

---

*A nonrestrictive clause is a clause embedded in a complex sentence and is usually set off by commas. These embedded elements represent afterthoughts or asides that can be removed without changing the fundamental meaning of the sentence. In nonrestrictive clauses that refer to people, either **que** or **quien(es)** may be used. However, many native speakers prefer to use **quien(es)** in all such cases.

[†]**Quien(es)** can be used as a direct object, but most native speakers omit the **a quien(es)** and introduce the embedded element with **que**, especially in informal speech. **La mujer a quien vimos en la tienda era muy alta.** → **La mujer que vimos en la tienda era muy alta.**

4. **Lo cual** refers to a concept or idea, will almost always appear in the middle of sentence, and expresses *which*.

El examen fue difícil, **lo cual** nos sorprendió.
The exam was difficult, which surprised us.

5. **Lo que** refers to a concept or idea. It is commonly used at the beginning of a sentence, but may also appear in the middle, to express *what* or *that which*.

Lo que no quiero es meterme en más líos.
What I don't want is to get into more trouble.

Eso es **lo que** te dije.
That's what I told you.

6. **Cuyo/a/os/as** is a possessive relative pronoun and is used like its English equivalent *whose*. Note that it agrees in number and gender with the person or thing possessed.

El niño **cuyos** padres se marcharon está llorando.
The child whose parents left is crying.

La dueña **cuyo** negocio fracasó quiere empezar de nuevo.
The owner whose business failed wants to start again.

7. **Donde** can be used as a relative pronoun to express *where*.

Necesito trabajar en un lugar **donde** haya silencio absoluto.
I need to work in a place where there is absolute silence.

E. Hace... que

1. To express that an action *has been going on* over a period of time and is still going on, use the phrase **hace** + *period of time* + **que** + *present tense*.

—¿Cuánto tiempo **hace que estudias** aquí?
—*How long have you been studying here?*

—**Hace dos años que estudio** aquí.
—*I've been studying here for two years.*

2. To express how long *ago* something happened, use the **hace... que** construction with the preterite.

Hace dos años que fui a Lima.
I went to Lima two years ago.

3. This type of construction may sometimes be used without the **que**.

—¿Cuánto tiempo **hace que estudias** aquí?
—*How long have you been studying here?*

—**Hace dos años.**
—*(I've been studying here for) Two years.*

Recibimos la revista **hace un mes.**
We received the magazine a month ago.

F. Por and para

The Spanish prepositions **por** and **para** both mean *for*. Each has additional meanings, however, some of which are presented here.

1. Uses of **por**

by, by means of	Vamos **por tren.***
	Debemos hablar **por teléfono** primero.
through, along	Caminamos **por el parque** y **por la playa.**
during, in (time of day)	Nunca estudio **por la mañana.**
because of, due to	Estoy nerviosa **por la entrevista.**
for = in exchange for	Piden $55 **por el libro.**
	Gracias **por todo.**
for the sake of	Quiero hacerlo **por ti.**
for = duration (often omitted)	Vivieron en España (**por**) **cuatro años.**
per	Hay dos premios **por** grupo.

- In addition, **por** is used in a number of phrases, some of which are included here.

por ejemplo	*for example*
por eso	*that's why*
por favor	*please*
por fin	*finally*
por lo general	*generally, in general*
por lo menos	*at least*
por si acaso	*just in case*
¡por supuesto!	*of course!*

2. Uses of **para**

in order to	Vienen a las dos **para pintar** el cuarto.
for = destined for	El regalo es **para mi esposa.**
for = by (deadline, specified future time)	**Para mañana,** debe tenerlo listo.
for = toward, in the direction of	Salió **para Bolivia** ayer.
for = to be used for	Es **para guardar** la ropa.
for = as compared with others, in relation to others	**Para ellos,** no es importante.
	Para (ser) tan joven, es muy maduro.
for = in the employ of	Trabajan **para IBM** ahora.

G. Using the subjunctive in adjective clauses

An adjective clause is a clause that describes a preceding noun. In the following example, the relative pronoun **que** introduces an adjective clause that describes what type of place the Ruta Maya café is.

El café Ruta Maya es un lugar **que atrae a gente diversa.**

---

*Many native speakers prefer using the preposition **en** instead of **por** with modes of transportation: **en avión, en bicicleta, en coche,** et cetera.

Adjective clauses can also be introduced by **donde** if they describe a place, in the same way the relative pronoun *where* is used in English.

Hay una mesa en Ruta Maya **donde siempre me siento.**

Note that the indicative (**atrae, siento**) is used in the adjective clause of each of the two preceding sentences. This is because the speaker is expressing an opinion or fact based on his or her previous experience with the noun that each adjective clause describes (**un lugar** and **una mesa en Ruta Maya**). In the speaker's mind, the Ruta Maya café attracts a diverse mix of clients and his or her special table exists.

1. When an adjective clause describes something of which the speaker has no prior knowledge (in other words, an unspecified or unknown person, place, or thing), the subjunctive is used in the adjective clause.

UNSPECIFIED OR UNKNOWN NOUN [−KNOWLEDGE] (SUBJUNCTIVE)	SPECIFIC OR KNOWN NOUN [+KNOWLEDGE] (INDICATIVE)
Necesíto una clase que **empiece** antes de las once.	Tengo una clase que **empieza** antes de las once.
Buscamos un café que **sirva** café turco.	Buscamos el café que **sirve** café turco.
Busco un empleado* que **hable** español y chino.	Busco a la empleada* que **habla** español y chino.
Busco a alguien* que **juegue** al tenis bien.	Conozco a una persona* que **juega** bien.

2. When the noun described by the adjective clause is part of a negative expression, the subjunctive is used in the adjective clause because, in effect, it is describing something that does not exist in the speaker's mind.

NEGATIVE EXPRESSION [−EXISTENCE] (SUBJUNCTIVE)	AFFIRMATIVE EXPRESSION [+EXISTENCE] (INDICATIVE)
No hay nadie en mi clase que **fume.**	Hay varios estudiantes en mi clase que **fuman.**
No conozco ningún hotel por aquí que **tenga** precios bajos.	Conozco un hotel por aquí que **tiene** precios bajos.

3. When a noun and the adjective clause describing it are part of a yes or no question, the subjunctive is used in the adjective clause because the speaker is uncertain whether the noun exists. (That's why the speaker is posing the question in the first place!) In answering such questions affirmatively, of course, the indicative is used; the subjunctive is used in answering them negatively.

---

*The personal **a** is not used with direct objects that refer to unspecified or unknown persons. However, remember that **alguien** and **nadie,** when used as direct objects, are always preceded by the personal **a.**

YES OR NO QUESTION [−EXISTENCE] (SUBJUNCTIVE)	AFFIRMATIVE ANSWER [+EXISTENCE] (INDICATIVE)
¿Hay alguien aquí que **sepa** la dirección?	Sí, Marta la **sabe.**
¿Tienes un bolígrafo que me **prestes?**	Sí, aquí **tienes** uno.

YES OR NO QUESTION [−EXISTENCE] (SUBJUNCTIVE)	NEGATIVE ANSWER [+EXISTENCE] (SUBJUNCTIVE)\
¿Hay una tienda por aquí donde **vendan** jamón serrano?	No, no hay ninguna tienda por aquí que **venda** jamón serrano.
¿Conoce Ud. a alguien que **hable** ruso?	No, no conozco a nadie que **hable** ruso.

Apéndice 1: ¡A practicar! Answer Key

Descripción

A. Agreement

A.
1. el águila, 6
2. el archivo, 2
3. la crisis, 3
4. la cumbre, 3
5. el día, 10
6. la flor, 10
7. la foto, 7
8. la luz, 3
9. la mano, 10
10. la moto, 7
11. la mujer, 1
12. la nariz, 3
13. el pan, 4
14. el papel, 4
15. la playa, 1
16. la voz, 3

B. 1. La, simpática   2. Las, frías   3. Las, bonitas   4. El, la, baja   5. Las, fabulosas   6. La, el, mala   7. La, larga   8. El, la, pequeño   9. El, fuerte   10. Los, el, gigantescos

B. Ser and estar

A. 1. de México   2. preocupados   3. tímida   4. tomando un café   5. periodista

B. 1. O   2. P   3. L   4. T   5. E   6. C   7. T   8. O,O   9. E   10. I   11. PO   12. C   13. P   14. PO   15 C

C. 1. es   2. está   3. es   4. son   5. está   6. es   7. son   8. son   9. son   10. estuvieron   11. es   12. es   13. ser   14. es/será   15. es   16. están   17. están   18. es

C. Past participles used as adjectives

1. cerrada   2. abierta   3. hecho   4. rotas   5. tirados   6. muertos   7. abiertas   8. perdido   9. resuelto

D. Uses and omission of articles

1. El   2. –   3. una   4. la   5. –   6. –   7. –   8. –   9. –   10. –   11. El   12. el   13. la   14. los   15. una   16. las   17. la   18. los   19. –   20. –   21. un   22. al   23. los   24. el   25. la   26. la   27. el   28. los   29. el   30. los

Comparación

A. 1. Laura tiene tantos hermanos como Diego.   2. Laura es menor que Javier.   3. El coche de Javier es peor que el (coche) de Laura.   4. Diego gana más (dinero) que Javier.   5. Javier es más rico que Laura.   6. Laura sale a comer menos que Diego.   7. Javier toma el autobús más que Diego.

B. 1. Diego es el más serio de los cinco amigos.   2. Pienso que Austin es la ciudad más bella de Texas.   3. Javier es la mejor persona para dar consejos.   4. Sara es la menor de su familia.   5. Ese lugar es el mejor café de la ciudad, pero sus baños son los peores.

Reacciones y recomendaciones

C. Using the subjunctive in noun clauses

A. 1. asista   2. compre   3. sepa   4. seas   5. son   6. sea   7. va   8. traigan   9. trabajemos   10. pueda

B. (possible answers)   1. …fume tanto; …deje de fumar   2. …no se divierta; …le gusta estudiar   3. …rompa con ella; …es muy extrovertida; …hable con otros hombres

C. 1. bebe; beba   2. tomaba; tomara   3. recibía; recibiera   4. había sacado; hubiera sacado   5. quisiera; quería   6. hiciera; hubiera hecho

D. Commands

A. 1. Póngaselos. No se los ponga. / Pónganselos. No se los pongan. / Póntelos. No te los pongas. / Pongámonoslos. No nos los pongamos. 2. Escríbales. No les escriba. / Escríbanles. No les escriban. / Escríbele. No le escribas. / Escribámosle. No le escribamos.   3. Dígala. No la diga. / Díganla. No la digan. / Dila. No la digas. / Digámosla. No la digamos. 4. Léalos. No los lea. / Léanlos. No los lean. / Léelos. No los leas. / Leámoslos. No los leamos.   5. Váyase de aquí. No se vaya de aquí. / Váyanse de aquí. No se vayan de aquí. / Vete de aquí. No te vayas de aquí. / Vámonos de aquí. No nos vayamos de aquí.

B. 1. Comprémosla.   2. Sentémonos.   3. Tráela.   4. Tóquela.   5. No las pierdan.   6. No nos levantemos.   7. Espérelo.   8. Sal.   9. No lo hagas.   10. Dénsela.

Narración en el pasado

B. Using the preterite and imperfect

A. 1. a   2. a, d   3. b, b, b   4. a, c   5. a, a, a   6. d   7. c

B. 1. c, c   2. d, d, d   3. a, a   4. c, c   5. b   6. c

C. Verbs with different meanings in the preterite and imperfect

A. 1. P:c   2. I:b   3. I:c   4. I:b   5. I:a, P:a   6. P:a, P:a; P:a, I:c   7. P:a   8. P:a, I:d, P:c   9. I:c   10. P:d

B. 1. era   2. iba   3. gustaba   4. era   5. encantaba   6. tenía   7. fue   8. alquilaron   9. era   10. hacía   11. pudieron   12. supo   13. vivía   14. estaba   15. tuvo   16. quería   17. estaba   18. estaban   19. se sentían   20. pasó   21. Fueron

D. The present perfect and pluperfect

A. 1. ha conseguido   2. ha roto   3. ha escrito   4. ha vuelto   5. ha tenido

B. 1. había trabajado   2. había soñado   3. había tenido   4. había prometido   5. había hecho

Hablar de los gustos

D. Double object pronouns

1. DO: coffee; IO: the clients; Javier se lo sirvió. 2. DO: that she wouldn't be home until late; IO: Laura; Sara se lo dijo. 3. DO: the paintings; IO: Mr. Galindo; Diego, muéstraselas, por favor. 4. DO: the musicians, the tapes; Sergio tuvo que llamarlos y luego escucharlas. 5. DO: a surprise dinner; IO: Javier; Laura se la estaba preparando / estaba preparándosela. 6. DO: the dinner; IO: Laura; Javier, agradécesela. 7. DO: her uncle; Sara lo visitaba en Salamanca todos los domingos. 8. DO: the flowers; IO: us; Sergio nos las puede comprar / puede comprárnoslas. 9. DO: the truth; IO: me; Javier y Diego no me la dirán. 10. DO: a song; IO: us; Sara nos la quería cantar / quería cantárnosla con su voz horrible.

E. Gustar and similar verbs

A. 1. te gustó 2. me encantaba 3. les fascinó 4. le da 5. les molesta

B. 1. (A mí) Me dan asco los perritos calientes con mostaza. 2. A los profesores les fastidian los estudiantes que no estudian. 3. A mi amigo le fascinan las películas violentas. 4. (A nosotros) Nos encanta estudiar astrología. 5. A los niños pequeños les interesan los dibujos animados. 6. A los jóvenes les disgustan las reglas de las residencias universitarias.

Hacer hipótesis

A. 1. conseguiría 2. trabajaría 3. tendré (tengo) 4. pondría 5. llamaría 6. fuera 7. puedo 8. estuviera

B. 1. Si fuera… visitaría (If I went to Spain, I would visit the Prado Museum in Madrid.) 2. Si Luis tuviera… te mandaría (If Luis had enough money, he would send you a ticket to . . .) 3. Si estudiara… asistiría (If I studied in Puerto Rico, I would attend the International University . . .)

Hablar del futuro

B. The future of probability

A. 1. me despertarás 2. Me pondré 3. la saludaré 4. dirá 5. Me hará 6. contestaré 7. me pondré 8. nos despediremos 9. me llamarán

B. 1. Tendrá… (He must be at least 70.) 2. Habrá… (There must be a lot of traffic.) 3. Ganará… (He must earn a lot of money.) 4. Estará… (He must be happy.) 5. Venderá… (He must sell a lot of records on the international market.)

C. Using the subjunctive in adverbial clauses

1. llegue, CN 2. terminó, C 3. esté, CN 4. llueva, CN 5. hace, H 6. ayudes, CN 7. quieran, CN 8. vieran, CN 9. escucho, H 10. sepa, P 11. llegues, P 12. nos despedimos, C 13. se mudó, C 14. firmó, C

Apéndice 2: Verb Charts

A. Regular Verbs: Simple Tenses

INFINITIVE / PRESENT PARTICIPLE / PAST PARTICIPLE	INDICATIVE					SUBJUNCTIVE		IMPERATIVE
	PRESENT	IMPERFECT	PRETERITE	FUTURE	CONDITIONAL	PRESENT	PAST	
hablar hablando hablado	hablo hablas habla hablamos habláis hablan	hablaba hablabas hablaba hablábamos hablabais hablaban	hablé hablaste habló hablamos hablasteis hablaron	hablaré hablarás hablará hablaremos hablaréis hablarán	hablaría hablarías hablaría hablaríamos hablaríais hablarían	hable hables hable hablemos habléis hablen	hablara hablaras hablara habláramos hablarais hablaran	habla / no hables hable hablemos hablad / no habléis hablen
comer comiendo comido	como comes come comemos coméis comen	comía comías comía comíamos comíais comían	comí comiste comió comimos comisteis comieron	comeré comerás comerá comeremos comeréis comerán	comería comerías comería comeríamos comeríais comerían	coma comas coma comamos comáis coman	comiera comieras comiera comiéramos comierais comieran	come / no comas coma comamos comed / no comáis coman
vivir viviendo vivido	vivo vives vive vivimos vivís viven	vivía vivías vivía vivíamos vivíais vivían	viví viviste vivió vivimos vivisteis vivieron	viviré vivirás vivirá viviremos viviréis vivirán	viviría vivirías viviría viviríamos viviríais vivirían	viva vivas viva vivamos viváis vivan	viviera vivieras viviera viviéramos vivierais vivieran	vive / no vivas viva vivamos vivid / no viváis vivan

B. Regular Verbs: Perfect Tenses

INDICATIVE					SUBJUNCTIVE	
PRESENT PERFECT	PLUPERFECT	PRETERITE PERFECT	FUTURE PERFECT	CONDITIONAL PERFECT	PRESENT PERFECT	PLUPERFECT
he has ha hemos habéis han hablado / comido / vivido	había habías había habíamos habíais habían hablado / comido / vivido	hube hubiste hubo hubimos hubisteis hubieron hablado / comido / vivido	habré habrás habrá habremos habréis habrán hablado / comido / vivido	habría habrías habría habríamos habríais habrían hablado / comido / vivido	haya hayas haya hayamos hayáis hayan hablado / comido / vivido	hubiera hubieras hubiera hubiéramos hubierais hubieran hablado / comido / vivido

C. Irregular Verbs

INFINITIVE / PRESENT PARTICIPLE / PAST PARTICIPLE	INDICATIVE					SUBJUNCTIVE		IMPERATIVE
	PRESENT	IMPERFECT	PRETERITE	FUTURE	CONDITIONAL	PRESENT	PAST	
andar andando andado	ando andas anda andamos andáis andan	andaba andabas andaba andábamos andabais andaban	anduve anduviste anduvo anduvimos anduvisteis anduvieron	andaré andarás andará andaremos andaréis andarán	andaría andarías andaría andaríamos andaríais andarían	ande andes ande andemos andéis anden	anduviera anduvieras anduviera anduviéramos anduvierais anduvieran	anda / no andes ande andemos andad / no andéis anden
caber cabiendo cabido	quepo cabes cabe cabemos cabéis caben	cabía cabías cabía cabíamos cabíais cabían	cupe cupiste cupo cupimos cupisteis cupieron	cabré cabrás cabrá cabremos cabréis cabrán	cabría cabrías cabría cabríamos cabríais cabrían	quepa quepas quepa quepamos quepáis quepan	cupiera cupieras cupiera cupiéramos cupierais cupieran	cabe / no quepas quepa quepamos cabed / no quepáis quepan
caer cayendo caído	caigo caes cae caemos caéis caen	caía caías caía caíamos caíais caían	caí caíste cayó caímos caísteis cayeron	caeré caerás caerá caeremos caeréis caerán	caería caerías caería caeríamos caeríais caerían	caiga caigas caiga caigamos caigáis caigan	cayera cayeras cayera cayéramos cayerais cayeran	cae / no caigas caiga caigamos caed / no caigáis caigan
dar dando dado	doy das da damos dais dan	daba dabas daba dábamos dabais daban	di diste dio dimos disteis dieron	daré darás dará daremos daréis darán	daría darías daría daríamos daríais darían	dé des dé demos deis den	diera dieras diera diéramos dierais dieran	da / no des dé demos dad / no deis den
decir diciendo dicho	digo dices dice decimos decís dicen	decía decías decía decíamos decíais decían	dije dijiste dijo dijimos dijisteis dijeron	diré dirás dirá diremos diréis dirán	diría dirías diría diríamos diríais dirían	diga digas diga digamos digáis digan	dijera dijeras dijera dijéramos dijerais dijeran	di / no digas diga digamos decid / no digáis digan
estar estando estado	estoy estás está estamos estáis están	estaba estabas estaba estábamos estabais estaban	estuve estuviste estuvo estuvimos estuvisteis estuvieron	estaré estarás estará estaremos estaréis estarán	estaría estarías estaría estaríamos estaríais estarían	esté estés esté estemos estéis estén	estuviera estuvieras estuviera estuviéramos estuvierais estuviera	está / no estés esté estemos estad / no estéis estén
haber habiendo habido	he has ha hemos habéis han	había habías había habíamos habíais habían	hube hubiste hubo hubimos hubisteis hubieron	habré habrás habrá habremos habréis habrán	habría habrías habría habríamos habríais habrían	haya hayas haya hayamos hayáis hayan	hubiera hubieras hubiera hubiéramos hubierais hubieran	

INFINITIVE / PRESENT PARTICIPLE / PAST PARTICIPLE	INDICATIVE PRESENT	IMPERFECT	PRETERITE	FUTURE	CONDITIONAL	SUBJUNCTIVE PRESENT	SUBJUNCTIVE PAST	IMPERATIVE
hacer / haciendo / hecho	hago, haces, hace, hacemos, hacéis, hacen	hacía, hacías, hacía, hacíamos, hacíais, hacían	hice, hiciste, hizo, hicimos, hicisteis, hicieron	haré, harás, hará, haremos, haréis, harán	haría, harías, haría, haríamos, haríais, harían	haga, hagas, haga, hagamos, hagáis, hagan	hiciera, hicieras, hiciera, hiciéramos, hicierais, hicieran	haz / no hagas, haga, hagamos, haced / no hagáis, hagan
ir / yendo / ido	voy, vas, va, vamos, vais, van	iba, ibas, iba, íbamos, ibais, iban	fui, fuiste, fue, fuimos, fuisteis, fueron	iré, irás, irá, iremos, iréis, irán	iría, irías, iría, iríamos, iríais, irían	vaya, vayas, vaya, vayamos, vayáis, vayan	fuera, fueras, fuera, fuéramos, fuerais, fueran	ve / no vayas, vaya, vayamos, id / no vayáis, vayan
oír / oyendo / oído	oigo, oyes, oye, oímos, oís, oyen	oía, oías, oía, oíamos, oíais, oían	oí, oíste, oyó, oímos, oísteis, oyeron	oiré, oirás, oirá, oiremos, oiréis, oirán	oiría, oirías, oiría, oiríamos, oiríais, oirían	oiga, oigas, oiga, oigamos, oigáis, oigan	oyera, oyeras, oyera, oyéramos, oyerais, oyeran	oye / no oigas, oiga, oigamos, oíd / no oigáis, oigan
poder / pudiendo / podido	puedo, puedes, puede, podemos, podéis, pueden	podía, podías, podía, podíamos, podíais, podían	pude, pudiste, pudo, pudimos, pudisteis, pudieron	podré, podrás, podrá, podremos, podréis, podrán	podría, podrías, podría, podríamos, podríais, podrían	pueda, puedas, pueda, podamos, podáis, puedan	pudiera, pudieras, pudiera, pudiéramos, pudierais, pudieran	
poner / poniendo / puesto	pongo, pones, pone, ponemos, ponéis, ponen	ponía, ponías, ponía, poníamos, poníais, ponían	puse, pusiste, puso, pusimos, pusisteis, pusieron	pondré, pondrás, pondrá, pondremos, pondréis, pondrán	pondría, pondrías, pondría, pondríamos, pondríais, pondrían	ponga, pongas, ponga, pongamos, pongáis, pongan	pusiera, pusieras, pusiera, pusiéramos, pusierais, pusieran	pon / no pongas, ponga, pongamos, poned / no pongáis, pongan
predecir / prediciendo / predicho	predigo, predices, predice, predecimos, predecís, predicen	predecía, predecías, predecía, predecíamos, predecíais, predecían	predije, predijiste, predijo, predijimos, predijisteis, predijeron	prediciré, predicirás, predicirá, prediciremos, prediciréis, predicirán	prediciría, predicirías, prediciría, prediciríamos, prediciríais, predicirían	prediga, predigas, prediga, predigamos, predigáis, predigan	predijera, predijeras, predijera, predijéramos, predijerais, predijeran	predice / no predigas, prediga, predigamos, predecid / no predigáis, predigan
querer / queriendo / querido	quiero, quieres, quiere, queremos, queréis, quieren	quería, querías, quería, queríamos, queríais, querían	quise, quisiste, quiso, quisimos, quisisteis, quisieron	querré, querrás, querrá, querremos, querréis, querrán	querría, querrías, querría, querríamos, querríais, querrían	quiera, quieras, quiera, queramos, queráis, quieran	quisiera, quisieras, quisiera, quisiéramos, quisierais, quisieran	quiere / no quieras, quiera, queramos, quered / no queráis, quieran

C. Irregular Verbs (continued)

INFINITIVE / PRESENT PARTICIPLE / PAST PARTICIPLE	INDICATIVE PRESENT	IMPERFECT	PRETERITE	FUTURE	CONDITIONAL	SUBJUNCTIVE PRESENT	PAST	IMPERATIVE
saber sabiendo sabido	sé sabes sabe sabemos sabéis saben	sabía sabías sabía sabíamos sabíais sabían	supe supiste supo supimos supisteis supieron	sabré sabrás sabrá sabremos sabréis sabrán	sabría sabrías sabría sabríamos sabríais sabrían	sepa sepas sepa sepamos sepáis sepan	supiera supieras supiera supiéramos supierais supieran	sabe / no sepas sepa sepamos sabed / no sepáis sepan
salir saliendo salido	salgo sales sale salimos salís salen	salía salías salía salíamos salíais salían	salí saliste salió salimos salisteis salieron	saldré saldrás saldrá saldremos saldréis saldrán	saldría saldrías saldría saldríamos saldríais saldrían	salga salgas salga salgamos salgáis salgan	saliera salieras saliera saliéramos salierais salieran	sal / no salgas salga salgamos salid / no salgáis salgan
ser siendo sido	soy eres es somos sois son	era eras era éramos erais eran	fui fuiste fue fuimos fuisteis fueron	seré serás será seremos seréis serán	sería serías sería seríamos seríais serían	sea seas sea seamos seáis sean	fuera fueras fuera fuéramos fuerais fueran	sé / no seas sea seamos sed / no seáis sean
tener teniendo tenido	tengo tienes tiene tenemos tenéis tienen	tenía tenías tenía teníamos teníais tenían	tuve tuviste tuvo tuvimos tuvisteis tuvieron	tendré tendrás tendrá tendremos tendréis tendrán	tendría tendrías tendría tendríamos tendríais tendrían	tenga tengas tenga tengamos tengáis tengan	tuviera tuvieras tuviera tuviéramos tuvierais tuvieran	ten / no tengas tenga tengamos tened / no tengáis tengan
traer trayendo traído	traigo traes trae traemos traéis traen	traía traías traía traíamos traíais traían	traje trajiste trajo trajimos trajisteis trajeron	traeré traerás traerá traeremos traeréis traerán	traería traerías traería traeríamos traeríais traerían	traiga traigas traiga traigamos traigáis traigan	trajera trajeras trajera trajéramos trajerais trajeran	trae / no traigas traiga traigamos traed / no traigáis traigan
valer valiendo valido	valgo vales vale valemos valéis valen	valía valías valía valíamos valíais valían	valí valiste valió valimos valisteis valieron	valdré valdrás valdrá valdremos valdréis valdrán	valdría valdrías valdría valdríamos valdríais valdrían	valga valgas valga valgamos valgáis valgan	valiera valieras valiera valiéramos valierais valieran	vale / no valgas valga valgamos valed / no valgáis valgan
venir viniendo venido	vengo vienes viene venimos venís vienen	venía venías venía veníamos veníais venían	vine viniste vino vinimos vinisteis vinieron	vendré vendrás vendrá vendremos vendréis vendrán	vendría vendrías vendría vendríamos vendríais vendrían	venga vengas venga vengamos vengáis vengan	viniera vinieras viniera viniéramos vinierais vinieran	ven / no vengas venga vengamos venid / no vengáis vengan

C. Irregular Verbs (continued)

INFINITIVE PRESENT PARTICIPLE PAST PARTICIPLE	INDICATIVE					SUBJUNCTIVE		IMPERATIVE
	PRESENT	IMPERFECT	PRETERITE	FUTURE	CONDITIONAL	PRESENT	PAST	
ver viendo visto	veo ves ve vemos veis ven	veía veías veía veíamos veíais veían	vi viste vio vimos visteis vieron	veré verás verá veremos veréis verán	vería verías vería veríamos veríais verían	vea veas vea veamos veáis vean	viera vieras viera viéramos vierais vieran	ve / no veas vea veamos ved / no veáis vean

D. Stem-changing and Spelling Change Verbs

INFINITIVE PRESENT PARTICIPLE PAST PARTICIPLE	INDICATIVE					SUBJUNCTIVE		IMPERATIVE
	PRESENT	IMPERFECT	PRETERITE	FUTURE	CONDITIONAL	PRESENT	PAST	
construir (y) construyendo construido	construyo construyes construye construimos construis construyen	construía construías construía construíamos construíais construían	construí construiste construyó construimos construisteis construyeron	construiré construirás construirá construiremos construiréis construirán	construiría construirías construiría construiríamos construiríais construirían	construya construyas construya construyamos construyáis construyan	construyera construyeras construyera construyéramos construyerais construyeran	construye / no construyas construya construyamos construid / no construyáis construyan
creer (y [3rd-pers. pret.]) creyendo creído	creo crees cree creemos creéis creen	creía creías creía creíamos creíais crean	creí creíste creyó creímos creísteis creyeron	creeré creerás creerá creeremos creeréis creerán	creería creerías creería creeríamos creeríais creerian	crea creas crea creamos creáis crean	creyera creyeras creyera creyéramos creyerais creyeran	cree / no creas crea creamos creed / no creáis crean
dormir (ue, u) durmiendo dormido	duermo duermes duerme dormimos dormís duermen	dormía dormías dormía dormíamos dormíais dormían	dormí dormiste durmió dormimos dormisteis durmieron	dormiré dormirás dormirá dormiremos dormiréis dormirán	dormiría dormirías dormiría dormiríamos dormiríais dormirían	duerma duermas duerma durmamos durmáis duerman	durmiera durmieras durmiera durmiéramos durmierais durmieran	duerme / no duermas duerma durmamos dormid / no durmáis duerman
pedir (i, i) pidiendo pedido	pido pides pide pedimos pedís piden	pedía pedías pedía pediamos pediais pedian	pedí pediste pidió pedimos pedisteis pidieron	pediré pedirás pedirá pediremos pediréis pedirán	pediría pedirías pediría pediríamos pediríais pedirían	pida pidas pida pidamos pidáis pidan	pidiera pidieras pidiera pidiéramos pidierais pidieran	pide / no pidas pida pidamos pedid / no pidáis pidan
pensar (ie) pensando pensado	pienso piensas piensa pensamos pensáis piensan	pensaba pensabas pensaba pensábamos pensabais pensaban	pensé pensaste pensó pensamos pensasteis pensaron	pensaré pensarás pensará pensaremos pensaréis pensarán	pensaría pensarías pensaría pensaríamos pensaríais pensarían	piense pienses piense pensemos penséis piensen	pensara pensaras pensara pensáramos pensarais pensaran	piensa / no pienses piense pensemos pensad / no penséis piensen

D. Stem-changing and Spelling Change Verbs (continued)

INFINITIVE PRESENT PARTICIPLE PAST PARTICIPLE	INDICATIVE					SUBJUNCTIVE		IMPERATIVE
	PRESENT	IMPERFECT	PRETERITE	FUTURE	CONDITIONAL	PRESENT	PAST	
producir (zc, j) produciendo producido	produzco produces produce producimos producís producen	producía producías producía producíamos producíais producían	produje produjiste produjo produjimos produjisteis produjeron	produciré producirás producirá produciremos produciréis producirán	produciría producirías produciría produciríamos produciríais producirían	produzca produzcas produzca produzcamos produzcáis produzcan	produjera produjeras produjera produjéramos produjerais produjeran	produce / no produzcas produzca produzcamos producid / no produzcáis produzcan
reír (i, i) riendo reído	río ríes ríe reímos reís ríen	reía reías reía reíamos reíais reían	reí reíste rió reímos reísteis rieron	reiré reirás reirá reiremos reiréis reirán	reiría reirías reiría reiríamos reiríais reirían	ría rías ría riamos riáis rían	riera rieras riera riéramos rierais rieran	ríe / no rías ría riamos reíd / no riáis rían
seguir (i, i) (g) siguiendo seguido	sigo sigues sigue seguimos seguís siguen	seguía seguías seguía seguíamos seguíais seguían	seguí seguiste siguió seguimos seguisteis siguieron	seguiré seguirás seguirá seguiremos seguiréis seguirán	seguiría seguirías seguiría seguiríamos seguiríais seguirían	siga sigas siga sigamos sigáis sigan	siguiera siguieras siguiera siguiéramos siguierais siguieran	sigue / no sigas siga sigamos seguid / no sigáis sigan
sentir (ie, i) sintiendo sentido	siento sientes siente sentimos sentís sienten	sentía sentías sentía sentíamos sentíais sentían	sentí sentiste sintió sentimos sentisteis sintieron	sentiré sentirás sentirá sentiremos sentiréis sentirán	sentiría sentirías sentiría sentiríamos sentiríais sentirían	sienta sientas sienta sintamos sintáis sientan	sintiera sintieras sintiera sintiéramos sintierais sintieran	siente / no sientas sienta sintamos sentid / no sintáis sientan
volver (ue) volviendo vuelto	vuelvo vuelves vuelve volvemos volvéis vuelven	volvía volvías volvía volvíamos volvíais volvían	volví volviste volvió volvimos volvisteis volvieron	volveré volverás volverá volveremos volveréis volverán	volvería volverías volvería volveríamos volveríais volverían	vuelva vuelvas vuelva volvamos volváis vuelvan	volviera volvieras volviera volviéramos volvierais volvieran	vuelve / no vuelvas vuelva volvamos volved / no volváis vuelvan

Vocabulario español-inglés

The Spanish-English Vocabulary contains all the words that appear in the text, with the following exceptions: (1) most close or identical cognates that do not appear in the thematic vocabulary lists; (2) most conjugated verb forms; (3) most diminutives and augmentatives; (4) most adverbs ending in **-mente;** (5) days of the week, months of the year, basic colors, and most numbers; (6) subject, object, and demonstrative pronouns; (7) possessive and demonstrative adjectives; (8) glossed vocabulary from realia and authentic readings. Only meanings used in the text are given. Numbers following translations indicate the chapter in which that meaning of the word was presented as active vocabulary.

Words containing **ch** and **ll** are alphabetized according to the individual letters of these consonant clusters. For example, words beginning with **ch** are found within the letter **c.** Also, **n** precedes **ñ** in alphabetical order.

The gender of nouns is indicated, except for masculine nouns ending in **-o** and feminine nouns ending in **-a.** Stem changes and spelling changes are indicated for verbs: **dormir (ue, u); llegar (gu); traducir (zc, j).**

The following abbreviations are used in this vocabulary.

abbrev.	abbreviation		*n.*	noun
adj.	adjective		*p.p.*	past participle
adv.	adverb		*P.R.*	Puerto Rico
coll.	colloquial		*pers.*	person
f.	feminine		*pl.*	plural
fig.	figurative		*prep.*	preposition
ger.	gerund		*pret.*	preterite
inf.	infinitive		*pron.*	pronoun
inv.	invariable		*s.*	singular
irreg.	irregular		*Sp.*	Spain
lit.	literal		*subj.*	subjunctive
m.	masculine		*v.*	verb
Mex.	Mexico			

A

abajo below; downstairs
abandonado/a abandoned
abierto/a (*p.p. of* **abrir**) open (2), opened; free
abogado/a lawyer
abogar (gu) to defend
abrazarse (c) to embrace, hug each other
abrazo hug
abrigo coat

abrir (*p.p.* **abierto**) to open (2)
absoluto/a absolute, complete; **en absoluto** (not) at all
absurdo/a absurd, ridiculous
abuelo/a grandfather, grandmother; *pl.* grandparents
abundar to abound
aburrido/a bored; boring
aburrir to bore; **aburrirse** to get bored; **me aburre(n)** I'm bored by (4)

abusar to abuse; to bully (2)
abusivo/a abusive
abuso abuse
acabar to end; to finish, complete; **acabar con** to put an end to; **acabar de** + *inf.* to have just (*done something*); **acabarse** to end; to run out (of)
academia academy
académico/a academic
acaso: por si acaso just in case

acceso access
accidente *m.* accident
acción *f.* action; **acción afirmativa** affirmative action
accionar to activate
acelerar to accelerate
aceptable acceptable
aceptar(se) to accept (oneself)
acera sidewalk
acercarse (qu) (a) to approach
acogedor(a) cozy, inviting
acompañar to accompany, go with
acondicionado/a: aire (*m.*) **acondicionado** air conditioning
acondicionar to arrange; to condition
aconsejar to advise (2)
acontecimiento event
acordarse (ue) (de) to remember
acorralado/a cornered
acosar to harass
acostar (ue) to lay down; to put (*someone*) to bed; **acostarse** to lie down; to go to bed
acostumbrarse to adjust (to) (2); to get accustomed, used to; to accept
acre *m.* acre
actitud *f.* attitude, outlook
actividad *f.* activity
activismo activism
activista *n. m., f.* activist (5)
activo/a active
acto action, act
actor *m.* actor
actriz *f.* (*pl.* **actrices**) actress
actual present, current
actualidad *f.* present (time); **en la actualidad** currently
actualmente currently (5)
actuar (actúo) to behave, act
acudir (a) to go (to); to come (to)
acueducto aqueduct
acuerdo agreement; **acuerdo de paz** peace accord; **¿de acuerdo?** O.K?; **de acuerdo con** in accordance with; **(no) estar** (*irreg.*) **de acuerdo (con)** to (dis)agree (with) (2); **ponerse** (*irreg.*) **de acuerdo** to agree, come to an agreement
acusación *f.* accusation
acusar to accuse
adaptar to adjust; **adaptarse (a)** to adapt, adjust (to)
adecuado/a suitable
adelantar to advance

adelanto advance (6)
además besides; moreover (3); **además de** besides, in addition to
adicional additional
adicto/a *n.* addict; *adj.* addicted
adivinar to guess, divine (6); to predict the future
adjuntar to attach, enclose
administración *f.* administration, management; **administración de empresas** business administration
administrador(a) administrator, manager
admirar to admire
admitir to admit
adolescencia adolescence
adolescente *n., adj. m., f.* adolescent
adonde (to) where; to which
¿adónde? (to) where?
adoptivo/a adopted; **hijo adoptivo, hija adoptiva** adopted son, adopted daughter (2)
adorar to adore
adquirir (ie) to acquire
adquisitivo/a acquisitive
adulto/a *n., adj.* adult
advertencia warning
advertir (ie, i) to warn, notify
aéreo/a: controlador(a) de tráfico aéreo air traffic controller
aeróbico/a aerobic
aeropuerto airport
afectar to affect
afecto affection
afeitarse to shave
afelpado/a velvety
afición *f.* pastime; inclination
aficionado/a fan, follower
afirmación *f.* assertion
afirmar to affirm, assert
afirmativo/a affirmative; **acción** (*f.*) **afirmativa** affirmative action
afligir (j) to afflict; to grieve
aflojar el paso to slow down
afrancesado/a taking on French characteristics
africano/a *n., adj.* African
afroamericano/a Afro-American
afrocaribeño/a *n., adj.* Afro-Caribbean
afrontar to confront (5)
afueras *n. pl.* suburbs; outskirts
agacharse to crouch
agencia agency
agente *m., f.* agent

agobiado/a overwhelmed (4)
agobiarse to overwork; to exhaust oneself
agobio burden; exhaustion
agotado/a exhausted (4)
agotamiento exhaustion
agotar to use up; **agotarse** to be used up, run out
agradable pleasant (1), agreeable
agradar to please
agradecer (zc) to thank (2)
agravar to aggravate, make worse
agregar (gu) to add
agresión *f.* provocation
agresivo/a aggressive
agricultor(a) farmer
agricultura agriculture
agua *f.* (*but* **el agua**) water; **agua dulce** fresh water; **¡aguas!** careful!
aguafiestas *m., f.* party pooper (4)
aguantar to stand, bear
águila *f.* (*but* **el águila**) eagle
ahí there
ahogar (gu) to extinguish; **ahogarse** to drown
ahora now; **ahora mismo** right now; **ahora sea de verdad** this time it may be true; **ahora viene lo peor** now comes the worst part
ahorrar to save (money) (4)
aimará *m.* Aymara, *language of the indigenous Aymara of Bolivia and Peru*
aire *m.* air; appearance; **aire acondicionado** air conditioning; **al aire libre** in the open air; **sacarse (qu) el aire** to work hard (4)
aislado/a isolated
ajustarse to adjust
ajuste *m.* adjustment
alabanza praise
alabar to praise (2)
alarma alarm
alarmante alarming (5)
alarmar to alarm
alarmista *n. m., f.* alarmist (5)
alboroto agitation, disturbance, excitement
alcance *m.* reach; range
alcanzar (c) to attain, reach (6); to catch up with
alcohol *m.* alcohol
alcohólico/a alcoholic

alegrarse to be glad, happy; **me alegro de que...** I'm glad that . . . (2)
alegre happy
alegría joy
alejar to keep at a distance
alemán *m.* German (language)
Alemania Germany
alfabetizado/a alphabetized
alfombra carpet, rug
algo *pron.* something; *adv.* somewhat
algodón *m.* cotton
alguien *pron.* someone; **caerle** *(irreg.)* **bien/mal a alguien** to be liked/disliked by someone (1)
algún, alguno/a *adj.* some; any; *pl.* some; a few; **alguna vez** ever *(with a question)*; once *(with a statement)*; **en alguna parte** somewhere
alguno/a *pron.* someone; one; *pl.* some; a few
alienación *f.* alienation
alimentación *f.* food (5)
alimentar to feed; to maintain
alimento food, nourishment
aliviar to relieve (4)
alivio: ¡qué alivio! what a relief!
allá there; **más allá de** beyond
allí there
alma *f.* *(but* **el alma***)* soul; **alma gemela** kindred spirit (3)
almacenar to store
almendrado/a almond-shaped
almorzar (ue) (c) to lunch
almuerzo lunch
alojamiento lodging
alojar to be home to; **alojarse** to stay
alpinismo mountain climbing; hiking
alquilar to rent
alrededor *adv.* around; **alrededores** *n. m. pl.* surroundings
alternativo/a alternate; alternative
alto/a tall; high; loud; **en lo alto de** on top of; **en voz** *(f.)* **alta** aloud; **tacón** *(m.)* **alto** high-heeled shoe
altoparlante *m.* loudspeaker
altruista *adj. m., f.* altruistic (5)
altura height; altitude
alucinado/a amazed (3)
alucinante incredible, impressive (1), dazzling, amazing (3)

alucinar to amaze; to be dazzled
aludira to allude to
alumno/a pupil, student
amable amiable, pleasant, kind
amanecer *m.* dawn
amante *m., f.* lover
amar to love
amarillento/a yellowish
amazónico/a Amazonian
ambición *f.* ambition
ambicioso/a ambitious
ambiente *m.* surroundings, ambience; atmosphere; **medio ambiente** environment
ambos/as *pl.* both
amenaza threat
amenazador(a) *adj.* threatening
amenazante threatening (6)
amenazar (c) to threaten
amenizador(a) *n.* stimulant
americanizarse (c) to become Americanized
americano/a *n., adj.* American
amigable friendly
amigo/a friend
aminoácido amino acid
amistad *f.* friendship (3)
amistoso/a friendly
amnistía amnesty
amor *m.* love; loved one; **amor propio** self-esteem (2)
amoroso/a amorous, loving
ampliación *f.* expansion
ampliar (amplío) to expand, widen
amplio/a wide, broad
amuleto amulet
analfabetismo illiteracy (5)
analfabeto/a illiterate
análisis *m. inv.* analysis; analyses
analizar (c) to analyze
andaluz(a) *(m. pl.* **andaluces***)* Andalusian, of or pertaining to Andalusia in southern Spain
andar *irreg.* to walk; to be into
andino/a Andean, of or pertaining to the Andes Mountains
anfitrión, anfitriona host, hostess
ángel *m.* angel
angustia anguish
angustiado/a distressed (4), grieved
anillo ring
animado/a lively (4), animated; living; **dibujo animado** (animated) cartoon

animador(a) animator
animar to encourage, cheer up; **animarse** to become lively
ánimo energy; mind; **estado de ánimo** spirits, mood
aniversario anniversary
anoche last night
anónimo/a anonymous
anotar to make a note of; to score *(sports)*
ansia worry, anxiety
ansiedad *f.* anxiety
ansioso/a anxious
ante *prep.* before, in front of; in the presence of; **ante todo** above all
antepasado/a ancestor (2)
anterior previous
antes *adv.* before; previously; **antes de que** + *subj.* before . . . (6); **cuanto antes** as soon as possible
antiaccidente anti-accident
anticonceptivo/a contraceptive
anticuado/a out of date
antidepresivo/a antidepressant
antigüedades *n. f. pl.* antiques
antiguo/a old, old-fashioned; former
antropología anthropology
anualmente annually
anunciar to announce
anuncio advertisement; announcement
añadir to add
año year; **a los... años** at the age of . . . ; **los años veinte (treinta,...)** the twenties (thirties, . . .); **tener** *(irreg.)* **... años** to be . . . years old
apadrinar to become a godparent
apagar (gu) to turn off
aparato apparatus, device; brace
aparecer(se) (zc) to appear
aparición *f.* appearance
apariencia appearance; **las apariencias engañan** looks deceive (1)
apartamento apartment
aparte *n. m.* aside; *adj.* separate; *adv.* separately; **punto y aparte** (begin a) new paragraph
apasionado/a passionate (3)
apasionar to appeal deeply to
apatía apathy (5)
apatriado/a stateless, without a country

apellido last name, family name

apenado/a pained, sad (3)

apenas hardly, barely

apertura opening

apetecer (zc) to please, appeal to; **me apetece(n)** I feel like (4)

apetecible appealing

apetito appetite

apetitoso/a appetizing, tasty

aplastar to flatten, smash, crush

aplatanado/a lethargic

aplicar (qu) to apply

apodo nickname (2)

aportación *f.* contribution

aportar to contribute (6)

apóstol *m.* apostle

apoyar to support (emotionally) (2); to rest

apoyo support, aid

apreciar to appreciate, value

aprender to learn

aprendizaje *m.* learning

apresurado/a in a hurry

apretar (ie) to squeeze

apropiado/a appropriate

aprovechar(se) de to take advantage of (4)

aproximadamente approximately

aptitud *f.* capacity, ability

apuesta pact, (political) agreement

apuntar to write down, make a note of; to show

apuntes *m. pl.* notes

apurarse to hurry

aquí here; **he aquí** here is/are

aquietarse to calm down

árabe *n., adj. m., f.* Arab

aragonés, aragonesa Aragonese, of or pertaining to Aragon in northern Spain

araña spider

árbol *m.* tree; **árbol de Navidad** Christmas tree

archipiélago archipelago

archivo *s.* files; **archivo general** national historical records

arco iris rainbow

arder to burn

área *f. (but* **el área**) field

arete *m.* earring (1)

argentino/a *n., adj.* Argentine

argumento argument

arma *f. (but* **el arma**) weapon, arm

armado/a armed

armonía harmony (2)

arpa *f. (but* **el arpa**) harp

arqueológico/a archaeological

arquitectónico/a architectural

arquitectura architecture

arraigo rootage

arrastrar to drag

arrecife *m.* reef

arreglar to arrange; to put in order

arreglo adjustment

arrepentirse (ie, i) to regret

arriba above; **boca arriba** face up

arrojar to throw

arrollar to run over

arruga wrinkle (1)

arrugarse (gu) to wrinkle up, crumple

arte *m., f.* art; **arte menor** minor art; **artes gráficas** graphic arts; **bellas artes** fine arts; **por arte de** by means of; **obra de arte** artwork

artefacto device; artifact

artesanal pertaining to handicrafts

artesanía craft, handicrafts

artesano/a artisan, craftsperson

articulado/a articulated

artículo article, item

artista *m., f.* artist

artístico/a artistic

asado roast

ascendencia ancestry

ascenso ascent, climbing; promotion

asco: dar *(irreg.)* **asco** to disgust; **me da(n) asco** I'm disgusted by (4)

asegurar to insure; to assure

asesinar to assassinate, murder

asesinato murder

asesoría advising

así *adv.* thus; that's how; in that way; like that; **así como** the same as; **así pues** and so; **así que** therefore

asiático/a Asiatic, Asian

asiento seat

asimilación *f.* assimilation

asimilar to assimilate

asistencia aid

asistir a to attend

asociación *f.* association

asociado/a: estado libre asociado commonwealth

asociar to associate

asomarse to show, appear

asombroso/a amazing, astonishing (6)

aspecto aspect; appearance, trait

asquear to sicken, nauseate

asqueoso/a repulsed (3)

astilla: de tal palo tal astilla like father, like son

astrología astrology

astrólogo/a astrologist

astronauta *m., f.* astronaut

astronomía astronomy

astronómico/a astronomical, astronomic

asueto: día de asueto day off

asumir to assume, take

asunto matter; **el asunto es** + *inf.* the trick is (*to do something*)

asustado/a frightened (3)

asustar to frighten; **asustarse** to become frightened

atacado/a attacked

ataque *m.* attack; **ataque cardíaco** heart attack; **ataque de nervios** nervous breakdown

atención *f.* attention; **prestar atención** to pay attention

atender (ie) a to take care of, tend to, wait on

atlántico/a: Océano Atlántico Atlantic Ocean

atleta *m., f.* athlete

atlético/a athletic

atmósfera atmosphere

atractivo/a attractive

atraer (*like* **traer**) to attract (3); to draw

atrapado/a trapped

atrás *adv.* back, behind; **de atrás** back

atreverse to dare

atrevido/a daring (1)

atributo attribute

atrocidad *f.* atrocity

audición *f.* audition

auditorio auditorium

aula *f. (but* **el aula**) classroom

aumentar to increase (4)

aumento increase; raise

aun even

aún still, yet; **aún más** even more

aunque although, even though

aura *f. (but* **el aura**) aura

auto: corredor(a) de autos racecar driver

autoafirmativo/a self-affirming

autoayuda self-help
autobiográfico/a autobiographical
autobús *m.* bus
autodidacto/a self-taught
automovilístico/a pertaining to automobiles
autónomo/a autonomous, self-governing; **Universidad** (*f.*) **Nacional Autónoma de México (UNAM)** National Autonomous University of Mexico
autor(a) author
autoridad *f.* authority
avance *m.* advance
avanzar (c) to advance (6)
avaro/a *n.* miser; *adj.* miserly
avenida avenue
aventura adventure
aventurero/a *n.* adventurer; *adj.* adventurous
avergonzado/a embarrassed (3)
avergonzarse (üe) (c) to become embarrassed
averiguar (gü) to ascertain; to verify
aviación *f.* aviation
avión *m.* airplane
avisar to inform; to warn
avistamiento sighting
¡ay! oh!
ayer yesterday
ayuda help, assistance; **ayuda humanitaria** humanitarian aid
ayudar to help
azotado/a whipped, lashed
azteca *m., f.* Aztec
azúcar *m.* sugar
azucarero/a *adj.* pertaining to sugar

B

bacalao codfish
bacán: ¡qué bacán! (how) awesome! (2)
bahía bay
bailar to dance
bailarín, bailarina dancer
baile *m.* dance; (act of) dancing
baja fall; **sube** (*m.*) **y baja** rise and fall
bajar to come/go down; to get down; to lower
bajo *prep.* under, beneath
bajo/a *adj.* short; low; **barrio bajo** slum
bajón *m.* slump, depression

bajorrelieve bas-relief
balancear to swing
balanza balance
balboa *m.* monetary unit of Panama
ballet *m.* ballet
balneario *n.* spring (of water); spa
balneario/a *adj.* resort
bambú *m.* bamboo
banco bank
bandera flag
bandido/a bandit
bañar to bathe (*someone or something*); **bañarse** to take a bath
baño bath; **baño de burbujas** bubble bath
bar *m.* bar
barba beard (1)
barbaridad *f.* gross remark; **¡qué barbaridad!** how awful! (1)
barco boat, ship
barra bar; stick
barranca ravine, gorge
barrio neighborhood; **barrio bajo** slum
barro clay
basar(se) en to base on
básquetbol *m.* basketball
bastante *adj.* enough; quite a bit of; *adv.* rather; quite
basura garbage (6), trash
bebé *m.* baby
beber to drink
bebida drink; drinking
beca scholarship
bélico/a warlike, bellicose
belleza beauty
bello/a beautiful; eloquent; **bellas artes** fine arts
beneficiar(se) to benefit
beneficio benefit; advantage
benjamín, benjamina baby of the family (2)
besar to kiss
beso kiss
biblioteca library
bibliotecario/a librarian
bicho bug
bicicleta bicycle
bien *adj.* good; *adv.* well; **caerle** (*irreg.*) **bien a alguien** to be liked by someone (1); **llevarse bien (con)** to get along well (with) (1); **lo pasé muy bien** I had a very good time (4); **me cae(n) bien** I really like (*a person/people*) (4);

pasarlo bien to have a good time (4); **¡qué bien!** (how) great! (2); **¡que lo pase bien!** have a good time! (4); **salir** (*irreg.*) **bien** to succeed, do well
bienestar *m.* well-being (4)
bienvenida: dar (*irreg.*) **la bienvenida** to welcome
bienvenido/a *adj.* welcome
bigote *m.* moustache (1)
bilingüe bilingual
billón *m.* (one) trillion
biografía biography
biográfico/a biographical
biológico/a biological
biotipo biotype
blanco/a white; **en blanco** blank, empty
bledo: me importa un bledo I don't give a damn
boca mouth; **boca arriba** face up
boda wedding
bodega warehouse
bola de cristal crystal ball
boleto ticket
bolígrafo ballpoint pen
bolívar *m.* monetary unit of Venezuela
boliviano monetary unit of Bolivia
boliviano/a *adj.* Bolivian
bomba bomb
bombero/a firefighter
bonito/a *adj.* pretty; *adv.* nice
bonsái *m.*: **jirafa bonsái** miniature giraffe
bordado/a embroidered
borde *m.* edge, verge
borracho/a drunk
bosque *m.* forest; **bosque lluvioso** rain forest (6)
botánico/a botanical
botella bottle
botellón *m.* large water bottle
braceado/a pertaining to a violent waving of arms
brasileño/a Brazilian
brazo arm
brecha gap, opening; **brecha digital** digital (information) gap (6); **brecha generacional** generation gap (2)
breve short, brief
brillante brilliant
brillar to shine
brindar to offer (5); to toast
brisa breeze

broma practical joke, teasing (4)
bromear to joke
bromista *n. m., f.* joker; *adj.* joking
brujo/a sorcerer, witch
bruma mist
bruto/a stupid; brutish (1)
bucear to scuba dive
buen, bueno/a good; **bueno...** well . . . ; **estar** (*irreg.*) **de buen humor** to be in a good mood (4); **hacer** (*irreg.*) **buen tiempo** to be nice outside (*weather*); **¡qué bueno!** (how) great! (3); **qué bueno que...** how great that . . . (2); **sacar (qu) buenas notas** to get good grades; **ser** (*irreg.*) **buena gente** to be a good person/good people (1); **tener** (*irreg.*) **buena pinta** to have a good appearance (1)
burbuja: baño de burbujas bubble bath
burlón, burlona mocking
burocrático/a bureaucratic
busca search
buscar (qu) to look for; to seek
búsqueda search

C

caballero gentleman
caballo: montar a caballo to ride/go horseback
cabaña wood or grass hut
cabello hair
caber *irreg.* to fit (on or into); **no cabe duda** no doubt about it
cabeza head; **dolor** (*m.*) **de cabeza** headache; **mal de la cabeza** weak in the head
cabildeo lobbying
cabo: al cabo de at the end of; **llevar a cabo** to carry out (5)
cada *inv.* each; every; **cada vez más** more and more
cadáver *m.* corpse
cadena chain
caducado/a expired
caer *irreg.* (*p.p.* **caído**) to fall; **caerle bien/mal a alguien** to be liked/disliked by someone (1); **me cae(n) bien/fenomenal** I really like (*a person/people*) (4); **me cae(n) mal/fatal** I don't like (*a person/people*) (4)
café *m.* coffee; café, coffee shop

cajetilla de cigarrillos pack of cigarettes
calavera skull
calcular to calculate
calidad *f.* quality
caliente hot; **perrito caliente** hotdog
calificar (qu) to judge
callado/a quiet (1)
calle *f.* street; **calle empedrada** cobblestone street; **salir** (*irreg.*) **a la calle** to leave the house
calma composure
calmar to soothe, calm (down)
calor *m.* heat; **hacer** (*irreg.*) **calor** to be hot outside (*weather*)
calvo/a bald (1)
cama bed
cámara camera
cambiar to change
cambio change; **a cambio** in exchange; **en cambio** on the other hand (3)
caminante *m., f.* walker
caminar to walk
camino trail; path (*fig.*)
camión *m.* truck; bus (*Mex.*)
camisa shirt
campaña campaign (5)
campeonato championship
campesino/a *n.* farmer; *adj.* rural, rustic
camping: hacer (*irreg.*) **camping** to go camping
campo area, field
canal *m.* canal
canario canary (*bird*)
canario/a *adj.* of or pertaining to the Canary Islands
canasta basket
cáncer *m.* cancer
canción *f.* song
candidato/a candidate
candidatura candidature, candidacy
candombe *m. dance of African origin*
canoa canoe
canon *m.* norm
canoso/a gray (hair) (1)
cansado/a tired
cansancio fatigue
cansar to tire
cantante *m., f.* singer
cantar to sing
cante (*m.*) **jondo** *Flamenco-style singing of Andalusian gypsy origin*
cantidad *f.* quantity

canto (act of) singing
caña glass of beer (*Sp.*)
cañón *m.* canyon; cannon
capacidad *f.* capability (6)
capacitación *f.* training
capacitado/a qualified
capacitar to train
capaz (*pl.* **capaces**) *m., f.* capable, able
capital *n. f.* capital (city); *m.* capital (*wealth*); *adj.* deadly; **siete pecados capitales** seven deadly sins
capitolio capitol
capítulo chapter
captar to capture
cara face; **cara a cara** face to face; **cara real** true face; **¡qué cara tiene!** what nerve he/she has! (2); **tener** (*irreg.*) **(mucha) cara** to have (a lot of) nerve (1)
carácter *m.* character, nature
característica *n. f.* characteristic, feature
característico/a characteristic, typical
caracterización *f.* characterization
¡caramba! goodness me!
caravana caravan
carcajada: reírse (i, i) (me río) a carcajadas to laugh loudly (4)
cárcel *f.* jail, prison
cardíaco/a: ataque (*m.*) **cardíaco** heart attack
carecer (zc) to lack
carga task, responsibility
cargar (gu) to carry; to load; to charge; **cargar las pilas** to recharge one's batteries (4)
cargo: a cargo de in charge of
Caribe *m.* Caribbean (region); **Mar** (*m.*) **Caribe** Caribbean Sea
caribe *m.*: **negro caribe** Black Carib (language)
caribeño/a *n., adj.* Caribbean
caricatura caricature
cariño affection
cariñoso/a loving (2), affectionate
carne *f.* flesh; **de carne y hueso** of flesh and blood
carnet *m.* ID card
caro/a expensive
carrera career, profession; race
carretera highway; **oficial** (*m., f.*) **de la policía de carreteras** highway patrol officer

carro car
carta letter
cartearse to be a pen pal
cartel *m.* poster; **obra en cartel** show currently playing
cartelera (*s.*) **teatral** theater listings
casa house; **casa natal** birthplace; **en casa de** at (*someone's*) house
casado/a *n.* married person; *adj.* married
casarse (con) to marry, get married (to) (3)
cascada waterfall
casco helmet
casero/a *adj.* household
caso case, circumstance; question; **en caso de que** + *subj.* in case . . . (6); **hacer** (*irreg.*) **caso a** to pay attention to (2)
castellano Spanish (language)
castigar (gu) to punish (2); to mortify
castigo punishment
castillo castle
catalán, catalana *n., adj.* Catalan, of or pertaining to Catalonia in northeastern Spain; *m.* Catalan (language)
¡cataplún! crash!
catarata waterfall
catástrofe *f.* catastrophe, disaster
catastrófico/a catastrophic (6)
catedral *f.* cathedral
categoría category
causa cause; **a causa de** because of
causante *adj.* causing
causar to cause; to produce; **causar daño** to harm
cauteloso/a cautious (3)
cautivar to captivate
CD-ROM *m.* CD-ROM
ceder to cede, give away
ceiba ceiba, kapok tree
ceja eyebrow (1)
celebración *f.* celebration
celebrar to celebrate; to hold (*a meeting*)
celoso/a jealous (3)
celular *m.*: **(teléfono) celular** cellular telephone
cementerio cemetery
cena dinner, supper
cenar to have dinner
cendal *m.* silk veil
cenicero ashtray

censo census
centenar *m.* (one) hundred
centrar to center, focus
centro center; downtown; heart (*of a town*); **centro comercial** shopping center
centroamericano/a *n., adj.* Central American
cerámica pottery
cerca de near, close to; **de cerca** close up
cercano/a *adj.* close
cerco militar siege
cero zero
cerradura lock
cerrar (ie) to close
cerro large hill
certeza certainty
cerveza beer
cesanteado/a laid-off, fired
cesar to cease
cese (*m.*) **al fuego** cease-fire
césped *m.* grass, lawn
chachachá *m. dance that combines rhythms of rumba and mambo*
chamán, chamana indigenous doctor/healer
champaña *m.* champagne
charco Atlantic Ocean (*lit.* puddle)
charlar to chat (4)
chato/a snub-nosed
cheque *m.* check
chévere awesome; **¡qué chévere!** (how) awesome! (2)
chibcha *m., f. member of an indigenous, pre-Colombian people of Colombia; m.* Chibcha (language)
chicle *m.* chewing gum
chico/a boy, girl; young person
chileno/a *n., adj.* Chilean
chillar to squeal
chillido long shrill cry or sound
chimenea fireplace
chino/a *n., adj.* Chinese
chisme *m.* gossip (4), rumor
chismear to gossip
chispa spark
chiste *m.* joke (4)
chistoso/a funny (1); **¡qué chistoso!** how funny! (4)
chocante shocking (5)
chocar (qu) con to collide with, crash into
chocolate *m.* chocolate
chofer(a) driver

choque *m.* shock; clash
chorrear to spout, spurt
cibercafé *m.* cyber café (*coffee house with computers*)
ciberespacio cyberspace (6)
cicatriz *f.* (*pl.* **cicatrices**) scar (1)
cien, ciento/a hundred; **por ciento** percent
ciencia science; **ciencia ficción** science fiction; **ciencias políticas** *pl.* political science
científico/a scientist
cierto/a true; a certain (*thing*); **por cierto** indeed
cifra number, figure
cigarrillo cigarette; **cajetilla de cigarrillos** pack of cigarettes
cima peak
cine *m.* cinema, movies; movie theater; **estrella de cine** movie star
cineasta *m., f.* movie director
cinta band, ribbon
cinturón *m.* belt, **cinturón de pobreza** poverty belt
circuito network
circular to circulate
círculo circle
circundar to surround
circunlocución *f.* circumlocution, rephrasing
circunstancia circumstance
cirujano/a surgeon
cita quote; appointment, date
citar to summon; to quote
ciudad *f.* city
ciudadano/a citizen (5)
cívico/a civic
civil civil; **guerra civil** civil war
civilización *f.* civilization
claro/a clear, distinct; **a las claras** openly; **claro (que sí/no)** of course (not)
clase *f.* type; class; **compañero/a de clase** classmate
clásico/a classic; remarkable
cláusula clause
clave *n. f.* key; **punto clave** key point
clavel *m.* carnation
cliente *m., f.* client, customer
clientela *s.* customers, clientele
clima *m.* climate
clínica clinic
clonación *f.* cloning (6)

clonar to clone
club *m.* club; nightclub
coalición *f.* coalition
cobre *m.* copper
coca cocaine
cocaína cocaine
coche *m.* car; **coche descapotable** convertible (car)
cocina kitchen; cooking
cocinar to cook
cocinero/a cook
cóctel *m.* cocktail
codiciado/a coveted
codo elbow; **hablar por los codos** to talk a lot (1)
coger (j) to pick up
cognado cognate
cohete *m.* rocket
cola line (of people); **hacer** (*irreg.*) **cola** to stand in line
colaboración *f.* collaboration
colaborar con to help with; to work with (5)
colador *m.* strainer
colapso nervioso nervous breakdown
colección *f.* collection
colectivo/a communal
colegio primary or secondary school
colgar (ue) (gu) to hang; to hang up
collar *m.* necklace
colmo *coll.* last straw; **¡esto es el colmo!** This is the last straw! (2); **para colmo** to top it all off
colocado/a placed
colocar (qu) to put, place
colombiano/a *n., adj.* Colombian
colón *m. monetary unit of Costa Rica and of El Salvador*
Colón: Día (*m.*) **de Colón** Columbus Day
colonia cologne
color *m.* color; **color neón** Day-Glo
colorado/a red; reddish
colosal colossal
columna column; spinal column
coma *m.* coma; *f.* comma
comandante *m., f.* commander
combatir to fight, combat
combinación *f.* combination
combinar to combine
comensal *m., f.* mealtime companion
comentar to comment on

comentario commentary; remark
comenzar (ie) (c) to begin
comer to eat; **dar** (*irreg.*) **de comer** to feed
comercial: centro comercial shopping center
comercio commerce
cometa *m.* comet; *f.* kite
cometer to commit (*a crime*)
cómico/a comic, funny; **tira cómica** cartoon
comida food; meal
comienzo *n.* beginning
comité *m.* committee
como like; as; **así como** the same as; **como es de imaginar** as you can imagine; **tal y como** such as; **tan... como** as . . . as; **tan pronto como** as soon as (6); **tanto/a/os/as... como** as much/many . . . as
cómo how; **¿cómo?** how? **¿cómo lo pasó?** how did it go? (4)
compacto: disco compacto compact disc
compañero/a partner, companion; **compañero/a de clase** classmate; **compañero/a de cuarto** roommate; **compañero/a de trabajo** colleague
compañía company
comparación *f.* comparison
comparar to compare
compartir to share
compás *m.* beat, rhythm
compasión *f.* compassion (6)
compatriota *m., f.* compatriot
competencia competition
competir (i, i) to compete
complacer (zc) to satisfy
complejo *n.* complex
complementario/a having two parts
complemento complement
completar to complete
completo/a complete; in its/their entirety; **a tiempo completo** full-time; **por completo** completely; **se me olvidó por completo** I totally forgot (2)
complicación *f.* complication
complicado/a complicated
componente *m.* component
componer (*like* **poner**) to put together, create
comportamiento behavior (2)

comportarse to behave oneself
composición *f.* composition
compra: ir (*irreg.*) **de compras** to go shopping
comprador(a) buyer, purchaser
comprar to buy
comprender to understand; to include; **hacerse** (*irreg.*) **comprender** to make oneself understood
comprensión *n. f.* understanding (2)
comprensivo/a *adj.* understanding (2)
comprobar (ue) to verify
comprometido/a committed; engaged
compromiso commitment (3)
computadora computer; **ingeniero/a programador(a) de computadoras** computer programmer
común common, ordinary; **en común** in common, shared
comunicación *f.* communication; **medios de comunicación** media; **red** (*f.*) **de comunicación** communications network
comunicar (qu) to communicate; to convey
comunicativo/a communicative
comunista *n., adj. m., f.* communist
comunitario/a *adj.* community; of or pertaining to a community (6)
concentrado/a concentrated
concentrarse to focus, concentrate
concepto concept
concha (scallop) shell
conciencia conscience; **toma de conciencia** awareness
concierto concert
concluir (y) to conclude
conclusión *f.* conclusion
concordancia agreement
concordar (ue) to agree with
concreto/a concrete
concurrir to attend
concurso contest, competition
condición *f.* condition
condicional conditional
condimento condiment
conducir (zc, j) to lead; to drive (*a vehicle*); **licencia de conducir** driver's license
conectado/a connected
conector *m.* connector
conexión *f.* connection

conferencia conference
confesar to confess
confesión f. confession
confiable reliable
confianza confidence, trust
confiar (confío) en to trust in (3)
confirmar to confirm
conflicto conflict
conformarse to resign oneself
confrontación f. confrontation
confundido/a confused (3)
confundirse to get mixed up
confusión f. confusion
congreso conference
conjetura conjecture, guess
conjugación f. conjugation
conjugar (gu) to conjugate
conjunción f. conjunction (6)
conjunto group; **conjunto musical** band, musical group
conmemorar to commemorate
conmigo with me
connotación f. connotation
cono cone; **Cono Sur** Southern Cone (*area comprising Argentina, Chile, Paraguay, and Uruguay*)
conocer (zc) to know; to meet; to become acquainted with; to be familiar with
conocido/a n. acquaintance; adj. known; well-known, famous
conquista conquest
conquistador(a) conqueror
consabido/a previously mentioned
consciencia consciousness
consecuencia consequence
conseguir (like seguir) to get, obtain; to achieve; to manage
consejero/a counselor
consejo (piece of) advice; counsel
conserje (*m., f.*) **de un edificio** concierge; janitor
conservación f. preservation
conservador(a) adj. conservative (2)
conservar to conserve, keep
considerar to consider; to regard
consigo with him; with it; with them
consistente consistent; **de manera consistente** consistently
consistir en to consist of
constante adj. constant
constitucional constitutional
constituir (y) to constitute; to be
construcción f. construcción

construído/a constructed
construir (y) to construct, build
consultar to consult
consumidor(a) consumer
consumir to consume
consumismo consumerism (6)
consumo consumption
contacto contact; **entrar en contacto** to get in touch
contador(a) accountant
contagiarse to catch by contagion
contaminación f. pollution
contar (ue) to count; to tell, recount; **contar con** to count on (2); to have
contemporáneo/a contemporary, current
contenedor m. container
contener (like tener) to contain
contento/a happy, contented; **estoy súper contento/a (de que)** I'm very happy (that) (2)
conteo count; act of counting
contestar to answer, reply; to respond to
contexto context
contigo with you
contiguo/a adjacent, next
continente m. continent
continuación f. continuation; **a continuación** following, next
continuar (continúo) to continue
continuo/a uninterrupted
contra against; **contra de** opposing, against
contraer (like traer) matrimonio to get married
contrario opposite; **al/de lo contrario** on the contrary
contrarrevolución f. counterrevolution
contraste m.: **en contraste** in contrast
contrato contract
contribución f. contribution
contribuir (y) to contribute
control m. control
controlador(a) de tráfico aéreo air traffic controller
controlar to control
controversista m., f. controversial
convencer (z) to convince
convencido/a convinced
convencional conventional
convencionalismo conventionality

convenir (like venir) to be agreeable, suit; **me conviene** + inf. it's good (a good idea) for me (*to do something*) (4); it's to my advantage (*to do something*)
conversación f. conversation
conversar to converse
convertir(se) (ie, i) en to change, turn into
convincente convincing
convivir to live together; to spend time together
cooperación f. cooperation
copa stemmed glass; glass; drink; cup
copiar to copy
coquetear to flirt (3)
coqueteo flirtation
coquetería flirtatiousness
coral m. coral
corazón m. heart; **creer (y [3rd-pers. pret.]) con todo el corazón** to believe wholeheartedly
corbata (neck)tie
cordialmente cordially
cordillera mountain range
coreografía choreography
coro chorus
correcto/a correct, right
corredor(a) de autos racecar driver
correo electrónico electronic mail (e-mail)
correr to run
corresponder to correspond
correspondiente adj. corresponding
corresponsal m., f. news correspondent
corrida bullfight
corrido type of popular Mexican song
corriente f. current; adj. ordinary
corrupción f. corruption
corrupto/a corrupt
cortar to cut
corte f. (royal) court
cortejar to court
cortés adj. m., f. polite, courteous
cortesía courtesy
cortina curtain
corto/a brief; short; shortened; **pantalones** (m. pl.) **cortos** shorts
cosa thing
cosecha harvest
cosechar to harvest
coser to sew
cosmopolita adj. m., f. cosmopolitan

costa coast
costar (ue) to cost
costarricense *n., adj. m., f.* Costa Rican
costilla rib
costumbre *f.* custom; habit
cotidiano/a everyday, daily
cráter *m.* crater
creación *f.* creation
crear to create
creativo/a creative
crecer (zc) to grow up
crecimiento growth (6)
creencia conviction, belief
creer (y [3rd-pers. pret.]) (*p.p.* creído) to believe; to think, be of the opinion; creer con todo el corazón to believe wholeheartedly; me sorprende que creas eso it surprises me that you believe that (6); no lo puedo creer I can't believe it (2); ¿tú crees? can you believe that? (3)
crepúsculo twilight
cresta peak, crest
crianza *n.* rearing
criarse (me crío) to bring up, to be raised (2)
crimen *m.* crime
criminal *n., adj. m., f.* criminal
criollo/a: francés (*m.*) criollo French Creole (language); inglés (*m.*) criollo English Creole (language)
crisis *f. inv.* crisis; crises
cristal *m.*: bola de cristal crystal ball
cristalino/a crystalline
cristiano/a *n., adj.* Christian
criterio point of view, opinion
criticar (qu) to criticize
crítico/a *n.* critic; *adj.* critical
crudo/a harsh
crueldad *f.* cruelty
cruz *f.* (*pl.* cruces) cross; hybrid; Cruz Roja Red Cross
cruzar (c) to cross
cuaderno notebook; workbook
cuadrado/a squared
cuadro painting; table
cual *pron.* which, what, who; sutanito/a de cual John/Jane What's-his/her-name
cuál *pron.* which (one), what (one), who; ¿cuál? which (one)?, what (one)?, who?
cualidad *f.* quality (1)

cualquier *adj. inv.* any
cualquiera (*pl.* cualesquiera) *pron.* anyone; whichever
cuando when (6); de vez en cuando now and then (3); siempre y cuando as long as
cuándo when; ¿cuándo? when?
cuanto how much; cuanto antes as soon as possible; cuanto más the more; en cuanto as soon as (6); en cuanto a as far as . . . is concerned (5)
cuánto/a how much; *pl.* how many; ¿cuánto/a? how much?; *pl.* how many?
cuarto fourth, quarter; room; compañero/a de cuarto roommate
cuatro: trébol (*m.*) de cuatro hojas four-leaf clover
cubano/a *n., adj.* Cuban
cubanoamericano/a Cuban American
cubierto/a (*p.p. of* cubrir) covered
cubrir (*p.p.* cubierto) to cover
cucaracha cockroach
cuello neck
cuenca valley
cuenta bill; darse (*irreg.*) cuenta de to realize (1); tener (*irreg.*)/tomar en cuenta to take into account
cuento story
cuerpo body; company; Cuerpo de Paz Peace Corps
cuestión *f.* question, issue
cueva cave
cuidado care; careful; tener (*irreg.*) cuidado to be careful
cuidadoso/a careful (4)
cuidar to take care of (*someone, something*)
culinario/a *adj.* culinary
culminar to culminate, finish
culpabilidad *f.* guilt
culpable *n. m., f.* culprit; *adj.* guilty
cultivar to develop
culto worship (1); rendir (i, i) culto a to worship
culto/a well-educated
cultura culture
cumbia *popular dance originating from Colombia*
cumbre *f.* summit; high point
cumpleaños *m. s.* birthday
cumplir to carry out, fulfill; to turn a year older

Cupido Cupid
cura cure
curandero/a herbal healer
curar to cure, heal (6)
curiosidad *f.* curiosity
curioso/a odd, curious
cursi tacky, tasteless, corny (1)
curso course
cuyo/a whose

D

damnificado/a *n.* victim; *adj.* injured, harmed
danza *n.* dance
dañar to harm, hurt; to damage
dañino/a harmful (3)
daño harm (6); injury; causar daño to harm; hacer (*irreg.*) daño to hurt
dar *irreg.* to give; to give up; to present; to carry out; dar a to look out on; dar asco to disgust; dar de comer to feed; dar espacio a to make space/time for; dar la bienvenida to welcome; dar la espalda (a) to turn one's back (on); dar miedo to frighten; dar una fiesta to throw a party; darle la gana to feel like; darse cuenta de to realize (1); me da(n) asco I'm disgusted by (4); me da(n) ganas de I feel like (4); me da(n) igual I don't care, it's all the same to me (4); me da(n) lo mismo I don't care (4)
datar de to date from
dato fact, item; *pl.* data, information
debajo de under, underneath
deber *v.* to ought to, should, must; deber de + *inf.* to probably (*do something*)
debido/a a owing/due to; because of
década decade
decano/a dean
decepcionado/a disappointed (2); estoy decepcionado/a por/porque I'm disappointed because (2)
decidir to decide; to resolve
decir *irreg.* (*p.p.* dicho) to say; to tell; to pronounce; decir un piropo to make a flirtatious remark; es decir that is to say; ¿qué quiere decir... ? what does . . . mean?

decisión *f.* decision; **tomar la decisión** to make the decision
declamador(a) *adj.* declaiming
declarar to declare; to state; to express
decorado/a decorated
decretar to order, decree
dedicación *f.* dedication
dedicar (qu) to dedicate, devote; **dedicarse** to commit oneself
dedo finger
defender (ie) to defend
defensa defense
defensivo/a defensive
déficit *m.* deficit
definir to define
definitivamente definitively, without question
deforestación deforestation (6)
degradante degrading (1)
dejar to leave; to let, allow; to give up; **dejar a alguien** to leave someone (3); **dejar de** + *inf.* to stop (*doing something*); **dejar en paz** to leave alone; **dejar plantado/a** to stand (*someone*) up (3)
delante de in front of
deletrear to spell
delgado/a thin, slim
delicado/a touchy
delicioso/a delicious
delito crime; offense
demás: los/las demás others
demasiado/a *adj.* too much; *pl.* too many; *adv. m. s.* too, too much
democracia democracy
demócrata *m., f.* democrat
democrático/a democratic; inclusive
democratización *f.* democratization
demonio demon
demostrar (ue) to show, demonstrate
denominado/a denominated, named
denotar to designate, denote
dentista *m., f.* dentist
dentro de in, inside of, within
denunciar to denounce
departamento department
depender (de) to depend (on)
dependiente/a clerk
deporte *m.* sport
deportista *n. m., f.* athlete
deportivo/a pertaining to sports
depositar to deposit, set down

depresión *f.* depression
deprimente depressing (1)
deprimido/a depressed (3)
deprimirse to get depressed
derecho *n.* right, privilege; **derechos humanos** human rights (5)
desafiante challenging (5)
desafío challenge
desafortunadamente unfortunately
desagradable disagreeable
desaparecer (zc) to disappear, vanish
desarrollar to develop (5)
desarrollo development; **en vías de desarrollo** *adj.* developing
desastre *m.* disaster
desastroso/a unfortunate, disastrous (6)
desayunar to eat breakfast
desayuno breakfast
descansado/a rested (4)
descansar to rest
descanso *n.* rest
descapotable: coche (*m.*) **descapotable** convertible (car)
descendencia descent
descender (ie) to descend
desconocido/a unknown
describir (*p.p.* **descrito**) to describe (1)
descripción *f.* description
descriptivo/a descriptive
descrito/a (*p.p. of* **describir**) described (1)
descubrir (*p.p.* **descubierto**) to discover
descuento discount
desde from; since; **desde entonces** since then; **desde pequeño/a** from the time he (she, they, *etc.*) was/were small; **desde que** since
desear to want, desire
desempeñar to carry out; **desempeñar un papel** to play a role
desempleado/a unemployed
desempleo unemployment
deseo wish, desire
desesperado/a desperate
desfilar por to parade past
desfile *m.* parade
desgracia: por desgracia unfortunately; **¡qué desgracia!** what a disgrace!
desgraciadamente unfortunately (5)

desierto *m.* desert
desierto/a deserted
designado/a designated
desigualdad *f.* inequality (6)
desilusión *f.* disappointment, disillusion
desilusionante disappointing (5)
desilusionar to disappoint; to disillusion
desleal disloyal, traitorous
desmayarse to faint
desnutrición *f.* malnutrition (5)
desnutrido/a malnourished
desocupado/a idle; unemployed
desorganización *f.* disorganization
despacio *adv.* slow(ly)
despacio/a *adj.* slow
desparpajo/a scattered, confused
desparramado/a scattered
despedirse (i, i) to say good-bye
desperdiciar to waste
despertarse (ie) to wake up
despierto/a *adj.* awake
despistado/a absent-minded (1)
después *adv.* after, afterward; later (3); **después de que** after (6); **poco después** soon after
destacar(se) (qu) to stand out
destellar to flash, glitter, sparkle
destinado/a intended; destined
destreza skill
destrozado/a crushed; shattered
destruir (y) to destroy
desvelarse to stay awake all night (4)
desventaja disadvantage
detalle *m.* detail
detener (*like* **tener**) to put a stop to; **detenerse** to stop
determinar to determine
detrás de behind, in back of
devastar to devastate
devolver (ue) (*p.p.* **devuelto**) to return (*something*)
día *m.* day; **al día** up to date; per day; **al día siguiente** (on) the next day; **día de asueto** day off; **Día de Colón / de la Hispanidad / la Raza** Columbus Day; **Día de San José** St. Joseph's Day; Father's Day (*in many Spanish-speaking countries*); **el otro día** the other day; **hoy (en) día** nowadays (5); **mantenerse** (*like* **tener**) **al día** to stay up-to-date; **ponerse** (*irreg.*)

al día to catch up (4); **quince días** two weeks; **todo el día** all day; **todos los días** every day; **un día de estos** one of these days

diablo devil

diadema tiara

diagonal *f.* slash, diagonal line

diálogo dialogue

diario diary, journal; daily newspaper

diario/a daily

dibujar to draw, sketch

dibujo drawing, sketch; **dibujo animado** (animated) cartoon

diccionario dictionary

dicha happiness, joy

dicho *n.* saying

dicho/a (*p.p. of* **decir**) said; aforementioned

dictadura dictatorship

diferencia difference; **a diferencia de** unlike

diferenciar to distinguish; **diferenciarse** to differ, differentiate

diferente different

diferir (ie, i) to differ

difícil difficult

difundir to spread

digestión *f.* digestion

digital: brecha digital digital (information) gap (6)

diminutivo/a diminutive

dinamismo dynamism

dinero money

dinosaurio dinosaur

Dios *m.* God; **¡válgame Dios!** God help me!

diploma *m.* diploma

diplomacia diplomacy

diputado/a *n.* congressman/congresswoman

dirección *f.* address; direction; management

directo/a direct; **de manera directa** directly

director(a) director

dirigir (j) to direct; **dirigirse a** to address; to move toward

disciplina discipline

disco *m.* record; *f.* discotheque; **disco compacto** compact disc

discoteca discotheque

discreto/a discreet

discriminación *f.* discrimination

disculpa: mil disculpas a thousand pardons (2)

disculparse to apologize

discurso speech

discusión *f.* debate; argument

discutir to argue (3); to debate

diseño design; **mascota de diseño** designer pet

disfrutar de to enjoy (4)

disfuncional dysfunctional (2)

disgustar to annoy, displease; **me disgusta(n)** I don't like (4)

disgusto disgust

disidencia dissidence

disminuir (y) to decrease (4), diminish

disparar to shoot

disponer (*like* **poner**) **de** to have available

disponible available (6)

disposición *f.* disposition

dispuesto/a (*p.p. of* **disponer**) willing (to) (4)

distancia distance; **a distancia** at a distance; **a larga distancia** long-distance; **a unos pasos de distancia** a few yards away

distante distant

distinto/a different, distinct

distraer (*like* **traer**) to distract

distribuir (y) to distribute

distrito district

diversidad *f.* diversity (5)

diversión *f.* diversion

diverso/a diverse; *pl.* various

divertido/a amusing, entertaining

divertirse (ie, i) to have a good time

dividir to divide

divisor divider

divisor(a) *adj.* dividing

divorciarse (de) to get a divorce (from) (3)

divorcio divorce

doble double

docena dozen

doctor(a) doctor

doctorarse to receive a doctorate

documento document; **documento de identidad** proof of identity

dólar *m.* dollar

dolor *m.* pain; **dolor de cabeza** headache

doméstico/a *adj.* household; **tarea doméstica** household chore

dominado/a dominated

dominante dominant

dominicano/a *n., adj.* Dominican, pertaining to the Dominican Republic

don, doña *title of respect used before a person's first name*

donación *f.* donation

donar to donate (5)

donde where

dónde where; **¿dónde?** where?

dondequiera wherever

donjuán *m.* lady-killer

dorado/a golden; **sueño dorado** life's dream

dormir (ue, u) to sleep; **dormir una siesta** to take a nap; **dormirse** to fall asleep

dormitorio bedroom

dos two; **los/las dos** both; **ninguno/a de los/las dos** neither one

dotado/a endowed

drama *m.* play

droga drug

ducharse to take a shower

duda doubt, uncertainty; **no cabe duda** no doubt about it

dudar to doubt

dueño/a owner; proprietor

dulce *n. m.* candy, sweet; *adj.* sweet; gentle (1); **agua** (*f. but* **el agua**) **dulce** fresh water

dulcería candy shop

dulzura sweetness

duradero/a lasting (3)

durante during; for

durar to last, endure

durazno peach

duro/a hard, difficult; harsh

E

echar to emit; to slide (*a bolt*); to begin; to grow; **echar a** + *inf.* to start (*doing something*); **echar de menos** to miss (*someone/something*) (2); **echar un piropo** to make a flirtatious remark; **echar una mano** to lend a hand; **echar una siesta** to take a nap

ecléctico/a eclectic, diverse

ecología ecology

ecológico/a ecological

economía economy

económico/a economic; concerning money; **estrecheces** (*f.*) **económicas** financial difficulties

ecoturismo ecotourism

ecuatoriano/a *n., adj.* Ecuadorian; **ecuatorianoandino/a** of or pertaining to the Andean region of Ecuador

edad *f.* age; **Edad de Oro** Golden Age

edificar (qu) to construct

edificio building; **conserje** (*m., f.*) **de un edificio** concierge; janitor

editor(a) editor

editorial *m.* editorial (*newspaper*)

educación *f.* educacion; **de mala educación** rudely

educado/a polite (1); **de manera educada** politely

educativo/a educational

efectivo/a effective; functional

efecto effect; **efecto secundario** side effect

eficaz (*pl.* **eficaces**) effective

eficiente efficient

egodefensivo/a self-defensive

egoísta *m., f.* egotistical (5), selfish (2)

ejecución *f.* execution; creation

ejecutivo/a *n., adj.* executive

ejemplar *m.* model

ejemplo example; **por ejemplo** for example

ejercer (z) to practice (*a profession*); to exert

ejercicio exercise; **hacer** (*irreg.*) **ejercicio** to exercise

ejército army

elaborar to create; to work out (the details)

elección *f.* election

eléctrico/a electric

electrodoméstico household appliance

electrónico/a electronic; **correo electrónico** electronic mail (e-mail)

elegancia elegance

elegante *adj.* elegant; stylish

elegir (i, i) (j) to choose; to elect

elemento element

elevado/a elevated

eliminar to eliminate

embajada embassy

embajador(a) ambassador

embargo: sin embargo nevertheless

emborracharse to get drunk

embriagarse (gu) to get drunk

embriaguez *f.* drunkenness

embustero/a liar

emigrar to emigrate, to leave one's country to live elsewhere

emisora (radio) station

emitir to broadcast

emoción *f.* emotion

emocionado/a excited (3)

emocional emotional

emocionante touching; exciting (1)

emocionar to move, make emotional; to excite; **emocionarse** to get excited; **me emociona(n)** I'm excited by (4)

empanada turnover, stuffed pastry

empedrado/a: calle (*f.*) **empedrada** cobblestone street

empezar (ie) (c) to start, begin; **empezar a** + *inf.* to begin to (*do something*)

empleado/a employee

emplear to use, employ

empresa firm, company; **administración** (*f.*) **de empresas** business administration

empresarial managerial

empresario/a manager, director

empujar to push

empuñado/a in a fist

enamorado/a in love

enamorarse de to fall in love with (3)

encaje *m.* lace

encantador(a) charming (1)

encantar to charm, delight; **me encanta(n)** I love, really like (4)

encanto delight; magic; charming person

encarcelar to imprison

encargar (gu) to put in charge; to order

encarnación *f.* incarnation

encender (ie) to light; **encenderse** to fire up; to start to glow

encima de above; **pasar por encima** to go over one's head; **por encima** above

encontrar (ue) to find; **encontrarse** to be located; **encontrarse con** to meet up with, run into

encuentro meeting, encounter; contact with an extraterrestrial being or object

encuesta poll, survey

endulzar (c) to sweeten

enemigo/a enemy

energía energy

enérgico/a energetic

enfadado/a angry (3)

énfasis *m. inv.* emphasis; emphases

enfatizar (c) to stress, emphasize

enfermar to make sick; **enfermarse** to get sick

enfermedad *f.* illness

enfermero/a nurse

enfermo/a sick, ill

enfoque *m.* focus

enfrentarse (con) to confront, face; to be faced (with)

engañar to deceive (2); **las apariencias engañan** looks deceive (1)

engordar to get fat

enmudecer (zc) to silence, hush

enojado/a angry (3)

enojar to anger, make angry

enojo anger

enorgullecerse (zc) (de) to pride oneself (on, upon)

enorme enormous

enriquecer (zc) to enrich

ensayista *m., f.* essayist

enseñanza education; teaching

enseñar to teach; to show; **enseñar a** + *inf.* to teach to (*do something*)

ensimismado/a self-centered (2)

entender (ie) to understand; **entenderse (con)** to get along (with); **hacerse** (*irreg.*) **entender** to make oneself understood

entendimiento understanding

enterarse de to become informed about (5)

entero/a entire

entonces then; **desde entonces** since then

entorno environment

entrada entrance; (event) ticket

entrar (a/en) to enter; **entrar en contacto** to get in touch

entre between; among; in; **entre paréntesis** in parentheses

entregar (gu) to deliver; to give over

entrenar to train

entretener(se) (*like* **tener**) to amuse, entertain (oneself) (4)

entretenimiento entertainment

entrevista interview

entrevistador(a) interviewer

entrevistar to interview

entristecer (zc) to sadden; **entristecerse** to become sad

entrometido/a meddlesome (2), interfering

entumecido/a numbed

entusiasmado/a enthusiastic (4)

entusiasmar to enthuse

enviar (envío) to send

envidiar to envy

envidioso/a jealous, envious (2)

envuelto/a (*p.p. of* **envolver**) enveloped

época era; period (*time*)

equilibrado/a balanced

equilibrio balance (3)

equinoccio equinox

equipo team

equivalente equivalent

equivocarse (qu) to make a mistake; **perdón, me equivoqué** sorry, I made a mistake (2)

era age, era

error *m.* error

escala ladder

escalar to climb; **escalar montañas** to mountain climb

escalera staircase; ladder

escalofrío chill

escándalo scandal; uproar

escandaloso/a scandalous

escaparse to escape; to slip away

escapatoria escape, getaway

escape *m.* escape; getaway

escarlato/a scarlet

escena scene

escenario stage

esclusa lock (*canal*)

escoger (j) to choose, pick

escolar *adj.* school, pertaining to school

esconder to hide

escopeta shotgun

escotilla hatch; hatchway

escribir (*p.p.* **escrito**) to write; **máquina de escribir** typewriter

escrito/a (*p.p. of* **escribir**) written; **por escrito** in writing

escritor(a) writer, author

escritorio desk

escritura writing script; document

escuchar to listen (to)

escuela school; **escuela intermedia** middle school; **escuela primaria** elementary school; **escuela secundaria/superior** high school

escultor(a) sculptor

escultura sculpture

esencial essential

esforzarse (ue) (c) to try very hard; to strive

esfuerzo effort; **hacer** (*irreg.*) **un esfuerzo** to make a concerted effort

esgrimir to wield; to brandish

espacial *adj.* space, pertaining to outer space

espacio space; time; **dar** (*irreg.*) **espacio a** to make space/time for

espalda back; **dar** (*irreg.*) **la espalda (a)** to turn one's back (on)

espantoso/a terrifying; dreadful

español *m.* Spanish (language)

español(a) *n.* Spaniard; *adj.* Spanish

especial special

especialidad *f.* specialty

especialista *m., f.* specialist

especializar(se) (c) to specialize

especie *f.* species; type

específico/a specific

espectacular spectacular

espectáculo show, performance (4)

espectador(a) spectator

especular to speculate

espejo mirror

espera *n.* waiting

esperanza hope (6)

esperar to wait; to wait for, await; to hope (for); to expect

espíritu *m.* spirit; soul

espiritual spiritual

espiritualidad *f.* spirituality

espléndido/a splendid

esposo/a husband, wife; spouse

espuma foam, suds

esqueleto skeleton

esquí *m.* ski

esquina (street) corner

estabilidad *f.* stability (2)

estable *adj.* stable (2)

establecer (zc) to establish; **establecerse** to settle

estación *f.* station; **estación de servicio** service station

estadio stadium

estadísticas *pl.* statistics

estado state; condition; **estado de ánimo** mood; **estado libre asociado** commonwealth; **Estados Unidos** United States

estadounidense *n. m., f.* United States citizen; *adj.* pertaining to the United States

estallar to erupt

estancia stay, visit

estar *irreg.* to be; **estar de buen/mal humor** to be in a good/bad mood (4); **estar de moda** to be in style; **estoy decepcionado/a por/porque** I'm disappointed because (2); **estoy súper contento/a (de que)** I'm very happy (that) (2); **(no) estar de acuerdo (con)** to (dis)agree (with) (2); **ya estoy harto/a (de que)** I'm fed up already (that) (2)

estatua statue

este *m.* East; *adj.* east, eastern

estereotipo stereotype

esternón *m.* sternum

estilizado/a stylized

estilo style; **estilo de música** music style; **estilo de vida** lifestyle

estrategia strategy

estrechez *f.* (*pl.* **estrecheces**) closeness; **estrecheces económicas** financial difficulties

estrecho/a close (*relationship between people or things*) (2); narrow

estrella star; **estrella de cine/fútbol** movie/soccer star

estrés *m.* stress

estresado/a stressed (out) (4)

estricto/a strict (2)

estrofa stanza

estructurar to structure

estrujar to squeeze, press

estudiante *m., f.* student

estudiantil *adj.* student, pertaining to students

estudiar to study

estudio *n.* study; studio; **estudio de grabación** (*f.*) recording studio; **jefe/a de estudios** principal

estudioso/a studious

estupendo/a terrific

estúpido/a stupid

etcétera et cetera

étnico/a ethnic, ethnical

eufemismo euphemism

eufemístico/a euphemistic

euro *m.* monetary unit in continental Europe (Spain)

europeo/a *n., adj.* European

evadir to evade

evasión *f.* evasion

evento event

evidencia evidence

evidente evident; obvious; visible

evitar to avoid

evocar (qu) to recall

evolución *f.* evolution

ex: ex novia ex-girlfriend

exacto/a exact

exagerado/a exaggerated

examen *m.* exam, test

examinar to investigate

excavación *f.* excavation

excelente excellent

excentricidad *f.* eccentricity

excepción *f.* exception; **con excepción de** except for

excepto except

excesivo/a excessive

exclamar to exclaim

exclusivo/a exclusive

excursión *f.* excursion

exhausto/a exhausted

exhibir to display

exigencia *n.* demand

exigente demanding (2)

exigir (j) to demand, require

exiliado/a *n.* person in exile; *adj.* exiled

exilio *n.* exile

existencia existence

existir to exist, be

éxito success; **tener** (*irreg.*) **éxito** to be successful (4)

exitoso/a successful (3)

exótico/a foreign, not native; different from the familiar

expediente *m.* record, file

experiencia experience

experimentar to experience; to experiment

experimento experiment

experto/a *n., adj.* expert

explicación *f.* explanation

explicar (qu) to explain

exploración *f.* exploration

explorar to explore

explosión *f.* explosion

explotación *f.* exploitation

explotar to explode; to erupt

exponer (*like* **poner**) to exhibit; to make public; to expound

exportación *f.* exportation

exportador(a) exporter

exposición *f.* exhibition

expresar to express

expresión *f.* expression

expresivo/a expressive

extático/a ecstatic

extenderse (ie) to become spread out

extensión *f.* length; expanse

extenso/a extensive

extenuar (extenúo) to weaken, debilitate

extranjero: en el extranjero abroad, in other countries

extranjero/a *n.* foreigner; *adj.* foreign

extrañar to miss (*someone/something*); to surprise (2)

extraño/a strange

extraordinario/a extraordinary

extraterrestre *m., f.* extraterrestrial

extravagante extravagant (4)

extremista *n., adj. m., f.* extremist (5)

extremo *n.* extreme

extrovertido/a extroverted, outgoing

exuberante exuberant

EZLN *m.* (*abbrev. for* **Ejército Zapatista de Liberación** [*f.*] **Nacional**) National Liberation Zapatista Army (*guerrilla forces in Chiapas, Mexico*)

F

fabricar (qu) to manufacture

fábula tale

fabuloso/a fabulous

facción *f.* faction

fácil easy

facilidad *f.* facility

factible feasible

factor *m.* factor

faena chore

falda skirt; lap

falso/a false

falta: hacer (*irreg.*) **falta** to need

faltar to lack

fama fame; reputation; **tener** (*irreg.*) **fama** to be famous, well-known

familia family

familiar *n. m.* family member; close friend; *adj.* pertaining to the family

famoso/a famous

fantasía fantasy; imagination

fantástico/a fantastic

farmacéutico/a pharmacist

farmacia drugstore

fármaco medicine, drug

fascinación *f.* fascination

fascinado/a fascinated (3)

fascinante fascinating (3); **¡qué fascinante!** how fascinating!

fascinar to fascinate; **me fascina(n)** I'm fascinated by (4)

fastidiar to annoy, bother; **me fastidia(n)** I'm bothered by (4)

fatal unfortunate; awful; **lo pasé fatal** I had a terrible time (4); **me cae(n) fatal** I don't like (*a person / people*) (4); **pasarlo fatal** to have a terrible time (4)

fatigado/a tired, fatigued

favor *m.* favor; **a favor de** in favor of; **por favor** please

favorito/a favorite

fax *m.* fax

fecha date

felicidad *f.* happiness (6)

felicitar to congratulate

feliz (*pl.* **felices**) happy

femenino/a female; feminine

fenomenal phenomenal; **me cae(n) fenomenal** I really like (*a person / people*) (4)

fenómeno phenomenon

feo/a ugly; unpleasant

festejar to celebrate

festival *m.* festival

ficción *f.* fiction; **ciencia ficción** science fiction

ficha index card

ficticio/a fictitious

fiebre *f.* fever; excitement

fiel faithful

fiesta party; festival; holiday; **dar** (*irreg.*) **una fiesta** to throw a party

fiestero/a *n.* fun-loving person (4), party animal, partyer; *adj.* party-going

figura figure

fijarse en to pay attention to; to notice

fijo/a fixed; steady

fila line; row; **primera fila** front row

filósofo/a philosopher

fin *m.* end; objective; purpose; **con el fin** with the purpose; **en fin** in short; **fin de semana** weekend; **por fin** finally

final *n. m.* end, ending; **a finales de** at the end of; **al final** at the end (3); *adj.* final

finalmente finally (3)

financiar to finance (5)

financiero/a financial

finca property; farm

fino/a fine, sensitive

firmar to sign

fiscal *m., f.* district attorney

físico/a *adj.* physical

flaco/a skinny

flamenco *type of Spanish dance and music*

flan *m.* caramel custard

flor *f.* flower

floripondio ostentatious language

florista *m., f.* florist

flotante floating

flotar to float

fluidez *f.* fluidity

fluoxetina *chemical basis of Prozac*

folclórico/a *adj.* folk

fomentar to foment, foster

fondo bottom; background; rear; foundation; *pl.* funds; **en el fondo** at heart; **información** (*f.*) **de fondo** background information; **recaudación** (*f.*) **de fondos** fund-raising; **recaudar fondos** to raise money (6)

forma form; figure; way

formación *f.* formation; training

formar to form; to make up; **formarse** to take shape

formular to formulate

foro forum; back, rear

fortaleza fortress

forzar (ue) (c) to compel, make happen

foto(grafía) *f.* photo(graph); **sacar (qu) fotos** to take pictures

fracasar to fail

fracaso failure (3)

fragmento excerpt; scrap

francamente frankly (5)

francés *n. m.* French (language); **francés criollo** French Creole (language)

francés, francesa *n., adj.* French

franco/a frank

frase *f.* phrase

fraude *m.* fraud

frecuencia: con frecuencia frequently

frecuentar to frequent, hang out in

frecuentemente frequently

fregadero kitchen sink

frente: frente a facing, opposite; opposing

fresa strawberry

fresco/a fresh

frío/a cold; **hacer** (*irreg.*) **frío** to be cold outside (*weather*)

frito/a (*p.p. of* **freír**) fried

frontera border (6); limit

frustrar to frustrate

fruta fruit

¡fuchi! yuck!

fuego fire; **cese** (*m.*) **al fuego** cease-fire

fuente *f.* fountain; source

fuerte strong, powerful; forceful; harsh, sharp

fuerza force; vigor; strength

fulanito/a de tal John/Jane What's-his/her-name

fumar to smoke

función *f.* function; event; duty

funcionar to function, work

fundación *f.* foundation

fundar to found; to establish

furioso/a furious

fusilar to execute, kill with a firearm

fútbol *m.* soccer; **estrella de fútbol** soccer star; **jugador(a) de fútbol** soccer player

futurista *m., f.* futuristic

futuro *n.* future

futuro/a *adj.* future

G

gafas *f. pl.* (eye)glasses (1)

galápago *sea turtle of the Galapagos Islands*

gallego *n.* Galician (language)

gallego/a *n.* Galician; *adj.* Galician, of or pertaining to Galicia in northwestern Spain

galleta cookie; cracker

gallo rooster

galón *m.* gallon

galope *m.* gallop

gana: darle (*irreg.*) **la gana** to feel like; **me da(n) ganas de** I feel like (4); **tener** (*irreg.*) **ganas de** + *inf.* to feel like (*doing something*)

ganador(a) winner

ganar to earn; to win; **ganarse la vida** to earn one's living

garantizar (c) to guarantee

gardeliano/a *pertaining to Carlos Gardel*

garganta throat

garífuna *m., f.* person of Afro-Caribbean descent

gas *m.* gas (*not* gasoline)

gastar to spend (4)

gasto expenditure; *pl.* expenses

gato cat

gemelo/a *n., adj.* twin (2); **alma** (*f., but* **el alma**) **gemela** kindred spirit (3)

gemido *n.* wail

gene *m.* gene (6)

generación *f.* generation

generacional: brecha generacional generation gap (2)

general: archivo general national historical records; **en general / por lo general** in general, usually

genéricamente generically

género genre; type; gender

generosidad *f.* generosity

generoso/a generous

genético/a genetic (6)

genial wonderful (3); agreeable

genio/a genius

gente *f. s.* people; **ser** (*irreg.*) **buena/mala gente** to be a good/bad person / good/bad people (1)

geografía geography

gerente *n. m., f.* manager

gesto gesture

gigante *m., f.* giant

gigantesco/a gigantic

gimnasio gym

girar to turn, rotate

gitano/a *n., adj.* gypsy

globalización *f.* globalization (6)

globo balloon

glorioso/a glorious

gobernador(a) governor

gobierno government

golfo gulf

golpe *m.* blow; **de golpe** suddenly (3)

golpear to hit
gordo/a fat
gordura obesity
gozar (c) de to enjoy
grabación *f.*: estudio de grabación recording studio
grabado engraving; woodcut
gracia charm; *pl.* thanks; gracias por todo thanks for everything
gracioso/a attractive; funny
grado degree; amount; level
graduarse (me gradúo) to graduate
gráfico/a: artes (*f.*) gráficas graphic arts
gramática *n.* grammar
gramatical *adj.* grammar, grammatical
gramo gram
gran, grande great; big, large, huge; en gran parte for the most part
granja grange, farm
gratis free
grato/a pleasant
grave serious; important
gravedad *f.* gravity; seriousness
grillo cricket
gritar to shout
grito shriek; shout; el último grito the latest fad
grosería crudeness; cuss word
grosero/a rude (1); crude
grupo group; grupo musical band, musical group
guapo/a handsome, attractive
guaracha *dance of Caribbean origin*
guaraní *m.* Guarani (*indigenous language of Paraguay*); *monetary unit of Paraguay*
guardar to maintain; to store
guatemalteco/a *n., adj.* Guatemalan
guay: ¡qué guay! (how) awesome! (2)
gubernamental governmental
guerra war (5); guerra civil civil war
guerrillero/a guerrilla fighter
guía *m., f.* guide; *f.* guidebook
guiño: hacerle (*irreg.*) guiños a to make faces at
guiso dish; seasoning
guitarra guitar
guitarrista *m., f.* guitarist
gustar to please, be pleasing; to like; gustar + *inf.* to like to (*do*

something); no me gusta que... I don't like it that . . . (2)
gusto pleasure; taste; a gusto comfortable, at home; con (todo) gusto with pleasure; mal gusto poor taste

H

habanera *dance of Afro-Cuban origin*
haber *irreg.* to have (*auxiliary verb*); haber de + *inf.* to be necessary, must; he aquí here is/are
habilidad *f.* ability; skill
habitante *m., f.* inhabitant
habitar to dwell
hábito habit
habla: quedarse sin habla to be left speechless
hablador(a) talkative (1)
hablar to speak; to talk (1); hablar por los codos to talk a lot (1); hablar por teléfono to talk on the phone; ¡ni hablar! no way! (2)
hacer *irreg.* (*p.p.* hecho) to do; to make; to cause; to practice; to give; hace + (*period of time*) (*period of time*) ago; hace poco a short time ago; hacer + *inf.* to make (*do something*); to have (*something done*); hacer buen/mal tiempo to be nice/bad outside (*weather*); hacer calor/frío to be hot/cold outside (*weather*); hacer caso a to pay attention to (2); hacer cola to stand in line; hacer daño to hurt; hacer (de) + (*character*) to play the part of (*character*); hacer de voluntario/a to volunteer (5); hacer ejercicio to exercise; hacer falta to need; hacer memoria to recall; hacer pausas to take breaks; hacer publicidad (*f.*) to advertise; hacer saber to inform; hacer un esfuerzo to make a concerted effort; hacer un papel to play a role; hacer una pregunta to ask a question; hacerle (algo) a alguien to give someone (something); hacerle guiños a to make faces at; hacerse to become; hacerse comprender/entender to make oneself understood; hacerse el ridículo to make a fool of oneself
hacia toward

halagado/a flattered (3)
halagar (gu) to compliment; to show appreciation
hambre *f.* (*but* el hambre) hunger (5); tener (*irreg.*) hambre to be hungry
hambriento/a hungry; starving
harina flour
harto/a (de) fed up (with) (3), sick of (3); harto/a hasta las narices fed up to here (4); ya estoy harto/a (de que) I'm fed up already (that) (2)
hasta *prep.* until; up to; as far as; *adv.* even; hasta este punto up to this point; hasta que until (6)
hay there is/are
hecho fact, event; de hecho in fact (5); el hecho de que + *subj.* the fact that . . . (5)
hecho/a (*p.p. of* hacer) done; made
helecho fern
herbicida *m.* weed killer, herbicide
heredar to inherit (2); to bequeath
herencia inheritance; heritage
herir (ie, i) to wound, hurt
hermanastro/a stepbrother, stepsister (2); *pl.* stepsiblings
hermano/a brother, sister; *pl.* siblings; hermano/a menor younger/youngest brother/sister; medio hermano, media hermana half brother, half sister (2)
hermoso/a beautiful
hervir (ie, i) to boil
hierba herb; grass
hijo/a son, daughter; hijo adoptivo, hija adoptiva adopted son, adopted daughter (2); hijo único, hija única only child (2)
hilo thread
himno nacional national anthem
hipertensión *f.* hypertension
hipocresía hypocrisy
hipótesis *f. inv.* hypothesis; hypotheses
hipotético/a hypothetical
hispanidad *f.*: Día (*m.*) de la Hispanidad Columbus Day
hispano/a *n., adj.* Hispanic
Hispanoamérica Hispanic America
hispanoamericano/a *n., adj.* Hispanic American
hispanohablante *n. m., f.* Spanish speaker; *adj.* Spanish-speaking

historia history; story
histórico/a historical
hogar *m.* home
hoja: trébol (*m.*) **de cuatro hojas** four-leaf clover
hola hello
holograma *m.* hologram
hombre *m.* man; **hombre de negocios** businessman
homenaje *m.* tribute
homogéneo/a homogenous, uniform throughout
honesto/a honest
honor *m.* honor
hora hour
horario schedule; timetable
hornear to bake
horripilante horrifying (5)
horror: ¡qué horror! how terrible! (2)
horroroso/a hideous; terrifying
hospedar to host, board
hospital *m.* hospital
hospitalidad *f.* hospitality
hostil hostile
hotel *m.* hotel
hoy today; **hoy (en) día** nowadays (5); **hoy mismo** this very day
hueco gap
huelga strike (5)
huella mark
hueso bone; **de carne** (*f.*) **y hueso** of flesh and blood
huida escape
huir (y) to escape; to run away, flee
humanidad *f.* humanity
humanitario/a humanitarian (6); **ayuda humanitaria** humanitarian aid
humano/a *adj.* human, pertaining to humanity; **derechos humanos** human rights (5); **ser** (*m.*) **humano** human being
humillación *f.* humiliation
humor *m.* mood; humor; **estar** (*irreg.*) **de buen/mal humor** to be in a good/bad mood (4); **sentido del humor** sense of humor
hundir(se) to sink
huracán *m.* hurricane

I

icono icon
idea idea; **lluvia de ideas** brainstorm

idealista *m., f.* idealistic (5)
identidad *f.* identity; **documento de identidad** proof of identity
identificar (qu) to identify
idioma *m.* language
iglesia church
ignorar to be unaware of
igual *adj.* equal; the same; similar; **igual de** equally; **igual que** the same as; **me da(n) igual** I don't care, it's all the same to me (4); **me es igual** I don't care (4)
igualdad *f.* equality
ilegal illegal
ilusión *f.* illusion
ilustración *f.* illustration
ilustrador(a) illustrator
imagen *f.* image
imaginación *f.* imagination
imaginar(se) to imagine; **como es de imaginar** as you can imagine; **¡imagínate!** imagine that! (3)
imaginario/a imaginary
imitar to imitate
impaciente impatient
impactar to impact (6)
impacto impact
implicar (qu) to implicate, involve
imponer (*like* **poner**) to impose; to instill; to establish
importancia importance
importante important
importar to matter; to be important; to import; **me importa tres narices / un pepino** I couldn't care less (2); **me importa un bledo** I don't give a damn; **(no) me importa(n)** I (don't) care about (4)
imposibilitar to make impossible
imposible impossible
impredecible unpredictable
impresión *f.* impression (1)
impresionado/a impressed; **quedarse impresionado/a** to be impressed
impresionante impressive (5); **es impresionante que** + *subj.* it's impressive/awesome that . . . (2)
impresionar to impress
improvisar to improvise
impuesto tax
impulsivo/a impulsive (4)
inaugurar to open, inaugurate
inca *adj. m., f.* Incan

incapacidad *f.* inability
incendiar to ignite
incendio fire
incertidumbre *f.* uncertainty
inclinarse to bow; to be disposed (*in favor*)
incluir (y) to include
incluso even
incompleto/a incomplete
inconveniente *m.* obstacle; drawback
increíble incredible; **¡qué increíble!** how incredible!
incrementar to grow
inculcar (qu) to inculcate, instill
indebido/a improper
indefinidamente indefinitely
independencia independence
independiente independent
indicar (qu) to indicate; to show
indicativo/a indicative
índice *m.* index finger; index (*book*)
indiferencia indifference
indígena *n. m., f.* native
indignación *f.* indignacion
indio/a *n., adj.* Indian; pertaining to the indigenous tribes of the Americas
indirecta *n.* hint
indirecto/a *adj.* indirect
individualidad *f.* individuality
individuo *n.* individual
indomable indomitable
indudable certain
industrializado/a industrialized
inesperado/a unexpected (6)
infancia infancy
infante *m.* infant
infantil infantile; **mano** (*f.*) **de obra infantil** child labor
infausto/a unfortunate, unlucky, unhappy
infección *f.* infection
inferior lower
infierno inferno; Hell
influencia influence
influir (y) (en) to influence, have an influence (on)
información *f.* information; **información de fondo** background information
informar to inform; to report; **informarse** to find out
informática computer science (6)

informativo *n.* news report
informativo/a *adj.* informative
informe *m.* report
ingeniería engineering
ingeniero/a programador(a) de computadoras computer programmer
ingenioso/a ingenious (6)
inglés, inglesa *adj.* English; *m.* English (language); **inglés criollo** English Creole (language)
ingratitud *f.* ingratitude
ingresar to join; to earn
ingreso a entry (*of people*) into
inicialmente initially
iniciar to begin, initiate
iniciativa initiative
inicio *n.* start
inimaginable unimaginable (6)
injusticia injustice (5)
injusto/a unjust, unfair
inmediato/a immediate; **de inmediato** immediately
inmenso/a immense
inmigración *f.* immigration
inmigrante *m., f.* immigrant
inminente imminent (6)
innovador(a) innovative (5)
inocente innocent; simple-minded
inofensivo/a inoffensive
inolvidable unforgettable (3)
inquietante disturbing (5)
inquieto/a restless (2)
inquietud *f.* uneasiness
insalubre unhealthy (6)
inscribir(se) en to enroll in, join
insecticida *m.* insecticide
insecto insect
insinuarse (me insinúo) to insinuate oneself
insistir (en) to insist (on)
insomnio insomnia
insoportable unbearable (2)
inspiración *f.* inspiration
inspirador(a) inspirer
instalar to install; **instalarse** to settle
instante *m.* moment, instant
institución *f.* institution
instituto institute
instrucciones *f. pl.* instructions
instruir (y) to instruct
instrumento instrument; tool
insultar to insult
integrarse to become integrated
íntegro/a integral

intelectual *n., adj. m., f.* intellectual
inteligencia intelligence
inteligente intelligent
intención *f.* intention
intensidad *f.* intensity
intenso/a intense
intercambiar to exchange
intercultural cross-cultural
interés *m.* interest; **tener (*irreg.*) interés** to be interested
interesante interesting
interesar to be interesting; **interesarse por** to be interested in; **(no) me interesa(n)** I'm (not) interested in (4)
interétnico/a cross-ethnic
interior *m.* interior
intermedio/a: escuela intermedia middle school
internacional international
Internet *m.* Internet (6)
interperie *f.*: **a la interperie** outside
interpretar to interpret; to decipher
intérprete *m., f.* interpreter
interrumpir to interrupt
intervención *f.* intervention
íntimo/a intimate; close-knit; close (*relationship*) (2)
intolerancia intolerance
intricado/a intricate
intrigado/a intrigued
intrigante intriguing (6)
introducción *f.* introduction
introvertido/a introverted
inútil useless
invasión *f.* invasion
invención *f.* invention
inventar to invent, make up
invento invention
inversión *f.* investment (5)
invertir (ie, i) to invest
investigación *f.* research; study; investigation
investigador(a) researcher
investigar (gu) to investigate; to (do) research
invierno winter
invitación *f.* invitation
invitado/a guest; **profesor(a) invitado/a** visiting professor
invitar to invite
involucrado/a involved (2); implicated
ir *irreg.* to go; **ir + *ger.*** to proceed, continue to (*do something*); **ir a +**

inf. to be going to (*do something*); **ir a la moda** to dress fashionably (1); **ir de compras** to go shopping; **ir de vacaciones** to go on vacation; **irse** to leave; to go away
iris *m.*: **arco iris** rainbow
ironía irony
irónico/a ironic
irracional irrational
isla island
itinerario itinerary
izado hoisting
izquierda: a la izquierda to the left

J

jaba bag
jaguar *m.* jaguar
jamás never, (not) ever
jamón *m.* ham; **jamón serrano** cured ham
japonés, japonesa *n., adj.* Japanese
jaqueca migraine headache
jardín *m.* garden
jaula cage
jefe/a boss; **jefe/a de estudios** principal
jeroglífico/a *adj.* hieroglyphic
Jesucristo: lagarto de Jesucristo Jesus Christ lizard (*tropical lizard capable of running across the surface of water*)
jirafa bonsai miniature giraffe
jondo/a: cante (*m.*) jondo Flamenco-style singing of Andalusian gypsy origin
jornada journey; episode; workday; **jornada radial** radio broadcast
joven *n. m., f.* young man, young woman; *pl.* the young; young people; *adj.* young
joya jewel
joyería jewelry
judío/a Jew
judiofrancés, judiofrancesa Franco-Jewish
juego game; gambling; **juego de luz** lighting system; **juego de mesa** board game
juerguista *n. m., f.* partyer; *adj.* partying
jugador(a) de fútbol soccer player
jugar (ue) (gu) to play
juguete *m.* toy
juguetón, juguetona playful
juicio trial; sanity

juntarse to gather; to get together
junto a next to, near; **junto con** along with; **juntos/as** pl. together
justicia justice
justificación f. justification
justificar (qu) to defend; to justify
justo/a adj. just, fair
juventud f. youth (period in life)

K

kilómetro kilometer

L

labio lip
labor f. labor; effort
laboralmente in labor terms
laborar to work
laboratorio laboratory
Lacandón m. region including southern Mexico and northern Guatemala
lacandón, lacandona n. person from the **Lacandón** region; adj. pertaining to the **Lacandón** region
lado side; **al lado de** next to; **de al lado** next-door; **de un lado para otro** back and forth; **por otro lado** on the other hand; **por un lado** on one hand
ladrar to bark
lagarto lizard; **lagarto de Jesucristo** Jesus Christ lizard (tropical lizard capable of running across the surface of water)
lago lake
laguna small lake; lagoon
lamentar to regret (2)
languidez f. languor
lanzarse (c) to rush, dash
lápiz m. (pl. **lápices**) pencil
largo/a long; lengthy; **a larga distancia** long-distance; **a lo largo de** throughout
lástima pity, shame
lastimoso/a deplorable, shameful
lata can
latino/a Latin; Latin American
latinoamericano/a n., adj. Latin American
lavar(se) to wash (oneself)
lazo bond, tie
lección f. lesson
lector(a) reader
lectura reading

leer (y [3rd-pers. pret.]**) (p.p. leído)** to read
legalizar (c) to legalize
lejano/a remote, distant; (from) far away
lejos far
lempira m. monetary unit of Honduras
lengua language; tongue; **no tener** (irreg.) **pelos en la lengua** to speak one's mind (1)
lenguaje m. language, verbiage
lentes m. pl. (eye)glasses (1)
lentitud f. slowness
lento/a slow
leña firewood
letra letter; **de tu puño y letra** by/in your own hand
levantar to raise; to pick up; to lift; to hold upright; **levantar pesas** to lift weights; **levantarse** to get up; to stand up
leve adj. light; slight
léxico/a lexical, pertaining to vocabulary
ley f. law (5)
leyenda legend
liberación f. liberation
liberado/a liberated
libertad f. freedom
libra pound (weight)
libre free; **al aire** (m.) **libre** in the open air; **estado libre asociado** commonwealth; **ratos** (pl.) **libres** free time (4)
librería bookstore
libro book
licencia license; **licencia de conducir** driver's license
licenciatura bachelor's degree
licuado shake, blended drink
líder m., f. leader
lidiar to fight
liga elastic band; league
límite m. limit, boundary
limón m. lemon
limpiar to clean
limpio/a clean
lindo/a pretty
línea line
lío complicated situation; mess; **meterse en líos** to get into trouble (3); **¡qué lío!** what a mess! (1)
liso/a straight (1); smooth (hair)
lista list

listo/a bright, clever; ready
literario/a literary
literatura literature
liviano/a light, slight
llamar to call; **llamarse** to be called
llamativo/a showy, flashy (1), catchy; fascinating
llave f. key
llegada arrival
llegar (gu) to arrive; to come; **llegar a + inf.** to come to (do something); to reach the point of (doing something)
llenar to fill
lleno/a full; filled; **de lleno** directly
llevar to take; to carry; to wear; to have; to lead; to induce; **llevar + time** to have spent (time); to take (time); **llevar a cabo** to carry out (5); **llevarse** to take, steal; to experience, get; **llevarse bien/mal (con)** to get along well/poorly (with) (1)
llorar to cry
llover (ue) to rain
lluvia rain; **lluvia de ideas** brainstorm
lluvioso/a rainy; **bosque** (m.) **lluvioso** rain forest (6)
lo you, him, it; **a lo largo de** throughout; **a lo mejor** perhaps; **ahora viene lo peor** now comes the worst part; **al/de lo contrario** on the contrary; **¿cómo lo pasó?** how did it go? (4); **en lo alto de** on top of; **en lo más mínimo** in the least; **lo + adj.** the (adj.) thing; the (adj.) part; **lo pasé muy bien / de maravilla / fatal** I had a very good / wonderful / terrible time (4); **lo que** what, the thing that; whatever; **lo siento mucho** I'm very sorry (2); **me da(n) lo mismo** I don't care (4); **¡ni lo pienses!** don't even think about it! (2); **por lo general** in general, usually; **por lo menos** at least; **por lo pronto** right now; **por lo tanto** therefore; **¡que lo pase bien!** have a good time! (4)
lobo wolf; **lobo marino** sea lion
localidad f. seat; ticket
localizar (c) to locate, find; to place
loco/a crazy; **volverse (ue) loco/a** to go crazy

locura foolish notion; insanity
lograr + *inf.* to succeed in (*doing something*)
logro accomplishment (2)
lombriz *f.* (*pl.* **lombrices**) earthworm
lomo back (of an animal)
lotería lottery
lucha fight; struggle (5)
luchar to fight; to struggle
luego then; later; **luego de** + *inf.* after (*doing something*)
lugar *m.* place; **tener** (*irreg.*) **lugar** to take place
lujo luxury
lujoso/a luxurious
luna moon; **luna de miel** honeymoon
lunar *m.* beauty mark, mole (1)
lupa magnifying glass, lens
luz *f.* (*pl.* **luces**) light; **juego de luz** lighting system; **luz solar** sunlight

M

machista *adj. m., f.* (male) chauvinistic
madera wood; **de madera** wooden
madrastra stepmother (2)
madrépora reef-building coral
madrugada early morning (4), dawn
madrugar (**gu**) to wake up early (4)
maduro/a mature
maestría Master's degree
maestro/a *n.* teacher
magia magic
mágico/a magic, magical
maíz *m.* (*pl.* **maíces**) corn
mal *m.* problem, misfortune; *adv.* badly, poorly; **caerle** (*irreg.*) **mal a alguien** to be disliked by someone (1); **llevarse mal (con)** to get along poorly (with) (1); **me cae(n) mal** I don't like (*a person / people*) (4); **pasarlo mal** to have a bad time
mal, malo *adj.* bad; ill; **de mala educación** rudely; **estar** (*irreg.*) **de mal humor** to be in a bad mood (4); **hacer** (*irreg.*) **mal tiempo** to be bad outside (*weather*); **mal de la cabeza** weak in the head; **mal gusto** poor taste; **¡qué mala onda!** what a bummer! (1); **¡qué mala pata!** what bad luck! (1); **¿qué tiene de malo... ?** what's wrong with . . . ?; **ser** (*irreg.*) **mala gente**

to be a bad person / bad people (1); **tener** (*irreg.*) **mala pinta** to have a bad appearance (1)
malcriado/a ill-mannered
malestar *m.* malaise, indisposition
malgastar to spend (*money*) (4); to waste, squander
maliciosamente maliciously
maltratar to treat badly
maltrato maltreatment
mamá mom, ma, mama
mami *f.* mommy (*coll.*)
mamífero mammal
mancha stain, spot
mandar to send; to command
mandón, mandona bossy (2); domineering
manera way; manner; **de manera consistente/directa/educada** consistently/directly/politely; **¡de ninguna manera!** no way! (3); **¿de qué manera?** how?, in what way?; **de todas maneras** anyway, at any rate
manifestación *f.* demonstration (5); display
manifestar(se) (**ie**) to express; to protest, demonstrate
manipulador(a) manipulative
manipular to manipulate
mano *f.* hand; **a mano** by hand; **echar una mano** to lend a hand; **mano de obra infantil** child labor
mansión *f.* mansion
mantener (*like* **tener**) to maintain, keep; **mantenerse al día** to stay up-to-date
manual: trabajo manual manual labor
mañana morning; tomorrow; **de la mañana** A.M.; **de la noche a la mañana** overnight; **pasado mañana** the day after tomorrow; **por la mañana** in the morning
mapa *m.* map
máquina machine; **máquina de escribir** typewriter
maquinaria machinery
mar *m.* sea; **Mar Caribe** Caribbean Sea; **nivel del mar** sea level
maravilla marvel, wonder; **lo pasé de maravilla** I had a wonderful time (4); **pasarlo de maravilla** to have a wonderful time (4)

maravilloso/a marvelous
marcado/a marked
marcharse to leave
marciano/a Martian
marco frame; framework
margen *m.* margin; **al margen** in the margin
marginar to exclude, marginalize
mariachi *m. type of lively Mexican music*
marido husband
marino/a *adj.* marine, pertaining to the sea; **lobo marino** sea lion
mariposa butterfly; **mariposa monarca** monarch butterfly
Marte Mars
mas but, however
más more; **aún más** even more; **cada vez más** more and more; **cuanto más** the more; **en lo más mínimo** in the least; **es más** moreover, what's more; **más allá de** beyond; **más o menos** more or less; **más vale que...** it's better that . . . ; **nadie más** nobody else; **no tener** (*irreg.*) **más remedio** to have no alternative; **nunca más** never again; **ya no puedo soportarlo/la más** I can't stand it/him/her anymore (2)
masaje *m.* massage
máscara mask
mascota pet; **mascota de diseño** designer pet
masculino/a masculine
matar to kill
matemáticas *pl.* mathematics
materia subject (*school*)
materialista *m., f.* materialistic
maternidad *f.* maternity (ward)
materno/a maternal; native
matrícula registration; tuition
matriculación *f.* registration
matrimonio marriage; **contraer** (*like* **traer**) **matrimonio** to get married
maya *n., adj. m., f.* Mayan
mayor older; oldest; greater; greatest; elderly; **el templo mayor** main temple
mayoría majority; **en su mayoría** for the most part
mayúsculo/a tremendous
mecanógrafo/a typist
mediado/a: a mediados de in the middle of

medialuna croissant
mediano/a medium
mediante by means of
medicamento medicine
medicina medicine
médico/a *n.* physician, doctor; *adj.* medical
medida measure; **a medida que** + *subj.* while . . .
medio *n.* middle; means; medium; **en medio de** in the middle of; **medio ambiente** environment; **medios de comunicación** media; **por medio de** by means of
medio/a *adj.* middle; half; **media noche** *f.* midnight; **medio hermano, media hermana** half brother, half sister (2); **Medio Oeste** Midwest (U.S.A.); **Oriente** (*m.*) **Medio** Middle East
mediodía *m.* south, southern part of the country
medir (i, i) to measure
meditación *f.* meditation
meditar to meditate
mejor better; best; **a lo mejor** perhaps
mejoramiento betterment
mejorar to improve (make better) (4)
melodía melody
memoria memory; **hacer** (*irreg.*) **memoria** to recall
mencionar to mention
menor *m., f.* child; *adj.* younger; youngest; less; lesser; least; **arte** (*m.*) **menor** minor art; **hermano/a menor** younger/youngest brother/sister
menos less; least; **a menos que** + *subj.* unless . . . (6); **al menos** at least; **echar de menos** to miss (*someone/something*) (2); **más o menos** more or less; **menos de** + *number* less than (*number*); **menos que** less than; **mientras menos** the less; **por lo menos** at least
mensaje *m.* message
menta mint; crème de menthe
mente *f.* mind
mentira lie
mentiroso/a liar
menudo: (muy) a menudo (very) often, frequently
mercadear to trade, deal
mercado market

mercadotecnia marketing
merecer (zc) to deserve (3); to earn
merendar (ie) to snack on (*in the evening*)
merengue *m. popular dance originating from the Dominican Republic and Haiti*
mero/a mere
mes *m.* month; **el mes que viene** next month
mesa table; **juego de mesa** board game
mestizaje *m.* mixing of indigenous and European peoples
mestizo/a of mixed (indigenous and European) parentage
meta goal
metabolismo metabolism
metáfora metaphor
meter: meter la pata to put one's foot in one's mouth (1); **meterse** to get involved; **meterse en líos** to get into trouble (3); **meterse monja** to become a nun
método method
metro meter
metropolitano/a metropolitan
mexicano/a *n., adj.* Mexican
mexicanoamericano/a *n., adj.* Mexican-American
México: Universidad (*f.*) **Nacional Autónoma de México (UNAM)** National Autonomous University of Mexico
mezcla mixture
mezclar to mix
mezquino/a wretched
microempresario/a small business-person (person who runs a small business)
micrófono microphone
miedo fear; **dar** (*irreg.*) **miedo** to frighten; **tener** (*irreg.*) **miedo** to be afraid
miel *f.*: **luna de miel** honeymoon
miembro member
mientras (que) while; whereas; **mientras menos** the less
mil *m.* (one) thousand; **mil disculpas/perdones** a thousand pardons (2); **mil millones** (one) billion
milagroso/a miraculous
milenariamente for thousands of years

milenio millennium
militar *m.* soldier; *adj.* military; **cerco militar** siege
milla mile
millón *m.* (one) million; **mil millones** (one) billion
mimado/a spoiled (*child*) (2)
mina mine
mineral *m.* mineral
minero/a miner
mínimo/a minimal, small; **en lo más mínimo** in the least
ministro/a cabinet member; secretary
minusválido/a handicapped
minuto minute (*time*)
mirada look, expression; gaze
mirador *m.*: **torrecilla mirador** little watchtower
mirar to look; to look at; to watch
misión *f.* mission
misiva missive
mismo/a same; very; himself; herself; **ahora mismo** right now; **al mismo tiempo** at the same time (3); **hoy mismo** this very day; **me da(n) lo mismo** I don't care (about) (4)
misquito Misquito, *indigenous language of Nicaragua*
misticismo mysticism
místico/a mystical
mitad *f.* half
mochila backpack
mochilero/a backpacker
moda style; **a la moda** in style; **de moda** fashionable; **estar** (*irreg.*) **de moda** to be in style; **ir** (*irreg.*) **a la moda** to dress fashionably (1); **pasado/a de moda** out of style; **ponerse** (*irreg.*) **de moda** to become a fad
modales *m. pl.* behavior, mannerisms; manners (2)
modelo *m.* model; *m., f.* (fashion) model
módem *m.* modem
moderado/a moderate (4)
modernidad *f.* modernity
modernización *f.* modernization
moderno/a modern
modificar (qu) to change, modify
modo form; way
mola *type of material fashioned from fabrics of several colors*

molestar to bother, annoy; **me molesta(n)** I'm bothered by (4); **molestarse** to get annoyed

molestía bother, annoyance

momento moment

momia mummy

momificar (qu) to mummify

monarca: mariposa monarca monarch butterfly

monarquía monarchy

monasterio monastery

moneda currency

monetario/a monetary

monja: meterse monja to become a nun

mono monkey

montaña mountain; **escalar montañas** to mountain climb

montar: montar a caballo to ride/go horseback; **montarse en** to board/ride

montón *m. s.* heaps, a bunch

monumento monument

moreno/a dark-skinned; brunet(te)

morir (ue, u) (*p.p.* **muerto**) to die

mostaza mustard

mostrar (ue) to show

motivado/a motivated

motivo motive; cause

moto(cicleta) *f.* motorcycle; motorbike

mover(se) (ue) to move

movilidad *f.* mobility

movimiento movement

muchacho/a boy, girl

mucho/a much, a lot of; *pl.* many; a lot of; **lo siento mucho** I'm very sorry (2); **muchas veces** often; **tener** (*irreg.*) **mucha cara** to have a lot of nerve (1)

mudarse to move, change residence (2)

mudéjar *relating to the Muslim Arab peoples living in Christian Spain in the late Middle Ages*

muebles *m. pl.* furniture

muerte *f.* death

muerto/a (*p.p. of* **morir**) *n.* dead, deceased person; *pl.* the dead; *adj.* dead

mujer *f.* woman; wife; **mujer de negocios** businesswoman; **mujer policía** female police officer; **mujer político** female politician; **mujer soldado** female soldier

multa fine; ticket (*traffic*)

multicolor multicolored

multigeneracional multigenerational

múltiple *adj.* multiple

mundial *adj.* world, pertaining to the world; **a nivel mundial** globally

mundo *n.* world; planet; **todo el mundo** everybody

muñeco/a doll; dummy

mural *m.* mural

muralla wall

museo museum

música music; **estilo de música** music style

musical: conjunto/grupo musical band, musical group

músico *m., f.* musician

mutuo/a mutual

muy very

N

nácar *m.* mother-of-pearl

nacer (zc) to be born; to begin to grow; to originate

nación *f.* nation

nacional national; **himno nacional** national anthem; **producto nacional** homegrown product (*fig.*); **Universidad** (*f.*) **Nacional Autónoma de México (UNAM)** National Autonomous University of Mexico

nada *n. f.* nothingness, oblivion; *pron.* nothing, (not) anything; *adv.* not at all; **en/para nada** (not) at all; **ni nada** or anything (*coll.*)

nadar to swim

nadie nobody, (not) anybody; **nadie más** nobody else

narcotráfico drug traffic; drug trafficking (5)

nariz *f.* nose; **harto/a hasta las narices** fed up to here (4); **me importa tres narices** I couldn't care less (2)

narración *f.* narration

narrador(a) narrator

narrar to narrate; to tell

natal native; of birth; **casa natal** birthplace

natural: recursos naturales natural resources (5)

naturaleza nature

nave *f.* (space)ship

Navidad *f.* Christmas; **árbol** (*m.*) **de Navidad** Christmas tree

necesario/a necessary

necesidad *f.* necessity

necesitar to need

negar (ie) (gu) to deny; to refuse acceptance; **negarse** to refuse

negativo/a negative (1)

negocio *n.* business; *pl.* business (*in general*); **de negocios** *adj.* business; **hombre** (*m.*) **de negocios** businessman; **mujer** (*f.*) **de negocios** businesswoman

negrita bold face

negro caribe Black Carib (language)

neón: color neón Day-Glo

nervio nerve; **ataque** (*m.*) **de nervios** nervous breakdown; **tener** (*irreg.*) **los nervios de punta** to be on edge (nervous)

nervioso/a nervous; **colapso nervioso** nervous breakdown

neurotransmisor *m.* neurotransmitter

neutro/a neutral (1)

ni neither; (not) either; nor; (not) even; **¡ni hablar!** no way! (2); **¡ni lo pienses! / ¡ni se te ocurra!** don't even think about it! (2); **ni nada** or anything (*coll.*); **ni... ni** neither . . . nor; **¡ni pensarlo!** don't even think about it!; **ni por eso** not even for that; **ni siquiera** not even; nor even; **¡ni soñarlo!** in your dreams! (2)

nicaragüense *n., adj. m., f.* Nicaraguan

nieto/a grandson, granddaughter; *pl.* grandchildren

nieve *f.* snow

nigeriano/a *n., adj.* Nigerian

ningún, ninguno/a *adj.* no, (not) any; *pron.* none, not one; **¡de ninguna manera!** no way! (3); **ninguno/a de los/las dos** neither one

niñero/a babysitter

niñez *f.* (*pl.* **niñeces**) childhood

niño/a baby; little boy; little girl; **de niño/a** as a child

nivel *m.* level; **a nivel mundial** globally; **nivel del mar** sea level

noche *f.* night; **de la noche** P.M.; **de la noche a la mañana** overnight; **media noche** midnight; **por la noche** at night

nocturno/a *adj.* night, nocturnal

nombrar to (identify by) name

nombre *m.* name; **poner** (*irreg.*) **nombre a** to name

nordeste *m.* Northwest; *adj.* northwest, northwestern

norma norm, standard

norte *m.* North; *adj.* north, northern

norteamericano/a *n., adj.* North American, of or pertaining to Canada and the United States

nostálgico/a nostalgic (3); homesick (3)

nota grade, mark; **sacar (qu) buenas notas** to get good grades

notar to notice, take note

noticia item of news; *pl.* news

noticiero news report, newscast

novedad *f.* new development (6)

novela novel

novelista *m., f.* novelist

novio/a boyfriend, girlfriend; bride, bridegroom; **ex novia** ex-girlfriend

nube *f.* cloud

nuevamente (once) again

nuevo/a new; **de nuevo** again; **nuevo sol** *m. monetary unit of Peru*

número number

numeroso/a numerous

nunca never, (not) ever; **nunca más** never again

nutritivo/a nutritious

O

o or; **o… o** either . . . or

obedecer (zc) to obey (2)

objetivo *n.* objective

objetivo/a *adj.* objective

objeto object

obligación *f.* obligation

obra work; **mano** (*f.*) **de obra infantil** child labor; **obra de arte** artwork; **obra de teatro** play; **obra en cartel** show currently playing

obrero/a laborer, worker

obsceno/a obscene

observación *f.* observation

observar(se) to observe, look at; to notice

observatorio observatory

obsesión *f.* obsession

obsoleto/a obsolete

obstante: no obstante nevertheless, however

obtener (*like* **tener**) to obtain, get

obvio/a obvious

ocasión *f.* opportunity

ocasionar to cause

occidental western

océano ocean; **Océano Atlántico/Pacífico** Atlantic/Pacific Ocean

ocio leisure time (4), idleness

ocioso/a leisurely (4)

oculto/a hidden

ocupado/a occupied; busy

ocupar to occupy

ocurrir to happen, occur, take place; **ocurrirse** to occur to **¡ni se te ocurra!** don't even think about it! (2)

odiar to hate (3)

odio hatred

oeste *m.* West; *adj.* west, western; **Medio Oeste** Midwest (U.S.A.)

ofendido/a offended

ofensivo/a offensive

oferta *n.* offer

oficial *n., adj. m., f.* official; **oficial de la policía de carreteras** highway patrol officer

oficina office

ofrecer (zc) to offer

oído ear

oír *irreg.* (*p.p.* **oído**) to hear

ojalá (que) + *present subj. / past subj.* let's hope that . . . / I wish that . . .

ojo eye; **¡ojo!** be careful!

ola wave

olímpico/a Olympian

olla kettle

olvidar to forget; **olvidarse de** to forget about; **se me olvidó por completo** I totally forgot (2)

omnipresencia omnipresence

onda topic; **ponerse** (*irreg.*) **de onda** to get with it; **¡qué mala onda!** what a bummer! (1)

opinar to think, have an opinion; **opino que** I think, I am of the opinion that

opinión *f.* opinion

oportunidad *f.* opportunity

oportunista *m., f.* opportunistic (5)

oportuno/a suitable, appropriate

optar por to opt for

optimista *m., f.* optimistic (5)

opuesto/a (*p.p. of* **oponer**) contrary, opposite; **polos opuestos** opposite poles

oración *f.* sentence; prayer

orador(a) speaker, orator

orden *m.* order (*alphabetical, chronological, etc.*); **en orden** in order

ordenar to order; to give an order

orear to dry with the sun

oreja ear

organización *f.* organization

organizar(se) (c) to organize (oneself)

orgullo pride

orgulloso/a proud (2); **estoy orgulloso/a de que** I'm proud that (2)

Oriente (*m.*) **Medio** Middle East

origen *m.* origin

originar to originate; to give rise to

orilla: a la orilla (de) at the edge (of) (*a body of water*)

orinar to urinate

oro gold; **Edad** (*f.*) **de Oro** Golden Age

orquesta orchestra

orquídea orchid

oscuro/a dark

oso bear; **oso de peluche** teddy bear

otavaleño/a *n., adj.* of or pertaining to Otavalo, Ecuador

otear to observe; to look around, look things over

otro/a *pron., adj.* other; another; **de un lado para otro** back and forth; **el otro día** the other day; **el uno al otro** to one another; **el uno en el otro** in one another; **otra vez** again; **por otra parte / otro lado** on the other hand; **una y otra vez** repeatedly

OVNI *m.* (*abbrev. for* **objeto volador/ volante no identificado**) UFO

oxígeno oxygen

P

paciencia patience; **tener** (*irreg.*) **paciencia** to be patient

paciente *n. m., f.* patient

pacífico/a peaceful (6); **Océano Pacífico** Pacific Ocean

pacto pact

padecer (zc) (de) to suffer (from)

padrastro stepfather (2)

padre *m.* father; priest; senior; *pl.* parents; **¡qué padre!** (how) awesome! (2); **suena padre** it sounds great

paella *typical dish of Valencia, Spain, consisting of rice cooked with chicken, shellfish, and vegetables*

pagar (gu) to pay, pay for

página page; **página Web** webpage (6)

pago payment

país *m.* country, nation; **país primermundista** first-world country

paisaje *m.* landscape

pájaro bird

palabra word

palacio palace

palanca: en palanca for leverage

palma palm tree

palo stick

palo: de tal palo tal astilla like father, like son

paloma pigeon, dove

pan *m.* bread

pánico panic

panorama *m.* panorama

pantalones *m. pl.* pants; **pantalones cortos** shorts

papá *m.* papa, daddy

papel *m.* paper; role; document; **desempeñar/hacer** (*irreg.*) **un papel** to play a role

par *m.* pair; couple

para for; to; in order to; by (*time, date*); **de un lado para otro** back and forth; **no es para tanto** it's not such a big deal (2); **para colmo** to top it all off; **para nada** (not) at all; **para que** + *subj.* so that . . . (6); **para siempre** forever

parada parade (*P.R.*)

paramilitar *m., f.* auxiliary soldier

parapente paragliding

parar to stop, stop over

pardo/a brown

parecer *n. m.* opinion

parecer (zc) to seem, appear (1); to seem like; **parecerse a** to look like (1); **¿qué le parece?** what do you think (about)?; **si te parece** if you like (the idea)

parecido/a similar

pared *f.* wall

pareja pair; couple; partner

paréntesis *m. inv.* parenthesis; parentheses; **entre paréntesis** in parentheses

pariente/a *n.* relative

parpadear to blink

párpado eyelid

parque *m.* park

párrafo paragraph

parte *f.* part; portion; **de todas partes** from everywhere; **en alguna parte** somewhere; **en gran parte** for the most part; **en/por todas partes** everywhere; **por otra parte** on the other hand; **tercera parte** (one) third

participación *f.* participation

participante *n. m., f.* participant

participar to participate

particular special; particular

partida: punto de partida point of departure

partido party, faction; game, match

partir: a partir de starting from; on the basis of

pasa raisin

pasado *n.* past tense; past; **pasado mañana** the day after tomorrow

pasado/a *adj.* past; last; **la semana pasada** last week; **pasado/a de moda** out of style

pasajero/a fleeting (3)

pasar to pass, go by; to happen; to spend (*time*); **¿cómo lo pasó?** how did it go? (4); **lo pasé muy bien / de maravilla / fatal** I had a very good / wonderful / terrible time (4); **pasar a** + *inf.* to go on to, proceed to (*do something*); **pasar a ser** to become; **pasar por** to go/flow through; to pass over, to stop by; **pasar por encima** to go over one's head; **pasarlo bien/mal** to have a good/bad time (4); **pasarlo de maravilla / fatal** to have a wonderful/terrible time (4); **pasarse la vida** to spend one's life; **¡que lo pase bien!** have a good time! (4); **¿qué pasa?** what's happening?; what's wrong?

pasear to go for a walk

paseo stroll

pasión *f.* passion

pasivo/a passive

paso *n.* step; **aflojar el paso** to slow down; **a unos pasos de distancia** a few yards away

pastilla pill (6)

pata foot (*of an animal or bird*); **meter la pata** to put one's foot in one's mouth (1); **¡qué mala pata!** what bad luck! (1)

paterno/a paternal

patilla sideburn (1)

patria homeland

patrimonio patrimony

patriótico/a patriotic

patrón, patrona: santo patrón, santa patrona patron saint

pausa: hacer (*irreg.*) **pausas** to take breaks

pauta example

pavimentar to pave

paz *f.* (*pl.* **paces**) peace (5); **acuerdo de paz** peace accord; **Cuerpo de Paz** Peace Corps; **dejar en paz** to leave alone; **sentirse (ie, i) en paz** to feel at peace

pecado: siete pecados capitales seven deadly sins

pecho chest

pedir (i, i) to ask (for), request; **pedir perdón** to beg pardon

pedrada stone throw

pegar (gu) to hit, strike

pelado/a broke (out of money)

pelea quarrel

pelear(se) to fight (2); to quarrel

película movie

peligro danger

peligroso/a dangerous

pelirrojo/a *n.* redhead; *adj.* redheaded (1)

pelo hair (1); **no tener** (*irreg.*) **pelos en la lengua** to speak one's mind (1)

peluca wig (1)

peluche: oso de peluche teddy bear

pena pity; sadness; difficulty; punishment; **¡qué pena!** what a shame!; **valer** (*irreg.*) **la pena** to be worth it (5)

pendiente *m.* earring (1)

pensamiento thought; thinking

pensar (ie) to think; to consider; **¡ni lo pienses!** don't even think about it! (2); **¡ni pensarlo!** don't even think about it!; **pensar de** to think of (*opinion*); **pensar en** to think about

pensión *f.* pension

peor worse; worst; **ahora viene lo peor** now comes the worst part

pepino: me importa un pepino I couldn't care less (2)

pequeño/a little, small; young; brief; **de pequeño/a** as a child; **desde pequeño/a** from the time he (she, they, *etc.*) was/were small

percepción *f.* perception (1)

percibir to perceive; to sense

perder (ie) to lose; to miss; **perder el tiempo** to waste time; **perderse** to get lost

pérdida loss

perdido/a lost (3)

perdón *m.* pardon; **mil perdones** a thousand pardons (2); **pedir (i, i) perdón** to beg pardon; **perdón, me equivoqué** sorry, I made a mistake (2)

perdonar to forgive; to excuse, pardon

peregrino/a pilgrim

pereza laziness

perezoso sloth (*animal*)

perfeccionar to perfect

perfeccionista *n., adj. m., f.* perfectionist

perfecto/a perfect

perfil *m.* profile

periférico periphery; beltway

periódico newspaper

periodismo journalism

periodista *m., f.* journalist, reporter

periodístico/a journalistic

período period (*time*)

periscopio periscope

permiso permission

permitir to allow, permit

pero but

perro dog; **perrito caliente** hotdog

perseguir (i, i) (g) to persecute

persistente *adj. m., f.* persistent

persona person

personaje *m.* character; celebrity

personal *m.* personnel

personalidad *f.* personality

personalmente personally

personificación *f.* personification

perspectiva perspective

pertenecer (zc) to belong; to remain

pesado/a heavy; tedious, annoying (1)

pesar to weigh; **a pesar de** in spite of

pesas: levantar pesas to lift weights

pesca fishing (industry)

pescado fish; fishing

pescador(a) fisherman, fisherwoman

peseta *former monetary unit of Spain*

pesimista *m., f.* pessimist (5)

pésimo/a awful, terrible (2)

peso weight; *monetary unit of several Latin American countries*

petrificado/a petrified

pez *m.* (*pl.* **peces**) fish

pezuña hoof

picante (spicy) hot

picapedrero/a stonecutter

pícaro/a mischievous

picnic *m.* picnic

pico peak

pie *m.* foot; base; **a pie** on foot; **a pie de** near, close to; **de pie** standing

piedra stone

piel *f.* skin

pierna leg

pieza piece

pila: cargar (gu) las pilas to recharge one's batteries (4)

pileta basin

piloto/a pilot

pingüino penguin

pinta: tener (*irreg.*) **buena/mala pinta** to have a good/bad appearance (1)

pintar to paint

pintor(a) painter, artist

pintura *n.* painting

piquero booby (*tropical seabird*)

pirámide *f.* pyramid

pirata *m., f.* pirate

piropear to compliment (*romantically*) (3)

piropo romantic compliment (3); **decir** (*irreg.*)/**echar un piropo** to make a flirtatious remark

pisar to step, tread on

piscina swimming pool

piso floor; ground; story (of a building)

pista court, course (*sport*); hint, tip

pizarra chalkboard, blackboard

placentero/a pleasant

placer *m.* pleasure

plan *m.* plan; program

planear to plan

planeta *m.* planet

plano plan, design

planta plant

plantado/a: dejar plantado/a to stand (*someone*) up (3)

plástico plastic

plata silver

plato plate; dish, entree

playa beach, seashore

plaza plaza, (town) square; position; **plaza de toros** bullfighting arena

plomero/a plumber

pluma feather; pen

población *f.* population

pobre *adj.* poor; *n. m., f.* poor person; *pl.* the poor; **¡pobrecito/a!** poor thing! (3)

pobreza poverty (5); **cinturón** (*m.*) **de pobreza** poverty belt

poción *f.* potion

poco *n.* little bit; small amount; **hace poco** a short time ago; **poco a poco** little by little; **unos pocos** a few (individuals)

poco *adv.:* **poco después** soon after

poco/a *adj.* little; scant; *pl.* few

poder *m.* power; authority

poder *v. irreg.* to be able, can; **no lo puedo creer** I can't believe it (2); **poder** + *inf.* to be able to (*do something*); **puede ser que** + *subj.* it could be that . . . (6); **ya no puedo soportarlo/la más** I can't stand it/him/her anymore (2)

poderoso/a powerful (6)

poema *m.* poem

poemario book of poems

poesía poetry

poeta *m., f.* poet

poético/a poetic

polémica controversy (5)

polémico/a controversial (6)

policía *m.* police officer; *f.* the police; **mujer** (*f.*) **policía** female police officer; **oficial** (*m., f.*) **de la policía de carreteras** highway patrol officer

política *s.* politics; policy (5)

político politician; **mujer** (*f.*) **político** female politician

político/a political; **ciencias políticas** *pl.* political science

pollera *skirt edged with intricate lace*
polo: polos opuestos opposite poles
polvo dust
ponencia report
poner *irreg.* (*p.p.* **puesto**) to put, place; to put on; to give (*a name, title, etc.*); to turn on; **poner a prueba** to put to the test; **poner de relieve** to make stand out; **poner nombre a** to name; **ponerse** to put on (*clothing*); to wear; to get, become (3); **ponerse** + *adj.* to become (3); **ponerse** + *inf.* to begin to (*do something*); **ponerse al día** to catch up (4); **ponerse de acuerdo** to agree, come to an agreement; **ponerse de moda** to become a fad; **ponerse de onda** to get with it
pontificio/a pontifical, papal
popularidad *f.* popularity
popularizarse (c) to become popular
por for; through; by; because of; around; about; out of; in order to; **hablar por los codos** to talk a lot (1); **hablar por teléfono** to talk on the telephone; **ni por eso** not even for that; **por arte/medio de** by means of; **por ciento** percent; **por cierto** indeed; **por completo** completely; **por desgracia** unfortunately; **por ejemplo** for example; **por encima** above; **por escrito** in writing; **por eso** therefore, that's why; **por favor** please; **por fin** finally; **por la mañana** in the morning; **por la noche** at night; **por lo general** in general, usually; **por lo menos** at least; **por lo pronto** right now; **por lo tanto** therefore; **por otra parte / otro lado** on the other hand; **¿por qué?** why?; **por si acaso** just in case; **por supuesto** of course; **por todas partes / todo sitio** everywhere; **por todo/a** + *place/period* throughout; **por tren** by train; **por último** finally; **por un lado** on one hand; **se me olvidó por completo** I totally forgot (2)
porcentaje *m.* percentage
porque because
porqué *m.* reason (why)

porteño/a *n., adj.* of or pertaining to Buenos Aires, Argentina
posarse to land, set down
poseer (y [*3rd-pers. pret.*]**)** (*p.p.* **poseído**) to have, possess
posesión *f.* possession
posgrado/a *n., adj.* graduate
posibilidad *f.* possibility
posible possible
posición *f.* position
positivo/a positive (1)
posponer (*like* **poner**) to postpone (4)
postal *f.* postcard
postre *m.* dessert
póstumo/a posthumous, occurring after death
pozo *n.* well
práctica practice
practicar (qu) to practice
práctico/a practical
precaución *f.* precaution, caution
precio price, cost
precioso/a precious, excellent; lovely
precisamente precisely, exactly
precolombino/a Pre-Columbian
precursor(a) forerunner
predecible predictable
predecir *irreg.* (*p.p.* **predicho**) to predict (6)
predicción *f.* prediction
predominante predominant
predominar to predominate
preferencia preference
preferir (ie, i) to prefer
prefijo prefix
pregunta *n.* question; **hacer** (*irreg.*) **una pregunta** to ask a question
preguntar to ask (*a question*); **preguntarse** to wonder, ask (oneself) (6)
prejuicio prejudice (5)
preliminar preliminary
prematuro/a premature
premio prize, award
prensa *n.* press (5)
preocupación *f.* worry; concern
preocupado/a worried (3)
preocupante worrisome (1)
preocupar to worry; **me preocupa(n)** I'm worried about (4); **preocuparse (por)** to worry (about)
preparar to prepare; **preparar terreno** to lay the groundwork

preparativo preparation
presa dam
presencia presence
presenciar to witness, see, watch
presentación *f.* presentation
presentador(a) host, master of ceremonies
presentar to present; to introduce; **presentarse** to appear; to introduce oneself
presente *m.* present (*time*)
preservar to preserve
presidencia presidency
presidencial presidential; fit for a president
presidente/a president
presión *f.* pressure
preso/a prisoner
prestar to lend; **prestar atención** (*f.*) **a** to pay attention to
presumido/a conceited (1)
presumir to be conceited; to show off
presunto/a supposed
presupuesto budget
pretencioso/a pretentious, conceited
pretender to strive for; to try
prevenir (*like* **venir**) to prevent
primario/a: escuela primaria elementary school
primavera spring (*season*)
primer, primero/a first; **a primera vista** at first sight (1); **primera fila** front row
primermundista: país (*m.*) **primermundista** first-world country
primo/a cousin
principal main, principal; notable
principio beginning; **a principios de** at the beginning of; **al principio** at/in the beginning
prioridad *f.* priority
prisa speed, hurriedness
privado/a private
privilegiado/a privileged
probabilidad *f.* probability
problema *m.* problem
problemático/a problematic
procedente (coming) from
proceso process
proclamar to proclaim, announce
producción *f.* production; output
producir (zc, j) to produce
productivo/a productive

producto product; **producto nacional** homegrown product (*fig.*)

profesión *f.* profession

profesional *n., adj. m., f.* professional

profesor(a) professor; **profesor(a) invitado/a** visiting professor

profundo/a profound, deep

profusamente profusely

programa *m.* program

programador(a): ingeniero/a programador(a) de computadoras computer programmer

progresista *n., adj. m., f.* progressive

progresivo/a progressive

progreso progress

prohibir (prohíbo) to prohibit, forbid

prolífico/a prolific

prolongado/a lengthy

promedio average

promesa promise

prometer to promise

promiscuidad *f.* promiscuity

promotor(a) promoter

promover (ue) to promote (5); to put forward

pronto soon; **de pronto** suddenly; **por lo pronto** right now; **tan pronto como** as soon as (6)

pronunciar to deliver (*speech*); to utter

propina tip (*restaurant*)

propio/a own, one's own; self, selves; **amor propio** self-esteem (2)

proponer (*like* **poner**) to propose, make a proposal

proporción *f.* size, proportion; amount

proporcionar to provide, furnish

propósito objective

próspero/a prosperous

protagonista *m., f.* protagonist, main character

protagonizar (c) to play a leading role in; to star in

protección *f.* protection (2)

protector(a) protective (2)

proteger (j) to protect

proteína protein

protesta protest

protestar to protest, complain

provechoso/a helpful, beneficial (6)

proveer (y [*3rd-pers. pret.*]**) (***p.p.*** proveído)** to supply

provenir (*like* **venir**) **de** to come from

provincia province

provocador(a) *adj.* provoking

provocar (qu) to incite; to cause

próximo/a next; impending

proyección *f.* projection; transmission

proyectarse to project, extend

proyecto *n.* project

prueba: poner (*irreg.*) **a prueba** to put to the test

pseudónimo pseudonym

psicológico/a psychological

psicólogo/a psychologist

psicosis *f. inv.* psychosis; psychoses

psiquiátrico/a psychiatric

publicidad *f.*: **hacer** (*irreg.*) **publicidad** to advertise

publicitario/a *adj.* publicity, advertising

público *n.* public, people

público/a *adj.* public

pueblo town, village; people, public

puente *m.* bridge

puerta door

puerto port, harbor

puertorriqueño/a *n., adj.* Puerto Rican

pues well, all right; since; **así pues** and so

puesto *n.* position, job

puesto/a (*p.p. of* **poner**) put on; **puesto que** since

pulga flea

pulmón (*m.*): **a todo pulmón** at the top of one's lungs

pulpo octopus

pulsera bracelet

punta point; **de punta** on edge; **tener** (*irreg.*) **los nervios de punta** to be on edge (nervous)

punto point; **a punto de** on the verge of; **en punto** on the dot; **hasta este punto** up to this point; **punto clave** key point; **punto de partida** point of departure; **punto de vista** point of view; **punto y aparte** (begin a) new paragraph

puntual punctual

puñado handful

puño fist; **de tu puño y letra** by/in your own hand

puro cigar

Q

que that; which; what; who; **¡que lo pase bien!** have a good time! (4)

qué which; what; who; **¿qué?** which?; what?; who?; **¿de qué manera?** how?, in what way?; **¡qué alivio!** what a relief!; **¡qué bacán/chévere/guay/padre!** (how) awesome! (2); **¡qué barbaridad!** how awful! (1); **¡qué bien!** (how) great! (2); **¡qué bueno!** (how) great! (3); **qué bueno que...** how great that (2); **¡qué cara tiene!** what nerve he/she has! (2) **¡qué chistoso!** how funny! (4); **¡qué desgracia!** what a disgrace!; **¡qué fascinante!** how fascinating!; **¡qué horror!** how terrible! (2); **¡qué increíble!** how incredible!; **¿qué le parece?** what do you think (about)?; **¡qué lío!** what a mess! (1); **¡qué mala onda!** what a bummer! (1); **¡qué mala pata!** what bad luck! (1); **¿qué pasa?** what's happening?; what's wrong?; **¡qué pena!** what a shame!; **¿qué quiere decir... ?** what does . . . mean?; **¡qué suerte!** what (good) luck! (1); **¿qué tal... ?** how is/are . . . ?; **¿qué tiene de malo... ?** what's wrong with . . . ?; **¡qué tío!** what a guy!; **¡qué vergüenza!** how embarrassing! (1)

quechua *m.* Quechua, *language spoken by indigenous peoples of Bolivia, Ecuador, and Peru*

quedar to be left; to remain; to be; **quedar de** + *inf.* to agree on (*doing something*); **quedarse** to stay; to be left; **quedarse impresionado/a** to be impressed; **quedarse sin habla** to be left speechless

quehacer *m.* chore, task

queja complaint

quejarse (de) to complain (about) (2)

quejón, quejona *n.* complainer, whiner; *adj.* complaining, whining

quemado/a burned; burned out (4)

quemar to burn
querer *irreg.* to love (3); to want; **¿qué quiere decir... ?** what does . . . mean?
querido/a dear; beloved
quetzal *m. monetary unit of Guatemala*
quiché of or pertaining to the Quiché group of the indigenous Maya of Mexico and Central America
quien who; whom; **sea quien sea** no matter who it is
quién who; whom; **¿quién?** who?; whom?
química chemistry
quince fifteen; **quince días** two weeks
quinceañera fifteenth-birthday party
quinto/a fifth
quitarse to take off
quizá(s) perhaps

R

rabia rabies; fury
rabioso/a furious (3); angry
racionalizar (c) to rationalize
radial: jornada radial radio broadcast
radiante *adj.* radiant, glowing
radicado/a situated
radio *m.* radio (*apparatus*); *f.* radio (*programming*)
raíz *f.* (*pl.* **raíces**) root (2)
rama branch
ramo bouquet
rancho farm, ranch
rápido/a rapid, quick
raro/a strange (1); odd; unusual
rasgo trait, characteristic (1)
rata rat
rato (short) time, period; **ratos** (*pl.*) **libres** free time (4)
ratón *m.* mouse
raza race (*ethnic*); **Día** (*m.*) **de la Raza** Columbus Day
razón *f.* reason; **con razón** with good reason; of course!; **sí, tienes razón** yes, you are right (3); **tener** (*irreg.*) **(toda la) razón** to be (completely) right (2)
reacción *f.* reaction; response
reaccionar to react

real: cara real true face
realidad *f.* reality; **en realidad** in fact, actually; **realidad virtual** virtual reality (6)
realismo realism
realista *n. m., f.* realist; *adj. m., f.* realistic
realizar (c) to accomplish, fulfill (a goal) (4); to achieve; to attain; to carry out; to produce; **realizarse** to take place; to come true; to be fulfilled
realmente really, actually
realzar (c) to enhance
rebaja sale
rebelde rebellious (2)
recado note, message
recaudación (*f.*) **de fondos** fund-raising
recaudar fondos to raise money (6)
recepción *f.* reception
receta recipe
rechazar (c) to reject (1)
rechazo rejection
recibir to receive; to welcome; to take
reciclaje *m.* recycling (6)
recién recently, newly
reciente recent
recitar to recite
reclutar to recruit
recoger (j) to pick up; to collect; to gather
recomendación *f.* recommendation
recomendar (ie) to recommend (2)
reconciliar to reconcile; **reconciliarse** to make up (*after a disagreement*)
reconocer (zc) to recognize
recordar (ue) to remember; to remind
recorrer to travel; to roam
recorte *m.* clipping (*newspaper, magazine, etc.*)
recreación *f.* recreation
recreo recreation (4); **de recreo** recreational
recto/a *adj.* straight
recuerdo recollection, memory
recuperar to regain
recurrir to resort, appeal, turn to
recurso resource; **recursos naturales** natural resources (5)

red *f.* network; **red de comunicación** communications network
redescubrir (*p.p.* **redescubierto**) to rediscover
redondo/a round
reemplazar (c) to replace (6)
referencia reference
referirse (ie, i) a to refer to
refinamiento refinement
reflejar to reflect (*image*)
reflejo reflection
reflexionar to reflect, ponder
reflexivo/a reflective, thoughtful
refrán *m.* saying, proverb
refugiarse to take refuge
refugio refuge, shelter
regalar to give (*as gift*)
regalo gift
regañar to scold (2)
regatear to bargain
región *f.* region
regla rule
regresar to return
rehabilitación *f.* rehabilitation
reina queen
reír(se) (i,i) (me río) (*p.p.* **reído**) to laugh; **reírse a carcajadas** to laugh loudly (4)
reja (iron) bar
relacionado/a (con) related (to)
relaciones *f. pl.* relationship; connection
relajación *f.* relaxation
relajante *adj.* relaxing (4)
relajarse to relax (4)
relatar to recount, tell
relativo/a relative, relating to
relato story, narrative
relieve *m.:* **poner** (*irreg.*) **de relieve** to make stand out
religión *f.* religion
religioso/a religious
remedio solution; relief; **no tener** (*irreg.*) **más remedio** to have no alternative
remo rowing
remordimiento remorse
remoto/a remote
renacimiento rebirth
rendir (i, i) culto a to worship
renombrado/a renowned
renovado/a renewed (4)
renunciar (a) to resign, quit

reparación *f.* repair
repartir to distribute
repasar to review
repente: de repente suddenly (3)
repetir (i, i) to repeat
replicar (qu) to reply; to protest; to replicate
reportaje *m.* news report
reporte *m.* report
reportero/a reporter
reposar to relax
reposo *n.* rest
representación *f.* representation; performance
representante *n. m., f.* representative
representar to represent; to perform
representativo/a *adj.* representative
reprimir to repress
reproducción *f.* reproduction
reproducido/a reproduced
república republic
republicano/a republican
repugnante disgusting (1)
requerir (ie, i) to require
requisito *n.* requisite
resaca hangover (4)
rescatar to liberate; to rescue
resentimiento resentment (3)
reserva *n.* reserve
reservación *f.* reservation
residencia residence; dormitory
resistir to resist; **resistirse a** + *inf.* to refuse to do (*something*)
resolver (ue) (*p.p.* **resuelto**) to solve, resolve
respectivamente respectively
respecto: (con) respecto a with respect to, with regard to
respetar to respect (5)
respeto *n.* respect
respirar to breathe (a sigh of relief)
responder to respond; to answer, reply
responsabilidad *f.* responsibility
responsable responsible; **responsable de** responsible for
respuesta answer, reply; response
restaurado/a restored
restaurante *m.* restaurant
resto rest, remainder
resuelto/a (*p.p. of* **resolver**) solved, resolved
resultado result
resultar to prove, turn out (to be);

resultar de to stem from; **resultar en** to produce
resumen *m.* summary
resumir to summarize
resurgir (j) to revive
retrato portrait
retrocohete *m.* retrorocket
reunión *f.* meeting; gathering
reunirse (me reúno) (con) to get together (with) (4); to gather
revelar to disclose
revisar to check, look over
revista magazine
revitalizar (c) to revitalize
revolución *f.* revolution
revolucionario/a revolutionary
rey *m.* king
rico/a rich; delicious; sensuous; **los ricos** *n. m. pl.* the rich
ridiculizar (c) to ridicule
ridículo/a ridiculous; **hacerse** (*irreg.*) **el ridículo** to make a fool of oneself
riesgo risk (3)
rimar to rhyme
rincón *m.* corner (*room*)
río river
riqueza wealth (6); richness; *pl.* riches
risa laughter
ritmo rhythm
rito rite
rival *m., f.* rival
rizado/a curly (1)
robar to steal; to rob
robótico/a robotic
robusto/a robust
rockero/a *n.* rocker, rock musician
rodear to surround
rogar (ue) (gu) to beg (2)
rojizo/a reddish
rojo/a Communist (*fig.*); **Cruz Roja** Red Cross
romance *m.* romance
romántico/a romantic
romper (*p.p.* **roto**) to break; to rip; to break through; **romper con** to break up with (3)
ropa clothing
rosa rose
rostro face (1)
ruido noise
ruidoso/a noisy, loud
ruina ruin

rumor *m.* rumor
ruso/a *n., adj.* Russian
ruta route, road
rutina routine

S

sábana sheet
saber *irreg.* to know (facts); **hacer** (*irreg.*) **saber** to inform; **saber** + *inf.* to know how to (*do something*)
sabiduría wisdom
sabio/a wise
sabor *m.* taste, flavor
sabroso/a tasty, flavorful
sacar (qu) to obtain, get; **sacar buenas notas** to get good grades; **sacar fotos** to take pictures; **sacarse el aire** to work hard (4)
saciar to satiate
saco suit coat
sacrificar (qu) to sacrifice
sagrado/a sacred
sal *f.* salt
sala living room; room
salario wage
salida exit; outlet
salir *irreg.* to leave; to go out; to come out, emerge; to get out; **salir a la calle** to leave the house; **salir bien** to succeed, do well; **salir con** to date (3); to go out with; to come out with
salón *m.* drawing room; living room; large room
salsa *musical/dance genre that combines various Caribbean rhythms with African origins*
salsero/a *adj.* pertaining to salsa music/dance
salto leap
salud *f.* health
saludable healthy (4)
saludar to greet
salvación *f.* salvation
salvador(a) savior
salvadoreño/a *n., adj.* Salvadoran
salvar to save (*someone, something*) (5)
san, santo/a *n.* saint; *adj.* holy; **Día** (*m.*) **de San José** St. Joseph's Day; Father's Day (*in many Spanish-speaking countries*); **santo patrón, santa patrona**

patron saint; **Semana Santa** Holy
Week
sandalia sandal
sanitario bathroom
sanitario/a *adj.* sanitary
sano/a healthy
santuario sanctuary
satírico/a satirical
satisfacer (*like* **hacer**) (*p.p.*
satisfecho) to satisfy
satisfactorio/a satisfactory
satisfecho/a (*p.p. of* **satisfacer**)
satisfied (3)
saxofón *m.* saxophone
sección *f.* section
seco/a dry, reserved
secretario/a secretary
secreto *n.* secret
secreto/a *adj.* secret
secuestrado/a kidnapped
secuestro kidnapping; hijacking (5)
secundario/a: efecto secundario
side effect; **(escuela) secundaria**
high school
sed *f.* thirst
sede *f. s.* headquarters
seducir (**zc, j**) to seduce; to
captivate
seguido/a in a row; **en seguida**
right away
seguir (**i, i**) (**g**) to follow; to
continue (to be); **seguir** + *ger.* to
continue, keep (*doing something*)
según according to
segundo/a *adj.* second
seguramente surely (5)
seguridad *f.* certainty; security
seguro/a certain, sure
selección *f.* selection, choice
seleccionado/a selected
selva jungle
semana week; **a la semana** per
week; **fin** (*m.*) **de semana**
weekend; **la semana que viene**
next week; **la semana pasada** last
week; **Semana Santa** Holy Week
semanal weekly
semejante similar; such as
semejanza similarity
semestre *m.* semester
semibendición *f.* partial blessing
semilla seed
seminario seminar
senador(a) senator
sencillo/a simple, unaffected; plain

sensacionalista *adj. m., f.*
sensationalistic
sensible sensitive (1)
sensor *m.* sensor
sentarse (**ie**) to sit, sit down
sentido meaning; sense; **sentido del
humor** sense of humor
sentimental emotional, sentimental
sentimiento feeling; perception
sentir (**ie, i**) to feel; to be sorry; **lo
siento mucho** I'm very sorry (2);
sentirse to feel; **sentirse en paz** to
feel at peace; **siento que** + *subj.*
I'm sorry that . . . (2)
señalar to indicate
señor (Sr.) *m.* Mister (Mr.); man
señora (Sra.) Mrs.; woman
señorita (Srta.) Miss; young woman
separar to separate; **separarse** to
separate (prior to divorce)
ser *m.* being; **ser humano** human being
ser *v. irreg.* to be; to take place;
ahora sea de verdad this time it
may be true; **como es de
imaginar** as you can imagine; **es
más** moreover, what's more; **me
es igual** I don't care (4); **pasar a
ser** to become; **puede ser que** +
subj. it could be that . . . (6); **sea
quien sea** no matter who it is; **ser
buena/mala gente** to be a
good/bad person / good/bad
people (1)
serenidad *f.* serenity
serie *f.* series
seriedad *f.* seriousness
serio/a serious; **en serio** seriously;
¿en serio? really? (1)
seropositivo/a HIV-positive
serpiente *f.* serpent
serrano/a: jamón (*m.*) **serrano** cured
ham
servicio service; **estación** (*f.*) **de
servicio** service station
servir (**i, i**) to serve; to be useful
sesión *f.* session
sexo sex
si if; **por si acaso** just in case
sí yes; **claro que sí** of course; **sí,
tienes razón** yes, you are right (3)
sí *pron.* himself/herself/oneself/
themselves
SIDA *m.* (*abbrev. for* **síndrome** [*m.*]
de inmunodeficiencia adquirida)
AIDS (5)

siembra *n.* planting
siempre always; **para siempre**
forever; **siempre y cuando** as
long as
siesta nap; **dormir** (**ue, u**) / **echar
una siesta** to take a nap
siete seven; **siete pecados capitales**
seven deadly sins
siglo century
significado meaning, significance
significar (**qu**) to mean
significativo/a significant
siguiente following; next; **al día
siguiente** (on) the next day
sílaba syllable
silencio silence
sillón *m.* armchair
silvestre rustic
simbólico/a symbolic
simbolismo symbolism
simbolizar (**c**) to symbolize
símbolo symbol
simbología symbology
simpático/a likable, friendly
simplemente simply, just; plainly
sin without; **quedarse sin habla** to
be speechless; **sin embargo**
nevertheless; **sin que** + *subj.*
without . . . (6)
sincero/a sincere
síndrome *m.* syndrome
sinfónico/a symphonic
sino but, but rather; **no sólo… sino
(que)** not only . . . but also
síntoma *m.* symptom
siquiera: ni siquiera not even; nor
even
sirena siren, mermaid
sirviente/a servant, maid
sistema *m.* system
sitio place; site; **por todo sitio**
everywhere
situación *f.* situation
situarse (**me sitúo**) to be located; to
situate oneself
snorkeling: hacer (*irreg.*) **snorkeling**
to snorkel
sobrar to exceed
sobre above; over; on, upon; about;
against; **sobre todo** above all
sobrepoblación *f.*
overpopulation (6)
sobresaliente outstanding,
distinguishing
sobrevivir to survive (6)

socialista n., adj. m., f. socialist
socialmente socially
sociedad f. society
sociología sociology
sociólogo/a sociologist
sofá m. sofa
sofisticado/a sophisticated
sol m. sun; **nuevo sol** monetary unit of Peru
solar: luz (f.) **solar** sunlight
solas: a solas alone
soldado soldier; **mujer** (f.) **soldado** female soldier
soler (ue) + inf. to tend to (do something)
solicitud f. job application (form)
solidario/a solidary; jointly liable
solitario/a solitary
sólo only; **no sólo... sino (que)** not only . . . but also; **tan sólo** merely
solo/a alone; single
soltar (ue) to let go of, drop
soltero/a n. bachelor, single woman; adj. single
solución f. solution
solucionar to solve; to resolve
sonar (ue) to sound; to ring (telephone); **suena padre** it sounds great
sonido sound
sonoro/a resounding
sonreír(se) (like **reír**) to smile (4)
sonriente smiling
sonrisa n. smile
soñar (ue) to sleep; to dream; **¡ni soñarlo!** in your dreams! (2); **soñar con** to dream about (3)
sopa soup
soportar to put up with, tolerate; **ya no puedo soportarlo/la más** I can't stand it/him/her anymore (2)
sorbo sip
sorprendente surprising (3)
sorprender to surprise; **me sorprende que creas eso** it surprises me that you believe that (6); **sorprenderse** to be surprised
sorprendido/a surprised (3)
sorpresa surprise
sostener (like **tener**) to sustain; to hold up; to maintain
sostenible sustainable

suavidad f. gentleness
suavizante m. aid
suavizar (c) to soften
subcomandante m. subcommander (military rank above captain and below major)
subconsciente m. subconscious
subdesarrollado/a underdeveloped
subdesarrollo underdevelopment
sube (m.) **y baja** rise and fall
subida increase; rise
subir to climb, go up
subjetivo/a subjective
sublimar to sublimate
subrayar to underline; to highlight (fig.)
suceder to happen; to take place
sucio/a dirty
sucre m. monetary unit of Ecuador
Sudamérica South America
sudar to sweat
suegro/a father-in-law, mother-in-law; m. pl. in-laws
sueldo salary
suelto/a (p.p. of **soltar**): **trabajo suelto** odd job; freelance work
sueño n. sleep; dream; **sueño dorado** life's dream
suerte f. luck, fortune; **¡qué suerte!** what (good) luck! (1)
suéter m. sweater
suficiente enough, sufficient
sufijo suffix
sufrir to suffer; to undergo
sugerencia suggestion
sugerir (ie, i) to suggest (2)
suicidarse to commit suicide
sujetar to fasten, hold, tighten
sumido/a immersed
sumisión f. submission
sumiso/a submissive
súper super; **estoy súper contento/a (de que)** I'm very happy (that) (2)
superar to surpass; to improve; to overcome; **superarse** to improve oneself
superficie f. surface
superior upper; higher; **escuela superior** high school
supersticioso/a superstitious
supervisar to supervise
supervivencia survival
suponer (like **poner**) to assume

supuestamente supposedly
supuesto: por supuesto of course
sur m. South; adj. south, southern; **Cono Sur** Southern Cone (area comprising Argentina, Chile, Paraguay, and Uruguay)
surf: hacer (irreg.) **surf** to surf
surgir (j) to arise, come up
suroeste m. Southwest; adj. southwest, southwestern
surrealismo surrealism, artistic/literary movement in which fantastic effects are produced by means of unnatural juxtapositions and combinations
surrealista n. m., f. surrealist; adj. surrealistic
suspender to postpone
sustancia substance
susto fright, scare
sutanito/a de cual John/Jane What's-his/her-name

T

tabla table, chart
tacaño/a stingy (1)
tacón (m.) **alto** high-heeled shoe
tacto tact
tal such, such as; **con tal de que** + subj. provided that . . . (6); **de tal palo tal astilla** like father, like son; **fulanito/a de tal** John/Jane what's-his/her-name; **¿qué tal... ?** how is/was . . . ?; **tal vez** perhaps; **tal y como** such as
talento talent
talentoso/a talented
tamaño n. size
también also, too (3); **yo también / a mí también** me too (4)
tambor m. drum
tampoco neither, (not) either; nor; **yo tampoco / a mí tampoco** me neither (4)
tan adv. so; as; such; so much; **tan... como** as . . . as; **tan pronto como** as soon as (6); **tan sólo** merely
tango ballroom dance of Argentine origin
tanguista m., f. tango dancer
tanto n. certain amount; adv. so much; as much; **no es para tanto** it's not such a big deal (2); **por lo tanto** therefore; **un tanto** a bit

tanto/a *pron., adj.* so much; as much; *pl.* so many; as many; **tanto/a/os/as... como** as much/many . . . as

tapar(se) to cover (oneself)

tapiz *m.* (*pl.* **tapices**) tapestry

tarado/a defective

tardanza delay

tardar(se) (+ *amount of time*) to be (+ *amount of time*) late

tarde *n. f.* afternoon; **de la tarde** in the afternoon

tarde *adv.* late; **tarde o temprano** sooner or later

tarea task, chore; homework; **tarea doméstica** household chore

tarjeta card

tasa index; rate

tatuaje *m.* tattoo (1)

taza cup

té *m.* tea

teatral *adj.* theatrical; theater; **cartelera** (*s.*) **teatral** theater listings

teatro theater; **obra de teatro** play

técnica technique

técnico/a technician

tecnología technology

tecnológico/a technological

tejano/a Texan

tejido fabric

tela fabric, cloth; canvas (*for painting*)

telefónico/a *adj.* telephone, phone

teléfono telephone; **hablar por teléfono** to talk on the telephone; **teléfono celular** cellular telephone

teletrabajo telecommuting (6)

tele(visión) *f.* television (*programming*)

telón *m.* curtain

tema *m.* theme; topic

temblar (ie) to shake

tembloroso/a shaking

temer to be afraid; to fear; **(no) temer que** + *subj.* (not) to fear that . . .

temor *m.* fear

tempestuoso/a stormy (3)

templo temple; shrine; **el templo mayor** main temple

temporada *n.* season (*sports, holidays*)

temprano/a early; **tarde o temprano** sooner or later

tender (ie) a + *inf.* to tend to (*do something*)

tenedor *m.* fork

tenedor(a) de libros bookkeeper

tener *irreg.* to have; to receive; **no tener más remedio** to have no alternative; **no tener pelos en la lengua** to speak one's mind (1); **¡qué cara tiene!** what nerve he/she has! (2); **¿qué tiene de malo... ?** what's wrong with . . . ?; **sí, tienes razón** yes, you are right (3); **tener... años** to be . . . years old; **tener buena/mala pinta** to have a good/bad appearance (1); **tener cuidado** to be careful; **tener en cuenta** to take into account; **tener éxito** to be successful (4); **tener fama** to be famous, well-known; **tener ganas de** + *inf.* to feel like (*doing something*); **tener hambre** to be hungry; **tener interés** to be interested; **tener los nervios de punta** to be on edge (nervous); **tener lugar** to take place; **tener miedo** to be afraid; **tener (mucha) cara** to have (a lot of) nerve (1); **tener paciencia** to be patient; **tener que** + *inf.* to have to (*do something*); **tener que ver con** to have to do with; **tener (toda la) razón** to be (completely) right (2); **tener vena de** to have an affinity for

tenis *m.* tennis

tensión *f.* tension

tensor(a) tensile

tentación *f.* temptation

teñido/a dyed (1)

teoría theory

terapia therapy

tercer, tercero/a third; **tercera parte** (one) third

terminación *f.* ending

terminar to finish; to end; to end up; **terminar** + *ger.* to end up (*doing something*); **terminar de** + *inf.* to finish (*doing something*)

término term

termómetro thermometer

terremoto earthquake

terreno: preparar terreno to lay the groundwork

territorio territory

terror *m.* terror, horror

terrorismo terrorism (5)

terrorista *n. m., f.* terrorist

tesis *f. inv.* thesis; theses

tesoro treasure

testarudo/a stubborn (1)

testimonio testimony, account

tibio/a mild; warm

tiburón *m.* shark

tiempo time; weather; (verb) tense; **a tiempo completo** full-time; **al mismo tiempo** at the same time (3); **de todos los tiempos** of all time; **hacer** (*irreg.*) **buen/mal tiempo** to be nice/bad outside (*weather*); **perder (ie) el tiempo** to waste time

tienda store, shop

tientas: a tientas vaguely

tierra ground; land; earth; **Tierra** Earth

tieso/a taut, tight

timbre *m.* bell, doorbell

timidez *f.* shyness

tímido/a shy

tinto red wine

tío/a uncle, aunt; *m. pl.* aunt and uncle; **¡qué tío!** what a guy!

típico/a typical

tipo type, (of the) kind; guy

tira cómica cartoon

tirar to throw

titubear to hesitate

titular *m.* headline (5)

título title

tocar (qu) to touch; to play (*musical instrument*); **a ti te toca** it's your turn; **tocarle** + *inf.* to be (someone's) turn to (*do something*)

todavía still; yet

todo everything; **ante/sobre todo** above all; **gracias por todo** thanks for everything

todo/a all (of); (the) entire; completely; *pl.* every; **a todo pulmón** at the top of one's lungs; **con todo gusto** with pleasure; **creer (y** [*3rd-pers. pret.*]**) con todo el corazón** to believe wholeheartedly; **de todas maneras** anyway, at any rate; **de todas partes** from everywhere; **de todos los tiempos** of all time; **en/por todas partes** everywhere; **por todo sitio** everywhere; **por todo/a** + *place/period* throughout; **tener** (*irreg.*)

(toda la) razón to be (completely) right (2); **todo el día** all day; **todo el mundo** everybody; **todos los días** every day

todos everyone, everybody

tolerancia tolerance (5)

toma de conciencia awareness

tomar(se) to take; to drink; to have; **tomar en cuenta** to take into account; **tomar la decisión** to make the decision

tomate *m.* tomato

tonelada ton

tono tone

toque *m.* touch

torear to bullfight

tornar to turn

torneo tournament

toro bull; **plaza de toros** bullfighting arena

torrecilla mirador little watchtower

torta cake

tortilla tortilla (*Mex.*); omelet (*Sp.*)

tortuga turtle

tortuguero/a pertaining to turtles

tortura torture

torturado/a tortured

tostado/a toasted

total *m.* total; **en total** in all

totalidad *f.* totality

trabajador(a) worker, laborer

trabajar to work

trabajo *n.* work; job; **compañero/a de trabajo** colleague; **trabajo manual** manual labor; **trabajo suelto** odd job; freelance work

tradición *f.* tradition

tradicional traditional

traducir (zc, j) to translate

traductor(a) translator

traer *irreg.* (*p.p.* **traído**) to bring

tráfico traffic; **controlador(a) de tráfico aéreo** air traffic controller

traicionar to betray; to give away (*a secret*)

traje *m.* suit; outfit

trance *m.* critical moment; trance

tranquilidad *f.* tranquility

tranquilizar (c) to calm; **tranquilizarse** to calm down

tranquilo/a tranquil, calm; quiet

transformar to transform

tránsito traffic

transmitir to broadcast

transplante *m.* transplant (6)

tras *prep.* behind; after

trastornar to turn upside down; to drive (*someone*) crazy

tratamiento treatment (5)

tratar to treat; to deal with; **tratar de** to be about; **tratar de** + *inf.* to try to (*do something*); **tratarse de** to be a question of; to be about

trato *n.* treatment; manner, way of acting

traumático/a traumatic

través: a través de through; via

travesura mischief (2), prank

travieso/a mischievous (2), naughty

trébol (*m.*) **de cuatro hojas** four-leaf clover

treinta thirty; **los años treinta** the thirties

tremendo/a tremendous

tren *m.* train; **por tren** by train

tres: me importa tres narices I couldn't care less (2)

tribu *f.* tribe

tribulación *f.* tribulation, trying situation

tridimensional three-dimensional

tripulado/a manned

triste sad

tristeza sadness

triunfador(a) victor, winner

triunfar to succeed, triumph

triunfo triumph

tropezar (ie) (c) to hit; to stumble

truco trick

tumba tomb

túnel *m.* tunnel

turco/a *n., adj.* Turkish

turista *m., f.* tourist

turístico/a *adj.* tourist

turnarse to take turns

turno: hacer (*irreg.*) **turnos** to take turns

U

ubicado/a located

último/a final, last; latest; **el último grito** the latest fad; **por último** finally

un, uno/a one; a, an; *pl.* some, a few; **a unos pasos de distancia** a few yards away; **de un lado para otro** back and forth; **el uno al otro** to one another; **el uno en el otro** in one another; **por un lado** on one hand; **una vez** once; **una y**

otra vez repeatedly; **unas veces** sometimes; **unos pocos** a few (individuals)

UNAM *f.* (*abbrev. for* **Universidad** [*f.*] **Nacional Autónoma de México**) National Autonomous University of Mexico

único/a only; unique; **hijo único, hija única** only child (2)

unidad *f.* unity (2)

unidireccional unidirectional

unido/a close-knit (2); **Estados Unidos** United States

unión *f.* union

unir to unite, hold together; to join, bring together

unitario/a centralist

universalmente universally

universidad *f.* university; **Universidad Nacional Autónoma de México (UNAM)** National Autonomous University of Mexico

universitario/a *adj.* university, pertaining to a university

urgencia urgency; emergency

urgente urgent

urgir (j) to be urgent

usar to use

uso *n.* use

útil useful

utilitario/a utilitarian

utilizar (c) to use, make use of

V

vaca cow

vacaciones *f. pl.* vacation; **ir** (*irreg.*) **de vacaciones** to go on vacation

vacuna vaccine

vago/a lazy (4)

valer *irreg.* to be worth; to earn; **más vale que...** it's better that . . . ; **valer la pena** to be worth it (5); **¡válgame Dios!** God help me!

validez *f.* validity

válido/a valid

valiente brave

valioso/a valuable

valor *m.* value, worth

vals *m.* waltz

vanidoso/a vain

vano opening; *adj.* useless; **en vano** in vain

vapor *m.* steam

vara stick

variante *f.* variant, version
variar (varío) to vary
variedad *f.* variety
varios/as several; various
vasco Basque (language)
vecino/a neighbor
vegetal *m.* vegetable
veinte twenty; **los años veinte** the twenties
vejez *f.* old age
vela candle
velo veil
velocidad *f.* velocity, speed
vena vein; **tener** (*irreg.*) **vena de** to have an affinity for
vencedor(a) conqueror, victor
vender to sell
venezolano/a *n., adj.* Venezuelan
venir *irreg.* to come; **ahora viene lo peor** now comes the worst part; **el mes (la semana,…) que viene** next month (week, *etc.*); **venir a** to come to
venta: a la venta for sale
ventaja advantage
ver *irreg.* (*p.p.* **visto**) to see; to look at, watch; to observe; to imagine; **tener** (*irreg.*) **que ver con** to have to do with
veranear to spend the summer
verano summer
veras: de veras really; **¿de veras?** really? (1)
verbo verb
verdad *f.* truth; **ahora sea de verdad** this time it may be true; **de verdad** really, truly; **¿de verdad?** really?; **¿verdad?** right?; isn't that so?
verdaderamente truly (5)
verdadero/a real; true; genuine
verdura vegetable
vergüenza shame; **¡qué vergüenza!** how embarrassing! (1)
verificar (qu) to check
versión *f.* version
versos *pl.* poetry
vertiente *f.* spring (*water*)
vestido dress
vestir (i, i) to dress; **vestirse** to get dressed; to dress (oneself)
vestuario *n.* costuming

vez *f.* (*pl.* **veces**) time; **a la vez** at the same time; **alguna vez** ever (*with a question*); once (*with a statement*); **a veces** sometimes; **cada vez más** more and more; **de vez en cuando** now and then (3); **muchas veces** often; **otra vez** again; **tal vez** perhaps; **una vez** once; **una y otra vez** repeatedly; **unas veces** sometimes
vía: en vías de desarrollo *adj.* developing
viajar to travel
viaje *m.* trip, journey
vibración *f.* vibration
víctima *f.* victim
vida life; **estilo de vida** lifestyle; **ganarse la vida** to earn one's living; **pasarse la vida** to spend one's life
vidente *m., f.* clairvoyant
vídeo video
videojuego video game
vidriera large glass window; store window
viejo/a *n.* old person; *adj.* old; elderly
viento wind
villa villa, luxurious residence
vino wine
viña vineyard
violación *f.* violation; rape
violar to rape; to violate
violencia violence
violento/a violent
violín *m.* violin
Virgen *f.* Virgin Mary; **Virgen de Guadalupe** Virgin of Guadalupe (*patron saint of Mexico*)
virtual: realidad (*f.*) **virtual** virtual reality (6)
virtud *f.* virtue
visión *f.* vision, view
visita visit
visitante *m., f.* visitor
visitar to visit
vista view; **a primera vista** at first sight (1); **punto de vista** point of view
visto/a (*p.p. of* **ver**) seen
visualización *f.* visualization
visualizar (c) to visualize

visualmente visually
vivacidad *f.* vigor, vivaciousness
víveres *m. pl.* food, provisions
vivienda house; home
vivir to live
vivo/a alive, living; brilliant; **en vivo** live
vocabulario vocabulary
volar (ue) to fly
volatilidad *f.* shortness of temper; volatility
volcán *m.* volcano
voluntariado *n.* volunteering
voluntario/a *n., adj.* volunteer; **hacer** (*irreg.*) **de voluntario/a** to volunteer (5)
voluntarioso/a eager, motivated
voluntarismo volunteerism
volver (ue) (*p.p.* **vuelto**) to return, go back; **volver a** + *inf.* to (*do something*) again; **volverse** to return; **volverse loco/a** to go crazy
vómito vomit
votación *f.* voting; vote
votar to vote
voz *f.* opinion; voice; **en voz alta** aloud

W

Web: página Web webpage (6)

Y

ya now; already; right now; at that point; **ya estoy harto/a (de que)** I'm fed up already (that) (2); **ya no** no longer; **ya no puedo soportarlo/la más** I can't stand it/him/her anymore (2); **ya que** since
yacer (zc) to lie buried
yerro mistake
yeso plaster cast
yoga *m.* yoga

Z

zanahoria carrot
zapatería shoe store
zapato shoe
zona zone; region
zoo(lógico) zoo

Index

About the Authors

Sharon Wilson Foerster retired from the University of Texas at Austin in 2001, where she was the Coordinator of Lower Division Courses in the Department of Spanish and Portuguese, directing the first- and second-year Spanish language program and training graduate assistant instructors. She received her Ph.D. in Intercultural Communications from the University of Texas in 1981. Before joining the faculty at the University of Texas, she was Director of the Center for Cross-Cultural Study in Seville, Spain, for four years. She continues her involvement in study abroad through her work as Director of the Spanish Teaching Institute and as Academic Advisor for Academic Programs International. She is the co-author of *A Grammar Supplement Designed to Accompany Punto y aparte* (2000, McGraw-Hill), *Metas comunicativas para maestros* (1999), and *Metas comunicativas para negocios* (1998).

Anne Lambright is an Assistant Professor in the Department of Modern Languages and Literature at Trinity College in Hartford, Connecticut. After finishing her undergraduate work, she spent two years in Ecuador on a Fulbright Grant and then completed her M.A. and Ph.D. in Latin American Literature at the University of Texas at Austin. Her professional and research interests include second language acquisition and teaching methodologies as well as modern Andean literature and culture, **indigenismo,** and Latin American women's fiction, areas of interest in which she has published several articles. She has a forthcoming book on the connection between ethnicity and gender in the narrative of Peruvian author José María Arguedas and is currently working on a new project on the relationship of woman and city as portrayed in contemporary Latin American women's fiction.

Fátima Alfonso-Pinto has been teaching Spanish and Portuguese courses since 1991. A former ERASMUS scholar in France, she received her *Licenciatura en Filología Hispánica* and her *Curso de Aptitud Pedagógica* diploma from the University of Salamanca, Spain, and her Ph.D. from the University of Texas at Austin in 1999. After being a Spanish instructor for the *Cursos Internacionales* at the University of Salamanca for three years, she received the Excellence in Teaching Award for the Spanish department at Austin in 1996. Since 1992 she has presented several papers on Luso-Hispanic literature, has edited articles and books, and has prepared an edition of a Medieval manuscript, published in London (1999). Before returning to Spain in 2002, she was an Assistant Professor at the University of the South in Sewanee, Tennessee, for three years. She is currently Director of the International Studies Abroad program in Salamanca, where she continues teaching and working with American students.

 # Credits

Grateful acknowledgment is made for use of the following:

Realia: *Page 15 Más; 20* Tin Glao, Cartoonists & Writers Syndicate/cartoonweb.com; *46* © PIB Copenhagen A/S; *50 Vanidades,* vol. 35, no. 20, September 26, 1995, p. 36; *74* Tin Glao, Cartoonists & Writers Syndicate/cartoonweb.com; *85 Vanidades,* January 31, 1995; *86* <u>People en español</u> © 1999 Time Inc. All rights reserved; *108 Muy interesante,* no. 190, 1997; *109 Gente,* July 20, 1995; *112 Diario de Juárez,* March 13, 1992; *113 Gente,* July 20, 1995; *114 Gente,* July 20, 1995; *126 Vanidades,* vol. 35, no. 20, September 26, 1995, p. 20; *135* Cartoon by Aguaslimpias (Leonardo Feldrich); *139* Agencia EFE; *143 Quo,* no. 48, September 1999; *145 Quo,* no. 48, September 1999; *168* Tin Glao, Cartoonists & Writers Syndicate/cartoonweb.com; *173* "Las nuevas Smart Drugs" by Nancy Castillo, *¿Qué pasa?,* April 27, 1996; *177* © *El País; 185* Reprinted with permission of *Cambio 16.*

Readings: *Page 37* From *Los siete pecados capitales en USA* by Fernando Díaz-Plaja, (Barcelona: Plaza y Janés, 1976); *65* From *Soñar en cubano* by Cristina García, translated by Marisol Palés Castro (Madrid: Espasa Calpe). Reprinted with permission of International Editors' Cº S.L.; *93* "Novios de antes y de ahora" by Elizabeth Subercaseaux, *Vanidades Continental,* Año 35, no. 10. Used by permission of Elizabeth Subercaseaux; *122 Vanidades,* vol. 35, no. 14, July 4, 1995, p. 124; *127* "Yo en el fondo del mar" from *Poesia de Alfonsina Storni,* (Buenos Aires: Editorial Universitaria) 1961, p. 119. Used by permission of Editorial Losada; *153* "El candidato," © José Cardona-López. Reprinted by permission of the author; *159* "Conversación con Simone Weil" by Blanca Varela, from *Como Dios en la nada (Antología 1949–1998),* Visor Madrid, 1999, pp. 64–65; *162* From *Yo, Marcos,* by Marta Durán de Huerta (Mexico, D.F. Ediciones de Milenio); *186* "Primer encuentro" from *La illustre familia androide,* by Álvaro Menén Desleal. Reprinted with permission of Editorial Universitario Centroamericana, San José, Costa Rica; *190* "Uno no escoge" from *Sobre la grama: poemas,* by Gioconda Belli. Used by permission of Gioconda Belli.

Photographs: All photographs of video characters provided by Sharon Foerster, Anne Lambright, and Fátima Alfonso-Pinto. *Page 27* © Scala/Art Resource, NY; *28* National Gallery of Art Washington, D.C./A.K. G. Berlin/Superstock/© 2002 Estate of Pablo Picasso/Artists Rights Society (ARS), New York; *29* (left) © Getty Images; *29* (middle) © Corbis; *29*(right) AP/Wide World Photo; *33* (left) © Patrick Ward/Corbis; *33* (right) © Reuters/Desmond Boylan/Archive Photos; *34* Salvador Dali, Spanish, 1904–1989, Mae West, gouache photographic print, 1934, 28.3 x 17.8 cm. Gift of Mrs. Gilbert W. Chapman in memory of Charles B. Goodspeed, © 2002 Salvador Dali, Gala-Salvador Dali Foundation/Artists Rights Society (ARS), New York, photograph © 1997, The Art Institute of Chicago. All Rights Reserved; *35* AP/Wide World Photos; *39* O. Pohl/The New York Times; *44* © Suzanne Murphy/DDB Stock Photo; *49* © Jose Carrillo/PhotoEdit; *60* (left) © Richard Bickel/Corbis; *60* (right) AP/Wide World Photos; *61* © Nick Quijano; *62* © Beryl Goldberg; *78* © Huntley Hersch/DDB Stock Photo; *84* (left) AP/Wide World Photos; *84* (right) The Granger Collection; *90* (left) © H. Huntly Hersch/DDB Stock Photo; *90* (right) © George Holton/Photo Researchers, Inc.; *90* (bottom) Giraudon/Art Resource, NY; *118* (top) © Russell Thompson/Archive Photos; *118* (bottom) SIPA Press; *119* © Ted Soqui/ Sygma; *126* © Getty Images; *138* © Bonnie Hamre 1998–2001/www.arttoday.com; *149* (left) © Superstock; *149* (right) © Imapress/Archive Photos; *150* © Gonzalo Endara Crow; *161* AP/Wide World Photos; *179* (top) © Crandall/The Image Works; *179* (bottom) © Reuters/Bettmann/ Corbis; *183* (left) © Superstock; *183* (right) © Reuters/Juan Carlos Ulate/Archive Photos; *183* (bottom) Courtesy of Lila Haham; *184* © Kolvord/The Image Works.